姬周肇興事有内助叶德流馨孰為色譽

鑑形帶良臺像永著胡美之思胡醜之盡

曰嬉曰孽极似饒主㤜

無鹽

무염無鹽 종리춘鍾離春

市義不蒙 營窟無窟 高枕幾何
忽為覆沒 食客三千 云何倉卒
薛縣巋 保妝遺骨 洗紅館主題

孟嘗君

맹상군孟嘗君

執轡夷門去求賢 不負名扅符慿竄

竊狗盜太雄橫未許 昏姻重輝蘒社稷難魯

宮弓玉事我敢詞候生

夢蘭書

辱賤君

신릉군信陵君

平原君

相士滿天下囊中竟失之美人頭已
斷讒者計如斯荊楚定盟後邯鄲
望救時昏姻殊不負宗社足支持

鶩鴻仙館主書

평원군平原君

春申君

三千珠履客
宴援之亮
何成伍父難
為學奸雄
奉項生潛師消白
起二策笑朱英
餘怒不堪
己空江日夕聲 梦蘭書

춘신군春申君

魯仲連
稽古夷齊
義不事
周
先生
之
風逸
民之
傳
迂庵

노중련魯仲連

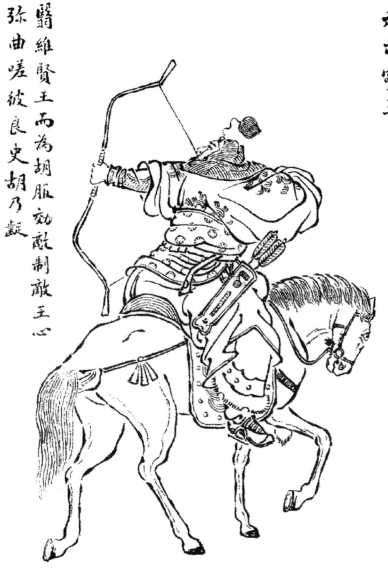

趙武靈王

醫維賢王而為胡服效敵制敵王心
弥曲嗟彼良史胡乃齷

조 무령왕武靈王

藺相如
　矯矯藺生
　維國良弼
　完璧奉廷
　鮮撓而屈
　畏遙引車
　寇威智勇
　亮哉智勇
　誰爲仿彿
　寄塵

인상여藺相如

廉頗

廉戰不克何謀不忠交驩謝罪將
相和衰保衛社稷敦爭尒功大臣之
度名將之風　醉墨賣芥書

염파廉頗

王昭藝

果然鐵骨擎子
金臺古難猗國士也四海
横南試高堅昭王臺上州
嗷嗷

洗紅館主篆

연 소왕昭王

太子監國厥心實丹
屠狼坐視馴之大
難壯士一去角聲為酸
壯士不還薊首長安哉
過易水蕭・慈寒我懷太子倪仰凛于
退盧居士

太子丹

태자 단丹

怒氣譽邯鄲英雄長咄　易水起寒風千古沁人骨伏
劍入虎狼丹砂慘戊碧雖云事非常良由無上策請觀
博浪椎英風自發越吁嗟隱恨默無言杜鵑啼斷
咸陽血

형가荊軻

太子復雛將軍獻頭謝卿借

箸頭西去將軍青頭將軍

有劍易水逅闇朝夜 桐菴館主

번오기樊於期

呂不韋

大賈面目假父
衣冠拈
禮賢士成
一家言爭
名於
朝爭
利於
市令
之題
儈如其
智

여불위呂不韋

甘羅

囊括功名茶拾青雲早達
神州一倚此子
戊子西月退盧居士書

감나甘羅

秦始皇

姬籛遞襄紀絪中墜天相有秦厥功雄偉文勝則史不焚無書冤
士橫議不坑無儒長城義宣吉申外長淮態黔首攸賴武畧遠播
文運重開誠罪之首此功之魁嗚呼欲知人先論世嗟彼始皇如其才
如其智

진시황秦始皇

동주
열크지

문헌 고증 완역 결정판

동주
열국지

5

풍몽룡 지음 | 채원방 정리
김영문 옮김

글항아리

전국시대 말기 주요 제후국 및 주요 도시 위치.

촉
蜀

진秦나라 통일 후 36군 지도.

조선
朝鮮

요서
遼西

요동遼東

우북평
右北平

어양
漁陽

양락
陽樂

양평
襄平

운중雲中
● 운중
雲中

안문
雁門

대군
代郡

저양
沮陽

● 어양
漁陽

● 무종無終

● 선무
善無

대현
代縣

상곡
上谷

태원太原

한단
邯鄲

거록
鉅鹿

● 부시膚施

● 진양
晉陽

거록
鉅鹿

● 임치臨淄

상군上郡

상당
上黨

한단邯鄲

제군齊郡
(낭야琅琊)

북지北地

하동
河東

장자 長子

동군
東郡

● 의거
義渠

복양濮陽

● 노현
魯縣

석도狄道

● 안읍安邑

● 함양咸陽 ▣

서롱西隴

내사內史

삼천三川

● 낙양洛陽

설군薛郡
(사수泗水)

● 양적陽翟

영천潁川

남정南鄭
●

한중漢中

남양南陽

● 완현
宛縣

수춘壽春
●

장현
鄣縣
●

오현吳縣
●

파군巴郡

남군南郡

장군
鄣郡

● 도成都

● 강릉江陵

회계會稽

● 강주江州

구강九江

검중黔中

● 임원臨沅

● 임상臨湘

장사長沙

민중閩中

동야東冶 ●

군象郡

계림桂林

남해南海

● 계림桂林

● 번우番禺

▣ 일지臨塵

1. 이 『동주열국지東周列國志』 번역본의 저본은 중국 청대淸代 광서光緒 14년(1888) 상하이 上海 점석재點石齋에서 간행한 『東周列國志』다. 점석재 간행본은 청 건륭乾隆 원년을 전후하여 채원방蔡元放이 정리한 판본을 정교한 석인본으로 재간행한 것이다. 이 번역본의 삽화도 점석재본의 것이다.

2. 점석재본을 저본으로 했지만 소설 원문을 제외한 채원방의 평어나 협주夾註는 모두 생략했다.

3. 근래에 출판된 판본으로 참고가 되었던 것은 중국 런민문학출판사에서 1978년에 출판한 『東周列國志』(上·下)다. 근래 중국 대륙의 판본이 대부분 간체자로 출판된 것에 비해 이 판본은 번체자(한국 한자 정자)로 되어 있을 뿐만 아니라 인명과 지명 및 서명 옆에 옆줄이 그어져 있어서 매우 유용하게 참고할 수 있었다.

4. 이외에 단락을 나누고 점석재본의 원문을 교감하기 위해 중화서국, 상하이고적출판사, 제노서사齊魯書社, 악록서사岳麓書社 등의 판본을 참조했다.

5. 인명과 지명은 모두 우리 한자음으로 표기했다. 『동주열국지』의 배경이 중국 춘추전국 시대이기 때문에 현대 중국어 발음보다 우리 한자음이 훨씬 더 중국 고대어 발음에 가깝다고 보기 때문이다.

6. 중국 고대 지명을 표기할 때는 해당 지명을 쓰고 옆에 중국 현대 지명을 병기했다. 설명이 필요할 경우 각주로 처리했다. 더러 상고할 수 없는 지명은 원래의 지명만 썼다.

7. 중국 고대 인명을 표기할 때 통상적인 한자음과 다르게 읽히는 경우, 고대의 주석서와 한자 자전字典 및 현대 중국어 발음에 의거하여 일일이 근거를 밝혔다. 예를 들면 '겸장자鍼莊子' '위엄蓮掩' '투누오도鬪穀於菟' '양보梁父' '상영向寧' '하무저夏無且' 등이 그것이다.

8. 중국 고대 인명을 표기할 때 성姓은 물론이고 이름 첫 글자에도 모두 우리말 두음법칙을 적용하여 읽었다. 예를 들면 '공영孔寧' '채약蔡略' '순역荀躒' '피이被離' 등이 그것이다.

9. 어떤 인명이나 지명이 장마다 처음 나올 때는 먼저 우리말 발음을 표기하고 해당 한자를 병기했다. 또한 각 장 안에서 단락이 자주 바뀌면서 인명이나 지명이 혼동될 우려가 있을 때도 한자를 병기했다.

10. 인명의 성과 이름은 띄우지 않고 전부 붙여 썼다. 그러나 제후의 아들이란 의미로 공자公子를 인명 앞에 붙인 경우에는 공자와 이름을 띄어 썼다. 예를 들면 '공자 개방開方' '공자 검모黔牟' '공자 규糾' 등이 그것이다. 공손公孫의 경우는 원래 제후의 손자란 의미지만 성씨로 굳어진 경우도 많기 때문에 전부 붙여 썼다. 예를 들면 '공손고公孫固' '공손주公孫周' '공손교公孫僑' 등이 그것이다.

11. 제후국 이름과 제후의 시호諡號는 제후국의 특징과 존재를 분명하게 드러내기 위해 모두 띄어 썼다. 예를 들면 '진晉 문공文公' '진秦 목공穆公' '진陳 여공厲公' '위衛 영공靈公' '위魏 혜왕惠王' 등이 그것이다.

12. 중국 고대 장회소설章回小說에서 쓰이는 상투어 '화설話說' '각설却說' '재설再說' '단설單說' '차설且說' '부재화하不在話下' '하문복견下文復見' '불필세설不必細說' '자불필설自不必說' 등은 따로 직역하지 않고 문맥 속에서 다른 접속사로 처리하기도 하고, 굳이 번역할 필요가 없을 때는 생략하기도 했다.

13. 주周나라 천자를 부르는 호칭은 '상감' '아바마마' '주상' 등 우리 왕조 시대의 호칭을 상황에 맞게 사용했다. 그러나 제후국 군주를 부르는 호칭은, 춘추시대 자국의 제후를 부르는 경우 주로 '주상' 또는 '주상전하'를 사용했고, 타국의 제후를 부를 때는 '군주' '군후' '현후' '명공' 등을 상황에 맞게 사용했다. 제후가 자신을 지칭하는 경우는 '과인'을 사용했다. 그러나 전국시대에 들어 모든 나라가 '왕'을 칭할 때는 자국 타국을 막론하고 '대왕마마'란 호칭을 사용했고 경우에 따라 '주상'이란 호칭을 섞어 썼다.

14. 주 왕실 천자의 계승자는 '태자', 제후국 계승자는 '세자'로 구분했지만, 전국시대 후반기에는 모든 나라의 계승자를 '태자'로 호칭했다.

15. 춘추시대 제후국 세자 이외의 아들은 '공자公子', 전국시대 제후국 태자 이외의 아들은 '왕자王子'로 호칭했지만 더러 섞어 쓰기도 했다.

16. 제후국 군주의 부인은 '부인' 또는 '군부인'이란 호칭을 사용했다.

17. 우리에게 잘 알려진 고사성어의 경우 해당 부분에서 상세한 설명을 하고 원래의 출처를 밝혔다.

18. 두 사람의 대화가 두 번 이상 반복되며 '아무개 왈曰' '답왈答曰' 등의 말이 계속될 경우, 독서의 편의를 위해 '아무개 왈' '답왈'을 번역하지 않고 자연스럽게 두 사람의 대화가 이어지도록 했다.

19. 이 소설에 등장하는 다른 시대 인물의 경우 해당 부분에 주석을 달아 비교적 상세하게 보충 설명했다. 춘추전국시대 인물에 대해서는 『동주열국지 사전』 중 「인물 사전」에서 중요한 행적과 특징을 밝히고 각 등장 장회를 명기했다.

20. 이 소설에 나오는 각 제후국에 대해서도 『동주열국지 사전』 중 「제후국 사전」에서 한데 모아 흥망성쇠의 과정을 간단하게 보충 설명했다.

21. 이 번역본에서는 기존 번역본의 장회 나눔이 원본과 다른 경우 모두 원본의 형태로 바로잡았고, 기존 번역본에서 빠진 부분과 잘못된 부분도 모두 보충하고 정정했다. 기존의 어떤 번역본보다 원본에 더 가까운 형태를 유지하려고 애썼다.

차 례

제89회_ 왕비가 된 추녀 _029

제90회_ 육국 재상의 인수를 차고 _060

제91회_ 횡행하는 속임수 _090

제92회_ 함정에 빠진 초 회왕 _120

제93회_ 닭 울음소리로 관문을 열다 _147

제94회_ 폭군이 줄을 잇다 _175

제95회_ 소꼬리에 불을 붙여 _207

제96회_ 조나라의 두 호랑이 _231

제97회_ 범수의 복수 _261

제98회_ 두개골로 쌓은 누대 _294

제99회_ 임신한 첩을 바치다 _330

제100회_ 동해를 밟고 들어가 죽을지언정 _364

제101회_ 주 왕실이 멸망하다 _392

제102회_ 태자 정이 진왕에 오르다 _420

제103회_ 진秦과 초楚의 씨도둑질 _448

제104회_ 양물이 큰 자의 반란 _472

제105회_ 여불위, 짐독을 마시다 _499

제106회_ 황금에 눈먼 간신 _526

제107회_ 흰 무지개가 태양을 꿰뚫었으나 _551

제108회_ 하나가 된 천하 _576

부록_ **주요 왕실 계보도** _599

왕비가 된 추녀

방연은 마릉 길에서 만 발의 화살을 맞고
상앙은 함양 저자에서 소 다섯 마리에 의해 몸이 찢기다
馬陵道萬弩射龐涓, 咸陽市五牛分商鞅.

위魏나라 방연龐涓은 세자 신申과 함께 군사를 일으켜 한韓나라를 정벌하러 나섰다. 행군이 외황外黃(河南省 杞縣 동쪽)이란 곳을 지나던 중 포의布衣의 선비 서생徐生이란 사람이 세자를 알현하고 싶다고 했다. 세자가 불러서 물었다.

"선생께선 이렇게 왕림하신 건 무슨 가르침을 내리기 위함이시오?"

서생이 말했다.

"세자 저하의 이번 행차는 한나라를 정벌하기 위함이신데, 신에게 이에 대한 백전백승의 비책이 있습니다. 세자께서는 들어보고 싶지 않으십니까?"

세자 신이 말했다.

"과인이 즐거운 마음으로 듣겠소."

서생이 말했다.

"세자께서는 위나라를 소유하는 것보다 더 많은 부富가 있고, 위왕魏王의 자리에 오르는 것보다 더 높은 지위가 있다고 생각하십니까?"

세자 신이 말했다.

"그보다 더 나은 부나 지위는 없소."

서생이 말했다.

"지금 세자께서 친히 군사를 거느리고 한나라를 정벌하여 다행히 이긴다 해도 그 부는 위나라에 그칠 것이고, 지위도 위왕에 그칠 것입니다. 만일 이기지 못하면 장차 어떻게 할 작정이십니까? 대저 싸움에 패배한 피해를 보지도 않고 장차 왕으로서의 영광을 누릴 수 있는 방법이 있으니, 이것이 바로 신이 말한 백전백승의 비책입니다. 그것은 전쟁을 하지 않는 길입니다."

세자 신이 말했다.

"좋은 말씀이오! 과인이 선생의 가르침에 따라 바로 군사를 거두겠소."

서생이 말했다.

"세자께서는 제가 드린 말씀을 좋아하시지만 실행하지는 못하실 것입니다. 대저 한 사람이 솥에 죽을 끓이면 여러 사람이 먹고 싶어합니다. 지금 세자께서 끓이는 죽을 먹고 싶어하는 사람이 매우 많은데, 세자께서 군사를 거두려 하시면 누가 그 말을 듣겠습니까?"

서생은 작별 인사를 하고 떠나갔다. 세자가 군사를 거두라는 명령을 내리자 방연이 말했다.

"대왕마마께서 삼군을 세자 저하께 맡기셨습니다. 그런데 싸워서 승부도 내지 않고 갑자기 군사를 거둔다면 싸움에 패배한 것과 무엇이 다르겠습니까?"

장수들도 모두 빈손으로 돌아가서는 안 된다고 했다. 세자 신은 스스로 결정을 내릴 수가 없어 결국 군사를 이끌고 진격하여 한나라 도성에 당도했다.

한 애후哀侯[1]는 제나라로 사신을 보내 위급함을 알리고 출병을 요청했다. 제 선왕宣王은 백관들을 모두 불러 모아 물었다.

"한나라를 구해주는 것과 구해주지 않는 것 중 어느 대책이 좋소?"

상국 추기騶忌가 말했다.

"한과 위가 서로 병탄하려고 싸우는 상황은 이웃 나라에게 행운입니다. 구해주지 않는 것이 더 좋습니다."

그러자 전기田忌와 전영田嬰이 함께 말했다.

"위나라가 한나라에 승리하면 그 재앙이 반드시 우리 제나라에까지 미칠 것입니다. 구해줘야 합니다."

손빈만이 유독 아무 말도 하지 않고 있었다. 선왕이 물었다.

"군사軍師께선 한 마디 말도 없으신데, 구해주는 것과 구해주지 않는 것 두 가지 모두가 옳지 않다는 것이오?"

손빈이 대답했다.

"그렇습니다. 위나라는 자신의 강력한 힘만 믿고 작년에는 조나라를 정벌했고, 올해는 한나라를 정벌하려 하고 있습니다. 그러니 어찌 잠시라도 우리 제나라를 잊고 있겠습니까? 만약 구해주지 않으면 한나라를 버리고 위나라를 살찌우는 일이 될 것입니다. 때문에 구해주지 않는 것은 잘못된

---

1 애후哀侯: 연대로 볼 때 소후昭侯가 되어야 한다. 중국의 런민문학출판사人民文學出版社, 중화서국中華書局, 상하이고적출판사上海古籍出版社, 제노서사齊魯書社 등에서 나온 판본에 모두 애후로 되어 있지만, 소후가 되어야 마땅하다. 이 단락 바로 뒤에는 다시 소후로 서술되어 있다.

일이라고 말씀드리는 것입니다. 그러나 위나라가 한나라를 공격할 때 한나라 군사가 아직 지치지 않은 상태에서 구원에 나서면, 우리가 한나라 대신 위나라의 공격을 받게 됩니다. 결국 한나라는 편안하게 쉬고, 우리만 위험에 처하게 됩니다. 그래서 구해주는 것 또한 잘못된 일이라고 말씀드리는 것입니다."

선왕이 말했다.

"그럼 어찌해야 하오?"

손빈이 대답했다.

"계책을 말씀드리겠습니다. 우선 한나라의 구원 요청을 받아들이셔서 그들을 안심시키십시오. 한나라는 우리 제나라가 구원병을 보낸다는 것을 알고 틀림없이 전력을 다해 위나라와 맞설 것입니다. 우리는 위나라 군사가 약해지기를 기다려 서서히 군사를 이끌고 진격하면 됩니다. 약해진 위나라를 공격하여 위기에 빠진 한나라를 구원하면 힘은 적게 들고 공은 크게 세우는 일이 될 것입니다. 이 어찌 앞의 두 계책보다 나은 계책이 아니겠습니까?"

선왕은 손뼉을 치며 훌륭한 계책이라고 칭찬했다. 그리고 마침내 한나라 사신에게 구원병을 보내겠다고 약속했다.

"우리 제나라 구원병을 조만간 한나라로 보낼 것이오."

한 소후는 매우 기뻐하며 전력을 다해 위나라 공격에 맞섰다. 그러나 앞뒤 대여섯 차례 교전에서 모두 패배하고 말았다. 이에 다시 제나라로 사신을 보내 구원병 파견을 재촉했다.

그제야 제나라에서는 전기를 대장으로, 전영을 부장으로, 손빈을 군사軍師로 삼아 병거 500승을 일으켜 한나라 구원에 나섰다. 전기가 또 한나라로 바로 진격하려 하자 손빈이 말했다.

"불가하오! 불가하오! 우리는 지난번 조나라를 구원할 때도 조나라로 바로 가지 않았는데, 지금 한나라를 구원함에 어찌 한나라로 바로 가려 하시오?"

전기가 말했다.

"그럼 군사께서는 어디로 가려 하시오?"

손빈이 말했다.

"대저 분규를 해결하려면 구원을 요청한 나라의 적을 공격해야 하오. 그러므로 오늘 우리는 곧바로 위나라 도성으로 진격해야 하오!"

전기는 그 말에 따라 삼군에 위나라 도성으로 진격하라는 명령을 내렸다. 방연은 한나라 군사에게 연전연승하며 한나라의 새로운 도성으로 핍박해 들어갔다. 그러다가 갑자기 본국에서 날아온 급보를 받았다.

"제나라 군사가 다시 우리 위나라 변경을 침범하고 있으니 원수께서는 조속히 군사를 거두어 돌아오길 바라오."

방연은 깜짝 놀라 즉시 군사들에게 한나라를 버려두고 위나라로 귀환하라는 명령을 내렸다. 한나라 군사는 위나라 군사를 추격하지 않았다. 손빈은 방연이 돌아온다는 사실을 탐지하고 전기에게 말했다.

"삼진三晉의 군사들은 평소에 자신들의 용맹함만 믿고 우리 제나라를 경시하면서, '제齊'라는 말을 겁쟁이의 별칭으로 사용하고 있소. 싸움을 잘하는 사람은 형세에 따라 유리하게 전투를 전개하오. 『병법兵法』에도 이르기를 '100리를 진격하여 이익을 좇는 자는 상장上將을 잃게 되고, 50리를 진격하여 이익을 좇는 자는 군사의 반만 당도할 것이다百里而趨利者蹶上將, 五十里而趨利者軍半至'[2]라고 했소. 우리 군사들은 먼 길을 진격하여 위나라 땅으로 들어왔기 때문에 거짓으로 약한 모습을 보이며 적을 유인해야 하오."

전기가 말했다.

"어떻게 유인한단 말이오?"

손빈이 말했다.

"오늘은 취사용 부뚜막 10만 개를 만들고 내일은 반으로 줄이시오. 그럼 저들은 취사용 부뚜막이 줄어든 것을 보고 틀림없이 우리 군사가 겁을 먹고 절반 이상 도망갔다고 여길 것이오. 그러고는 분명 진군 속도를 두 배 이상 높여서 이익을 좇아 추격전을 감행할 것이오. 그럼 저들의 기세는 틀림없이 교만하게 되고, 체력도 지칠 수밖에 없게 되오. 우리는 적이 지치기를 기다려 적절한 계책으로 승리를 쟁취하면 되오."

전기는 손빈의 계책에 따랐다.

한편 방연은 군사를 이끌고 서남쪽 방향으로 행군하면서 마음속으로 이렇게 생각했다.

'한나라 군사에게 여러 번 승리를 거두고 이제 저들의 도성으로 진격해 들어가려는 순간에 제나라 군사의 침략으로 전공을 훼손당하게 됐다. 이 얼마나 분한 일인가?'

위나라 경계로 들어서니 제나라 군사가 벌써 앞서 간 흔적이 있었다. 그들이 진채를 세웠던 자취는 매우 넓었다. 부하를 시켜 적이 사용했던 부뚜

2_ 이 대목은 현재 전하는 『손자병법孫子兵法』 「군쟁軍爭」 편에 나온다. 그러나 그 구절이 조금 상이하다. 현재 손자병법의 원문은 다음과 같다. "100리를 행군하여 이익을 다투면 삼군의 장수가 모두 포로로 잡히고, 강한 자는 앞서고 피곤한 자는 뒤로 처진다. 그런 방법을 쓰면 열 명 중 한 명만 당도할 수 있을 뿐이다. 50리를 행군하여 이익을 다투면 상장군을 잃게 되고, 그런 방법을 쓰면 군사의 반만 당도할 수 있을 뿐이다百里而爭利, 則擒三將軍, 勁者先, 疲者后, 其法十一而至. 五十里而爭利, 則蹶上將軍, 其法半至."

막 흔적을 세어보니 족히 10만 개가 넘었다. 방연은 깜짝 놀랐다.

"제나라 군사의 숫자가 이렇게 많단 말인가? 가볍게 대적해서는 안 되겠다."

그러나 이튿날 또 제나라 군영 자리에 이르러 부뚜막 숫자를 조사했을 때는 5만여 개만 남아 있었다. 그다음 날은 겨우 3만 개뿐이었다. 방연은 손으로 자신의 이마를 어루만지며 말했다.

"이것은 위나라 주상전하의 홍복이로다!"

세자 신이 물었다.

"군사께서는 적의 모습을 보지도 않고 어찌하여 기쁜 표정을 드러내시오?"

방연이 대답했다.

"저는 평소에 제나라 놈들이 겁이 많다는 것을 알고 있었습니다. 과연 우리가 위나라 땅으로 들어온 지 겨우 사흘 만에 놈들의 병졸이 반 이상 도망갔습니다. 이런 지경에서 놈들이 과연 창을 들고 싸움에 나서려 하겠습니까?"

세자 신이 말했다.

"제나라 놈들은 속임수를 잘 쓰니 군사께서는 더욱 조심해야 하오."

방연이 말했다.

"전기 등은 이번에 제 스스로 죽을 장소로 찾아든 것입니다. 이 방연이 비록 재주가 없으나 전기 등을 생포하여 계릉桂陵 땅에서 패배한 치욕을 씻겠습니다."

그리고는 당장 명령을 내려 정예병 2만 명을 선발하게 하고, 세자 신과 부대를 둘로 나누어 이틀 걸릴 거리를 하루 만에 진군하게 했다. 그러나 보병은 뒤에 남겨두고 방총을 시켜 천천히 따라오게 했다. 이때 손빈은 세작을 보내 방연의 동정을 염탐하게 했다. 세작이 돌아와 보고했다.

"위나라 군사는 벌써 사록산沙鹿山(河北省 大名 경내)을 지났습니다. 저들은 밤낮을 구분하지 않고 평소보다 두 배나 빠른 속도로 진격해오고 있습니다."

손빈이 손가락을 꼽으며 저들의 행군 속도를 계산해보니 저녁 무렵에 틀림없이 마릉馬陵(河南省 范縣 서남)에 당도할 듯했다. 마릉은 길이 두 산 사이로 나 있고 좁고 깊은 계곡이 이어져 있어서 군사를 매복시키기에 좋은 장소였다. 길가에 나무가 빽빽하게 우거진 곳에서 손빈은 큰 나무 한 그루만 남기고 나머지 나무는 모두 베어내게 했다. 그러고는 베어낸 나무를 길 위에 종횡으로 쓰러뜨려 말과 사람의 통행을 막았다. 아울러 큰 나무의 큰길 쪽 부분의 껍질을 하얗게 벗겨내고 거기에 먹으로 여섯 글자를 크게 썼다.

龐涓死此樹下
방연은 이 나무 아래에서 죽는다.

그러고는 그 여섯 글자 위에 또 가로로 네 글자를 썼다.

軍師孫示
군사 손빈이 쓰다.

또한 손빈은 부장部將 원달袁達과 독고진獨孤陳에게 각각 궁노수 5000명을 뽑아 길 좌우에 매복하게 하고 분부했다.

"저 큰 나무 아래에서 불길이 솟으면 일제히 화살을 발사하라."

전영에게는 군사 1만을 거느리고 마릉에서 3리 정도 떨어진 곳에서 매복하고 있다가 위나라 군사가 그곳을 지나가면 뒤를 공격하게 했다. 각자의 분담을 모두 정해준 뒤 손빈은 전기와 함께 군사를 이끌고 그곳에서 좀 멀리 떨어진 곳에 군영을 세워 각 부대를 지원할 준비를 했다.

그즈음 방연은 연도 내내 그리 멀리 가지 못한 제나라 군사의 동정을 탐문했다. 그는 적을 일거에 따라잡지 못함을 매우 한스럽게 생각하면서 행군 속도를 더욱 높이라고 재촉했다. 그들이 마릉에 당도했을 때는 마침 해가 서산으로 기울고 있었다. 10월 하순이라 달빛도 없었다. 그때 선봉대에서 보고가 올라왔다.

"나무를 베어 길을 막아놓아서 전진하기가 어렵습니다."

방연이 꾸짖으며 말했다.

"제나라 놈들이 우리가 뒤를 바짝 쫓아올까봐 겁이 나서 그런 짓을 해놓은 것이다."

그러고는 바로 군사를 지휘하여 나무를 옮기고 길을 열게 했다. 그때 문득 방연이 고개를 드는데 길가 큰 나무에 껍질이 하얗게 벗겨진 것이 보였다. 거기에는 글자 같은 것이 희미하게 드러나 있었다. 그러나 캄캄한 밤중이라 글자를 읽을 수가 없었다. 방연은 병졸에게 불을 켜고 그곳을 비춰보라고 했다. 병졸들이 일제히 불을 켜자 방연은 불빛 아래에서 손빈이 써놓은 글자를 분명하게 볼 수 있었다. 방연은 대경실색하며 소리쳤다.

"그 앉은뱅이의 계략에 빠졌다."

그러고는 황급히 군사들에게 명령했다.

"속히 후퇴하라!"

말을 아직 다 마치지도 못했는데 원달과 독고진이 거느린 두 갈래의 복병들이 불빛을 보고 만 발의 화살을 소나기처럼 퍼부었다. 위나라 군사들은 큰 혼란에 빠졌다. 몸에 중상을 입은 방연은 그곳에서 벗어나지 못할 것을 알았다. 방연이 탄식하며 말했다.

"한스럽게도 내가 그 앉은뱅이 놈을 죽이지 않아서 마침내 그놈을 유명하게 만들어주는구나!"

그러고는 바로 패검을 뽑아 스스로 목을 찌르고 죽었다. 방영도 화살을 맞고 죽었다. 화살을 맞고 전사한 군사가 헤아릴 수 없을 정도로 많았다. 사관이 이 일을 시로 읊었다.

지난날 가짜 편지는 마귀처럼 간교하더니	昔日僞書奸似鬼
오늘 밤 궁노수 매복 신령처럼 오묘하다	今宵伏弩妙如神
친구를 사귈 때는 진실과 신의로 대해야지	相交須是懷忠信
스스로 몸을 망친 방연을 배우지 말라	莫學龐涓自隕身

지난날 방연이 하산할 때 귀곡 선생은 이런 말을 한 적이 있다.

"너는 틀림없이 남을 속이는 일이 있을 것이고, 그러다가 결국 남에게 속게 될 것이다汝必以欺人之事, 還被人欺."

방연은 가짜 편지로 손빈을 속이고 그의 다리를 잘랐지만 오늘날 결국 손빈의 속임수인 '부뚜막 줄이는 계책'에 걸려들고 말았다. 귀곡 선생은 또 이렇게 말했다.

"말을 만나면 고달파질 것이다遇馬而瘁."

과연 그의 말대로 방연은 마릉馬陵에서 죽었다. 방연이 위나라에서 벼슬

방연이 마릉 길에서 만 발의 화살을 맞다.

살이를 시작하여 죽을 때까지 딱 12년이 걸렸으니 마두령馬兜鈴 꽃송이가 열두 개로 피어나는 조짐이 들어맞은 것이다. 이를 통해 귀곡자의 점술이 미세한 부분까지 모두 들어맞았고, 그것이 헤아릴 수 없을 정도로 신묘했다는 사실을 알 수 있다.

이때 위나라 세자 신은 후대에 있다가 앞 부대가 패배했다는 소식을 듣고 당황하여 군사를 주둔시킨 채 앞으로 나아가지 못했다. 그런 상황에서 제나라 전영이 군사를 이끌고 후방에서 쇄도해오자 제대로 막을 수조차 없었다. 위나라 군사들은 이미 간담이 서늘해진 상황이라 감히 싸울 마음도 먹지 못하고 각자 사방으로 흩어져 도망치기에 급급했다. 세자 신은 고립된 상태에서 병력이 모자라 결국 전영에게 사로잡혀 함거檻車 속에 갇히고 말았다. 전기와 손빈은 대군을 이끌고 앞 부대를 지원했다. 죽은 위나라 군사들의 시체가 들판을 가득 덮었고 무기들도 모두 제나라 군사들의 손으로 들어갔다. 전영은 세자 신을 전리품으로 바쳤다. 원달과 독고진은 방연 부자의 시체를 전리품으로 바쳤다. 손빈은 직접 방연의 시체에서 머리를 베어 수레 위에 매달았다. 제나라 군사는 대승을 거두고 개선가를 울리며 귀환했다. 그날 밤 세자 신은 치욕을 당할까 두려워 스스로 칼로 목을 찌르고 죽었다. 손빈은 탄식을 그치지 않았다. 대군이 사록산沙鹿山에 이르렀을 때 방총의 보병을 만났다. 손빈이 부하를 시켜 방연의 머리를 보여주자 그들은 싸우지도 않고 무너졌다. 방총은 수레에서 내려 머리를 조아리며 목숨을 구걸했다. 전기가 그의 목을 베려 하자 손빈이 말했다.

"악행을 저지른 자는 방연 한 사람뿐이오. 그의 아들도 죄가 없는데 하물며 그의 조카이겠소?"

이에 세자 신 및 방영의 시신을 방총에게 주고, 위나라 조정으로 돌아가 위왕에게 이렇게 보고하게 했다.

"조속히 국서와 함께 조공을 바쳐라. 그렇지 않으면 제나라 군사가 다시 쳐들어갈 것이니 그때는 종묘사직을 보존하지 못하리라!"

방총은 예예 하며 거듭 머리를 조아리고 돌아갔다. 이것이 주周 현왕顯王 28년의 일이었다.

전기 등이 군사를 거두어 귀국하자 제 선왕宣王은 매우 기뻐하며 잔치를 열고 그들의 공로를 치하했다. 선왕은 친히 전기, 전영, 손빈에게 술잔을 내렸다. 상국相國 추기는 지난날 위나라의 뇌물을 받고 전기를 해치려고 한 일이 생각나 마음속으로 부끄러움을 이길 수 없었다. 그는 마침내 병이 위독하다는 핑계를 대고 사람을 시켜 상국의 인수印綬를 반환했다. 이에 제 선왕은 전기를 상국으로, 전영을 장군으로 삼았다. 손빈은 예전처럼 군사의 직위를 유지하게 하고 봉읍으로 큰 고을을 더해주었다. 그러나 손빈은 봉읍을 사양하고 받지 않았다. 그는 자신의 손으로 직접 손무자孫武子의 『병법兵法』 열세 편을 베껴서 선왕에게 바치며 말했다.

"신은 폐인廢人이 된 몸으로 과분하게도 발탁의 은혜를 입었습니다. 위로는 주상전하의 은혜에 보답하고, 아래로는 신의 사사로운 원한도 갚았으니 이제 소원을 충분히 이룬 것입니다. 신의 학문은 모두 이 책 속에 담겨 있습니다. 이제 신이 이곳에 남아도 아무 쓸모가 없을 것입니다. 원컨대 조용한 산 한 자락이나 얻어 남은 생애를 마칠까 합니다."

선왕은 그를 머물게 할 수 없다는 것을 알고 석려산石閭山(山東省 泰安 남쪽)을 봉토로 하사했다. 손빈은 그 산에 1년여를 머물다가 어느 날 저녁 홀연히 종적을 감추었다. 어떤 사람의 말에 의하면 귀곡 선생이 그를 데리고 인간 세상을 떠났다고 한다. 이것은 나중의 이야기다. 무성왕묘武成王廟에는 오늘날에도 「손자찬孫子贊」이 붙어 있다.

손자는 병법을 잘 아는 탓에	孫子知兵
오히려 도적에게 미움받았네	翻爲盜憎
다리 잘려 원통함을 맘에 품고서	刖足銜冤
앉은 채로 제 능력을 발휘했네	坐籌運能
한나라를 구하려고 위나라 쳐서	救韓攻魏
치욕 씻고 신령함을 드날렸다네	雪恥揚靈
공 세우고 받는 상을 사양한 뒤에	功成辭賞
자취를 숨기고 이름 감췄네	遁跡藏名
조부이신 손무 선생을 본받았으니	揆之祖武
집안 법도에 무슨 부끄럼 있었겠는가?	何愧典型

제 선왕은 방연의 목을 도성 문 위에 내걸어 나라의 위엄을 떨치고 제후
들에게 사신을 보내 승첩을 알렸다. 그러자 제나라를 두려워하지 않는 제
후가 없었고, 특히 한나라와 조趙나라 군주는 자신의 나라를 구해준 제나
라의 은덕에 감격하여 직접 제나라로 와서 승전 축하 인사를 올렸다. 이에
제 선왕이 한, 조 군사와 연합하여 위나라를 치려 하자 위 혜왕은 두려움
에 떨며 사신을 제나라로 보내 강화를 요청하고 조공을 바치겠다고 했다.
제 선왕은 한, 조, 위 세 나라 군주와 박망성博望城(山東省 博平鎭 서남)에서 회
맹을 하기로 약속했다. 세 나라 군주 중 어느 누구도 감히 제나라의 명령
을 어기지 못했다. 세 나라 군주가 동시에 제나라에 조공을 바치러 가자
천하의 모든 나라가 제나라의 영광을 찬양했다. 이때부터 제 선왕은 자국

의 강성함만 믿고 주색에 탐닉하며 도성 안에 설궁雪宮을 짓고 잔치와 음악을 즐겼다. 또 도성 교외에 40리나 되는 땅을 개척하여 동산으로 만들고 짐승을 기르며 그곳에서 사냥을 즐겼다. 뿐만 아니라 문장과 유세에 뛰어난 선비들의 변론을 듣기 위해 직문稷門(臨淄城 西南門) 좌우에 강당을 만들고 유세객 수천 명을 모았다. 그중에서 추연騶衍, 전변田騈, 접여接輿, 환연環淵 등 76명이 모두 저택을 하사받고 상대부가 되었다. 그들은 날마다 공리공담만 일삼았을 뿐 실제 정치에는 참여하지 못했다. 아울러 선왕의 측근 내시 왕환王驩 등이 정사政事에 참여하자 전기는 누차 간언을 올렸으나 선왕은 듣지 않았다. 전기는 결국 우울한 마음에 병이 들어 죽었다.

어느 날 제 선왕이 설궁에서 잔치를 열려고 미녀 악사 여럿을 불러 모았다. 그때 넓은 이마, 깊은 눈, 높은 코, 튀어나온 목젖, 낙타 등, 굵은 목, 긴 손가락, 큰 발, 가을 풀처럼 헝클어진 머리카락, 옻칠한 듯한 검은 피부에 몸에는 다 떨어진 옷을 걸친 한 여인이 밖에서 들어오며 소리를 질렀다.[3]

"제나라 대왕마마를 뵙고 싶소."

호위무사가 그녀를 제지하며 말했다.

"이 추한 년이 누구라고 감히 대왕마마를 뵈려 하는가?"

추녀가 말했다.

"나는 제나라 무염無鹽(山東省 東平 동쪽) 사람으로 성은 종리鍾離이고 이름은 춘春이오. 나이가 마흔이 넘도록 아직 시집을 가지 못했는데, 소문을 들으니 대왕마마께서 별궁에서 연회를 연다 하시기에 특별히 대왕마마를 뵙

3_ 추승무염醜勝無鹽. 추한 모습이 무염보다 더 심하다는 뜻. 용모가 매우 추한 여성을 비유한다.(『열녀전列女傳』卷之六)

고 후궁이 된 뒤 궁궐 청소라도 하려고 이렇게 온 것이오."

좌우 시종들은 모두 입을 가리고 그녀를 비웃으며 말했다.

"천하에 이처럼 얼굴이 두꺼운 년도 있단 말인가?"

이에 그 사실을 제 선왕에게 알렸다. 선왕이 그녀를 불러들이자 연회에 시중을 들던 신료들은 모두 그녀의 추한 모습을 보고 웃음을 금치 못했다.[4] 선왕이 물었다.

"지금 궁궐에는 비첩婢妾들이 빠짐없이 갖추어져 있다. 지금 부인의 그 추한 모습으로는 작은 향리에서도 용납될 수 없을 터인데, 평범한 백성의 몸으로 천승지국의 임금을 만나려 하다니 부인에게 무슨 특별한 재능이라도 있는가?"

종리춘이 대답했다.

"소첩에게 특별한 재능은 없고 오직 은어隱語로 비유를 잘합니다."

선왕이 말했다.

"은어를 한번 말해보아라. 과인이 생각해보고 그 말이 타당하지 않으면 즉시 목을 벨 것이다."

그러자 종리춘은 눈을 부라리고 이빨을 드러낸 채 손을 들어 무릎을 서너 번 두드리며 부르짖었다.

"위태롭도다! 위태로워!"

제 선왕은 그녀의 말뜻을 이해하지 못하고 신료들에게 물었다. 신료들 중에도 제대로 대답하는 사람이 없었다. 선왕이 말했다.

"종리춘은 앞으로 가까이 와서 과인에게 분명한 뜻을 말하라!"

4_ 각화무염刻畫無鹽. 무염 땅 추녀 종리춘鍾離春이 화장을 한다는 뜻. 아무리 꾸며도 별로 표가 나지 않아서 꾸민 효과를 보지 못함을 비유한다.(『진서晉書』「주개전周凱傳」)

종리춘이 고개를 조아리며 말했다.

"대왕마마께서 소첩을 죽이지 않으신다면 소첩이 감히 말씀 올리겠습니다."

선왕이 말했다.

"너는 죄가 없느니라!"

종리춘이 말했다.

"소첩이 눈을 부라린 것은 대왕마마 대신 제가 우리 나라에 봉화가 오르는 것을 보았다는 뜻입니다. 또 이빨을 드러낸 것은 제가 대왕마마 대신 간언을 가로막는 자를 징벌하려는 뜻입니다. 또 손을 든 것은 제가 대왕마마 대신 참소하고 아첨하는 간신배를 내쫓으려는 뜻입니다. 그리고 무릎을 친 것은 제가 대왕마마 대신 연회를 여는 누대를 철거하려는 뜻입니다."

선왕이 격노하며 말했다.

"과인에게 어찌 그런 네 가지 잘못이 있겠느냐? 촌 아낙네가 망언을 입에 담고 있구나!"

그러고는 당장 목을 베라고 명령을 내렸다. 종리춘이 말했다.

"대왕마마의 네 가지 잘못을 밝힌 연후에 형을 받겠습니다. 소첩이 듣건대 진秦나라에서는 상앙商鞅을 등용하여 나라가 부강해졌다 합니다. 이제 진나라는 조만간 군사를 함곡관函谷關 밖으로 내보내 우리 제나라와 승패를 다툴 것이니 그럼 틀림없이 우리가 가장 먼저 환란에 시달릴 것입니다. 그런데도 안으로는 훌륭한 장수가 없고, 밖으로는 변방 군사들의 기강이 해이해지고 있습니다. 이러한 까닭에 소첩이 대왕마마 대신 눈을 부라리며 노려본 것입니다. 또 소첩이 듣건대 '임금에게 간쟁하는 신하가 있으면 그 나라가 망하지 않고, 아비에게 간쟁하는 자식이 있으면 그 집이 망하지 않는다君有諍臣, 不亡其國, 父有諍子, 不亡其家'고 합니다. 그런데 지금 대왕마마께서

는 안으로는 여색에 탐닉하고 밖으로는 국정을 황폐화하면서 충간지사忠諫
之士를 받아들이지 않고 있습니다. 이러한 까닭에 소첩이 이빨을 드러내며
대왕마마께 간언을 올리려 한 것입니다. 또한 왕환 등은 아첨으로 총애를
얻어서는 현인을 가로막으며 벼슬을 훔치고 있습니다. 그런데도 추연 등은
공리공담이나 일삼으며 현실에서 동떨어진 이야기를 하고 있습니다. 대왕
마마께서 그런 무리를 신임하시는지라 소첩은 종묘사직이 잘못될까 두려
워 손을 들어 내저은 것입니다. 또한 대왕마마께서는 궁궐을 짓고 동산을
만들며, 누대를 세우고 연못을 파면서 백성의 힘을 고갈시키고 나라의 세
금을 헛되이 소모하고 있습니다. 이러한 까닭에 무릎을 치며 그 건축물을
철거하려는 뜻을 보인 것입니다. 대왕마마께서는 이 네 가지 잘못을 범하
시어 이제 누란累卵의 위기에 봉착했습니다. 그러나 대왕마마께서는 눈앞
의 편안함만을 추구하며 뒷날의 우환은 돌아보지 않고 있습니다. 소첩은
죽음을 무릅쓰고 간언을 올렸습니다. 혹시라도 소첩의 말을 채택해주신다
면 죽어도 여한이 없겠습니다."

선왕이 탄식하며 말했다.

"만약 종리씨鍾離氏의 간언이 없었다면 과인은 나의 잘못을 듣지 못했을
것이다."

그러고는 그날 바로 잔치를 파한 뒤 종리춘을 수레에 싣고 궁궐로 들어
가 정비正妃로 삼았다. 그러자 종리춘이 사양하며 말했다.

"대왕마마께서는 소첩의 말은 받아들이지 않으시면서 어찌 첩의 몸만
등용하려 하십니까?"

이때부터 제 선왕은 현인을 초빙하여 자신의 몸을 낮추고 간신배를 멀
리하며 직하稷下의 유세객을 모두 해산시켰다. 또한 전영을 상국으로 삼고

추鄒나라 사람 맹가孟軻(孟子)를 상빈上賓으로 삼자 제나라가 크게 다스려졌다. 종리춘에게는 무염無鹽 고을을 봉토로 주고 종리춘을 무염군無鹽君으로 부르게 했다. 이것은 나중의 이야기다.

이야기가 두 갈래로 나뉜다. 한편 진秦나라 상국 위앙衛鞅은 위魏나라 방연이 죽었다는 소식을 듣고 진 효공孝公에게 말했다.

"진과 위는 이웃 나라입니다. 진나라 옆에 위나라가 있는 것은 사람의 배 속에 질병이 있는 것과 같습니다. 위나라가 진나라를 병탄하지 않으면 진나라가 위나라를 병탄해야 합니다. 두 나라는 결코 양립할 수 없습니다. 지금 위나라가 제나라에게 대패하자, 제후들 마음도 이반하고 있습니다. 이 기회를 틈타 위나라를 정벌하면 위나라는 견디지 못하고 틀림없이 동쪽으로 도읍을 옮길 것입니다. 그 뒤 우리 진나라가 험준한 산하에 기대 동쪽을 향해 제후들을 제압해나가면 제왕의 패업을 이룰 수 있을 것입니다."

효공도 그 생각에 동의하며 위앙을 대장으로 삼고 공자 소관少官을 부장으로 삼아 군사 5만을 주어 위나라를 정벌하게 했다. 진나라 군사가 함양咸陽을 나서 동쪽을 향해 진격하자 급보가 서하西河 땅으로 바로 전해졌다. 서하 태수 주창朱倉은 하루에도 세 번씩 사자를 보내 위급함을 알렸다. 위 혜왕惠王은 신료들을 크게 불러 모아 진나라를 물리칠 계책을 물었다. 공자 앙卬이 앞으로 나서며 말했다.

"위앙이 지난날 우리 위나라에 있을 때 신과 친하게 지냈습니다. 그때 신이 그를 대왕마마께 천거했으나 대왕마마께서는 듣지 않으셨습니다. 이제 신이 군사를 이끌고 앞으로 나가서 먼저 위앙에게 강화를 요청해보겠습니다. 만약 강화 요청에 응하지 않는다면 그때 가서 성을 굳게 지키면서 한나라와 조나라에 구원 요청을 해도 늦지 않을 것입니다."

신료들도 모두 그의 계책에 찬성했다. 이에 혜왕은 공자 앙을 대장으로 임명하여 군사 5만을 내준 뒤 서하 땅으로 가서 그곳 성곽을 구원하게 했다. 공자 앙은 서하로 가서 오성吳城에 주둔했다. 그 오성은 바로 오기吳起가 서하 태수로 있을 때 진나라의 침략을 막아내기 위해 쌓은 성으로 성곽이 매우 견고했다. 공자 앙이 서찰 한 통을 써서 사람을 진나라 진영으로 보내 위앙과 의견을 주고받으며 진나라 군사를 물러가게 하려 했다. 그때 오성을 지키던 병졸이 보고를 올렸다.

"지금 진나라 상국相國의 사자使者가 서찰을 가지고 성 밖에 와 있습니다."

공자 앙은 밧줄을 내려 사자를 올라오게 한 뒤 서찰을 받아 읽었다. 그 내용은 이러했다.

나 위앙은 애초에 공자公子와 서로 마음이 맞아 골육지친과 다름없이 친하게 지냈소. 그런데 지금은 각자가 서로 다른 주상을 섬기며 양국의 장수로 맞서게 되었소. 그러나 어찌 군사를 동원하여 서로 살육전을 벌일 수 있겠소? 나는 이제 공자와 약속을 정해 각각 병거를 버리고 갑주를 벗은 뒤 예법에 맞는 의관을 갖추고 옥천산玉泉山(山西省 孝義 서쪽)에서 만나 즐겁게 술을 마시며 회포를 풀었으면 하오. 그럼 양국 군사는 간뇌도지肝腦塗地를 면할 것이고, 후세 사람들은 천추만대에 이르도록 우리 두 사람의 우정을 관중管仲과 포숙鮑叔에 비하며 칭송할 것이오. 공자께서 이 말에 따를 의향이 있으시면 우리가 함께 만날 날짜를 알려주시기 바라오.

공자 앙은 서찰을 다 읽고 나서 매우 기뻐하며 말했다.

"내 뜻도 바로 이와 같도다!"

그리하여 마침내 사자를 융숭하게 대접하고 다시 답서를 썼다.

상국께서는 지난날의 교분을 잊지 않고, 의관을 갖추어 우호의 회맹을 행한 제 환공桓公의 사례에 따라 우리도 예법에 맞는 의관으로 병거를 대체하여 진나라와 위나라 백성을 편안하게 하고, 관중과 포숙의 우의를 밝히고자 하셨소. 이것은 바로 나의 뜻이기도 하오. 사흘 안에 상국께서 날짜를 정해주시면 내가 명령에 따르도록 하겠소.

위앙은 답서를 받고 나서 기뻐하며 말했다.

"나의 계책이 성사되었다."

그러고는 다시 사자를 보내 약속 날짜를 정해주었다. 사자가 말했다.

"진나라 전방 부대는 진채를 거두어 먼저 돌아갔습니다. 아울러 원수와 만나고 나서 나머지 모든 진채를 뽑아 회군하겠다고 하셨습니다."

또 홍초紅蕉와 사향麝香을 주며 말했다.

"이 두 가지 물건은 진나라에서 나는 특산물입니다. 홍초는 사람 몸에 좋고 사향은 사악한 기운을 물리칩니다. 옛정을 기념하고 길이길이 교분을 두텁게 하기 위해 드리는 선물입니다."

이에 공자 앙은 위앙이 자신을 매우 아끼고 있다고 생각하며 더욱 그를 믿어 의심치 않았다. 그리하여 바로 답서를 보내 감사의 마음을 전했다. 위앙은 거짓으로 군령을 내려 전방의 군영을 철수시키면서, 공자 소관에게 군사를 이끌고 앞서 가게 했다. 그러면서 연도 내내 식량을 충당하기 위해 사냥을 한다고 소문을 내며 호기산狐岐山(山西省 孝義 서쪽)과 백작산白雀山(山西

省孝義 서쪽 등지)으로 군사를 보내 몰래 매복하게 했다. 그리고 약속한 날의 오시午時 끝 무렵(오후 1시 무렵)과 미시未時 시작 무렵(오후 3시 무렵)에 제나라 군사가 옥천산 아래에 당도하면 산 위에서 울리는 포성을 듣고 일제히 몰려 나가 그곳에 당도한 제나라 군사를 한 사람도 남김없이 사로잡으라고 명령을 내렸다.

약속 날 이른 새벽, 위앙은 먼저 사자를 오성으로 보내 보고했다.

"상국께서 먼저 옥천산으로 가서 기다리고 계십니다. 수행 인원은 300명도 되지 않습니다."

공자 앙은 그 말을 믿고 수레에 술과 음식 그리고 악공을 한 부대 싣고 회합 장소로 갔다. 사람 수는 위앙과 같이 300명 정도로 맞췄다. 위앙은 산 아래까지 내려와 공자 앙을 맞았다. 공자 앙은 위앙의 수행원이 매우 적고 또 아무런 무기도 갖고 있지 않은 것을 보고 편안한 마음으로 일말의 의심도 하지 않았다. 두 사람은 만나 서로 인사를 나누며 옛날의 교분과 오늘의 우호를 정겹게 얘기했다. 위나라에서 온 수행원들은 기뻐하지 않는 사람이 없었다. 그리하여 양측에서 모두 주연을 마련했다. 옥천산은 위나라에 있었으므로 공자 앙이 주인이 되어 먼저 위앙에게 잔을 세 번 올렸고, 공자 앙도 세 번 답례의 술잔을 받았다. 이어서 또 풍악이 세 차례 울리자 위앙은 군리軍吏를 시켜 위나라에서 마련한 주연을 끝내고 진나라에서 마련한 주연을 베풀게 했다. 그 자리에서 술시중을 드는 두 사람은 모두 진나라의 유명한 용사였다. 한 사람은 이름이 오획烏獲으로 1000균鈞의 무게를 들어 올릴 수 있을 정도로 힘이 장사였다. 또 한 사람은 이름이 임비任鄙로 맨손으로 호랑이를 때려잡을 수 있는 용사였다. 위앙은 첫 잔을 공자 앙에게 권하면서 좌우 시종들에게 눈짓을 했다. 그러자 그들은 산꼭대기로 달려가서 포炮를 울렸다. 산 아래에서도 이에 호응하는 포성이 울렸다. 산꼭대기와 계곡에서 포성이 진동하자 공자 앙이 깜짝 놀라며 말했다.

"이것이 어디서 울리는 포성이오? 상국께서 나를 속인 것이 아니오?"

위앙이 웃으면서 말했다.

"잠시 그대를 속였으니 나의 죄를 용서해주시구려!"

공자 앙이 당황하여 도망치려 하자 오획이 달려와 그를 꼼짝 못하도록 꽁꽁 묶었다. 임비는 좌우 수행원들을 지휘하여 공자 앙의 수하 인원을 나포하기 시작했다. 이때 진나라 공자 소관도 군사를 거느리고 위나라의 수레와 군사를 닥치는 대로 잡아들였다. 정말 물샐틈없는 계략이었다.

위앙은 또 부하들에게 공자 앙을 함거에 싣고 먼저 진나라 도성으로 달려가 승첩을 보고하게 했다. 그러나 사로잡은 공자 앙의 수행원들은 모두 포박을 풀어주고 술을 내려 위로했다. 그리고 그들에게 무기를 돌려주면서 말했다.

"너희 대장이 회합에서 돌아오는 행차라 하고 오성의 서문을 열게 하라. 그럼 또 후한 상을 내릴 것이다. 만약 명령에 따르지 않으면 즉시 참수할 것이다."

수행원들은 전부 조무래기 병졸에 불과하여 죽음을 두려워하지 않는 자가 아무도 없었으므로 모두 위앙의 명령대로 행동했다. 아울러 위앙은 오획을 공자 앙으로 분장시켜 수레 안에 타게 하고 임비는 호송 사신으로 분장시켜 수레 뒤를 따르게 했다. 오성을 지키는 위나라 군사들은 자기 편수레가 돌아온다고 판단하고 즉시 성문을 열었다. 그때 함께 들어온 진나라 용장 오획과 임비는 성문을 닫지 못하게 주먹과 발길질로 성문을 깨부쉈다. 그것을 막기 위해 달려온 위나라 군사들은 모두 오획과 임비의 주먹을 맞고 쓰러졌다. 배후에 있던 위앙은 대군을 이끌고 나는 듯이 성안으로 쇄도해 들어갔다. 성안에 있던 위나라 군사와 백성은 어지럽게 도망치기에 바빴다. 위앙은 군사를 풀어 인정사정없이 살육전을 벌인 뒤 마침내 오성을 점령했다. 주창은 대장이 포로가 되었다는 소식이 들려오자 서하를 지키기 어렵다고 판단하고 결국 성을 버리고 달아났다. 위앙은 대군을 이끌고 먼 길을 치달려가 바로 위나라 도성 안읍安邑을 압박했다. 위 혜왕은 두려움에 떨며 대부 용가龍賈를 진나라 군영에 사신으로 보내 강화講和를 요청하게 했다. 그러자 위앙이 말했다.

"위왕이 나를 등용하지 않아 나는 진나라로 나가 벼슬을 했다. 진왕秦王께서는 나를 경상卿相에 임명하시고 1만 종鍾의 녹봉을 내려주셨다. 지금은 또 병권까지 주셨으니 내가 위나라를 멸망시키지 않는다면 내가 맡은 중책을 저버리는 것이 된다."

용가가 말했다.

"내가 듣건대 '좋은 새는 옛 숲을 그리워하고, 좋은 신하는 늘 옛 임금을 생각한다良鳥戀舊林, 良臣懷故主'고 했소. 위왕께서 비록 장군을 등용하지는 않으셨지만 장군께서는 부모의 나라에 대한 아무런 인정도 없단 말이오?"

상앙은 한참 동안 깊이 생각하다가 용가에게 말했다.

"만약 내가 거느리고 온 군사를 물러가게 하려면 하서 땅을 반드시 진나라에 할양해야 할 것이오."

용가는 이를 승낙하고 다시 돌아가 혜왕에게 보고를 올릴 수밖에 없었다. 혜왕도 그의 말에 따라 즉시 용가를 보내 하서 땅 지도를 진나라 군영에 바치고 강화를 요청했다. 위앙은 지도에 근거해서 하서 땅을 할양받은 뒤 개선가를 울리며 귀환했다. 공자 앙도 결국 진나라에 항복했다. 위 혜왕은 안읍이 진나라에 너무 가깝다고 생각하고 마침내 도읍을 대량大梁으로 옮겼다. 이때부터 위나라를 양梁나라로 칭하기도 했다.

진 효공은 위앙의 공로를 가상하게 여기고 제후에 봉했다. 여기에다 지난번에 뺏은 위나라의 상商(陝西省 丹鳳) 땅과 어於(河南省 西峽) 땅 등 15읍을 위앙의 식읍으로 하사하고 그를 상군商君으로 부르게 했다. 이 때문에 후세 사람들은 그를 상앙商鞅으로 부르고 있다. 상앙은 효공의 은혜에 감사하는 인사를 올리고 집으로 돌아와 가신들에게 말했다.

"나는 위나라 공실의 지손支孫으로 훌륭한 방책을 가지고 진나라로 귀의해서 정치를 개혁하고 나라를 부강하게 했다. 게다가 지금 또 위나라 땅 700리에 봉읍 15성을 소유하게 되었다. 대장부가 이 정도로 뜻을 펼쳤으니 진정 그 한도가 극에 달했다고 말할 수 있지 않겠는가?"

빈객들은 모두 일제히 축하 인사를 올렸다. 그중에서 한 선비가 앞으로 나서며 카랑카랑한 목소리로 말했다.

"천 사람이 예예 하고 좋은 말을 하는 것보다 한 사람이라도 사나운 목소리로 바른 말을 하는 것이 더 좋을 것이오. 여러 빈객께서는 상군의 문하에 거주하면서 어찌하여 아첨이나 일삼으며 주인을 함정에 빠뜨리려 하시오?"

사람들이 돌아보니 바로 상객上客 조양趙良이었다. 상앙이 말했다.

"선생께서는 여러 사람의 말이 아첨이라고 하시는데, 그럼 내가 지금 진나라를 다스리는 것과 오고대부五羖大夫 백리해百里奚가 전에 진나라를 다스린 것을 비교해보면 누가 더 뛰어나오?"

조양이 말했다.

"오고대부는 목공穆公의 재상이 되어 진晉나라의 임금을 세 번이나 정해

줬고, 스물한 나라를 병합하여 자신의 임금을 서융西戎의 패주覇主가 되게 했소. 평소 생활을 할 때도 여름날 일산을 펴지 않았고, 피로해도 수레를 타지 않았소. 그가 세상을 떠나자 모든 백성은 마치 자신의 부모를 잃은 듯 슬프게 통곡했소. 지금 상군께서 진秦나라의 상국으로 8년을 지내는 동안 법령은 잘 시행되었지만 형벌은 지나치게 가혹하오. 백성은 상국의 위엄만 보았지 덕망은 보지 못하고 있소. 또 이익만 좇을 줄 알지 대의가 있다는 건 알지 못하오. 그리고 세자는 상군께서 지난날 세자의 사부에게 형벌을 내린 일 때문에 골수에 사무치도록 원한을 품고 있소. 뿐만 아니라 민간의 부형과 자제들도 상군에게 원한을 품은 지 이미 오래되었소. 그러니 만약 어느 날 진나라 군주께서 세상을 떠나시면 상군의 위태로움은 마치 아침 이슬과 같아질 것이오. 그런데도 지금 상 땅과 어 땅의 부귀에만 탐닉하며 스스로 대장부라 뻐길 수 있겠소? 사정이 이러한데 상군께서는 어찌하여 현인을 추천하여 상국의 지위를 대신하게 하지 않으시오? 녹봉과 벼슬을 사양하고 물러나 시골에서 손수 농사를 짓고 살아야 생명을 온전하게 보존할 수 있을 것이오!"

그러나 상군은 불쾌한 마음으로 아무 말도 하지 않았다.

5개월 뒤 진 효공이 병으로 세상을 떠났다. 신료들은 세자 사駟를 받들어 보위에 올렸다. 이 사람이 진 혜문공惠文公이다. 상앙은 선군의 훈구대신임을 자부하며 궁궐에 출입할 때 더욱 오만하게 행동했다. 그즈음 공자 건虔은 상앙에게 의형劓刑(코를 잘리는 형벌)을 당해 깊은 원한을 품고 있었다. 그는 효공이 죽고 얼마 지나지 않아 공손가公孫賈와 함께 혜문공에게 이렇게 아뢰었다.

"신이 듣건대 '대신의 권한이 막중하면 나라가 위태롭고, 좌우 측근의 권한이 막중하면 임금의 몸이 위태롭다大臣太重者國危, 左右太重者身危'고 합니다. 상앙이 신법을 만들어 진나라를 다스린 뒤 진나라가 잘 다스려지고는 있지만 여인들과 동자들은 모두 진나라의 법이 있다고 말하지 않고 상군의 법이 있다고 말하고 있습니다. 게다가 지금 또 15읍을 봉토로 더해주어 지위는 높고 권한은'막중합니다. 상황이 이러하니 상앙은 뒷날 틀림없이 모반할 것입니다."

혜문공이 말했다.

"나도 그 도적놈에게 원한을 품은 지 오래되었소. 그러나 그자는 선군의 신하이고 반역 행위가 분명하게 드러나지 않고 있기 때문에 잠시 두고 보는 중이었소."

그리하여 마침내 사자를 보내 상앙의 상국 인수를 회수하고 상어商於로 물러가게 했다. 상앙이 조정에서 하직 인사를 올린 뒤 수레를 타고 도성을 나서자 그 화려한 의장 대열이 제후에 비견될 정도였다. 백관들도 상앙을 전송하느라 조정이 텅 비게 되었다. 이때 공자 건과 공손가가 비밀리에 혜문공에게 아뢰었다.

"상앙은 잘못을 뉘우칠 줄 모르고 참람되게도 제후의 의장을 사용하여 상어로 돌아가고 있으니 조만간 틀림없이 반란을 일으킬 것입니다."

두 사람과 함께 입조한 감용甘龍과 두지杜摯도 그렇게 될 것이라고 맞장구를 쳤다. 혜문공은 대로하여 즉시 공손가에게 명령을 내려 군사 3000명을 거느리고 상앙을 추격한 뒤 그의 머리를 베어 보고하게 했다. 공손가는 명령을 받고 조정을 나섰다. 거리 곳곳의 백성도 모두 상군을 원망하고 있었다. 그러다가 공손가가 군사를 이끌고 상군을 잡으러 간다는 소식을 듣자 팔뚝을 휘두르며 함께 따라나선 사람이 무려 수천여 명이나 되었다. 상앙은 수레를 타고 도성을 나서서 벌써 100여 리 밖에 당도해 있었다. 그때 갑자기 후방에서 사람들의 고함 소리가 들려와서 세작을 보내 내막을 알아보게 했다. 세작이 돌아와 보고했다.

"조정에서 군사를 보내 우리를 추격하고 있다 합니다."

상앙은 대경실색하면서도 새 임금이 자신을 문책하기 위해 군사를 보냈다는 사실을 알았다. 그는 참화에서 벗어나지 못할까 두려워 의관을 벗어던지고 수레에서 내려 병졸 복장으로 변장하고 줄행랑을 놓았다. 행차가 함곡관에 이르렀을 때 날이 저물어 객점에 투숙하게 되었다. 객점 주인이 조신첩照身帖(신분증)을 요구했다. 상앙이 없다고 하자 객점 주인이 말했다.

"상군께서 정하신 법에 의하면 조신첩이 없는 사람을 객점에 머물게 해서는 안 되오. 이 법을 어기면 참수를 당하게 되므로 이곳에 머물게 할 수가 없소."

상앙이 탄식하며 말했다.

"내가 이 법을 만들어서 결국 내 몸을 해치게 되었구나."

이에 밤을 새워 앞으로 달려가 백성 가운데 섞여 겨우 관문을 탈출했다. 그리고 곧바로 위나라로 달아났다. 위 혜왕은 상앙이 공자 앙을 죽인 일과 하서 땅을 탈취해간 일에 원한을 품고 상앙을 묶어서 진나라에 바치려 했다. 상앙은 이 소문을 듣고 다시 상어 땅으로 달아났다. 그는 그곳에서 군사를 일으켜 진나라를 공격하다가 공손가에게 사로잡혀 조정으로 압송되었다. 혜문공은 그의 죄를 모두 나열한 뒤 저잣거리로 끌어내 소 다섯 마리를 이용하여 사지를 찢어 죽이게 했다. 원한에 찬 백성이 그의 살을 다투어 씹어 먹자 순식간에 그의 시신이 남김없이 사라졌고 그의 친족도 멸문지화를 당했다. 가련하게도 상앙은 신법을 만들어 진나라를 부강하게

상앙이 소 다섯 마리에 몸이 찢기다.

만들었다가 이제 결국 거열형을 당하고 말았으니 이 어찌 법을 가혹하게 시행한 인과응보가 아니겠는가? 이것은 주 현왕顯王 31년의 일이었다. 이를 읊은 시가 있다.

상어 땅에 봉해진 지 채 1년도 안 되어　　　　　　商於封邑未經年

다섯 갈래로 찢겨 죽으니 그 또한 가련하다　　　　五路分屍亦可憐

각박하게 법 집행하면 흉한 결과 오는 법이니　　　慘刻從來凶報至

형벌 줄이는 서책을 숙독하길 권하노라　　　　　勸君熟讀省刑篇

　상앙이 죽자 백성은 마치 무거운 짐을 벗은 듯이 길거리에서 노래를 부르며 춤을 췄다. 여섯 나라 군주도 그 소식을 듣고 모두 기뻐했다. 감용과 두지는 가장 먼저 삭탈관직을 당했다가 지금에 이르러 복직되었다. 또 공손연公孫衍을 상국으로 임명했다. 공손연은 혜문공에게 서쪽으로 나아가 파촉巴蜀(重慶과 四川省)을 병합하게 하고, 왕호王號 사용을 천하에 공표하게 하면서 여러 제후에게도 위나라처럼 자국의 땅을 떼어 진나라에 예물로 바치라고 요구했다. 만약 이를 어기는 나라가 있으면 바로 군사를 일으켜 정벌하겠다고 위협했다. 혜문공은 마침내 왕을 칭한 뒤 여러 제후국에 사신을 보내 그 사실을 알리고 축하 예물로 영토 할양을 요구했다. 그러나 제후들은 모두 차일피일 결정을 유예하고 있었다. 이때 초楚 위왕威王 웅상熊商은 소양昭陽을 등용하여 월越나라 군사를 격파하고 월왕 무강無疆을 죽인 뒤 월나라 땅 전부를 차지했다. 초나라는 이제 국토가 넓고 군대도 강성하여 진나라와도 대적할 만한 힘을 갖게 되었다. 그즈음 진나라 사신이 초나라에 도착하자 초왕楚王은 그를 마구 꾸짖어 돌려보냈다. 이에 낙양洛陽의 소진은 '겸병지책兼倂之策'을 가지고 진왕에게 가서 유세했다. 소진이 진 혜문왕을 어떻게 설득하는지는 다음 회를 보시라.

육국 재상의 인수를 차고

소진은 합종책으로 여섯 나라의 재상이 되고
장의는 분한 마음에 진나라로 가다
蘇秦合從相六國, 張儀被激往秦邦.

소진蘇秦과 장의張儀는 귀곡鬼谷 선생과 작별하고 산을 내려왔다. 장의는 바로 위魏나라로 갔고, 소진은 낙양의 본가로 돌아왔다. 노모는 아직 생존해 있었지만, 형 하나와 동생 둘 가운데 형은 이미 세상을 떠나 과부가 된 형수만 집에 있었다. 두 동생의 이름은 소대蘇代와 소여蘇厲였다. 여러 해를 헤어져 있다가 이제 다시 재회하니 온 가족이 기쁨에 겨워 어쩔 줄 몰랐다. 며칠 후 소진은 여러 나라를 주유하기 위해 어머니에게 재산을 팔아 노잣돈을 마련해달라고 부탁했다. 그러나 어머니와 형수 및 그의 아내가 모두 그의 계획을 가로막았다. 그의 어머니가 말했다.

"둘째야! 너는 농사일을 하지 않으려면 장사꾼이라도 되어 네 힘으로 작은 이익이라도 얻어야지 혓바닥이나 놀려 부귀를 구하려 하느냐? 지금 눈앞에 있는 일을 버리고 눈에 보이지도 않는 이익을 도모하다가 뒷날 생계가 막막하게 되면 후회해도 소용없을 것이다."

소대와 소여도 말했다.

"형님께서 그렇게 유세에 뛰어나시다면 어찌 우리 고향의 주周나라 천자에게 유세하여 명성을 이루려 하지 않고 하필 먼 곳으로만 가려 하시오?"

소진은 온 가족의 반대에 가로막히자 결국 주 현왕을 만나 자강책自强策을 올렸다. 주 현왕은 그를 객관에 머물게 했다. 현왕의 좌우 측근들은 모두 소진이 농사꾼 출신이란 걸 알고 있었고, 또 그의 말이 너무 공허하여 쓸모없다고 의심하고는 아무도 소진을 현왕에게 추천하려 하지 않았다. 소진은 객관에 머문 지 1년이 넘어가자 결국 임용되기를 단념하고 울분을 터뜨리며 집으로 돌아왔다. 그는 자기 집 재산을 모두 팔아 황금 100일鎰을 마련하고 검은 담비 가죽을 사서 고급 옷을 만들어 입었다. 또 수레와 말과 노복奴僕까지 마련하여 열국列國 유람에 나섰다. 산천의 지형을 살피고 백성의 풍속을 관찰하는 동안 천하 여러 나라의 이해득실을 상세하게 알게 되었다. 이와 같이 여러 해를 보냈지만 아직 그를 알아주는 군주를 만나지 못했다.

그즈음 위앙이 상군에 봉해져 진秦 효공의 마음을 사로잡고 있다는 소문을 듣고 소진은 서쪽 함양으로 갔다. 그러나 그가 도착했을 때는 효공이 이미 세상을 떠난 뒤였고 상군도 죽고 없었다. 이에 소진은 혜문왕惠文王을 알현했다. 혜문왕은 소진을 궁전으로 불러 물었다.

"선생께서 천 리를 멀다 하지 않고 우리 나라에 오셨으니 과인에게 무슨 가르침을 주시겠소?"

소진이 아뢰었다.

"신이 소문을 들으니 대왕마마께서 제후들에게 땅을 할양하라고 요구하셨다는데, 앉아서 천하를 합병하려 하십니까?"

혜문왕이 말했다.

"그렇소."

소진이 또 아뢰었다.

"대왕마마의 나라 동쪽에는 함곡관과 황하黃河가 있고, 서쪽에는 한중漢中이 있고, 남쪽에는 파촉이 있으며, 북쪽에는 호맥胡貉이 사는 오랑캐 땅이 있습니다. 따라서 진은 사방이 요새로 둘러싸인 나라로 비옥한 들판이 천 리에 이르고 씩씩한 용사가 100만 명이나 있습니다. 게다가 대왕마마께서는 어지심으로 억조창생을 다스리시니 신은 대왕마마를 위해 계책을 세우면서 모든 힘을 다 바치고 싶습니다. 이제 대왕마마께서는 제후를 아우르고 주나라 왕실을 병합한 뒤 천자를 칭하며 천하를 하나로 만들 수 있을 것입니다. 이 일은 마치 손바닥 뒤집기처럼 쉬운 일이지만 어찌 편안히 앉아서 일을 이룰 수 있겠습니까?"

혜문왕은 앞서 상앙을 죽인 바와 같이, 마음속으로 유세객을 몹시 싫어했다. 이에 사양하며 말했다.

"과인이 들건대 '털도 나지 않은 새는 높이 날 수 없다毛羽不成, 不能高飛'고 했소. 과인은 선생의 말씀을 들었지만 마음은 있어도 좇아갈 수가 없소. 몇 년을 준비하여 병력이 넉넉해진 이후에 다시 논의했으면 하오."

이에 소진은 궁궐에서 물러나와 3왕(夏 禹王, 商 湯王, 周 武王)과 5패春秋五覇가 전투를 하여 천하를 얻은 방법을 10여만 언言에 달하는 책으로 엮어서 다음 날 진왕에게 바쳤다. 진왕은 그 책을 받아서 뒤적여보긴 했지만 소진을 등용할 마음은 전혀 없었다. 소진은 다시 진나라 상국 공손연을 찾아갔으나 공손연은 그의 재주를 시기하여 이끌어주지 않았다.

소진이 진나라에 머문 지 다시 1년여의 세월이 흘렀다. 그가 갖고 있던 황금 100일도 모두 떨어지고 검은 담비 가죽옷도 너덜너덜해졌다. 그는 다른 계책을 마련할 수 없어서 수레와 말과 노복까지 팔아 노잣돈을 마련한 뒤 봇짐 하나만 달랑 메고 길을 걸어 고향으로 돌아왔다. 그의 어머니는 거지가 된 그의 몰골을 보고 온갖 욕을 퍼부었다. 그의 아내도 베틀에 앉아 베를 짜다가 그가 들어오는 모습을 보고도 베틀에서 내려오지 않았다. 그는 몹시 배가 고파서 형수에게 밥 한 그릇을 달라고 했지만 형수는 땔감이 없다고 하면서 밥을 지으려고 하지도 않았다. 후세 사람이 시를 지어 이 일을 증명했다.

부귀하면 낯선 사람도 골육처럼 친해지고	富貴途人成骨肉
빈곤하면 골육지친도 낯선 사람 되는구나	貧窮骨肉亦途人
다 떨어진 가죽옷을 입고 있는 소진을 보라	試看季子貂裘敝
눈앞 모두가 가족이었지만 아는 척도 하지 않았네	擧目雖親盡不親

소진은 자기도 모르는 사이에 눈물을 흘리며 탄식했다.

"내 한 몸이 빈천해지니 아내도 나를 남편으로 생각지 않고, 형수도 나를 시동생으로 생각지 않고, 어머니도 나를 아들로 생각지 않는구나. 이 모든 것이 나의 죄다!"

이후 책 상자를 뒤지다가 태공太公의 『음부편陰符篇』을 발견하고는 갑자기 깨달은 듯 말했다.

"귀곡 사부님께서 일찍이 '만약 유세를 하다가 뜻대로 일을 이루지 못하거든 이 책만 깊이 있게 연구해도 저절로 유익한 점을 얻을 수 있을 것이다'라고 말씀하셨다."

이에 문을 닫고 그 책을 깊이 연구하며 이치를 궁구窮究하는 데 힘을 쏟았다. 그는 밤낮으로 쉬지 않고 학문에 전념하면서 밤에 잠이 쏟아질 때마다 송곳으로 허벅다리를 찔렀고 그곳에서 흘러내린 피가 발뒤꿈치까지 적셨다.[1] 그는『음부편』에서 깨달음을 얻은 뒤 여러 나라의 형세를 자세하게 대조하여 대책을 연구했다. 이와 같이 1년을 연구하자 천하의 대세가 마치 자신의 손바닥 위에 있는 듯했다. 그는 스스로를 위로하며 말했다.

"내게 이와 같은 학문이 있으니 어떤 임금에게라도 유세만 한다면, 그 임금이 어찌 내게 금옥과 비단을 하사하고 경상卿相의 지위에 임명하지 않겠는가?"

그리고 자신의 아우 소대와 소여에게 말했다.

"이제 나의 학문이 완성되었으니, 부귀를 얻는 일도 쉽게 이룰 수 있다. 너희 두 사람이 나의 노잣돈을 마련하여 내가 열국을 돌아다니며 유세를 할 수 있게 해주면, 내가 출세하는 날 반드시 너희 두 사람을 이끌어주겠다."

그러고는『음부편』을 아우들에게 자세히 풀이해줬다. 소대와 소여도 깨달은 바가 있어 각각 황금을 마련하여 소진의 노자에 보탰다.

소진은 가족과 헤어져 다시 진나라로 가려다가 이런 생각이 들었다.

'지금 천하의 일곱 나라 중에서 진이 가장 강하므로 그 나라를 보좌하면 제업帝業을 이룰 만하다. 그러나 진왕이 나를 등용하지 않으니 어떻게 할 수가 없다. 내가 지금 다시 진나라로 갔다가 이전과 같은 꼴을 당하면

1_ 자고현량刺股懸梁. 중국 전국戰國시대 소진은 넓적다리를 송곳으로 찔러가며 졸음을 쫓았고, 전한前漢 시대 손경孫敬은 자신의 목을 끈으로 묶은 뒤 그 끈을 들보에 매달아 졸음을 쫓았다는 뜻이다. 각고의 노력으로 학문에 정진함을 비유하며 현량자고懸梁刺股라고도 한다.(『전국책戰國策』「진책秦策」, 『한서漢書』「손경전孫敬傳」)

무슨 면목으로 다시 고향으로 돌아올 수 있겠는가?'

이에 진나라를 물리칠 계책을 생각하게 되었다. 소진은 열국이 합심 협력하여 진나라의 세력을 고립시키고 각각 자립할 수 있게 도움을 주려고 마음먹었다. 소진은 동쪽 조나라로 들어갔다. 당시 조나라에는 숙후肅侯가 보위에 있었고 봉양군奉陽君이라 불리는 그의 아우 공자 성成이 상국으로 재직하고 있었다. 소진은 먼저 봉양군에게 유세했지만 봉양군은 별로 마음에 들어하지 않았다. 이 때문에 소진은 조나라를 떠나 북쪽 연燕나라로 가서 연 문공文公을 만나려고 했다. 그러나 연 문공 좌우에도 소진을 끌어줄 만한 사람이 아무도 없었다. 연나라에서 1년여를 머무는 동안 소진은 노잣돈이 모두 떨어져 객점에서 밥을 굶는 신세가 됐다. 객점 주인이 그를 불쌍히 여겨 100전의 돈을 빌려줬다. 소진은 그 돈으로 굶주림을 면한 뒤 연 문공이 외출한 틈에 길가에 엎드려 알현을 청했다. 문공이 성명을 물어보고 그가 바로 소진이란 것을 알고는 기뻐하며 말했다.

"소문을 듣건대 선생께서 10만 언言이나 되는 책을 진왕에게 바쳤다고 하여 과인이 매우 부러워하고 있었소. 그러나 안타깝게도 선생의 책을 읽을 수 없음을 평생의 한으로 여기고 있던 참이오. 이제 선생께서 우리 나라에 오셨으니 과인에게도 가르침을 베풀어주시면 우리 연나라에 크나큰 행운이겠소."

그러고는 마침내 수레를 돌려 조정으로 돌아가 소진을 부른 뒤 허리를 굽히고 가르침을 청했다. 소진이 아뢰었다.

"대왕께서는 전쟁으로 혼란한 이 시대에 나라를 다스리고 계십니다. 지금 연나라는 사방 2000리의 땅을 갖고 있고, 갑사甲士는 수십만 명이며, 병거는 600승이고, 기마병이 타는 말은 6000필입니다. 그러나 중원에 비하

면 그 절반에도 미치지 못합니다. 그러함에도 연나라 사람들은 귀로 쇠창
소리나 철기군鐵騎軍의 말굽 소리를 듣지 않고 있고, 눈으로는 병거가 엎어
지고 장수가 주살당하는 일을 목도하지 않고 있습니다. 이처럼 편안한 삶
을 누릴 수 있는 이유를 대왕께서는 알고 계십니까?"

연 문공이 말했다.

"과인은 그 이유를 모르겠소."

"연나라가 외국의 침략을 받지 않는 것은 조나라가 막아주고 있기 때문
입니다. 그런데도 대왕께서는 가까운 조나라와 우호를 맺을 줄 모르시고,
오히려 먼 곳에 있는 진나라에게 땅을 떼어주고 아첨하려 하시니 이는 너
무나 어리석은 행위가 아닙니까?"

"그럼 어떻게 해야 하오?"

"신의 어리석은 생각으로는 조나라와 화친을 맺고 이를 기회로 천하의
열국들과 연대하여 천하를 하나로 묶은 후 서로 힘을 합쳐 진나라에 대항
하는 것이 가장 좋은 방법입니다. 이 방법을 쓰면 백대에 이르도록 나라를
안정시킬 수 있을 것입니다."

"선생께서 합종책合縱策으로 연나라를 안정시키라 하시니 과인도 그 말
씀에 따르고 싶소. 그러나 제후들이 따르지 않을까 걱정이 되오."

"신이 비록 재주는 없지만 조나라 군주를 만나서 합종의 약속을 정할까
합니다."

연 문공은 매우 기뻐하며 소진에게 황금과 비단을 여비로 주고 네 마리
말이 끄는 높다란 수레를 하사했다. 그리고 장사를 시켜 그를 조나라까지
호송하게 했다.

이때 마침 조나라 봉양군 조성趙成이 세상을 떠났다. 조 숙후는 연나라

에서 보낸 사신이 당도했다는 소식을 듣고 친히 궁궐 계단 아래에까지 내려가 소진을 맞아들이며 말했다.

"상객上客께서 이렇게 멀리까지 왕림하셨으니 무슨 좋은 가르침을 내려주시려오?"

소진이 아뢰었다.

"신이 듣건대 천하의 포의布衣 현사賢士들은 어진 임금의 대의를 높게 여기지 않는 사람이 없다고 합니다. 그들은 모두 어진 임금 앞에서 충성을 바치기를 바라고 있습니다. 그러나 봉양군이 인재를 시기하고 유능한 사람을 질투하여 어떻게 할 수가 없었습니다. 그리하여 유세객들은 발을 싸매고 조나라로 들어오려 하지 않았고, 입을 봉한 채 좋은 계책을 올리려 하지 않았습니다. 이제 봉양군이 죽었다고 하니 신이 어리석은 충성심이나마 바치겠습니다. 신이 듣건대 '나라를 보전하려면 백성을 편안하게 하는 것보다 더 좋은 방법이 없고, 백성을 편안하게 하려면 이웃 나라와 우호를 맺는 것보다 더 좋은 일이 없다保國莫如安民, 安民莫如擇交'고 합니다. 지금 태항산 동쪽의 여러 나라 중에서 조나라가 가장 강성합니다. 조나라는 사방 2000여 리의 땅을 갖고 있고, 갑사甲士는 수십만이며, 병거는 1000승이고, 기마병이 타는 말은 1만 필입니다. 게다가 여러 해 동안 버틸 수 있는 식량까지 갖추고 있습니다. 이에 진나라가 가장 싫어하면서 해치고 싶어하는 나라가 바로 조나라입니다. 그러나 진나라가 감히 군사를 일으켜 조나라를 정벌하지 못하는 까닭은 바로 한나라와 위나라가 그 배후를 기습할까 두려워하기 때문입니다. 따라서 조나라의 남쪽 울타리가 되어주는 나라가 바로 한나라와 위나라입니다. 그러나 한나라와 위나라에는 험준한 명산대천이 없어서 일단 진나라가 대군을 일으켜 두 나라를 잠식하면 두 나라는 바로 항복할 것이고 그럼 그 재앙의 여파가 조나라에까지 미칠 것입니다. 신이 일찍이 천하의 지도를 살펴보았더니 진나라를 제외한 열국의 땅이 진나라 땅보다 다섯 배나 더 넓었고, 열국의 군사도 진나라보다 열 배는 많았습니다. 그러므로 만약 여섯 나라가 힘을 하나로 합쳐 서쪽으로 진격하면 진나라를 격파하는 일이 어찌 그리 어렵겠습니까? 지금 진나라의 계책은 제후들을 위협하여 땅을 할양받고 강화를 하는 것입니다. 대저 아무 까닭도 없이 땅을 할양하는 건 스스로 멸망의 길로 나아가는 일입니다. 다른 나라를 멸망시키는 것과 다른 나라에게 멸망당하는 것 중 어느 것이 더 좋은 일이겠습니까? 신의 어리석은 소견으로는 열국의 군신들과 원수洹水(河南省 安陽河)에서 회합을 갖고 동맹 서약을 한 뒤 서로 형제의 나라가 되어 입술과 이빨처럼 돕는 것이 가장 좋은 방책이라 생각됩니다. 이후 진나라가 우리 동맹국 가운데 한 나라를 공격하면 다섯 나라가 함께 구원에 나서고, 또 동맹을 배반하는 나라가 있으면 힘을 합쳐 그 나라를 정벌하면 될 것입니다. 진나라가 비록 강포하다고 해도 어찌 감히 고립된 상태로 천하의 열국들과 승부를 다툴 수 있겠습니까?"

조 숙후가 말했다.

"과인은 나이도 어리고 보위에 오른 지도 얼마 되지 않아 이처럼 훌륭한 계책을 들은 적이 없소. 지금 상객께서 제후들을 규합하여 진나라에 맞선다 하니 과인이 어찌 감히 따르지 않을 수 있겠소?"

이에 소진에게 상국相國의 인수印綬와 큰 저택을 하사했다. 아울러 호화롭게 장식한 수레 100승, 황금 1000일, 백벽白璧 100쌍, 수놓은 비단 1000필을 덧붙여 주며 소진을 종약장縱約長2으로 삼았다.

그리하여 소진은 사자에게 100금金을 주어 연나라로 가서, 그가 객점 주

소진이 합종책으로 여섯 나라 재상이 되다.

인에게 빌린 100전錢을 갚게 했다. 소진이 날짜를 잡고 한나라와 위나라 등 여러 나라에 유세를 하러 떠나려는데, 갑자기 조 숙후가 긴급히 상의할 일이 있다고 소진을 조정으로 불러들였다. 소진은 황망히 달려가 숙후를 알현했다. 숙후가 말했다.

"변방을 지키는 관리가 급보를 보내왔소. 진나라 상국 공손연公孫衍이 위나라를 공격하여 대장 용가龍賈를 사로잡고, 군사 4만5000명의 목을 벴다고 하오. 이에 위왕은 황하 북쪽 열 개의 성을 할양하고 강화 요청을 했고, 공손연은 다시 군사를 옮겨 우리 조나라를 공격하려 한다 하오. 어찌하면 좋소?"

소진은 그 말을 듣고 마음속으로 매우 놀랐다.

'진나라 군사가 조나라로 쳐들어오면 조나라 군주는 틀림없이 위나라처럼 강화를 요청할 것이고, 그럼 합종책은 성사되지 못한다.'

사람이 급해지면 계책이 생겨난다는 격으로 소진은 우선 적당하게 대답을 한 뒤 상황에 따라 다시 대책을 마련할 마음을 먹었다. 이에 일부러 편안한 표정을 지어보이며 공손하게 손을 모으고 대답했다.

"신의 생각으로는 진나라 군사가 지쳐 있기 때문에 조나라까지는 올 수 없을 것입니다. 만일 이곳으로 쳐들어온다 해도 신에게 적을 물리칠 계책이 있습니다."

숙후가 말했다.

"선생께서 잠시 우리 나라에 머무르시다가 진나라 군사가 오지 않으면

2_ 종약장縱約長: 소진의 합종책은 강대한 진秦나라에 맞서 제齊, 초楚, 연燕, 위魏, 한韓, 조趙 여섯 나라가 힘을 합쳐 대항한다는 정책이다. 종약장은 바로 합종책을 입안하고 수행하는 총책임자를 말한다.

그때 과인의 곁에서 떠나도록 하시오."

이 말은 소진의 생각과도 맞아떨어져서 소진은 그렇게 하겠다 하고 조정에서 물러나왔다. 소진은 자신의 집으로 돌아와서 심복 부하를 불렀다. 심복이 들어오자 밀실로 데리고 가서 몰래 분부했다.

"옛날에 나와 동문수학한 친구가 있다. 그의 이름은 장의이고 자는 여자餘子이며 대량 사람이다. 내가 지금 네게 1000금을 줄 테니, 너는 장사꾼으로 위장하고 이름을 가사인賈舍人으로 바꾼 뒤 위나라로 가서 장의를 찾거라. 그 사람을 만나거든 반드시 여차여차하게 행동하고, 조나라에 돌아와서는 여차여차하게 행동하거라. 다른 사람이 알아채지 못하도록 특히 주의하도록 하라."

가사인은 명령을 받들고 밤을 새워 대량으로 달려갔다.

이야기가 두 갈래로 나뉜다. 한편 장의는 귀곡 선생과 이별하고 위나라로 갔다. 그는 집안이 가난하여 위 혜왕에게 가서 벼슬을 구했지만 뜻을 이루지 못했다. 그 뒤 위나라 군사가 전쟁에서 자주 패배하는 것을 보고 장의는 자신의 아내를 데리고 초나라로 갔다. 초나라 상국 소양은 그를 자신의 문객으로 받아들여 머물게 했다. 소양은 군사를 이끌고 위나라를 정벌하여 위나라 군사를 크게 격파하고 양릉襄陵(河南省 睢縣 남쪽) 등 일곱 개 성을 빼앗았다. 초 위왕은 그의 전공을 칭찬하며 '화씨지벽和氏之璧3'을 하사했다. '화씨지벽'이란 무엇인가? 지난날 초 여왕厲王 말년에 변화卞和라는

---

3 화씨지벽和氏之璧: 화씨벽和氏璧, 화벽和璧, 형옥荊玉, 형벽荊璧, 화박和璞이라고도 하며 변화가 바친 아름다운 옥이라는 뜻. 전도顚倒된 시비是非, 숨어 있는 인재, 드러나지 않은 진리, 난관의 극복 등을 비유한다. 또한 가치를 따질 수 없는 보배無價之寶라는 의미로도 쓰인다.(『한비자韓非子』「화씨편和氏篇」,『신서新序』「잡사오雜事五」)

초나라 사람이 형산荊山에서 옥돌 원석을 얻어 여왕에게 바쳤다. 여왕은 옥공玉工(옥을 감정하고 가공하는 사람)을 시켜 그 원석을 감정하게 했다. 옥공이 말했다.

"돌입니다!"

여왕은 격노하여 변화가 임금을 속였다고 생각하고 그의 왼발을 잘랐다. 초 무왕武王이 즉위하자 변화는 또 원석을 무왕에게 바쳤다. 옥공이 또다시 돌로 감정하자 무왕이 노하여 그의 오른발을 잘랐다. 그 뒤 초 문왕文王이 즉위하자 변화는 또 원석을 바치려 했다. 그러나 두 발이 모두 잘린 상태라 몸을 움직일 수 없었다. 이에 변화는 원석을 품에 안고 형산 아래에서 통곡했다. 사흘 밤낮을 통곡하자 눈물이 마르고 피가 흘러나왔다. 그것을 보고 변화를 잘 아는 어떤 사람이 물었다.

"자네는 두 번이나 원석을 바쳤다가 두 번 다 발이 잘리는 형벌을 받았네. 이젠 그만둘 때도 됐는데 아직도 상을 바라는 게 아니라면 무엇 때문에 울고 있는가?"

변화가 말했다.

"나는 상을 바라는 게 아닐세. 내가 한스러운 건 좋은 옥을 돌멩이라 무시하고, 곧은 선비를 사기꾼이라고 매도하는 상황일세. 시비가 전도되고 있는데도 나 스스로 해명할 수 없는 까닭에 그것이 슬퍼서 우는 것일세."

초 문왕은 변화가 슬피 울고 있다는 소식을 듣고 그 원석을 가지고 와 다른 옥인玉人(옥돌 가공사)을 시켜 쪼개보게 했다. 그 옥인은 과연 원석 속에서 흠결 하나 없는 아름다운 옥을 얻었다. 문왕은 그것으로 둥근 옥璧을 만들게 하고 그 이름을 '화씨지벽'이라 했다. 지금도 양양부襄陽府 남장南漳(湖北省 南漳) 형산 꼭대기에 연못이 있고, 연못가에 석실이 있는데 그곳에 있는 바위를 포옥암抱玉巖이라고 한다. 그곳이 바로 변화가 한때 거주하며 옥돌을 안고 울던 곳이다. 초 문왕은 변화의 정성을 가엾게 여기고 그가 죽을 때까지 대부의 녹봉을 내려줬다. 이 화씨지벽은 가치를 따질 수 없는 최상의 보옥이었지만, 월나라를 멸망시키고 위나라를 대패시킨 소양의 공로가 매우 컸기 때문에 그 귀중한 보옥을 그에게 하사했던 것이다. 그 후로 소양은 늘 화씨지벽을 갖고 다니며 잠시도 자신의 곁에서 떼어놓지 않았다.

어느 날 소양은 사방에서 모여든 빈객과 함께 적산赤山(安徽省 宣城)으로 놀러 갔다. 그 적산 아래에는 깊은 연못이 있었는데 전설에 의하면 강태공姜太公이 그곳에서 낚시를 했다고 한다. 또 연못가에는 높은 누대가 있어서 그곳에서 풍악을 울리며 주연을 베풀었다. 주객이 모두 반쯤 취할 무렵 빈객들은 화씨지벽의 아름다움을 오래도록 흠모해왔다고 하면서 소양에게 한 번만 보여주기를 간청했다. 이에 소양은 보물 관리인에게 화씨지벽을 넣어둔 상자를 꺼내오게 했다. 그는 친히 자물쇠를 열고 세 겹으로 덮인 비단 보자기를 풀었다. 옥빛이 휘황찬란하게 사람들의 얼굴을 비추는 가운데 빈객들은 차례로 화씨지벽을 감상했고, 모두 입이 닳도록 그 아름다움을 칭찬했다. 이렇게 감상이 진행되고 있을 때 좌우 시종이 말했다.

"연못 속에서 큰 물고기가 뛰어오르고 있습니다."

소양은 몸을 일으켜 난간에 기대 연못을 내려다봤다. 빈객들도 일제히 난간으로 몰려가 연못 속을 주시했다. 족히 한 길이 넘는 큰 물고기가 펄쩍펄쩍 뛰어오르자 작은 물고기들도 그 뒤를 따라서 뛰어올랐다. 그때 갑자기 동북쪽에서 시커먼 구름이 일어나며 큰 비가 내리려 했다. 소양이 분부했다.

"어서 행장을 수습하라!"

보물 관리인은 화씨지벽을 수습하여 상자 안에 다시 넣으려 했다. 그러나 그때는 벌써 화씨지벽이 누구의 손에 들어갔는지 종적을 찾을 수 없었다. 화씨지벽을 찾느라 한바탕 난장판이 벌어졌지만 소양은 결국 찾지 못하고 집으로 돌아왔다. 그는 한 문객을 시켜 화씨지벽을 훔친 도적을 찾게 했다. 그 문객이 말했다.

"장의는 극빈자인 데다 평소에 품행도 단정치 못했소. 틀림없이 그자가 화씨지벽을 훔쳐갔을 거요."

소양도 그에게 의심이 들었다. 소양은 사람을 시켜 장의를 잡아와 매질을 하며 자백을 강요했다. 그러나 화씨지벽을 훔치지 않은 장의가 어떻게 자백을 할 수 있겠는가? 매질이 수백 대에 이르자 장의는 온몸이 상처투성이가 되어 한 가닥 숨만 겨우 몰아쉴 뿐이었다. 소양은 장의가 초죽음이 되고도 자백하지 않는 걸 보고 석방할 수밖에 없었다. 그 곁에서 장의를 보고 가련하게 여긴 어떤 사람이 그를 부축해 집으로 데려다줬다. 곤욕을 당한 장의를 보고 그의 아내가 눈물을 흘리며 말했다.

"당신이 오늘 곤욕을 당한 것은 모두 책을 읽고 유세를 다닌 결과입니다. 안분지족하며 힘써 농사나 지었다면 어찌 이런 재앙을 당했겠습니까?"

그러자 장의는 입을 크게 벌리고 아내에게 보여주며 물었다.

"내 혓바닥이 아직 남아 있소?"

아내가 웃으면서 말했다.

"아직 있네요."

장의가 말했다.

"혀가 남아 있다면 본전은 건진 셈이오. 우리가 끝까지 곤궁하지는 않을 것이오."

이에 장의는 몸이 반쯤 회복될 때까지 초나라에서 쉬다가 다시 위나라로 돌아갔다.

가사인이 위나라에 당도했을 때는 장의가 위나라로 돌아온 지 거의 반년이 되어가던 시점이었다. 장의는 소진이 조나라에서 뜻을 펼치고 있다는 소문을 듣고, 그를 찾아가기 위해 우연히 대문을 나서다가 마침 대문 밖에 수레를 세우고 있던 가사인을 만났다. 서로 인사를 나누다가 장의는 가사인이 조나라에서 왔다는 사실을 알고 물었다.

"소진이 조나라 상국이 되었다는데 그게 사실이오?"

가사인이 대답했다.

"선생께서는 누구시오? 우리 나라 상국과 친분이 있소? 어째서 물으시오?"

장의는 소진이 자신과 동문수학한 친구이며 형제 같은 사이라고 대답했다. 가사인이 말했다.

"그렇다면 어찌 빨리 가보지 않으시오? 우리 상국께서는 틀림없이 선생을 추천해주실 것이오. 나는 장사 일을 끝내고 조나라로 돌아가려던 참이었소. 만약 제 미천한 신분을 탓하지 않으신다면 선생과 함께 수레를 타고 귀국하고 싶소."

장의는 흔쾌히 그의 말에 따랐다. 이윽고 조나라 교외에 당도하자 가사인이 말했다.

"누추한 저의 집이 교외에 있소. 내가 집에 일이 있어 잠시 헤어져야겠소. 도성의 각 성문 안에는 멀리서 온 손님들이 편히 쉴 만한 객점이 마련되어 있소. 제가 며칠 뒤에 선생을 찾아뵙도록 하겠소."

장의는 가사인의 수레에서 내려 성안으로 들어가 객점을 잡았다. 다음날 장의는 명첩名帖(명함)을 만들어 소진을 만나러 갔다. 소진은 미리 문지기에게 장의를 통과시키지 말라고 명령을 내렸다. 장의는 닷새나 기다린 후에야 겨우 명첩만 전할 수 있었다. 그러나 소진은 일이 바쁘다는 핑계를 대고 뒷날 다시 만나자는 전갈을 보내왔다. 장의는 다시 며칠을 기다렸지만 끝내 소진을 만날 수 없었다. 장의가 화가 나서 떠나려 하자 객점 주인이 만류하며 말했다.

"선생께서는 이미 명첩까지 전하시고 아직 결과만 전해 받지 못한 상태인데, 만약 지금이라도 상국께서 부르시면 어떻게 하실 작정이오? 반년이나 1년을 기다리더라도 지금 떠나서는 안 되오."

장의는 깊은 고민에 빠져 가사인을 찾아가려 했지만 그가 어디에 사는지 아는 사람은 아무도 없었다.

다시 며칠이 지난 뒤 장의는 또 명첩을 써서 승상부를 찾았다. 그러자 마침내 소진이 '내일 만나자'는 전갈을 보내왔다. 장의는 객점 주인에게 적당한 의관과 신발을 빌려 이튿날 새벽부터 승상부에 가서 대기했다. 소진은 미리 위엄을 갖춘 호위병들을 벌려 세우고 중문은 굳게 닫은 채 손님들을 곁문으로만 들어오게 했다. 장의가 곁문을 통과하여 계단으로 올라가려 하자 좌우 시종들이 제지하며 말했다.

"상국께서 아직 공무가 끝나지 않았소. 손님께서는 잠시만 기다려주시오."

이에 장의는 회랑 아래에 서서 기다렸다. 장의가 당상堂上을 올려다보니 소진을 배알하려는 벼슬아치가 매우 많았고 배알을 마치고 공무를 아뢰는 사람도 여러 명 되었다. 오랜 시간이 흘러 해가 이미 중천을 지날 무렵에야 당상에서 부르는 소리가 났다.

"손님께서는 지금 어디에 계시냐?"

좌우 시종이 말했다.

"상국께서 부르시오."

장의는 의관을 바로잡은 후 계단을 올라갔다. 그는 소진이 자리에서 내려와 자신을 맞아주길 바랐지만, 누가 알았을까? 소진은 자신의 자리에 앉아 꼼짝도 하지 않고 있었다. 장의는 치밀어 오르는 분노를 억누르며 공손하게 읍揖을 했다. 그러자 소진은 자리에서 일어나 손만 살짝 들어 보이며 거만하게 답례를 했다.

"여자(장의의 자)는 그간 별고가 없었는가?"

장의는 분노로 얼굴을 붉히며 아무 대답도 하지 않았다. 좌우 시종들이 점심을 올리겠다고 아뢰자 소진이 대답했다.

"공무가 바빠서 미안하게도 여자를 오래 기다리게 했네그려. 아마도 배가 고플 테니 대강 식사를 한 후 다시 이야기를 나누도록 하세."

그러고는 좌우 시종들에게 당하堂下에다 장의의 식사 자리를 마련하도록 명령을 내렸다. 그러나 소진 자신은 당상에 한 상 가득 진수성찬을 마련하여 혼자 식사를 했다. 장의의 밥상에는 고기 한 접시와 야채 한 접시, 그리고 싸라기로 지은 밥 한 공기가 차려져 있을 뿐이었다. 장의는 밥을 먹을 마음이 나지 않았지만 배가 심하게 고팠고 그즈음 객점의 밥값도 여러 차례 외상으로 달아놓은 상태였다. 그는 오늘 소진을 만나면 바로 임용은 되지 않더라도 약간의 금전을 얻어 목전의 곤경을 벗어날 수 있으리라 생각했다. 이와 같은 상황이 전개될 줄이야 누가 생각이나 했겠는가? 소진은 결국 '낮은 처마 아래에서 누가 감히 고개를 숙이지 않겠느냐在他矮簷下, 誰敢不低頭'라는 속담처럼 어쩔 수 없이 부끄러움을 무릅쓰고 수저를 들 수밖에 없었다. 장의가 멀리서 소진의 밥상을 바라보니 진기한 음식이 가득 쌓여 있었고, 좌우 시종들에게 나눠주는 음식조차도 장의가 먹는 음식보다 훨

張儀被激往秦邦

소진이 장의에게 모욕을 주다.

씬 푸짐했다. 장의의 마음속에는 수치심과 분노가 솟구쳐 올랐다. 식사가 끝나자 소진이 명령을 전했다.

"손님을 당상으로 모셔라."

장의가 눈을 들어 바라보니 소진은 여전히 높은 자리에 앉아 일어날 생각조차 하지 않고 있었다. 장의는 이제 분노를 참을 수 없어서 몇 걸음 앞으로 나아가 큰 소리로 꾸짖었다.

"나는 네놈이 옛 친구를 잊지 않았다고 생각하고 멀리서 찾아왔건만 어찌하여 나에게 이처럼 심한 모욕을 주느냐? 동문수학한 친구의 정은 어디로 갔단 말이냐?"

그러자 소진이 천천히 대답했다.

"자네는 재주가 뛰어나서 나보다 먼저 출세할 줄 알았는데, 이처럼 처지가 곤궁할 줄 생각지도 못했네. 내 어찌 자네를 조나라 군주에게 추천하여 부귀를 누리도록 해주지 못하겠는가? 다만 자네는 이미 뜻이 시들고 재주도 후퇴하여, 일을 맡겨도 제대로 처리하지 못하고 추천한 사람에게 누를 끼치지나 않을까 두려울 뿐일세."

장의가 말했다.

"대장부는 스스로 부귀를 찾는 법이다. 어찌 네놈 따위에게 추천을 바라겠느냐?"

소진이 말했다.

"그럼 스스로 부귀를 찾으면 되지 어찌하여 나를 찾아왔는가? 이제 동문수학한 정으로 자네에게 황금 한 덩이를 줄 테니 편하게 쓰도록 하게나."

그러고 소진은 바로 좌우 시종을 시켜 황금을 가져와 장의에게 주도록 했다. 장의는 울화가 치밀어 황금을 땅바닥에 내팽개치고는 분노를 터뜨리며 밖으로 나왔다. 소진은 장의를 잡지도 않았다.

장의가 객점으로 돌아오자 자신의 침구가 모두 밖으로 옮겨져 있었다. 장의가 그 까닭을 묻자 객점 주인이 대답했다.

"오늘 족하께서 상국을 만나시면 틀림없이 좋은 관사와 음식을 받으실 것이라 생각하고 침구를 밖으로 옮겼소."

장의는 고개를 가로저으며 입으로 되뇌었다.

"참으로 한스럽고도 한스럽소!"

그러고는 의관과 신발을 벗어서 객점 주인에게 돌려줬다. 객점 주인이 말했다.

"동문수학한 벗이라더니 족하께서 무슨 망령된 행동을 한 게 아니오?"

장의는 객점 주인을 잡고 지난날 두 사람의 친분과 오늘 자신이 당한 수모에 대해 자세하게 이야기했다. 객점 주인이 말했다.

"상국께서 거만하게 행동하신 듯하지만 그분은 지금 지위도 높고 권세도 막중하므로 손님을 대하는 예법상 그렇게 행동할 수밖에 없었을 것 같소. 족하에게 황금 한 덩이를 내려준 것도 상국의 아름다운 마음인 것 같소. 족하께서 그 황금을 받아왔으면 밀린 밥값을 청산하고 고향으로 돌아갈 노잣돈까지 손에 쥘 수 있었을 터인데, 어찌하여 그것까지 사양했단 말이오?"

장의가 말했다.

"내가 한순간 화를 이기지 못하여 땅바닥에 팽개쳐버렸소. 지금 내 수중에는 땡전 한 푼 없으니 어찌하면 좋겠소?"

이렇게 이야기를 나누고 있는데 전에 장의를 데려온 가사인이 객점 문으로 들어왔다. 그는 장의와 인사를 나누고 나서 이렇게 말했다.

"오랫동안 기다리게 해서 죄송하오. 선생께서는 소蘇 상국을 만나보셨소?"

장의는 분노가 다시 솟구쳐 올라 손으로 객점의 탁자를 치며 욕설을 퍼부었다.

"그 인정머리 없고 의리 없는 도적놈 이야기는 다시 꺼내지도 마시오!"

가사인이 말했다.

"선생의 말씀이 너무 지나치시오. 무슨 까닭에 이처럼 화를 내시오?"

그러자 객점 주인이 장의와 소진이 만난 이야기를 다시 자세하게 들려줬다.

"이제 외상 밥값도 갚을 수 없고 고향으로 돌아갈 대책도 없으니 얼마나 답답하시겠소?"

가사인이 말했다.

"당초에 소인이 선생을 끌어들였으니, 오늘 등용되든 되지 않든 모두 소인이 선생께 누를 끼친 것이오. 그래서 소인이 선생 대신 외상을 갚고 선생께서 위나라로 돌아갈 수 있도록 수레와 말을 준비해드리겠소. 선생의 의향은 어떠하시오?"

장의가 말했다.

"내가 무슨 낯으로 위나라로 돌아갈 수 있겠소? 다만 진나라를 한 번 유람하고 싶은데 노자가 없는 것이 한이오."

가사인이 말했다.

"진나라를 유람하고 싶다면 그곳에도 동문수학한 친구나 형제가 있단 말이오?"

장의가 말했다.

"아니오. 지금 천하의 일곱 나라 중에서 진나라가 가장 강하오. 진나라의 힘이라면 조나라를 곤궁에 빠뜨릴 수도 있을 것이오. 그러므로 내가 진나라로 가서 다행히 등용된다면 소진에게 받은 수모를 갚을 수 있지 않겠소?"

가사인이 말했다.

"선생께서 다른 나라로 가신다면 소인이 함께 모실 수 없지만, 진나라로 가신다면 소인도 마침 그곳으로 친척을 만나러 갈 참이라 서로 길벗이 될 수도 있을 것 같소. 이 어찌 아름다운 일이 아니오?"

장의도 매우 기뻐하며 말했다.

"세상에 이처럼 드높은 대의가 있다는 걸 안다면 소진은 죽고 싶을 정도로 부끄러울 것이오."

그리하여 마침내 장의는 가사인과 결의형제했다. 가사인은 장의 대신 객점의 숙박비와 식비를 계산해줬다. 두 사람은 문밖에 대기하고 있던 수레를 함께 타고 서쪽 진나라를 향해 말을 몰았다. 길을 가는 틈틈이 가사인은 장의를 위해 의관을 마련해주고 노복까지 갖춰주는 등 장의가 필요한 것이 있으면 금전을 아끼지 않았다. 진나라에 도착해서도 다시 막대한 황금과 비단을 진 혜문왕 측근에게 뇌물로 주고 장의의 출세를 도왔다.

그즈음 진 혜문왕은 소진을 놓친 것을 후회하고 있던 차에 마침 좌우 측근들이 장의를 추천하자 곧바로 그를 불러들여 객경에 임명하고 장차 제후들을 제압할 일을 의논했다. 이때 가사인이 장의를 찾아와 작별 인사를 했다. 장의는 눈물을 흘리며 이렇게 말했다.

"처음에 내가 심한 곤경에 처했을 때 자네의 도움에 힘입어 곤경을 헤쳐 나갈 수 있었네. 이제 내가 진나라에 등용되어 자네의 은덕에 보답할 생각을 하고 있는데, 어찌하여 갑자기 떠나려 하는가?"

가사인이 웃으면서 말했다.

"제가 형님을 알아준 것이 아니라 소진 상국께서 형님을 알아준 것이오."

장의는 한참 동안이나 벌어진 입을 다물지 못하다가 가사인에게 물었다.

"자네가 노자를 내게 주고선 어찌하여 소 상국이 줬다고 하는가?"

가사인이 말했다.

"상국께서는 지금 합종책을 제창하고 계신데, 진나라가 조나라를 정벌할까봐 걱정하고 계시오. 그래서 형님이 아니면 진나라의 정권을 잡을 사람이 없다고 생각하신 것이오. 이 때문에 먼저 이 아우를 장사꾼으로 위장시켜 형님을 조나라까지 유인해오게 했소. 또 형님께서 작은 성취에 안주하실까봐 고의로 형님을 업신여기며 형님의 분노를 촉발시킨 것이오. 형님께서 진나라로 유세하러 갈 마음을 먹자, 상국께서 제게 막대한 자금을 주시며 형님을 위해 마음대로 쓰라고 분부하셨소. 그런 다음 형님께서 진나라의 권력을 잡게 되면 도움을 멈추라고 하셨소. 이제 형님께서 진나라에 등용되셨으니 이 아우는 귀국하여 상국께 이곳 상황을 보고해야 하오."

장의가 탄식하며 말했다.

"오호라! 내가 계자季子(소진의 자)의 술책에 걸려들었으면서도 전혀 눈치를 채지 못했네. 이런 걸 보면 나는 계자보다 한참이나 뒤떨어진 사람이란 걸 알 수 있네. 수고스럽겠지만 돌아가서 계자에게 감사의 말을 좀 전해주시게. 그리고 계자가 조나라에서 관직을 맡고 있는 한, 진나라가 조나라를 정벌하겠다는 말이 나오지 않도록 하겠네. 이것으로 계자의 은덕에 대한 보답을 드리고자 하는 바네."

가사인은 귀국하여 소진에게 진나라의 상황을 보고했다. 이에 소진도 조 숙후에게 아뢰었다.

"진나라는 군사를 일으키지 않을 것입니다."

소진은 숙후에게 하직 인사를 올리고 한나라로 갔다. 소진이 한 선혜공宣惠公에게 말했다.

"한나라는 사방 900여 리의 땅을 가지고 있고, 갑사는 수십만 명입니다. 그리고 천하의 강궁強弓과 쇠뇌도 모두 한나라에서 생산되고 있습니다. 지금 대왕마마께서 진나라를 섬기려 하시면, 진나라는 틀림없이 땅을 할양하라 할 것이고, 내년에도 다시 똑같은 요구를 할 것입니다. 대저 한나라 땅은 한계가 있지만 진나라의 욕심은 끝이 없으니 두 번 세 번 땅을 떼어주다보면 결국 한나라 땅은 한 뼘도 남지 않게 될 것입니다. 속담에도 '닭의 머리가 될지언정 소의 꼬리는 되지 말라寧爲雞口, 勿爲牛後'고 했습니다. 대왕마마께서 어진 덕망으로 강국 한나라의 군사를 거느리고도 '소의 꼬리' 노릇을 하신다면 이 어찌 부끄러운 일이 아니겠습니까?"

선혜공은 불안한 마음으로 말했다.

"우리 나라 대사大事를 모두 선생의 계책에 따라 처리하고, 조왕趙王과 우호의 맹약을 맺겠소."

그러고는 소진에게 황금 100일을 하사했다. 소진은 또 위나라로 가서 위 혜왕에게 유세했다.

"위나라는 사방 천 리의 땅을 가지고 있습니다. 인구가 많고 병거가 많다는 점에서 위나라보다 더 나은 나라는 없습니다. 그러므로 진나라와도 넉넉하게 맞설 수 있습니다. 그런데도 지금 대왕마마께서는 신료들의 말만 듣고 진나라에 땅을 떼어준 뒤 신하 노릇을 하려고 하십니다. 만약 이후에도 진나라가 끝도 없이 다양한 요구를 해오면 어떻게 하시겠습니까? 대왕마마께서 만약 신의 말에 따라 여섯 나라와 화친을 맺고 힘을 합쳐 진나라를 제압하면, 앞으로 영원히 진나라로 인한 후환이 사라질 것입니다. 신은 지금 조왕의 명령을 받들고 이곳에 와서 '합종'의 약속을 하려는 것입니다."

위 혜왕이 말했다.

"과인은 어리석고 불초하여 패배와 모욕을 자초하고 말았소. 이제 선생께서 훌륭한 계책으로 과인을 가르쳐주시니 어찌 감히 그 명령에 따르지 않을 수 있겠소?"

위 혜왕도 소진에게 황금과 비단 한 수레를 하사했다. 이어서 소진은 또 제齊나라로 가서 제 선왕宣王에게 유세했다.

"신이 듣건대 임치臨淄(제나라 도성)의 도로는 수레의 바퀴가 서로 부딪치고 사람의 어깨가 서로 맞닿을 정도로 번화하여 천하에 어떤 나라도 그 부유함에 비견할 수 없다고 합니다. 그런데도 지금 서쪽을 향해 진나라를 섬기고자 하시니 이 어찌 부끄러운 일이 아니겠습니까? 또 제나라 땅은 진나라와 떨어진 거리가 대단히 멀어서 진나라 군사가 제나라에 도달할 수가 없습니다. 그런데 무엇하러 진나라를 섬기십니까? 바라옵건대 대왕마마께서는 조나라를 따라 합종의 맹약을 맺고 여섯 나라와 화친하신 뒤 서로 돕고 구원해주십시오."

제 선왕이 말했다.

"삼가 가르침을 받들겠소."

그런 다음 소진은 또 수레를 몰고 남서쪽 초나라로 가서 위왕에게 유세했다.

"초나라는 사방 5000리의 땅을 가지고 있고, 또 막강한 군사를 거느리고 있습니다. 따라서 진나라는 초나라를 가장 걱정거리로 생각하고 있습니다. 초나라가 강해지면 진나라는 약해지고, 진나라가 강해지면 초나라가 약해집니다. 지금 열국의 선비들은 합종책이 아니면 연횡책連衡策에 따르고 있습니다. 대저 합종책은 제후들이 땅을 떼어 초나라를 섬기는 일이고, 연횡책은 초나라가 땅을 떼어 진나라를 섬기는 일입니다. 이 두 가지는 매우 다른 계책입니다."

초 위왕이 말했다.

"선생의 말씀은 우리 초나라엔 홍복이오."

소진은 조 숙후에게 결과를 보고하기 위해 북쪽 조나라로 길을 잡았다. 행차가 낙양洛陽을 지나자 제후들이 각각 사신을 보내 소진을 전송했다. 각국에서 보내온 의장과 깃발이 앞뒤를 가득 메웠고, 수레와 기마병이 20여 리에 걸쳐 끝없이 이어졌다. 소진의 위엄 있는 행차는 임금에 비견할 만했다. 연도 가까이에 있는 벼슬아치들은 모두 길가로 나와서 배례를 올렸다. 주 현왕顯王도 소진이 당도할 것이라는 소문을 듣고 사람을 시켜 도로를 깨끗이 청소한 뒤 교외에 장막을 설치하고 소진을 맞았다. 소진의 노모는 길가에서 지팡이를 짚고 아들의 행차를 구경하며 경탄을 금치 못했다. 그러나 소진의 두 동생, 아내, 형수는 소진을 감히 우러러보지도 못하고 땅바닥에 엎드려 소진을 맞았다. 소진은 수레 위에서 자신의 형수에게 말했다.

"형수님! 지난번에는 밥도 해주지 않으시더니 오늘은 어찌하여 이렇듯 공손하시오?"

형수가 말했다.

"서방님께서 벼슬도 높고 돈도 많으시니 경외敬畏하지 않을 수 없소!"

그러자 소진이 한숨을 쉬며 탄식했다.

"세상의 인심은 염량세태에 따라 달라지고 사람들의 태도는 벼슬의 높낮이에 따라 달라지는구나! 나는 오늘 부귀를 소홀히 취급해서는 안 된다는 사실을 알게 됐다."

그리하여 소진은 자신의 친척을 수레에 태우고 함께 고향으로 돌아갔다. 그러고는 거대한 저택을 지어 친족들이 함께 모여 살게 하고 천금의 재산을 종친들에게 골고루 나눠줬다. 지금도 하남부河南府 성안에 소진의 옛 저택 터가 남아 있다. 전하는 말에 의하면 어떤 사람이 그곳을 파서 황금 100정錠을 얻었다고 한다. 그것은 아마도 당시에 소진이 묻어놓은 것이리라. 소진의 아우 소대와 소여는 형의 부귀가 부러워서 역시 『음부편』을 통해 유세술을 익혔다.

소진은 집에서 며칠 머물다가 조나라를 향해 수레를 출발시켰다. 조 숙후는 소진을 무안군武安君에 봉한 뒤 제, 초, 위, 한, 연 등 다섯 나라 임금에게 사신을 보내 모두 원수 회맹에 참여해달라고 당부했다. 소진과 조 숙후는 먼저 원수로 가서 회맹단을 설치하고 자리를 배열한 뒤 제후들이 당도하기를 기다렸다. 연 문공이 가장 먼저 도착했고 다음으로 한 선혜공이 도착했다. 며칠을 넘기지 않고 또 위 혜왕, 제 선왕, 초 위왕도 연이어 도착했다. 소진은 먼저 각국의 대부들과 만나서 몰래 좌석의 차례를 의논했다. 초나라와 연나라는 오래된 나라이고 제, 한, 조, 위 네 나라는 임금의 성이 바뀐 새로운 나라였지만 당시는 전쟁 시기였기 때문에 나라의 크기로 좌석 순서를 정했다. 초나라가 가장 컸고 다음은 제나라, 위나라, 조나라, 연나라, 한나라 순이었다. 그중에서 초나라, 제나라, 위나라는 이미 왕을 칭하고 있었지만 조나라, 연나라, 한나라는 아직도 후侯를 칭하고 있어서 서로 호칭을 정하는 데도 매우 불편했다. 이에 소진은 여섯 나라가 모두 왕을 칭하자고 건의했다. 조왕은 맹약의 주인이므로 주인의 자리에 앉았고 초왕 등은 모두 앞에서 정한 순서대로 손님의 자리에 앉았다. 먼저 각국 군주와 회맹 내용을 적절하게 상의한 뒤 약속 시간이 되자 각각 회맹단으로 올라가 순서에 맞게 늘어섰다. 소진도 계단으로 올라가 여섯 나라 왕에게 고했다.

"태항산 동쪽의 큰 나라 군주들께서는 지위가 모두 왕에 이르셨을 뿐만 아니라 국토는 넓고 군사도 많아 각각 패자覇者가 되기에 모자람이 없습니다. 저 진나라는 말이나 먹이는 비천한 국가인데, 지금 함양의 험준함에 기대 열국을 잠식하고 있습니다. 여러 군주께서는 북면北面의 예를 올리며 진나라를 섬기겠습니까?"

제후들이 모두 말했다.

"진나라를 섬기고 싶은 것이 아니라 선생의 밝은 가르침을 받고 싶소!"

소진이 말했다.

"진나라를 물리치기 위한 합종책은 지난번에 이미 여러 군주께 자세히 말씀드린 바와 같습니다. 그러니 오늘은 희생을 잡아 삽혈 의식을 행하여 천지신명께 맹세를 하겠습니다. 이제 여러 나라가 형제의 맹약을 맺고 힘을 다해 서로의 환난을 구원해주기로 약속하겠습니다."

여섯 나라 왕은 모두 공수拱手의 예를 올리며 말했다.

"삼가 가르침을 받들겠소."

소진은 마침내 희생의 피를 담은 쟁반을 받들고 여섯 나라 왕에게 삽혈을 하도록 요청했다. 그리고 천지신명과 여섯 나라 선조들에게 절을 올리며 맹세했다.

"어느 한 나라가 맹약을 배신하면 다섯 나라가 함께 정벌할 것이다!"

이어서 여섯 통의 맹약문을 써서 여섯 나라가 각각 한 통씩 보관하게 했다. 그 후 바로 연회가 열렸다. 조왕이 말했다.

"소진이 위대한 계책으로 우리 여섯 나라를 편안케 했으니 이제 높은 봉작을 내려 마음대로 여섯 나라를 왕래하게 하면서 이 합종의 맹약을 더욱 튼튼하게 유지하게 하는 것이 어떻겠소?"

다섯 나라 왕도 모두 말했다.

"조왕의 말씀이 지당하오!"

이에 여섯 나라 왕은 소진을 종약장縱約長에 봉하고 육국六國 상국의 인수와 금패金牌와 보검을 하사하여 여섯 나라의 백성을 총괄하게 했다. 아울러 각국에서는 소진에게 황금 100일과 명마 10승을 내렸다. 소진이 사은謝恩의 예를 행하자 여섯 나라 왕은 그 예를 받은 뒤 각각 자신의 나라로 돌아갔다. 소진도 조 숙후를 따라 조나라로 돌아갔다. 이것은 주 현왕 36년의 일이었다. 사관이 시를 지어 이 일을 읊었다.

원수에서 서로 만나 신명에게 맹세하고	相要洹水誓明神
입술과 이빨인 양 골육처럼 의지했네	脣齒相依骨肉親
소진의 합종책을 끝내 깨지 않았다면	假使合縱終不解
진나라를 멸하는 일이 무에 그리 어려웠겠나?	何難協力滅孤秦

이해에 위 혜왕, 연 문왕이 모두 세상을 떠났다. 이어 위나라에서는 양왕襄王이, 연나라에서는 역왕易王4이 보위를 이었다. 뒷일이 어떻게 되는지는 다음 회를 보시라.

4_ 역왕易王: 『시법諡法』에 의하면 "개혁하기를 좋아하여 옛것을 고치는 것을 역易이라고 한다好更改舊曰易"고 했다. 따라서 '易'은 '이'가 아니라 '역'으로 읽어야 한다.

횡행하는 속임수

연왕 쾌는 왕위를 양보하여 병란을 부르고
장의는 거짓으로 땅을 바치고 초나라를 속이다
學讓國燕噲召兵, 僞獻地張儀欺楚.

소진은 합종책으로 여섯 나라와 동맹을 맺은 뒤 맹약문 한 통을 진秦나라 국경의 관문으로 보냈다. 관문을 지키던 관리는 그것을 진 혜왕에게 바쳤다. 혜왕은 맹약문을 읽고 깜짝 놀라 상국 공손연에게 말했다.

"만약 여섯 나라가 하나로 힘을 합치면 과인이 중원으로 진출하려는 꿈은 사라지게 되오. 반드시 좋은 계책을 마련하여 저들의 합종 맹약을 깨야 대업을 성취할 수 있을 것이오."

공손연이 말했다.

"합봉 맹약을 앞장서서 제창한 것은 조나라입니다. 대왕마마께서 군사를 일으켜 조나라를 정벌하십시오. 만약 조나라를 구원하러 오는 나라가 있으면 바로 군사를 이동시켜 그 나라를 치십시오. 이렇게 하면 제후들이 겁을 먹을 것이고 이에 따라 합종의 맹약도 깨지게 될 것입니다."

이때 장의도 그 자리에 있었지만 소진의 은덕을 배반하는 것이 될까봐 조나라를 정벌하는 일에 마음이 내키지 않았다. 이에 그가 앞으로 나서며 말했다.

"지금 여섯 나라가 새로 힘을 합친 상황이라 당장 저들을 분리시킬 수는 없습니다. 우리 진나라가 조나라를 정벌하면 한나라 군사는 의양宜陽(河南省 宜陽 서쪽)에서, 초나라 군사는 무관武關(陝西省 丹鳳 동남)에서, 위나라 군사는 하외河外(黃河 서쪽)에서, 제나라 군사는 청하淸河(山東省 濟水. 지금의 황하)를 건너 진격해올 것이고, 연나라는 모든 정예병을 이끌고 이들의 싸움을 도울 것입니다. 그렇게 되면 우리 진나라는 저들을 맞아 싸우기에도 겨를이 없을 터인데 어떻게 다른 나라로 군사를 이동시킬 수 있겠습니까? 대저 진나라와 가장 가까운 나라는 위나라이고, 가장 먼 나라는 연나라입니다. 그러므로 대왕마마께서는 위나라로 사신을 보내 후한 예물을 주고 화친을 맺으십시오. 이렇게 각국의 마음에 의심을 심어놓은 뒤 연나라 세자와 혼인을 추진하십시오. 그러면 합종의 맹약이 저절로 깨질 것입니다."

혜문왕은 좋은 계책이라고 칭찬하고 위나라에 양릉 등 일곱 개 성을 돌려준다고 하며 강화를 요청했다. 위나라도 진나라에 답례 사절을 보내고 위나라 군주의 딸을 진나라 세자에게 시집보냈다.

조왕은 그 소식을 듣고 소진을 불러 질책했다.

"경이 합종책을 제창하여 여섯 나라가 화친하고 모두 힘을 합쳐 진나라에 맞서기로 했소. 그런데 지금 1년도 안 돼 위나라와 연나라가 모두 진나라와 우호를 맺었으니 합종 맹약은 이제 믿을 만한 것이 못 되오. 만약 진나라 군사가 갑자기 우리 조나라로 쳐들어오면 저들 두 나라가 구원병을 보내기나 하겠소?"

소진은 당황스러운 마음으로 사죄하며 말했다.

"신이 대왕마마를 위해 연나라로 가서 반드시 저들이 우리 조나라를 돕도록 하겠습니다."

이에 소진은 조나라를 떠나 연나라로 갔다. 연나라 역왕은 그를 상국으로 대접했다. 이때 역왕이 새로 즉위하자 제나라 선왕은 연나라의 국상을 틈타 군사를 일으켜 연나라의 열 개 성을 빼앗았다. 이에 연 역왕이 소진에게 말했다.

"처음에 선군께서 경의 말씀을 듣고 여섯 나라와 화친을 맺었는데, 선군의 뼈가 아직 식기도 전에 제나라가 군사를 동원하여 우리 경계로 쳐들어와 열 개의 성을 빼앗아갔소. 원수에서 맺은 맹약은 어떻게 된 것이오?"

소진이 말했다.

"신이 대왕마마를 위해 제나라로 가서 열 개의 성을 연나라에 돌려주도록 하겠습니다."

연 역왕이 허락했다. 소진은 제나라로 가서 선왕을 만나 말했다.

"연왕燕王은 대왕마마의 동맹자이며 진왕이 아끼는 사위입니다. 그럼에도 대왕마마께서 연나라의 성 열 개를 빼앗아 이익을 취했기 때문에 연나라가 제나라에 원한을 품게 되었을 뿐만 아니라 진나라도 제나라에 원한을 품게 되었습니다. 열 개의 성을 취해 두 나라의 원한을 사는 것은 좋은 계책이 아닙니다. 대왕마마께서는 신의 계책에 따라 연나라에 열 개의 성을 돌려주고 연과 진의 환심을 사는 것이 좋을 것입니다. 제나라가 연나라와 진나라의 마음을 얻게 되면 천하를 호령하는 일도 어렵지 않을 것입니다."

제 선왕은 매우 기뻐하며 열 개의 성을 연나라에 돌려줬다. 연 역왕의 모친 문부인文夫人은 평소에 소진의 재주를 사모하다가 좌우 시종을 시켜 소진을 궁궐로 불러들이고는 비밀리에 사통했다. 역왕은 그 사실을 알았으나 아무 말도 하지 않았다. 소진은 두려운 마음에 연나라 상국 자지子之와 친교를 맺고 자녀를 서로 혼인시켰다. 그러고는 자신의 아우 소대와 소여를 시켜 자지와 의형제를 맺게 했다. 이 모두가 자신의 지위를 튼튼하게 하기 위한 조치였다. 문부인은 누차 소진을 불렀으나 소진은 더욱 두려운 마음이 들어 감히 궁궐로 들어갈 수 없었다. 이에 소진이 다시 역왕에게 말했다.

"연나라와 제나라는 결국 서로 병합될 수밖에 없을 것입니다. 신은 이제 대왕마마를 위해 제나라로 가서 반간계反間計[1]를 써보겠습니다."

역왕이 말했다.

"어떻게 반간계를 쓸 것이오?"

소진이 대답했다.

"신이 거짓으로 연나라에서 죄를 지었다 하고 제나라로 도망가겠습니다. 그럼 제왕齊王은 틀림없이 신을 중용할 것입니다. 그때 신은 제나라를 부패시키는 정치를 펴서 결국 제나라가 연나라 땅이 되도록 하겠습니다."

역왕은 그의 계책을 허락하고 소진에게 줬던 상국 인수를 회수했다. 소진은 마침내 제나라로 도망쳤다. 제 선왕은 소진의 명성을 인정하여 그를 객경으로 임명했다. 소진은 선왕에게 사냥과 음악을 즐기라고 권했다. 또 선왕이 재물을 좋아했기 때문에 세금을 더 많이 걷도록 했고, 아울러 선왕이 여색을 밝혔기 때문에 아름다운 궁녀를 많이 뽑도록 했다. 제나라가 혼란에 빠지기를 기다려 연나라를 불러들일 심산이었다. 제 선왕은 소진의 의도를 전혀 깨닫지 못했다. 상국 전영과 객경 맹가가 극력 간언을 올렸으

1_ 반간계反間計: 적진에 침투하여 적의 내부를 이간시키고 힘을 약화시키기 위한 계책이다.

나 선왕은 듣지 않았다. 이후 선왕이 세상을 떠나고 그의 아들 민왕湣王이 즉위했다. 즉위 초에 민왕은 매우 부지런하게 국정을 돌봤다. 아울러 진나라 여인을 왕후로 맞이하고 나서 전영을 설공薛公에 봉하고 정곽군靖郭君의 칭호를 부여했으며, 소진의 객경 지위는 옛날처럼 그대로 유지하게 했다.

이야기가 두 갈래로 나뉜다. 한편 장의는 소진이 조나라를 떠났다는 소식을 듣고 합종 맹약이 장차 와해될 것이라고 생각했다. 그래서 양릉 땅 일곱 고을을 위나라에 돌려주지 말라고 했다. 분노한 위 양왕은 사신을 진나라로 보내 땅을 돌려달라고 했다. 그러자 진 혜문왕은 공자 화華를 대장으로 삼고 장의를 부장으로 삼아 군사를 거느리고 위나라를 공격하여 포양蒲陽(山西省 隰縣) 땅을 함락시켰다. 그런 뒤 장의는 혜문왕에게 청하여 다시 포양 땅을 위나라에 돌려주고 공자 유繇를 인질로 삼아 위나라와 우호를 맺게 했다. 장의는 공자 유를 데리고 위나라로 갔다. 위 양왕은 진 혜왕의 호의에 깊은 감사의 마음을 느꼈다. 그러자 장의가 양왕에게 말했다.

"진왕께서는 위나라를 매우 우대하십니다. 뺏은 성도 갖지 않고 인질까지 바치는 걸 보십시오. 그러니 위나라는 진나라를 무례하게 대해서는 안 되고, 의당 감사를 표해야 할 것입니다."

위 양왕이 말했다.

"어떻게 감사를 표하면 되겠소?"

장의가 말했다.

"땅을 제외하고는 진나라가 좋아하는 것이 없습니다. 대왕마마께서 위나라 땅을 할양하여 감사를 표시하면 진나라는 틀림없이 위나라를 깊이 사랑할 것입니다. 이후 진과 위가 군사를 합쳐서 다른 제후들을 격파하게 되면 대왕마마께서는 지금 바친 땅의 열 배를 다른 나라에서 회수할 수 있을 것입니다."

양왕은 그 말에 미혹되어 소량少梁(陝西省 韓城) 땅을 떼어 진나라에 바치고 인질은 받지 않았다. 진왕은 크게 기뻐하며 공손연을 파직시키고 장의를 상국에 임명했다.

이때 초나라에서는 위왕이 세상을 떠나고 그 아들 웅괴熊槐가 즉위했다. 이 사람이 초 회왕懷王이다. 이에 장의는 사람을 시켜 초 회왕에게 서찰을 보내 자신의 처자식을 맞아오고 싶다고 했고, 아울러 지난날 화씨지벽을 훔친 범인으로 몰렸던 자신의 억울함을 호소했다. 초 회왕은 소양을 불러놓고 그의 실수를 질책했다.

"장의는 현명한 선비인데, 경은 어찌하여 그를 선군에게 추천하지 않고 오히려 핍박하여 그가 진나라로 도망가서 벼슬을 하게 했소?"

소양은 심히 부끄러운 마음에 아무 말도 못했다. 그는 결국 자신의 집으로 돌아가 울화병이 들어 시름시름 앓다가 죽었다. 초 회왕은 장의가 진나라에 등용되자, 장의가 다시 소진의 합종책을 써서 제후들과 힘을 합칠까 봐 몹시 두려웠다. 그러나 소진은 그때 이미 연나라에서 죄를 짓고 제나라로 도망간 뒤였다. 이에 장의는 진왕을 만나 상국 인수를 반환하고 위나라로 갈 것을 자청했다. 진 혜문왕이 말했다.

"경이 우리 진나라를 버리고 위나라로 가려는 건 무슨 뜻이오?"

장의가 대답했다.

"지금 여섯 나라가 소진의 말에 미혹되어 아직 합종의 맹약을 깨지 않고 있습니다. 신이 만약 위나라로 가서 권력을 잡게 되면 위나라가 제후들 중에서 가장 먼저 진나라를 섬기도록 하겠습니다."

혜문왕이 그의 말을 듣고 이를 허락했다. 장의가 마침내 위나라로 가자 과연 위 양왕은 장의를 상국에 임명했다. 이에 장의가 양왕에게 말했다.

"위대한 양梁나라[2]는 남으로 초나라와 이웃해 있고, 북으로는 조나라와 이웃해 있고, 동으로는 제나라와 이웃해 있고, 서로는 한나라와 이웃해 있습니다. 그러나 의지할 만한 험준한 강산이 없어서 사분오열된 모습을 보이고 있습니다. 이 때문에 진나라를 섬기지 않으면 나라가 안정을 찾지 못할 것입니다."

위 양왕이 마음을 정하지 못하자 장의는 몰래 진나라로 사람을 보내 위나라를 정벌하게 했다. 진나라는 위나라 군사를 크게 무찌르고 곡옥曲沃 땅을 빼앗았다. 염옹髥翁이 이 일을 시로 읊었다.

제나라에서 벼슬한 건 연나라를 위함이었고	仕齊卻爲燕邦去
위나라 상국된 건 진나라를 위함이었네	相魏翻因秦國來
합종이니 연횡이니 두 갈래 길을 주장했지만	雖則縱橫分兩路
이리저리 언행 뒤집는 소인배에 불과했네	一般反覆小人才

위 양왕은 분노가 치밀어 더욱더 진나라를 섬기려 하지 않고 합종책을 도모하며 초 회왕을 종약장으로 추대하려 했다. 상황이 이렇게 되자 소진은 제나라에서 더욱 중용되었다.

이때 제나라 상국 전영이 병으로 죽자 그의 아들 전문田文이 설공의 작위를 계승하고 맹상군孟嘗君으로 불리게 되었다. 전영에게는 40여 명의 아

2_ 양梁나라: 위나라가 대량으로 도읍을 옮긴 이후로는 양나라로 칭해지기도 한다.

들이 있었고, 그중에서 전문은 미천한 비첩 소생이었다. 음력 5월 5일이 생일이었는데, 전문이 막 태어났을 무렵 그의 부친 전영은 첩에게 아이를 내다 버리라고 했다. 그러나 첩은 차마 버릴 수가 없어 몰래 아들을 키웠다. 전문이 다섯 살이 되었을 때 첩이 전문을 데리고 전영을 만나러 갔다. 전영은 자신의 명령을 어겼다며 첩에게 화를 냈다. 이때 전문이 머리를 조아리며 말했다.

"아버지께서 저를 버린 이유가 무엇입니까?"

전영이 말했다.

"세간의 전설에 의하면 5월 5일이 흉한 날이라고 한다. 이날 태어난 아이가 방문 높이만큼 자라면 그 부모가 해를 입는다고 한다."

전문이 대답했다.

"사람의 목숨은 하늘이 부여해주는 것이지 어찌 방문이 부여해주는 것이겠습니까? 만약 진정으로 방문이 사람의 목숨을 부여해준다면 어찌하여 방문 높이를 더 높게 하지 않으십니까?"

전영은 대답할 말이 없었지만 마음속으로 전문을 기특하게 생각했다. 전문은 10여 세 무렵부터 빈객들을 접대할 줄 알았고, 빈객들도 모두 그와 어울려 놀며 그를 매우 칭찬했다. 제후들의 사신도 제나라에 오면 모두 전문을 만나보고 싶어했다. 그리하여 전영은 전문이 현명한 것을 알고 그를 자신의 후계자로 삼았다. 전문은 마침내 설공의 작위를 계승하여 맹상군으로 불리게 되었다. 맹상군은 부친의 작위를 계승한 뒤 관사를 크게 짓고 천하의 인재를 불러 모았다. 무릇 그를 찾아온 선비라면 어질고 어리석고를 막론하고 모두 자신의 문하에 받아들였다. 그리하여 천하의 망명객과 죄인들도 모두 그에게 귀의했다. 맹상군은 신분이 고귀했지만 식사를 할 때는 언제나 빈객들과 같은 자리에서 같은 음식을 먹었다. 어느 날 그는 손님들에게 야식을 대접했다. 어떤 사람이 맹상군 밥상의 불빛을 가리자 문객 중 한 사람이 상차림에 차별이 있는 것으로 의심하고 젓가락을 집어던지며 밥을 먹지 않겠다고 했다. 그러자 맹상군이 자리에서 일어나 직접 밥상을 비교하게 했다. 과연 상차림에는 전혀 차별이 없었다. 문객이 탄식하며 말했다.

"맹상군께서 이처럼 빈객을 잘 대우해주시는데도 내가 그분을 의심했으니, 나야말로 진정 소인배에 불과하다. 이제 무슨 면목으로 그분의 문하에 있을 수 있겠는가?"

그러고는 스스로 칼을 뽑아 자신의 목을 찌르고 죽었다. 맹상군은 그의 장례를 치러주며 매우 슬퍼했다. 이에 맹상군에게 감동하지 않은 문객이 없었다. 이후 맹상군에게 귀의해오는 사람이 더욱 많아져 식객이 수천 명이 넘었다. 제후들은 맹상군이 어진 데다가 그 문하에 빈객이 많다는 소문을 듣고 모두 제나라를 존중하며 감히 국경을 침범하지 않았다. 이를 읊은 시가 있다.

범과 표범 산에 있으면 짐승들이 달아나고	虎豹踞山群獸遠
교룡이 물에 있으면 다른 물고기 몸을 숨기네	蛟龍在水怪魚藏
집안에 빈객들이 3000명이나 모여 있으니	堂中有客三千輩
천하 모든 사람이 맹상군을 두려워했네	天下人人畏孟嘗

한편 장의가 위나라 상국으로 재직한 지 3년이 되었을 때, 위 양왕이 세상을 떠나고 그 아들 애왕哀王이 즉위했다. 초 회왕은 위나라로 사신을 보

내 조문하고 이번 기회에 여러 제후국과 함께 군사를 일으켜 진나라를 정벌하자고 했다. 위 애왕도 그것을 허락했다. 한 선혜왕, 조 무령왕武靈王, 연왕 쾌噲도 모두 기꺼이 군사를 일으키겠다고 했다. 초나라 사신이 제나라에 가서 그 일을 아뢰자 제 민왕湣王은 신료들을 소집하여 대책을 물었다. 그러자 좌우 대신들이 모두 말했다.

"진나라는 우리 제나라와 혼인으로 우호를 맺은 사이로 지금까지 소원하게 지내지 않았습니다. 진나라 정벌에 참여해서는 안 됩니다."

그러나 소진은 합종책을 주장하며 고집스럽게 진나라를 정벌해야 한다고 했다. 그때 유독 맹상군만 이렇게 말했다.

"진나라 정벌에 참여해야 한다고도 하고 참여하지 말아야 한다고도 하는데, 이 두 가지는 모두 잘못된 계책입니다. 정벌에 참여하면 진나라와 원수지간이 될 것이고, 정벌에 참여하지 않으면 다섯 나라의 분노를 불러올 것입니다. 신의 어리석은 생각으로는 군사를 출발시키되 느린 속도로 행군하는 것이 가장 좋은 대책이 될 것 같습니다. 군사를 출발시키는 건 다섯 나라와 다르게 행동하지 않으려는 것이고, 느린 속도로 행군하는 건 사태를 관망하며 진퇴를 결정하자는 것입니다."

제 민왕도 그렇게 생각하고 맹상군에게 군사 2만 명을 주어 진나라로 가게 했다. 맹상군은 군사를 이끌고 제나라 교외를 나서다가 몸이 아파 병을 치료해야 한다는 명목으로 군사의 출발을 늦추었다. 그 후에도 연도 내내 시간을 끌며 행군을 서둘지 않았다.

한편 한, 조, 위, 연 네 나라 임금은 초 회왕과 함곡관 밖에서 만나 진나라를 공격하기 위한 날짜를 정하기로 약속했다. 초 회왕이 종약장이 되기는 했지만 그 밖의 네 나라 임금은 각각 자신의 군사를 거느린 채 힘을 합치려는 노력을 하지 않았다. 이때 진나라 관문을 지키는 장수 저리질樗里疾이 관문을 활짝 열고 군사를 늘어세운 채 싸움을 걸어왔다. 그러나 다섯 나라 임금들은 서로 출전을 떠넘기며 앞장서려 하지 않았다. 그런 대치 상태가 며칠 계속되자 저리질은 몰래 돌격대를 뽑아 성을 나와 초나라 군사의 보급로를 끊었다. 초나라 군사들은 군량미가 떨어지자 모두 고함을 지르며 난리를 피웠다. 저리질은 그 틈을 타 초나라 군사를 습격했다. 초나라 군사가 패주하자 다른 네 나라도 모두 군사를 거두어 귀국했다. 맹상군이 진나라 국경에 닿기도 전에 다섯 나라 군사들은 모두 철군하고 말았다. 이것이 바로 맹상군의 교묘한 계책이었다. 맹상군이 제나라로 귀환하자 제 민왕이 감탄하며 말했다.

"하마터면 소진의 잘못된 계책에 따를 뻔했구려."

이에 맹상군에게 황금 100근을 하사하여 식객들을 잘 대접하라고 했다. 이후 민왕은 맹상군을 더욱 아끼며 중용했다. 소진도 그의 능력에 미치지 못함을 부끄럽게 생각했다. 초 회왕은 제와 진이 친교를 맺을까 두려워 맹상군에게 사신을 보내 두터운 교분을 쌓았고, 제나라 조정과도 더욱 깊은 우호의 맹약을 맺었다. 이후 두 나라는 친선 사절의 왕래가 끊이지 않았다. 제 선왕 때부터 소진은 군주의 총애를 독점하며 중용되었기 때문에 제나라 권문세족 중에서 그를 시기하는 사람이 많았다. 민왕 때도 소진에 대한 임금의 총애는 아직 식지 않았다. 그러나 이제 민왕은 소진의 계책을 채택하지 않고 맹상군의 계책을 따랐다. 그리하여 결국 진나라 정벌의 유리한 시기를 놓치고 말았지만 맹상군은 오히려 많은 황금을 상으로 받았다. 민왕 좌우의 측근들은 임금이 소진을 좋아하지 않는다고 의심했다. 이에 그들은 장사를 모집한 뒤 그에게 비수를 품고 조정으로 들어가 소진을 칼로 찌르게 했다. 비수가 소진의 배에 꽂히자 그는 자신의 배를 움켜잡고 민왕의 침전으로 달아나 호소했다. 민왕은 소진을 칼로 찌른 도적을 잡으라고 명령을 내렸지만 도적은 벌써 줄행랑을 놓은 뒤였기에 잡을 수 없었다. 소진이 민왕에게 말했다.

"신이 죽은 후 신의 머리를 베어 저잣거리로 가져가 이렇게 소리치게 하십시오. '소진은 연나라를 위해 우리 제나라에서 반간계를 써왔다. 지금 다행히 주살되었지만 그를 죽인 사람이 누구인지 아는 사람에게는 천금의 상을 내리겠다!' 이렇게 하면 범인을 잡을 수 있을 것입니다."

소진은 말을 마치고 배에 꽂힌 비수를 뽑았다. 붉은 피가 땅을 가득 적시는 가운데 소진은 숨을 거두었다. 제 민왕은 그의 말에 따라 소진의 머리를 제나라 도성 저잣저리로 가져가서 소리를 지르게 했다. 순식간에 어떤 사람이 소진의 머리가 있는 곳을 지나다가 현상금 팻말을 보고 스스로 뻐기며 말했다.

"소진을 죽인 사람은 바로 나요!"

시장 관리가 그를 붙잡아 민왕에게 데리고 갔다. 민왕은 사구司寇를 시켜 엄한 형벌로 그자를 국문하게 했다. 그리하여 그 사건에 관계된 주범과 하수인을 모두 알아내어 여러 가문을 멸족시켰다. 뒷날 사관이 소진을 이렇게 논평했다.

비록 몸은 죽었지만 마지막까지 계책을 마련해 복수를 했으니 가히 지혜로운 자라고 할 만하다. 그러나 자신의 몸은 비수를 피해갈 수 없었으니, 이 어찌 자신의 언행을 뒤집으며 불충을 저지른 대가가 아니겠는가?

소진이 죽은 후 그의 빈객들은 왕왕 소진의 반간계를 폭로하며 이렇게 말했다.

"소진은 연나라를 위해 제나라에서 벼슬한 것이다."

이에 민왕은 비로소 소진의 기만책을 깨달았고, 이때부터 제나라와 연나라의 사이가 벌어지기 시작했다. 제 민왕은 맹상군에게 군사를 주고 연나라를 정벌하려 했다. 그때 연나라에서는 소진의 아우 소대가 연왕에게 유세를 하고 있었다. 그는 연왕의 아들을 제나라에 인질로 보내고 우호를 맺으라고 권했다. 연왕은 그의 말에 따라 소대의 아우 소여를 시켜 인질이 될 아들을 데리고 제 민왕을 알현하게 했다. 민왕은 소진에 대한 증오가 아직 가라앉지 않아서 소여를 감금하려 했다. 그러자 소여가 호소했다.

"연왕은 본래 온 나라를 들어 진나라에 의지하려 했습니다. 그러나 저희 형제는 대왕마마의 위엄과 덕망을 이야기하며 진나라를 섬기는 것보다 제나라를 섬기는 것이 더 낫다고 했습니다. 이 때문에 연왕이 신에게 인질을 데리고 가서 우호를 요청하라고 한 것입니다. 그런데 대왕마마께서는 어찌하여 이미 죽은 사람의 마음을 의심하며 산 사람에게 죄를 주려 하십니까?"

이 말을 듣고 민왕은 기뻐하며 소여를 후하게 대접했다. 소여는 제나라에 인질을 바치고 자신은 대부가 되었다. 소대는 연나라에 남아서 벼슬을 했다. 뒷날 사관이 소진에 관한 사찬史贊을 지었다.

소진은 주나라 사람으로서	季子周人
귀곡 선생 문하에서 공부했다네	師事鬼谷
학문을 갈고닦아 하산해서도	揣摩旣就
태공의 『음부편』을 계속 읽었네	陰符伏讀

합종책 제창하여 연횡책 막고   合縱離橫

여섯 나라 인수를 허리에 찼네   佩印者六

늦게는 절개를 지키지 못해   晚節不終

연과 제를 지조 없이 왕복했도다   燕齊反覆

장의는 여섯 나라가 진나라를 공격하다 아무 성과를 거두지 못하자 마음속으로 몰래 기뻐했다. 또 소진이 죽었다는 소식을 듣고 뛸 듯이 기뻐하며 말했다.

"오늘에야 나의 변설 솜씨를 발휘할 때가 되었도다!"

그러고는 틈을 내어 위 애왕에게 말했다.

"진나라의 강력한 힘은 다섯 나라를 제압하고도 남음이 있습니다. 그러므로 위나라가 진나라에 맞설 수 없음은 참으로 분명한 사실입니다. 본래 합종책을 제창한 자는 소진입니다. 그러나 소진은 자기 몸도 지킬 수 없는 자인데 어찌 다른 나라를 지킬 수 있겠습니까? 대저 부모를 함께한 친형제조차도 돈과 재물 때문에 끊임없이 싸우는 형편인데 서로 나라가 다른 경우야 더 말해 무엇하겠습니까? 대왕마마께서 소진의 계책만 고수한 채 진나라를 섬기지 않다가, 다른 나라가 먼저 진나라를 받들고 군사를 합해 공격해오면 위나라는 위기에 빠질 것입니다."

애왕이 말했다.

"과인은 상국의 말씀에 따라 진나라를 섬기고 싶소. 그런데 만약 진나라가 우리의 수교 요청을 거부하면 어찌하오?"

장의가 말했다.

"신이 대왕마마 대신 진나라에 사죄하고 양국의 우호를 맺도록 하겠습니다."

이에 위 애왕은 수레와 시종을 화려하게 장식한 뒤 장의를 진나라로 보내 우호를 요청하도록 했다. 이때부터 진나라와 위나라는 다시 우호를 맺게 되었고, 장의는 마침내 진나라에 남아 계속해서 상국 벼슬을 맡아보았다.

한편 연나라 상국 자지는 키가 8척尺이었고, 허리는 열 아름이나 되었다. 근육은 굵고 살집은 두툼했으며 얼굴은 넓고 입은 컸다. 또 손동작은 민첩하여 날아가는 새를 잡아챌 정도였고, 걸음은 빨라서 달리는 말을 따라잡을 정도였다. 때문에 그는 연 역왕 때부터 나라의 권력을 좌지우지했다. 연왕 쾌가 보위를 이은 후 주색에 빠져 쾌락만 탐하고 조정에서 정무를 돌보려 하지 않자 자지는 마침내 연나라를 찬탈할 마음을 품었다. 소대와 소여는 자지와 교분이 깊어서, 제후들의 사신이 연나라에 오면 늘 그들에게 자지가 어질다고 칭찬했다. 이즈음 연왕 쾌는 소대를 제나라로 보내 자신의 아들을 인질로 바치고 제나라 왕에게 안부를 여쭙게 했다. 소대가 임무를 마치고 연나라로 돌아오자 연왕 쾌가 물었다.

"소문을 들으니 제나라 맹상군이 천하의 대현大賢이라고 하오. 제왕齊王에게 그런 현명한 신하가 있으니 결국 천하의 패자가 되지 않겠소?"

소대가 대답했다.

"그렇지 않습니다."

연왕 쾌가 물었다.

"무슨 연유로 그렇지 않다는 것이오?"

소대가 대답했다.

"맹상군이 현명하다는 것을 알고도 그에게 전권專權을 맡기지 않으니 어떻게 패자覇者가 될 수 있겠습니까?"

연왕 쾌가 말했다.

"과인은 맹상군 같은 사람을 만나 신하로 삼을 수 없으니 전권을 맡기고자 해도 어찌 어려운 일이 아니겠소?"

소대가 말했다.

"지금 상국 자지가 정무政務에 밝습니다. 이 사람이야말로 우리 연나라의 맹상군입니다."

이에 연왕 쾌는 자지에게 국가 대사의 전권을 맡겼다. 그러던 어느 날 연왕 쾌가 대부 녹모수鹿毛壽에게도 물었다.

"옛날 역사를 보면 보위에 오른 임금이 아주 많은데, 어찌하여 유독 요堯 임금과 순舜 임금만 칭송을 받는 것이오?"

녹모수도 자지의 파당이었기 때문에 이렇게 대답했다.

"요와 순이 성왕聖王으로 칭송을 받는 까닭은 요는 순에게 천하를 양보했고, 순은 우에게 천하를 양보했기 때문입니다."

연왕 쾌가 말했다.

"그럼 우 임금은 어찌하여 아들에게 보위를 전한 것이오?"

녹모수가 말했다.

"우 임금도 익益에게 천하를 양보했지만 단지 자신의 정사를 대리하게 했을 뿐 태자를 폐하진 않았습니다. 이 때문에 우 임금이 세상을 떠나자 태자 계啓가 익에게서 천하를 탈취한 것입니다. 지금까지도 논자들이 우 임금의 덕이 쇠퇴하여 요 임금과 순 임금에 미치지 못했다고 말하는 것은 바로 이런 이유 때문입니다."

"과인이 자지에게 나라를 선양禪讓하려 하는데, 이 일을 시행할 수 있겠소?"

"대왕마마께서 그 일을 실행하신다면 요, 순과 무엇이 다르겠습니까?"

연왕 쾌는 마침내 대소 신료를 모두 소집하여 자신의 세자 평平을 폐위하고 나라를 자지에게 양보했다. 자지는 거짓으로 겸손하게 사양하는 척했지만 연왕 쾌가 재삼 선양의 뜻을 밝히자 결국 보위를 받아들였다. 이에 자지는 천지신명께 제사를 올리고 면류관과 곤룡포를 갖춰 입은 뒤 홀을 손에 잡고 남쪽을 향해 앉아 왕을 칭했다. 그러나 그의 얼굴에는 전혀 부끄러운 기색이 없었다. 연왕 쾌는 신하의 자리에서 북쪽을 바라보며 예를 올린 다음 별궁으로 나가서 거주했다. 소대와 녹모수는 모두 상경上卿에 임명되었다. 이에 장군 시피市被는 불만을 가득 품은 채 자신의 휘하 군사를 이끌고 자지를 공격했다. 많은 백성이 그를 따랐다. 양편이 10여 일 동안 전투를 벌이는 동안 수만 명의 사람이 죽거나 다쳤다. 그러나 시피는 끝내 승리하지 못하고 자지에게 피살되었다. 녹모수가 자지에게 말했다.

"시피가 반란을 일으킨 까닭은 세자 평이 살아 있기 때문입니다."

자지가 그 말을 듣고 세자 평을 잡아들이려 하자 태부 곽외郭隗와 세자 평은 일반 백성의 복장으로 갈아입고 함께 무종산無終山(天津 薊縣 경내 盤山)으로 도피했고, 세자 평의 서庶 동생 직職은 한나라로 달아났다. 이에 대해 백성 가운데 원망과 울분을 품지 않는 사람이 없었다.

제나라 민왕은 연나라에 반란이 발생했다는 소식을 듣고 광장匡章을 대장으로 임명하고 군사 10만을 주어 발해渤海를 건너 연나라를 공격하게 했다. 연나라 사람들은 자지에 대한 원한이 골수에 사무쳐서 식량까지 건네주며 제나라 군사를 환영했고, 작은 무기라도 들고 항거하는 사람은 아무도 없었다. 광장은 출병한 지 50일 만에 군사를 한 번도 주둔시키지 않고

學讓
國燕
召噲
兵

연왕 쾌가 왕위를 양보하여 병란을 부르다.

곧바로 연나라 도성에 당도했다. 백성은 도성 성문을 열고 제나라 광장의 군사를 맞아들였다. 자지의 파당은 많은 수의 강력한 제나라 군사가 파죽지세로 행진해오는 것을 보고 모두 두려움에 떨며 도망치기에 급급했다. 자지는 자신의 용력만 믿고 녹모수와 함께 군사를 거느리고 큰길로 나가 제나라 군사에 맞서 싸웠다. 그러나 군사들은 점점 흩어졌고 녹모수도 전사했다. 자지는 중상을 입고도 100여 명의 적을 격살했지만 결국 힘이 다해 포로로 잡히고 말았다. 연왕 쾌는 별궁에서 스스로 목을 맸고 소대는 주나라로 도망쳤다. 광장은 연나라 종묘사직을 파괴한 뒤 연나라 궁궐 창고에 보관된 보물을 모두 거두어들였다. 또 자지를 함거에 태우고 임치로 압송하여 전공을 보고했다. 이로써 연나라 3000리 땅은 절반 이상이 제나라에 귀속됐다. 광장은 연나라 도성에 머물며 속읍을 두루 순시했다. 이것은 주 난왕赧王 원년의 일이었다. 제 민왕은 친히 자지의 죄를 열거한 뒤 능지처참형에 처하게 하고 그의 살코기로 육젓을 담아 신료들에게 두루 돌렸다. 자지는 왕이 된 지 겨우 1년여 만에 탐욕만 부리다가 스스로 멸망의 길로 빠져들었으니 이 어찌 어리석은 자가 아닌가? 연나라 사람들은 자지를 원망했지만 제왕이 연나라를 멸망시키려 하자 모두 불만을 품고 옛 세자 평을 맞아오려 했다. 그들은 무종산에서 세자 평을 찾아 보위에 올렸다. 이 사람이 연 소왕昭王이다. 소왕은 곽외를 상국으로 임명했다. 이때 조나라 무령왕도 제나라가 연나라를 병합하려는 처사에 불만을 품고 대장 악지樂池를 시켜 한나라에서 공자 직職을 맞아와 연왕으로 옹립하려 했다. 그러나 세자 평이 이미 보위에 올랐다는 소식을 듣고 그 계획을 그만두었다. 곽외는 연나라 도성으로 격문을 전하고 나라가 광복되었음을 알렸다. 그러자 이미 제나라에 항복했던 각 고을도 모두 반기를 들고 연나라로 귀의했다. 제나라 대장 광장은 도저히 그들을 막을 수 없었기에 결국 군사를 거두어 제나라로 돌아갔다. 연 소왕은 도성으로 돌아와서 종묘를 수리하고 제나라에 대한 복수를 다짐했다. 이에 자신의 몸을 낮추고 후한 예물을 갖추어 현명한 선비들을 초빙하려 했다. 연왕이 상국 곽외에게 말했다.

"선왕께서 당하신 치욕을 과인은 밤이나 낮이나 잊을 수 없소. 만약 현명한 선비를 얻어 그분과 함께 제나라에 대한 복수를 도모할 수 있다면 과인은 온몸을 바쳐 그분을 섬길 것이오. 스승님께서 과인을 위해 그런 분을 추천해주시오."

곽외가 말했다.

"옛날에 어떤 임금이 측근 내시를 시켜 천금으로 천리마를 구해오게 했습니다. 그 내시는 길을 가다가 죽은 말을 보았는데, 그 말을 둘러싸고 사람들이 탄식을 내뱉고 있었습니다. 내시가 까닭을 묻자 그들이 이렇게 대답했습니다. '이 말은 살았을 때 하루에 천 리를 달리던 말이오. 그런데 지금 이렇게 죽었으니 어찌 애석하지 않겠소?' 그러자 그 내시는 500금을 주고 죽은 말의 뼈를 산 뒤 그것을 자루에 넣어 조정으로 돌아왔습니다. 이에 임금이 격노하여 소리를 질렀습니다. '죽은 말의 뼈를 어디에 쓰려고 그렇게 많은 황금을 허비했느냐?' 내시가 대답했습니다. '신이 500금을 허비한 까닭은 그것이 천리마의 뼈이기 때문입니다. 사람들은 이 특별한 일을 다투어 전하면서 죽은 말도 비싼 값으로 사는데 하물며 산 말이야 말해 무엇하랴? 하고 말할 것입니다. 그럼 천리마를 바로 구할 수 있을 것입니다.' 이후 한 해도 되지 않아 천리마를 세 필이나 구할 수 있었다고 합니다. 지금 대왕마마께서 천하의 현명한 선비를 얻고자 하신다면 바라옵건대 이 곽외를 죽은 말의 뼈로 삼아주십시오. 그럼 곽외보다 현명한 사람들이 모두 자신의 능력을 비싼 값에 팔기 위해 달려들 것입니다."[3]

　그리하여 연 소왕은 특별히 곽외를 위해 궁궐을 지어주고 자신은 제자의 예를 다하며 북쪽으로 앉아 곽외의 가르침을 들었다. 또한 친히 음식을 대접하며 지극히 공경스럽게 곽외를 모셨다. 또 역수易水(河北省 易縣 경내) 가에 높은 누대를 지은 뒤 누대 위에 황금을 쌓아두고 사방의 어진 선비를 초빙했다. 그리하여 그 누대를 초현대招賢臺 또는 황금대黃金臺라고 불렀다. 연왕이 선비를 좋아한다는 소문이 널리 퍼져나가자 극신劇辛은 조나라에서, 소대는 주나라에서, 추연鄒衍은 제나라에서, 굴경屈景은 위나라에서 연나라로 왔다. 소왕은 그들을 모두 객경으로 임명하고 함께 국사를 논의했다. 뒷날 원元나라 유인劉因[4]이 「황금대시黃金臺詩」를 지었다.

연산은 산 빛을 바꾸지 않고　　　　　　　　　　　　燕山不改色

역수는 소리 없이 흘러가누나　　　　　　　　　　　易水無剩聲

그 누가 알겠는가? 저 누대 위에　　　　　　　　　誰知數尺臺

만고의 인정이 서려 있음을　　　　　　　　　　　　中有萬古情

구구한 뒷 세대 소인배들은　　　　　　　　　　　　區區後世人

황금이란 이름만 좋아했도다　　　　　　　　　　　猶愛黃金名

3_ 천금매골千金買骨: 천금으로 죽은 말의 뼈를 샀다는 뜻. 인재를 중시하고, 인재 얻기를 갈망함을 비유한다.(『전국책戰國策』「연책燕策」)

4_ 유인劉因: 하북성河北省 용성容城 출신으로, 자는 몽길夢吉, 호號는 정수靜修. 원대元代의 저명한 성리학자 겸 시인. 어려서부터 신동으로 이름이 났고, 원元 세조世祖 지원至元 19년 세조의 초빙에 응하여 승덕랑承德郞, 우찬선대부右贊善大夫 등의 직을 역임했다. 모친 사후 귀향했다가 다시 세조의 부름을 받았으나 병을 핑계로 벼슬에 나가지 않았으며 사후에 용성군공容城郡公에 봉해졌고, 문정文靖이란 시호를 받았다. 저작으로 『사서정요四書精要』『역계사설易繫辭說』『정수집靜修集』등을 남겼다.

황금이 도대체 무엇이기에	黃金亦何物
현인의 경중을 따질 수 있나?	能爲賢重輕
주나라의 옳은 이치 동에 전해져	周道日東漸
백이와 숙제 두 늙은이 서로 갔다네	二老皆西行
백성 기르고 어진 선비 초빙한다면	養民以致賢
왕업이 이로부터 이루어지리	王業自此成

이야기가 두 갈래로 나뉜다. 제 민왕이 연나라에 승리하고 연왕 쾌와 자지를 죽이자 그 위세가 천하에 진동했다. 이에 진 혜문왕도 제나라의 위세를 우려했다. 초 회왕은 종약장이 되자 제나라와 깊은 교분을 맺은 뒤 부절을 서로 나누어 갖고 신표로 삼았다. 진왕은 제나라와 초나라의 우호를 갈라놓기 위해 장의를 불러 대책을 물었다. 장의가 아뢰었다.

"신이 썩지 않는 세 치 혀를 가지고 남쪽 초나라로 가서 틈을 보아 초왕에게 유세한 뒤 반드시 초왕이 제나라와 우호를 끊고 진나라와 친교를 맺게 하겠습니다."

혜문왕이 말했다.

"과인이 경의 말에 따르도록 하겠소."

이에 장의는 진秦나라 상국 인수를 돌려주고 초나라로 갔다. 장의는 초 회왕이 총애하는 측근이 있다는 사실을 알았다. 그의 성은 근靳이고 이름은 상尙으로 늘 초왕의 좌우에서 수행했고, 초 회왕은 그의 말이라면 듣지 않는 말이 없었다. 이에 장의는 먼저 근상에게 후한 뇌물을 먹이고 친교를 맺었다. 그 뒤 장의는 근상을 통해 회왕을 알현했다. 회왕은 장의의 명성을 듣고 도성 교외에까지 나가서 그를 맞았다. 회왕은 장의에게 자리를 권하며 물었다.

"선생께서 이처럼 누추한 나라에까지 왕림하시니 어떤 가르침을 내려주실 것이오?"

장의가 말했다.

"신이 이번에 온 것은 진과 초의 우호를 주선하기 위해서입니다."

"과인이라고 어찌 진나라와 우호 맺기를 바라지 않겠소? 다만 진나라가 우리 나라를 끊임없이 침범하기 때문에 감히 화친을 청하지 못하고 있는 것이오."

"지금 천하에 일곱 나라가 있으나 큰 나라만 꼽자면 초와 제 그리고 진, 세 나라가 있을 뿐입니다. 진나라가 만약 동쪽 제나라와 힘을 합치면 제나라가 강해질 것이고, 남쪽 초나라와 힘을 합치면 초나라가 강해질 것입니다. 그러나 우리 주상의 마음은 초나라에 있지 제나라에 있지 않습니다. 무엇 때문이겠습니까? 그것은 제나라가 우리와 혼인으로 맺어진 친한 사이임에도 불구하고 유독 우리 진나라를 저버리고 있기 때문입니다. 지금 우리 주상께서도 대왕마마를 섬기고 싶어하시고, 저 장의도 대왕마마의 문을 지키는 충복이 되고 싶습니다. 그런데도 대왕마마께서 제나라와 우호를 맺으신다면 이는 우리 주상께서 싫어하는 일을 행하시는 것입니다. 그러나 대왕마마께서 만약 국경의 관문을 닫고 제나라와의 우호를 단절하신다면 우리 주상께서는 지난날 상군이 빼앗은 상어 땅 600리를 초나라에 반환할 것입니다. 또한 진나라 왕실 여인을 대왕마마에게 바쳐 청소라도 하도록 하겠습니다. 이렇게 되면 진과 초는 대대로 혼인을 맺고 형제처럼 지내면서 제후들의 환난을 막아낼 수 있을 것입니다. 대왕마마께서는 이 계책을 받아들여주십시오!"

偽獻地
張儀
欺楚

장의가 거짓으로 초나라에 땅을 바치다.

초 회왕은 매우 기뻐하며 말했다.

"진나라가 우리 초나라의 옛 땅을 돌려준다면 과인이 어찌 제나라에 연연할 필요가 있겠소?"

초나라 신료들은 모두 초나라가 옛 땅을 얻게 되었다고 입을 모아 경하의 인사를 올렸다. 그러나 유독 한 사람만이 벌떡 일어나 회왕에게 아뢰었다.

"불가합니다. 불가하오! 신이 보건대 이 일은 슬퍼해야 할 일이지 축하를 받을 일이 아닙니다."

초 회왕이 바라보니 바로 객경 진진陳軫이었다. 회왕이 말했다.

"과인은 군사 한 명도 쓰지 않고 앉아서 600리의 땅을 얻었소. 이에 신료들이 모두 경하의 인사를 하고 있는데, 유독 그대만 슬퍼해야 할 일이라고 하셨소. 무슨 까닭이오?"

진진이 말했다.

"대왕마마께서는 장의를 믿을 만한 사람이라고 생각하십니까?"

회왕이 웃으며 말했다.

"어찌하여 믿지 못한단 말이오?"

진진이 말했다.

"진나라가 초나라를 중시하는 까닭은 제나라가 있기 때문입니다. 지금 만약 초나라가 제나라와 우호를 단절하면 초나라는 고립될 수밖에 없습니다. 이렇게 되면 진나라가 어찌 고립된 초나라를 중시하며 600리의 땅을 바치겠습니까? 이것은 장의의 속임수입니다. 만약 초나라가 제나라와 우호를 단절하는 순간 장의가 대왕마마를 배신하고 600리의 땅을 주지 않으면, 제나라는 대왕마마께 원한을 품고 오히려 진나라에 붙을 것입니다. 제나라와 진나라가 힘을 합쳐 초나라를 공격하면 초나라는 망국의 수렁으로 떨어질 것입니다. 신이 이 일을 슬퍼해야 한다고 말씀드린 건 바로 이 때문입니다. 그러니 사신 한 명을 시켜 장의를 따라 진나라로 가서 먼저 땅을 확실하게 받는 편이 좋을 것입니다. 600리 땅이 초나라로 들어온 이후에 제나라와 우호를 단절해도 늦지 않습니다."

대부 굴평도 앞으로 나서며 말했다.

"진진의 말이 옳습니다. 장의는 언행을 함부로 바꾸는 소인배입니다. 절대로 믿어서는 안 됩니다!"

그러나 총신 근상은 이렇게 말했다.

"제나라와 우호를 단절하지 않는다면 진나라가 우리에게 땅을 주겠습니까?"

회왕도 그 말에 고개를 끄덕이며 말했다.

"장의는 분명히 과인을 배신하지 않을 것이오. 진 선생은 이제 그만하시고 과인이 땅을 받아오는 일이나 지켜보시오."

그러고는 장의에게 상국의 인수, 황금 100일, 좋은 말 40필을 하사했다. 그리고 북쪽 관문을 지키는 장수에게 더 이상 제나라 사신을 통과시키지 말라고 명령을 내린 뒤 다른 한편으로는 방후축逢侯丑에게 장의를 따라 진나라로 가서 땅을 받아오게 했다.

장의는 연도 내내 방후축과 술을 마시고 담소를 나누며 마치 골육지친처럼 환대했다. 함양에 거의 당도할 무렵 장의는 거짓으로 술에 취한 척하며 수레에서 떨어졌다. 좌우 시종들이 당황하여 그를 부축해 일으키자 장의가 말했다.

"내가 발을 다쳐서 급히 의원에게 가봐야겠소."

그러고는 먼저 와거臥車를 타고 성안으로 들어가서 진왕에게 방후축을 역관驛館에 머물게 하라고 아뢰었다. 이후 자신은 병을 요양한다며 두문불출하고 조정으로 들어가지 않았다. 방후축은 진왕을 만나려 했으나 만나지 못하고 하염없이 장의만 기다리는 신세가 되었다. 장의는 계속 발이 낫지 않았다는 핑계만 댔다. 이렇게 3개월이 흐르자 방후축은 더 기다리지못하고 진왕에게 서찰을 올려 장의가 초나라에 땅을 떼어주기로 한 약속을 이야기했다. 그러자 혜문왕이 답서를 내렸다.

장의가 그런 약속을 했다면 과인이 반드시 실행할 것이오. 그러나 소문을들으니 초나라와 제나라가 아직도 우호관계를 단절하지 않고 있다고 하니, 과인은 초나라에 속을까봐 몹시 두렵소. 장의가 아직 병상에서 일어나지 못하고 있으니, 그가 한 약속을 믿을 수가 없소.

방후축은 또 장의의 집으로 찾아갔으나 장의는 끝내 집 밖으로 나오지 않았다. 이에 방후축은 사람을 보내 진왕의 말을 초 회왕에게 보고하게 했다. 회왕이 말했다.

"진나라가 우리 초나라더러 제나라와 우호를 단절하지 않았다고 하는건 너무 심하지 않소?"

이에 용사 송유宋遺에게 송나라로 가서 길을 빌리게 했다. 이후 다시 송나라 사신의 부절符節을 빌려 바로 제나라 국경에 가서 제나라 민왕에게마구 욕설을 퍼붓게 했다. 민왕은 격노하여 마침내 사신을 서쪽 진나라로보내 두 나라가 힘을 합쳐 초나라를 공격하자고 했다. 장의는 제나라 사신이 왔다는 소식을 듣고 자신의 계책이 성공했다는 것을 알았다. 이에 장의는 병이 다 나았다는 핑계를 대고 조정으로 들어가다가 조정 문 앞에서 방후축을 만났다. 장의는 일부러 깜짝 놀란 표정을 지어보이며 말했다.

"장군께서 어찌하여 땅을 받아 돌아가시지 않고 아직도 우리 나라에 머물고 계시오?"

방후축이 말했다.

"진왕께서 오로지 상국을 만나 결정한다고 하셨소. 오늘 다행히 상국께서 아무 탈 없이 이렇게 나오셨으니 대왕마마께 말씀을 올리고 일찌감치 땅의 경계를 정해 우리 주상께 보고를 드릴 수 있게 해주시오."

"이런 일을 어찌 우리 대왕마마께 말씀드릴 필요까지 있겠소? 제가 전에 말씀드린 건 제가 갖고 있는 봉읍 6리를 드린다는 것이었소. 이것은 제가 직접 초왕께 드리면 되는 일이오."

"저는 우리 주상에게서 상어 땅 600리를 받아오라는 명령을 받았지, 겨우 6리를 받아오란 말은 듣지도 못했소."

"초왕께서 아마 잘못 들으신 것 같소. 우리 진나라 땅은 수많은 전투를 통해 얻은 것인데 어찌 한 뼘의 땅이라도 다른 나라에 줄 수 있겠소? 하물며 600리라니요?"

방후축은 귀국하여 그 사실을 보고했다. 회왕은 격노하여 말했다.

"장의는 정말 언행이 일치하지 않는 소인배로다! 내가 그놈을 잡으면 반드시 생살을 씹어먹으리라!"

그러고는 마침내 군사를 일으켜 진나라를 공격하라고 명령을 내렸다. 그러자 객경 진진이 앞으로 나서며 말했다.

"신이 오늘 한 말씀드려도 되겠습니까?"

회왕이 말했다.

"과인은 선생의 말씀을 듣지 않았다가 교활한 도적놈에게 기만을 당했소. 오늘도 무슨 좋은 계책이 있으시오?"

진진이 말했다.

"대왕마마께서는 이미 제나라의 도움을 받지 못하게 된 상황입니다. 지금 다시 진나라를 공격한다 해도 아무 이득도 얻을 수 없을 것입니다. 차라리 두 성을 떼어 진나라에 주고 진나라와 군사를 합쳐 제나라를 공격하는 것이 더 좋겠습니다. 그럼 진나라에게 잃은 땅을 제나라에서 보상받을 수 있을 것입니다."

회왕이 말했다.

"본래 우리 초나라를 기만한 건 진나라요. 제나라에게 무슨 죄가 있겠소? 그런데도 진나라와 힘을 합쳐 제나라를 공격하면 사람들이 장차 나를 비웃을 것이오."

회왕은 그날 바로 굴개屈匃를 대장으로 삼고, 방후축을 부장으로 임명하여 군사 10만 명을 일으켰다. 그리고 천주산天柱山(陝西省 安康 天柱山)으로 길을 잡고 서북 방향으로 진군하여 곧바로 남전藍田(陝西省 藍田)을 습격했다. 진왕은 위장魏章을 대장으로, 감무甘茂를 부장으로 임명하고 군사 10만을 일으켜 초나라에 대항하게 했다. 한편으로는 제나라로 사신을 보내 구원병을 요청했다. 제나라 장수 광장도 군사를 이끌고 진나라를 도우러 왔다. 초나라 장수 굴개가 비록 용감하다 해도 어떻게 두 나라의 협공을 막아낼 수 있겠는가? 그는 싸울 때마다 모두 패배하고 말았다. 진나라와 제나라 연합군은 단양丹陽(河南省 淅川 丹江) 북안까지 초나라 군사를 추격했다. 굴개는 패잔병을 모아 다시 전투를 하다가 감무의 칼에 목이 떨어지고 말았다. 이 전투를 전후하여 초나라 군사 8만여 명의 목이 잘렸고, 명장 방후축 등 전사한 장수도 70여 명이나 되었다. 진, 제 두 나라 연합군이 한중漢中(陝西省漢中) 땅 600리를 빼앗자 초나라 조야가 두려움에 떨었다. 한나라와 위나라도 초나라가 대패했다는 소식을 듣고 초나라 공격을 모의하기 시작했다. 초 회왕은 몹시 두려워하며 굴평을 제나라로 보내 사죄하고 또 진진을 진나라 군영으로 보내 두 성을 바치고 강화를 청했다. 위장은 진왕에게 사자를 보내 명령을 청했다. 혜문왕이 말했다.

"과인은 검중黔中(貴州省 동북 일대) 땅을 얻고 싶다. 우리의 상어 땅과 바꾸자고 하라. 나의 명령에 따르면 군사를 거둘 것이다."

위장은 진왕의 명령을 받들어 회왕에게 사신을 보냈다. 회왕이 말했다.

"과인은 땅을 얻고 싶은 것이 아니라 장의를 잡아들이는 것이 소원이오. 만약 귀국에서 장의를 초나라로 보내주면 과인이 감사의 뜻으로 검중 땅을 그냥 드리겠소."

진왕이 기꺼이 장의를 초나라로 보낼지 어떨지는 다음 회를 보시라.

함정에 빠진 초 회왕

구정 들기 내기를 하다가 진 무왕은 자신의 발을 찧고
함부로 회맹에 갔다가 초 회왕은 진나라의 함정에 빠지다
賽擧鼎秦武王絕脛, 莽赴會楚懷王陷秦.

초나라 회왕은 장의에게 속은 것에 원한을 품고 검중 땅을 장의와 맞바꾸려 했다. 진왕秦王의 좌우에서 장의를 시기하는 자들이 모두 말했다.

"한 사람을 주고 수백 리의 땅을 얻을 수 있다면 이는 우리에게 막대한 이익입니다."

그러자 진 혜문왕이 말했다.

"장의는 나의 고굉지신股肱之臣이오. 차라리 땅을 포기할지언정 어찌 차마 그를 버릴 수 있겠소?"

그 말을 듣고 장의가 자청하며 말했다.

"소신을 보내주십시오!"

혜문왕이 말했다.

"초왕은 분노를 품고 선생을 기다리고 있소. 이번에 가면 틀림없이 살해

당할 것이오. 이 때문에 과인이 선생을 보내려 하지 않는 것이오."

"신의 한 목숨을 바쳐 검중 땅을 얻을 수 있다면 신은 영예롭게 죽겠습니다. 하지만 신은 죽지 않을 자신이 있습니다."

"선생에게 죽음을 면할 어떤 계책이 있는지 과인에게 좀 들려주시오."

"초왕의 부인 정수鄭袖는 아름답고도 지혜로워서 초왕의 총애를 받고 있습니다. 지난날 신이 초나라에 있을 때 소문을 들으니, 당시에 초왕이 새로한 미인을 총애하자 정수가 그 미인에게 이렇게 말했다 합니다. '대왕마마께서는 다른 사람의 콧김 쐬는 것을 싫어하네. 그러니 자네는 대왕마마를 모실 때 반드시 자네의 코를 가려야 할 것이네.' 미인이 그 말을 믿고 그대로 하자 초왕이 정수에게 이렇게 물었다 합니다. '미인이 과인을 만날 때마다 코를 가리던데 그게 무슨 까닭이오?' 그러자 정수가 이렇게 대답했다 합니다. '대왕마마의 체취를 싫어하여 그렇게 행동하는 것 같습니다.' 초왕은 격노하여 미인의 코를 베라 명령을 내렸고, 정수는 마침내 초왕의 총애를 독차지했다고 합니다. 또 초왕의 측근 중에 근상이란 자가 정수에게 아첨을 잘해서 안팎으로 중요한 일을 맡고 있습니다. 신은 근상과 친하게 지냈습니다. 신의 생각으로는 그자의 비호를 빌리면 죽지 않을 수 있을 것 같습니다. 대왕마마께서는 위장 등에게 조칙을 내려 군사를 거느리고 한중 땅에 머물게 하고, 멀리서 초나라를 공격하려는 모양만 갖추라고 하십시오. 그럼 초나라는 틀림없이 신을 죽이지 못할 것입니다."

이에 진왕은 장의를 초나라로 가게 했다.

장의가 초나라에 당도하자 회왕은 즉시 사자에게 명령을 내려 그를 잡아 가두게 했다. 그리고 날을 잡아 태묘太廟에 고하고 그를 주살하려 했다. 그러자 장의는 따로 근상에게 사람을 보내 내막을 알리고 구원을 요청했다. 근상은 내궁으로 들어가 정수에게 말했다.

"부인께서 끝내 총애를 잃게 될 것 같은데 어찌 하시겠습니까?"

정수가 말했다.

"무슨 까닭이오?"

근상이 말했다.

"진秦나라에서는 초왕이 장의에게 분노한 줄도 모르고 그를 우리 초나라로 보냈습니다. 지금 소문을 들으니 대왕마마께서 장의를 죽이려 하자, 진나라에서는 지난번에 빼앗은 땅을 우리 초나라에 돌려주고, 진왕의 딸을 대왕마마께 출가시키면서 노래를 잘하는 잉첩까지 보내 장의의 죄를 씻으려 한다 합니다. 진녀秦女가 오면 대왕마마께서는 틀림없이 새 여인을 존중하며 예우할 것인데, 부인께서 총애를 독차지하려고 해도 그것이 가능한 일이겠습니까?"

정수는 깜짝 놀라 이렇게 말했다.

"경에게 그 일을 막을 무슨 계책이 있소?"

근상이 말했다.

"부인께서 이번 일을 모른 체하시면서 우리 초나라의 이해득실을 대왕마마께 말씀드리고 장의를 진나라로 돌려보내면 일이 잘 처리될 수 있을 것입니다."

이에 정수는 한밤중에 서럽게 울면서 회왕에게 하소연했다.

"대왕마마께서는 장의와 우리 땅을 바꾸려 하시는데, 아직 진나라에 땅을 주기도 전에 장의가 먼저 우리 초나라에 왔습니다. 이는 진나라가 대왕마마를 예우한 것입니다. 지난번에 진나라 군사는 일거에 한중 땅을 석권했고 지금은 우리 초나라까지 삼킬 태세를 갖추고 있습니다. 그런데 만약 장의를 죽여 저들의 분노를 돋우면 진나라는 틀림없이 군사를 증원하여 우리 초나라를 공격할 것입니다. 그럼 우리 부부는 목숨을 보장할 수 없게 되는지라 지금 첩의 마음은 찢어질 듯 아프옵니다. 뿐만 아니라 신첩은 음식을 먹어도 무슨 맛인지 모르게 된 지가 여러 날입니다. 또한 신하된 자는 각각 자신의 주상을 섬깁니다. 장의는 천하의 모사謀士로 진나라 상국이 된 지 오래입니다. 그러니 그가 진나라를 편애하는 것이 어찌 이상한 일이겠습니까? 대왕마마께서 장의를 후하게 대접하시면 그가 진나라를 섬기는 것처럼 우리 초나라를 섬길 것입니다."

회왕이 말했다.

"부인은 너무 걱정하지 마시오. 과인이 좋은 계책을 써서 잘 처리하도록 하겠소."

그 사이 또 근상이 회왕에게 아뢰었다.

"장의 하나를 죽인다고 진나라에 무슨 손실이 있겠습니까? 또 검중 땅 수백 리를 잃는 것보다 장의를 진나라로 살려 보내 화친을 맺는 것이 좋겠습니다."

회왕도 검중 땅을 진나라에 주고 싶지 않아서 장의를 석방한 뒤 융숭하게 대접했다. 장의는 진나라를 섬기면 이익이 되는 점을 회왕에게 이야기했고, 마침내 회왕은 장의를 진나라로 돌려보낸 뒤 양국 간에 우호를 맺었다. 이때 굴평은 제나라에 사신으로 갔다가 돌아와서 장의를 돌려보냈다는 말을 듣고 간언을 올렸다.

"지난번에 대왕마마께서는 장의에게 기만을 당했습니다. 그러므로 신은 이번에 장의가 왔을 때 반드시 그놈의 고기를 삶아 먹었어야 했다고 생각합니다. 그런데 대왕마마께서는 그놈을 죽이지 않고 사면했을 뿐만 아니라 그놈의 사악한 말을 듣고 솔선해서 진나라를 섬기겠다고 하셨습니다. 대저 필부도 원수를 잊지 않는 법인데 하물며 임금이야 말해 무엇하겠습니까? 이제 진나라의 환심을 사기도 전에 천하의 분노에 직면하게 되었으니, 신은 이것이 올바른 계책이 아니라고 생각합니다."

그제야 회왕은 후회의 마음이 밀려들어 사람을 시켜 가벼운 수레를 타고 장의를 추격하게 했다. 그러나 장의는 이미 밤새워 말을 치달려 교외를 빠져나간 지 이틀이나 지난 뒤였다. 장의가 진나라로 귀환하자 위장도 군사를 거두어 돌아왔다. 사관이 이 일을 시로 읊었다.

장의는 말 바꾸며 진나라를 섬기다가	張儀反覆爲嬴秦
아침엔 죄수였는데 저녁엔 귀빈 되었네	朝作俘囚暮上賓
가소롭다 목석 같은 초나라 회왕이여	堪笑懷王如木偶
충언은 따르지 않고 아첨꾼 말만 들었도다	不從忠計聽讒人

장의가 또 진왕에게 아뢰었다.

"신은 구사일생으로 대왕마마의 용안을 다시 뵙게 되었습니다. 지금 초나라는 진실로 우리 진나라를 몹시 두려워하고 있습니다. 비록 그렇다 하더라도 신은 초나라에 신의를 잃어서는 안 됩니다. 그러므로 대왕마마께서 한중 땅의 반을 떼어 초나라에 덕을 베푸시고 아울러 초나라와 혼인을 맺으십시오. 그럼 신은 초나라와의 관계를 단서로 삼아 여섯 나라에 유세하여 그들이 서로 손을 잡고 우리 진나라를 섬기도록 하겠습니다."

진왕은 그 일을 허락하고 한중 땅 다섯 현縣을 초나라에 할양하고 사신을 보내 우호를 맺었다. 또 회왕의 딸을 진나라 세자 탕蕩의 비妃로 삼았고, 진왕의 딸을 회왕의 막내아들 난蘭과 혼인시켰다. 초 회왕은 매우 기뻐하며 장의가 과연 초나라를 속이지 않았다고 생각했다. 이에 진왕은 장의의 노고를 생각하여 다섯 읍을 봉토로 더해주고 그를 무신군武信君으로 부르게 했다. 아울러 황금과 백벽白璧, 그리고 네 마리 말이 끄는 높다란 수레를 하사하여, '연횡책連衡策'1을 가지고 열국을 돌아다니며 유세하게 했다.

장의는 동쪽 제나라로 가서 민왕을 알현하고 말했다.

"대왕마마께서는 제나라 땅과 진나라 땅 중에서 어느 곳이 넓다고 생각하십니까? 또 군사는 어느 나라가 더 강하다고 생각하십니까? 제나라를 위해 계책을 꾸미는 자들은 모두 제나라가 진나라에서 멀리 떨어져 있기 때문에 아무 걱정이 없다고 여기는 듯합니다. 그러나 이것은 목전의 안전에만 매달려 후환은 돌아보지 않는 계책입니다. 지금 진과 초는 서로 딸을 상대방의 나라에 며느리로 주고 형제의 우의를 다지고 있습니다. 이에 삼진三晉(魏, 韓, 趙)도 모두 두려움에 떨며 다투어 땅을 떼어 바치고 진나라를 섬기는 형편입니다. 그런데도 대왕마마께서 혼자서만 진나라와 원한을 맺는다면 진나라는 한나라와 위나라의 군사를 동원하여 제나라의 남쪽 경계를 공격할 것입니다. 뿐만 아니라 조나라도 모든 군사를 동원하여 황하를 건너 곧바로 임치와 즉묵의 빈틈을 노릴 것입니다. 이런 상황에 빠진 후에 대왕마마께서 진나라를 섬기려 한다면 그것이 어떻게 가능하겠습니까? 오늘날 가장 좋은 계책은 바로 진나라를 섬겨 안정을 찾는 것입니다. 진나

1_ 연횡책連衡策: 소진의 합종책이 진秦나라 이외의 여섯 나라가 남북으로 연합하여 진나라에 대항하는 계책이라면, 장의의 연횡책은 합종책을 깨기 위해 진나라가 동서로 여섯 나라와 각각 우호를 맺는 계책이다.

라를 배반하면 위태로움에 빠질 것입니다."

제 민왕이 말했다.

"과인이 선생의 말을 따르겠소."

그러고는 장의에게 후한 선물을 줬다. 장의는 또 제나라의 서쪽으로 가서 조왕에게 유세했다.

"우리 진왕께서는 보잘것없는 군사나마 조련하여 조나라 대왕마마와 한단邯鄲 땅에서 회합을 갖길 원하시는지라 소신을 이곳으로 보내 먼저 그 사실을 알리게 했습니다. 지금 대왕마마께서 믿고 있는 것은 소진의 합종책일 뿐입니다. 그런데 소진은 연나라를 배반하고 제나라로 도망가서 주살을 당하고 말았습니다. 제 한 몸도 보존하지 못한 자의 말을 믿는 것은 잘못된 일입니다! 지금 진과 초는 혼인을 맺었고, 제나라는 진나라에 무염 땅을 바쳤고, 한과 위는 진나라의 번신藩臣으로 칭하고 있습니다. 그리하여 다섯 나라는 하나가 되었습니다. 이런 상황에서 대왕마마께서는 고립된 조나라의 힘만으로 다섯 나라의 예봉에 맞서려 하시는데, 이는 만분의 일도 가당치 않는 일입니다. 이 때문에 신이 대왕마마를 위해 계책을 말씀드리자면, 진나라를 섬기는 것이 가장 좋습니다."

조왕도 그것을 허락했다. 장의는 다시 북쪽 연나라로 가서 연 소왕에게 유세했다.

"대왕마마와 가장 친한 나라는 조나라입니다. 옛날에 조양자趙襄子(趙無卹)는 자신의 누이를 대代나라 왕의 부인으로 출가시켰습니다. 조양자는 대나라를 합병하기 위해 대나라 임금과 회합을 하기로 약속했습니다. 그리고 대장장이를 시켜 자루가 긴 쇠 국자를 만들게 했습니다. 바야흐로 연회가 베풀어지고 요리사가 국을 올리자 조양자는 쇠 국자를 거꾸로 잡고 대나라 임금을 마구 후려쳐 그의 가슴을 찢어 죽였습니다. 그러고는 마침내 대나라를 습격하여 합병했습니다. 조양자의 누이는 그 소식을 듣고 흐느껴 울며 하늘에 호소하다가 스스로 비녀摩笄를 뽑아 목을 찌르고 자살했습니다. 이 일로 인해 후세 사람들은 그녀가 죽은 곳의 산을 마계산摩笄山(河北省 淶源 경내)이라 합니다. 대저 친누이를 속여 이익을 취하는 나라가 다른 나라에 무슨 짓인들 못 하겠습니까? 지금 조왕은 벌써 진나라에 땅을 떼어주고 사죄한 뒤 장차 민지澠池(河南省 澠池)로 가서 진왕에게 조공을 바치려 합니다. 때문에 어느 날 진나라가 조나라 군사를 몰아 연나라를 공격해오면 역수易水(河北省 易縣 경내)와 장성長城은 대왕마마의 소유가 아니게 될 것입니다."

연 소왕은 몹시 두려워하며 항산恒山(山西省 大同 渾源 경내) 동쪽 다섯 성을 진나라에 바치고 화친을 맺으려 했다.

장의는 연횡책을 성공시킨 뒤 진나라로 귀환하는 중이었다. 도중에 행차가 함양에 못 미쳤을 때 진 혜문왕이 병으로 세상을 떠났다는 소식을 들었다. 이어서 세자 탕이 보위에 오르니 이 사람이 진 무왕武王이다. 제 민왕은 처음 장의의 유세를 들을 때 삼진이 모두 땅을 떼어 바치고 진나라를 섬기는 것으로 생각하고 감히 혼자서만 다르게 행동할 수 없었다. 그러나 장의가 제나라에서 유세한 뒤 다시 조나라로 갔다는 소문이 들리자 결국 그에게 속은 것을 알고 격노했다. 또 진 혜문왕이 세상을 떠났다는 소식을 듣고 맹상군을 시켜 제후국들에게 보내는 서찰을 쓰게 했다. 그 내용은 바로 여러 제후국이 함께 힘을 모아 진나라에 대항하면서 다시 합종책을 회복시키자는 것이었다. 초나라는 이미 진나라와 혼인을 맺었기 때문에 합종책에 따르지 않을 것으로 예상하고 초나라를 먼저 정벌하려고 했다. 이에 초 회왕이 세자 횡橫을 제나라에 인질로 바치자 제나라가 초나라 정벌을 중지했다. 제 민왕은 스스로 종약장縱約長이 되어 제후들과 연합한 뒤 장의를 사로잡아오는 사람에게는 열 개의 성을 상으로 주겠다고 했다. 진 무왕은 성격이 거칠고 우직했다. 그는 세자 시절부터 평소에 속임수가 많은 장의의 언행을 싫어했다. 신료들 중에서도 장의가 총애받는 걸 시기하는 자들은 이때에 이르러 모두 장의를 참소하기 시작했다. 장의는 자신에게 화가 미칠까 두려워 무왕을 만나 이렇게 아뢰었다.

"신에게 어리석은 계책이 있습니다. 이에 대왕마마의 좌우에서 전력을 다해 그 계책을 펼쳐보고자 합니다."

무왕이 말했다.

"그것이 무슨 계책이오?"

장의가 말했다.

"신이 소문을 들으니 제왕이 신을 몹시 미워한다 합니다. 그러므로 신이 있는 곳을 알면 틀림없이 군사를 일으켜 정벌에 나설 것입니다. 원컨대 신은 이제 대왕마마께 하직하고 동쪽 대량(河北省 開封, 위나라 도성) 땅으로 가겠습니다. 그럼 제나라는 틀림없이 양나라(위나라)를 정벌할 것입니다. 양나라와 제나라가 서로 얽혀 싸울 때 대왕마마께서는 그 틈을 타 한나라를 정벌하십시오. 그 후 삼천三川²의 땅을 통과하여 주나라 왕실을 엿보면 왕업王業을 이룰 수 있을 것입니다."

진 무왕도 그 생각에 동의했다. 무왕은 가죽으로 무장한 수레 30승을 갖추도록 하여 장의를 대량으로 보냈다. 위 애왕은 장의를 상국으로 임명하고 공손연의 지위를 대신하게 했다. 이에 공손연은 위나라를 버리고 진

2_ 삼천三川: 지금의 하남성河南省 낙양洛陽 동북 지방. 경내에 황하黃河, 낙수洛水, 이수伊水가 흐르기 때문에 삼천으로 불린다. 전국시대 한韓 선왕宣王이 군郡을 설치했다.

나라로 망명했다. 제 민왕은 장의가 위나라 상국이 된 것을 알고 격노하여 군사를 일으켜 위나라를 정벌했다. 위 애왕은 몹시 두려워하며 장의와 계책을 상의했다. 장의는 그의 문객 풍희馮喜를 초나라 빈객으로 위장시킨 뒤 제 민왕을 만나게 했다. 풍희가 말했다.

"소문을 들으니 대왕께서 장의를 몹시 증오하신다고 하던데 사실입니까?"

민왕이 말했다.

"그렇소."

풍희가 말했다.

"대왕께서 장의를 증오하신다면 위나라를 정벌하지 마십시오. 신이 마침 함양에서 이곳으로 오는 길에 소문을 들으니 장의가 진나라를 떠날 때 진왕과 이렇게 약속을 했다 합니다. '제왕은 신을 몹시 미워한다 합니다. 그러므로 신이 있는 곳을 알면 틀림없이 군사를 일으켜 정벌에 나설 것입니다.' 이에 진왕은 수레를 갖추어 장의를 위나라로 보내 제와 위의 싸움을 부추기고자 합니다. 따라서 제와 위가 서로 얽혀 싸우게 되면 진나라는 그틈을 노려 북방을 도모하게 될 것입니다. 대왕께서 지금 위나라를 정벌하시면 바로 장의의 계략에 빠져들게 됩니다. 대왕께서는 위나라를 정벌하지 마십시오. 대신 진나라로 하여금 장의를 의심하게 만들면 장의가 위나라에서 아무 일도 할 수 없을 것입니다."

제 민왕은 결국 출병을 중지하고 위나라 정벌에 나서지 않았다. 그러자 위 애왕은 장의를 더욱더 융숭하게 대우했다. 다음 해 장의는 위나라에서 병으로 죽었다. 이해에 제나라 무염無鹽 왕후도 세상을 떠났다.

한편 진 무왕은 몸집이 크고 힘도 장사여서 용사들과 힘겨루기를 즐겼다. 오획鳥獲과 임비任鄙는 선대先代부터 장수로 임명되었고 무왕 대에 이르러서 더욱 총애를 받았다. 무왕은 두 사람에게 벼슬을 올려주고 녹봉을 더해줬다. 제나라 사람 맹분孟賁(자는 說)도 장사로 유명했다. 그는 물속에서는 교룡蛟龍도 피하지 않았고 땅 위에서는 호랑이도 피하지 않았다. 분노하여 고함을 지르면 그 소리가 하늘을 진동시킬 정도였다. 일찍이 야외에서 소 두 마리가 싸우는 것을 보고 맹분이 가운데서 두 손으로 소를 떼어놓았다. 그중 한 마리는 땅에 엎드려 복종했지만 다른 한 마리는 끊임없이 그에게 달려들었다. 이에 맹분이 분노하여 왼손으로 소의 머리를 누르고 오른손으로 뿔을 뽑았다. 뿔이 뽑힌 소는 그 자리에서 즉사했다. 사람들은 그의 용력에 겁을 먹고 아무도 그에게 맞서려 하지 않았다. 그는 진왕이 용사를 모집한다는 소문을 듣고 서쪽으로 가서 황하를 건너려 했다. 이미 강변에는 강을 건너려는 사람이 매우 많았는데, 보통은 도착한 순서에 따라 배를 타게 되어 있었다. 그러나 이날 맹분은 가장 늦게 도착해서는 강제로 배에 올라 먼저 강을 건너려 했다. 뱃사공은 그의 불손한 태도를 보고 분노하여 노를 들어 그의 머리를 치며 말했다.

"네놈이 이렇듯 억지를 부리는 걸 보니, 꼭 맹분 같은 놈이로구나!"

맹분은 눈을 부릅뜨고 그를 노려봤다. 분노로 머리칼이 곤두서고 눈이 양쪽으로 찢어졌다. 맹분이 한 번 고함을 지르자 갑자기 파도가 치솟아 올랐다. 배를 타고 있던 사람들은 배가 뒤집어질까 두려워 모두 강물 속으로 뛰어들었다. 그러자 맹분은 힘껏 노를 저으며 발을 굴렀다. 배는 한 번에 몇 길이나 전진하며 순식간에 강 건너 언덕에 닿았다. 맹분은 바로 함양으로 달려가 무왕을 알현했다. 무왕은 그의 용력을 시험해보고 큰 벼슬을 줬다. 그는 오획, 임비와 함께 무왕의 총애를 받았다. 이때가 주 난왕赧王

6년, 진 무왕 2년이었다.

진秦나라는 다른 여섯 나라에서 모두 상국相國이라는 관직명을 쓰는 것을 본받고 싶지 않아서 특별히 좌우 승상丞相을 각각 한 명씩 두었다. 무왕은 감무를 좌승상으로, 저리질을 우승상으로 임명했다. 위장은 자신이 승상이 되지 못하자 울분을 품고 양나라로 망명했다. 무왕은 지난번에 장의가 한 말을 생각하고 저리질에게 말했다.

"과인은 서융 땅에서 태어나 아직 중원 문물의 극성함을 구경도 하지 못했소. 만약 삼천 땅을 통과하여 공성鞏城(河南省 鞏義)과 낙양 사이에서 한번 노닐 수만 있다면 죽어도 여한이 없겠소. 두 분 승상 중에서 누가 과인을 위해 한나라를 정벌해주시겠소?"

저리질이 말했다.

"대왕마마께서 한나라를 정벌하시려는 건 의양을 취해 삼천으로 통하는 길을 얻기 위함입니다. 그러나 의양으로 가는 길은 멀고 험준하여 군사들도 쉽게 지치고 경비도 많이 듭니다. 또 양나라와 조나라의 구원병이 몰려올 것이기에 신은 그것이 불가한 일이라고 생각합니다."

무왕이 다시 감무에게 묻자 감무가 대답했다.

"신이 양나라로 가서 그들과 함께 한나라를 칠 약속을 받아오겠습니다."

무왕은 크게 기뻐하며 감무를 위나라의 사신으로 보내 위왕을 설득하게 했다. 이에 위왕도 군사를 보내 진나라를 돕기로 약속했다. 감무는 처음부터 저리질과 의견이 맞지 않아서 그가 중간에서 일을 방해할까 걱정이 되었다. 그래서 먼저 부사副使 상수向壽를 보내 진왕에게 보고를 올리게 했다.

"위나라가 이미 우리 명령을 따르기로 했습니다. 그러나 대왕마마께서는 한나라를 정벌하는 일을 잠시 멈춰주십시오."

진무왕은 그의 말이 의심스러워 친히 감무를 마중하러 식양息壤 땅까지 갔다. 감무를 만나 무왕이 말했다.

"승상께서는 위나라가 한나라를 공격하겠다는 약속을 받았고, 위왕도 과인의 명령을 따르겠다고 했는데도 '잠시 한나라를 정벌하지 말라'고 했소. 무슨 까닭이오?"

감무가 말했다.

"대저 천 리에 이르는 험한 길을 넘어 강고한 한나라의 큰 성을 공격하는 것은 짧은 시간에 이룰 수 있는 계책이 아닙니다. 옛날 증삼曾參이 비읍 費邑(山東省 費縣 북쪽)에 거주할 때 노魯나라 사람 중에 증삼과 이름이 같은 자가 살인을 했습니다. 어떤 사람이 증삼의 모친에게 달려가 알렸습니다. '증삼이 살인을 했소.' 그러나 그 모친은 베를 짜다가 이렇게 말했습니다. '우리 아들은 살인할 사람이 아니오.' 그러면서 계속 베를 짰습니다. 잠시 후 또 한 사람이 달려와 알렸습니다. '증삼이 살인을 했소.' 그 모친은 잠시 북梭을 멈추고 생각하다가 또 말했습니다. '우리 아들은 틀림없이 그런 짓을 하지 않았을 것이오.' 그러고는 다시 계속 베를 짰습니다. 잠시 후 또 어떤 사람이 달려와 알렸습니다. '살인을 한 자가 정말 증삼이라고 하오.' 그제야 증삼의 모친은 북을 던지고 베틀에서 내려와 담장을 넘어 몸을 숨겼다고 합니다. 무릇 모친은 증삼의 어진 성품을 믿고 있었지만 세 사람이 달려와서 그가 살인을 했다고 하자 결국 아들을 의심하게 된 것입니다.[3] 지금 신의 어짊은 증삼에 미치지 못하고, 대왕께서 신을 믿는 마음도 증삼의 모

3_ 삼부지언三夫之言. 세 사람(많은 사람)이 퍼뜨리는 유언비어. 유언비어가 만연하면 진실이 가려질 수 있음을 비유한다. 증삼曾參의 어머니가 아들 증삼의 결백함을 굳게 믿고 있었음에도, 증삼이 살인했다는 세 사람의 유언비어를 듣고 결국 아들을 의심하게 되었다는 이야기다.(『전국책戰國策』「진책秦策」)

친에 미치지 못합니다. 그러므로 어떤 자가 신이 살인을 했다고 비방하면 아마도 세 사람이 오기도 전에 대왕께서는 베틀에서 내려오실 것입니다."

무왕이 말했다.

"과인이 다른 사람의 말을 듣지 않겠다는 걸 경과 맹세하겠소."

이에 두 군신은 삽혈로 맹세를 하고 그 맹약문을 식양 땅에 보관했다. 그러고는 마침내 군사 5만 명을 일으켜 감무를 대장으로 삼고 상수를 부장으로 삼았다. 진나라 군사는 의양에 당도하여 5개월 동안 성을 포위했지만 의양 태수가 튼튼하게 성을 지키고 있어서 쉽게 함락시킬 수 없었다. 그러자 우승상 저리질이 무왕에게 말했다.

"우리 진나라 군사가 몹시 지쳐 있습니다. 철군을 하지 않으면 변란이 발생할까 두렵습니다."

무왕은 감무를 불러 군사를 거두라고 명했다. 그러자 감무는 서찰 한 통을 써서 무왕에게 올리며 명령에 따르지 않았다. 무왕이 서찰을 열어보니 '식양息壤'이란 두 글자만 쓰여 있었다. 그제야 무왕은 지난번 맹세를 떠올리며 말했다.

"감무가 지난번에 한 말이 바로 과인의 잘못을 지적한 것이로구나."

그러고는 다시 군사 5만 명을 증원하고 오획을 시켜 감무를 돕게 했다. 한나라 왕도 대장 공숙영公叔嬰에게 군사를 주어 의양을 구원하게 했다. 의양성 아래에서 큰 싸움이 벌어졌다. 오획은 무게가 180근이나 나가는 철극鐵戟 한 쌍을 휘두르며 혼자서 한나라 군영 속으로 돌진했다. 한나라 군사들은 모두 사방으로 흩어져 감히 맞서는 사람이 없었다. 감무와 상수도 승세를 타고 각각 군사 한 부대씩을 지휘하여 함께 진격했다. 한나라 군사는 결국 대패했고 7만여 명의 병졸이 참수되었다. 오획은 한걸음에 성 위로 도약하여 성가퀴를 잡고 오르다가 성가퀴가 무너져 돌멩이에 깔렸고 결국 늑골이 부러져서 죽었다. 진나라 군사는 이 틈을 타고 성을 넘어가 마침내 의양성을 함락시켰다. 한왕韓王은 공포에 떨며 상국 공중치公仲侈에게 많은 보물을 가지고 진나라 군영으로 가서 강화를 요청하게 했다. 무왕은 매우 기뻐하며 강화를 허락했다. 그러고는 감무에게 조서를 내려 군사를 거두게 하고 상수는 의양성에 남겨 민심을 수습하게 했다. 또 우승상 저리질을 먼저 삼천으로 보내 앞길을 열게 했다. 그 후 무왕은 임비와 맹분과 같은 용사를 거느리고 곧바로 낙양으로 들어갔다.

주 난왕은 사신을 보내 교외에서 무왕을 환영하고 친히 주객主客의 예를 베풀고자 했다. 그러나 진 무왕은 감히 대등하게 예를 받을 수 없다고 사양했다. 무왕은 구정九鼎이 태묘의 옆방에 있다는 걸 알고 그곳으로 갔다. 과연 아홉 개의 보정寶鼎이 일렬로 가지런하게 놓여 있었다. 구정이란 하夏나라 우왕이 구주九州의 쇠를 조공으로 받아 만든 솥이다. 한 주州에 각각 솥 한 개씩을 주조하여 각 주의 산천, 인물, 세금, 토지의 숫자를 기록해놓은 보물이다. 솥발과 손잡이에 용무늬가 새겨져 있어 '구룡신정九龍神鼎'이라 부르기도 한다. 구정은 하나라에서 상商나라로 전해진 국가의 보물로, 주 무왕이 상나라를 멸망시킨 이후 낙양으로 옮겼다. 구정을 옮길 때 병졸을 동원하여 솥을 끌고 나와 배와 수레로 운반했기 때문에 작은 산과 같은 구정의 무게가 얼마나 되는지는 아무도 알 수 없었다. 진 무왕은 구정을 두루 살펴보면서 감탄을 금치 못했다. 구정의 가운데 부분에는 각각 형荊, 양梁, 옹雍, 예豫, 서徐, 양揚, 청靑, 연兗 등 아홉 고을의 이름이 나뉘어 새겨져 있었다. 진 무왕은 '옹雍' 자가 새겨진 솥을 가리키며 말했다.

"이 옹주雍州는 바로 우리 진나라이니 과인은 이것을 함양으로 가져가야 겠다."

그러고는 구정을 지키는 관리에게 물었다.

"이 솥을 들어본 사람이 있는가?"

관리가 머리를 조아리며 대답했다.

"이곳에 솥을 옮겨온 이래 아직 움직여본 적이 없습니다. 전설에 의하면 솥 하나에 1000균鈞의 무게가 나간다 하니 누가 이것을 들 수 있겠습니까?"

그러자 무왕이 마침내 임비와 맹분에게 물었다.

"경들은 힘이 장사이니 이 솥을 들 수 있지 않겠소?"

임비는 무왕이 자신의 힘만을 믿고 남에게 지기 싫어한다는 사실을 알았기에 사양하며 말했다.

"신은 100균 정도는 들 수 있습니다. 그러나 이 솥은 무게가 그보다 열 배나 더 무거우니 신은 도저히 들 수 없습니다."

이때 맹분이 곁에서 팔뚝을 내저으며 앞으로 나섰다.

"신이 한번 들어보겠습니다. 만약 들지 못해도 벌은 내리지 마십시오."

무왕은 즉시 좌우 측근에게 명령을 내려 푸른 실로 굵은 밧줄을 꼬게 했다. 맹분은 그 밧줄을 넓게 벌려서 솥의 손잡이에 매고 한쪽 끝은 허리에 단단히 동여맸다. 그러고는 양 소매를 걷어붙이고 무쇠 같은 팔뚝으로 밧줄을 감아쥔 뒤 사나운 목소리로 고함을 질렀다.

"이영차!"

그러자 그 솥은 반 자 정도 들어 올려졌다가 다시 제자리로 떨어졌다. 맹분은 힘을 너무 많이 쓴 나머지 눈알이 튀어나오며 눈꼬리에서 피가 흘렀다. 무왕이 웃으면서 말했다.

"경은 힘을 지나치게 많이 썼소. 경이 이 솥을 들어 올렸는데 과인이 경보다 못할 수야 있겠소?"

그러자 임비가 간언을 올렸다.

"대왕마마께서는 만승지국의 군주이십니다. 가볍게 처신해서는 안 됩니다."

진 무왕은 그 말을 듣지 않고 즉시 비단 용포와 옥대玉帶를 벗었다. 허리띠를 단단히 동여매고 나서 넓적한 끝으로 다시 소매까지 잘 싸맸다. 임비가 다시 무왕의 소매를 잡으며 그만둘 것을 간청했다. 그러나 무왕이 말했다.

"경이 솥을 들 수 없다고 과인을 질투하는 것이오?"

임비는 더 이상 할 말이 없었다. 무왕은 큰 걸음으로 솥 앞으로 다가가서 양팔로 밧줄을 휘감아 쥐며 생각했다.

'맹분은 솥을 조금 들어 올렸지만 솥을 들고 몇 걸음을 걸어야 내 힘이 더 센 것이 된다.'

이에 무왕은 평생의 힘을 다해 숨을 멈추고 고함을 질렀다.

"이영차!"

솥을 반 자 정도 들어 올려 막 걸음을 떼려 하다가 무왕은 자기도 모르게 밧줄 잡은 손을 놓치고 말았다. 솥이 땅에 떨어지며 무왕의 오른 다리를 찧었다. 우지끈 소리가 나며 무왕의 오른발 정강이뼈가 동강이 났다. 무왕이 비명을 질렀다.

"아이고 아야!"

그러고는 동시에 기절하고 말았다. 좌우 시종들이 황망히 무왕을 떠메

賽舉鼎
秦武王
絕脛

구정을 들다가 진秦 무왕이 자신의 발을 찧다.

고 공관으로 돌아왔다. 계속 피가 흘러 침대를 적셨고 참을 수 없는 고통이 이어졌다. 무왕은 한밤중을 넘기지 못하고 결국 숨을 거두었다. 앞서 무왕은 이렇게 말한 적이 있다.

"공성과 낙양을 한 번 유람할 수 있다면 죽어도 여한이 없겠다."

그런데 무왕은 오늘 과연 낙양에서 죽었으니 어찌 말이 씨가 된 경우가 아니겠는가? 주 난왕은 무왕의 참변 소식을 듣고 깜짝 놀라서 급히 좋은 목재로 관을 준비하여 친히 염殮을 감독하고 예의를 다해 조문했다. 저리질이 무왕의 장례 행렬을 받들고 함양으로 귀환했다. 진 무왕은 아들이 없었기에 그의 이복동생 직稷이 보위를 이었다. 이 사람이 진 소양왕昭襄王이다. 저리질은 구정을 들어 올린 죄를 물어 맹분을 거열형에 처하고 그 집안을 멸족시켰다. 간언을 올린 임비는 한중 태수로 임명했다. 저리질은 또 조정에서 이렇게 선언했다.

"삼천으로 길을 튼 것은 바로 감무의 계략이다."

감무는 저리질에게 살해될까 겁이 나서 위나라로 도망갔고 이후에 위나라에서 죽었다.

한편 진 소양왕은 초나라가 세자 횡을 제나라에 인질로 보냈다는 소식을 듣고 그들이 진나라를 배신하고 제나라를 섬기지 않을까 의심했다. 이에 저리질을 대장으로 삼아 군사를 일으켜 초나라를 정벌했다. 초나라에서는 대장 경쾌景快에게 적을 맞아 싸우게 했지만 그는 전투에서 대패한 뒤 피살되고 말았다. 초 회왕은 두려움에 떨었다. 이때 진 소양왕이 초 회왕에게 사신을 보내 국서를 전했다. 그 내용은 대략 이러했다.

애초에 과인의 나라와 대왕의 나라는 형제가 되기로 약속하고 혼인으로 맹약을 맺은 뒤 오랫동안 우호를 유지해왔소. 그런데 대왕께서 과인을 버리고 제나라에 인질을 바쳤소. 이에 과인은 진실로 분노를 이길 수 없어서 대왕의 나라 변경을 침범했으나, 이것은 과인의 본심이 아니오. 지금 천하의 대국은 오직 초나라와 진나라뿐이오. 우리 두 나라 임금이 화목하지 못하면서 어떻게 제후들에게 명령을 내릴 수 있겠소? 이제 과인은 대왕과 무관武關에서 만나 서로 우호의 맹약을 맺고 헤어졌으면 하오. 이번에 빼앗은 땅도 돌려드리고 옛날의 우호를 회복하고 싶소. 대왕께서 허락해주시기 바라오. 대왕께서 이 제의에 응하지 않으신다면 과인과 절교하겠다는 뜻이 명백한 것으로 알고 과인도 군사를 물리지 않을 것이오.

초 회왕은 서신을 읽고 나서 바로 신료들을 불러 대책을 상의하며 말했다.

"과인은 가고 싶지 않지만 진나라의 분노를 불러일으킬까 두렵소. 그렇다고 간다고 해도 또 진나라에게 기만당할까 두렵소. 어느 것이 더 좋은 계책이오?"

굴원屈原이 앞으로 나서며 말했다.

"진나라는 범이나 승냥이 같은 나라입니다. 초나라가 진나라에게 속은 것이 한두 번이 아닙니다. 대왕마마께서 이번에 가시면 틀림없이 돌아오지 못하실 것입니다."

상국 소수昭睢도 말했다.

"영균靈均(굴원의 자)의 말은 충언입니다. 대왕마마께서는 무관으로 가지 마시고 속히 군사를 동원해 진나라의 침공에 대비하십시오."

그러나 근상靳尙은 이렇게 말했다.

"그렇지 않습니다. 우리 초나라는 진나라에 대적할 능력이 없기 때문에 전쟁에 패했고 장수도 죽었으며 지금은 날마다 영토까지 빼앗기고 있습니다. 지금 저들이 기쁜 마음으로 우호를 맺으려는 마당에 우리가 다시 그 제의를 거절했다가 진왕이 분노하여 증강된 군사를 거느리고 우리를 정벌하면 어찌 하시겠습니까?"

초 회왕의 막내아들 난도 진녀秦女를 아내로 맞았기 때문에 그 혼인 관계를 믿고 초왕의 무관행을 힘써 권했다.

"진나라와 초나라는 서로 딸을 출가시켜 혼인을 맺었으니 이보다 더 친한 관계는 없습니다. 저들이 군사를 출병시킨 상황에서는 우리가 먼저 강화를 요청해야 하는 것인데, 오히려 저들이 우호의 회맹을 바라고 있으니 무엇을 주저하십니까? 상관대부上官大夫 근상의 말이 최선입니다. 대왕마마께서는 그의 말을 따르십시오."

초나라 군사가 방금 패배하여 초 회왕은 내심 진나라가 두려웠으나 근상과 난이 계속 권하자 결국 진왕이 주재하는 회맹에 참석하기로 했다. 길일을 받아 길을 떠날 때 오직 근상만 회왕을 수행했다.

진秦 소양왕은 자기 대신 아우 경양군涇陽君 회悝를 시켜 자신의 어거에 타게 하고 우모羽旄 깃발을 꽂게 한 뒤 호위병을 모두 거느리고 진왕秦王을 가장하여 무관에 머물게 했다. 또 장군 백기白起에게 군사 1만을 거느리고 무관 안쪽에 매복하여 초왕을 위협하게 했고, 장군 몽오蒙驁에게도 군사 1만을 인솔하고 무관 밖에 매복하여 비상사태에 대비하게 했다. 다른 한편으로는 사자를 파견하여 초왕을 영접하며 좋은 말을 해주도록 했고 또 그 사자에게 끊임없이 초왕의 처소를 왕래하며 상황을 살피게 했다. 초 회왕은 아무런 의심도 없이 마침내 무관 아래에 도착했다. 활짝 열려 있는 관문으로 진나라 사자가 영접을 나와서 이렇게 말했다.

"우리 주상께서 관내에서 대왕을 기다린 지 벌써 사흘째입니다. 감히 들판에서 대왕의 수레를 맞이하는 결례를 저지를 수 없으니 누추하나마 공관으로 모시라고 했습니다. 그곳에서 공평하게 주객의 예를 행할 것입니다."

초 회왕은 이미 진나라로 들어온 이상 진왕의 초청을 사양할 수 없어서 사자를 따라 무관으로 들어갔다. 초 회왕이 막 관문을 들어서자 한 줄기 포성이 울리며 순식간에 관문이 굳게 닫혔다. 그제야 회왕은 의심이 들어 사자에게 물었다.

"관문을 어찌 그리 급하게 닫으시오?"

사자가 말했다.

"이것은 우리 진나라의 법입니다. 전쟁 시기에는 이렇게 하지 않을 수 없습니다."

회왕이 또 물었다.

"그대들의 대왕은 어디 계시오?"

사자가 대답했다.

"먼저 공관에 당도하시어 대왕의 어가를 기다리고 계십니다."

그러고는 즉시 어인御人을 질책하여 빠른 속도로 수레를 몰게 했다. 약 2리를 가자 저 멀리서 진왕과 호위병들이 공관 앞에 늘어서 있는 것이 보였다. 사자가 수레를 멈추라고 분부하자 공관 안에서 어떤 사람이 마중을 나왔다. 회왕이 자세히 보니 비록 비단 용포와 옥대를 매고 있었으나 몸의 움직임이 진왕 같지 않았다. 회왕은 주저하며 수레에서 내리려 하지 않았다. 그러자 그 사람이 허리를 굽히며 말을 했다.

"대왕께서는 의심하지 마십시오. 신은 기실 진왕이 아니라 그분의 동생 경양군입니다. 어서 공관으로 드시어 대화를 나누십시오.”

초 회왕은 공관으로 들어갈 수밖에 없었다. 경양군은 회왕과 인사를 나눈 후 자리를 권했다. 자리에 앉으려는 순간 또 공관 밖에서 한 줄기 포성이 들려왔다. 그러자 진나라 군사 1만여 명이 공관을 포위했다. 회왕이 말했다.

“과인은 진왕과의 약속에 따라 이곳에 온 것이오. 그런데 어찌하여 군사를 동원하여 과인을 곤경에 빠뜨리는 것이오?”

경양군이 말했다.

“아무 걱정 마십시오. 우리 주상께서 마침 몸이 좀 불편하여 관문으로 나올 수 없었습니다. 이 때문에 대왕께 신의를 잃을까 걱정하시며 소신을 보내 대왕을 영접하게 하신 것입니다. 외람되오나 함양으로 들어가시어 우리 주상을 만나십시오. 지금 이곳에 있는 약간의 군사는 대왕을 호위하기 위한 것이오니 물리치지 마시기 바랍니다.”

이제 초왕은 자기 마음대로 할 수 있는 게 없었고 결국 진나라 군사에게 포위되어 수레에 오를 수밖에 없었다. 진나라 장수 몽오는 군사 한 부대를 거느린 채 무관에 남고 경양군이 초 회왕과 함께 수레를 타고 함양으로 들어갔다. 백기는 군사를 거느리고 사방에서 초 회왕을 포위한 채 서쪽 함양으로 길을 잡았다. 초 회왕을 수행하던 근상은 대열에서 도망쳐 초나라로 돌아갔다. 초 회왕이 탄식하며 말했다.

“내가 소수와 굴원의 말을 듣지 않은 것이 후회스럽다. 근상이 나를 망쳤도다!”

그러고는 끊임없이 눈물을 흘렸다.

초 회왕이 함양에 도착하자 진 소양왕은 신료들과 제후들의 사신을 장

초 회왕이 진秦나라로 갔다가 함정에 빠지다.

대_{章臺} 위에 모아놓고 자신은 남쪽을 향해 상좌에 앉은 뒤 회왕에게 북쪽을 향해 신하의 예를 올리게 했다. 그러자 회왕이 격노하여 큰 소리로 항의했다.

"과인은 혼인으로 맺은 우호만 믿고 가벼운 차림으로 회합에 왔소. 그런데도 지금 대왕께서는 병이 있다고 과인을 속이고 함양으로 유인했소. 그리고 예법에도 맞지 않게 과인을 맞이하고 있으니 이게 도대체 무슨 뜻이오?"

소양왕이 말했다.

"지난번에 대왕께서는 과인에게 검중 땅을 주겠다 하고 약속을 이행하지 않았소. 오늘 이렇게 오시게 한 것은 그 약속을 지키게 하기 위한 것이오. 만약 대왕께서 지금 그 땅을 떼어주신다면 바로 초나라로 돌려보내드리겠소."

회왕이 말했다.

"진나라가 그 땅을 갖고 싶다면 좋은 말로 하면 될 일이지, 어찌하여 이같은 속임수를 쓰는 것이오?"

"이렇게 하지 않으면 대왕께서 따르지 않으실 것이기 때문이오."

"과인이 검중 땅을 할양해드리겠소. 청컨대 대왕과 맹약을 맺은 후 장수 하나를 과인에게 딸려 보내 땅을 받아가면 어떻겠소?"

"맹약은 믿을 수 없으니 먼저 우리 사신을 초나라로 보내 땅의 경계를 분명하게 정하고 나서 대왕을 전별해드리겠소."

진나라 신료들도 모두 회왕에게 그렇게 하라고 권했다. 회왕은 더욱 화가 나서 이렇게 말했다.

"네놈들이 과인을 속여서 이곳으로 강제로 끌고 와 영토 할양을 요구하고 있다만, 과인은 죽으면 죽었지 네놈들의 위협에 굴하지 않을 것이다."

이에 진 소양왕은 초 회왕을 함양성 안에 구류시키고 귀국을 허락하지 않았다.

한편 근상은 초나라로 도망가서 소수에게 이와 같은 상황을 보고했다.

"진왕이 검중 땅을 얻으려고 대왕마마를 함양에 억류하고 있소."

소수가 말했다.

"대왕마마께서는 진나라에 억류되어 돌아오지 못하시고, 세자께서는 또 제나라에 인질로 잡혀 있소. 만약 제나라 사람들이 진나라와 공모하여 우리 세자를 또 억류시킨다면 우리 초나라엔 임금이 없게 되오."

근상이 말했다.

"난 공자가 있지 않소? 어찌 그분을 모시지 못한단 말이오?"

소수가 말했다.

"세자의 지위는 이미 오래전에 정해진 것이오. 지금 대왕마마께서 아직 진나라에 생존해 계신데 그분의 명령을 저버린 채 적자를 폐하고 서자를 세운다면 뒷날 대왕마마께서 귀국하셨을 때 무슨 말로 변명하겠소? 대왕마마께서 돌아가셨다는 부고를 가지고 제나라로 가서 세자를 보내달라고 하면 제나라 사람들이 틀림없이 믿고 따를 것이오."

근상이 말했다.

"나는 대왕마마를 환난에서 지켜드리지도 못했소. 이번에 내가 제나라로 가서 미력하나마 힘을 다 바쳐 일을 성사시키도록 하겠소."

소수는 즉시 근상을 제나라로 보내 거짓으로 초왕의 부고를 전하고 장례와 보위 계승을 위해 세자를 보내달라는 요청을 했다. 그러자 제 민왕이 상국 맹상군에게 말했다.

"지금 초나라에 임금이 없으니 세자를 억류하여 회수淮水 북쪽 땅을 달라고 하면 어떻겠소?"

맹상군이 말했다.

"불가합니다. 초왕에게는 아들이 하나뿐이 아닙니다. 우리가 저들의 세자를 억류했을 때 저들이 우리에게 땅을 떼어준다면 괜찮겠지만, 저들이 다른 아들을 왕으로 옹립한다면 우리는 땅 한 뼘도 얻을 수 없을뿐더러 불의한 나라라는 오명만 덮어쓰게 될 것입니다. 그런 계책을 어떻게 사용할 수 있겠습니까?"

민왕도 그렇게 생각하고 예에 맞게 세자 횡을 초나라로 돌려보냈다. 이에 세자 횡이 초왕으로 즉위하니 이 사람이 초 경양왕頃襄王이다. 공자 난과 근상은 여전히 관직을 유지하며 총애를 받았다. 경양왕은 진나라에 사신을 보내 자신의 즉위를 알렸다.

"종묘사직의 신령들께서 보우하시어 우리 초나라에 이미 임금이 즉위했습니다."

진왕은 공연히 회왕을 억류하고 있다가 한 뼘의 땅도 얻지 못하자 부끄러움과 분노가 치밀어 올랐다. 이에 백기를 대장으로 삼고 몽오를 부장으로 삼아 군사 10만을 거느리고 초나라를 공격하게 했다. 그들은 초나라의 성 15개를 빼앗아 귀환했다. 초 회왕은 진나라에 억류된 지 1년여 뒤에 진나라 수졸守卒이 해이해진 틈을 타 변복을 하고 함양을 탈출해 초나라로 돌아가려 했다. 진왕이 군사를 풀어 추격하자 회왕은 감히 초나라 방향으로 가지 못하고 북쪽으로 길을 잡아 샛길을 통해 조나라로 향했다. 조나라에서 회왕을 받아들일지 어떨지는 다음 회를 보시라.

닭 울음소리로 관문을 열다

조나라 주보는 사구궁에서 굶어 죽고
맹상군은 몰래 함곡관을 통과하다
趙主父餓死沙邱宮, 孟嘗君偸過函谷關.

조나라 무령왕은 키가 8척 8촌에다 얼굴은 용과 같았고 입은 새의 부리 같았다. 넓은 구레나룻에 곱슬곱슬한 수염, 그리고 번쩍번쩍 빛이 나는 검은 얼굴을 지니고 있었다. 가슴팍은 3척이나 됐고, 기운은 만 명을 상대할 수 있을 정도로 장사였으며, 뜻은 사해를 모두 삼킬 수 있을 정도로 광대했다. 즉위 5년 만에 한나라 여인을 부인으로 맞아들여 아들 장章을 낳아 세자로 세웠다. 그는 즉위 16년에 미인이 금琴을 타는 꿈을 꾼 뒤 그 아름다운 모습에 반하여 이튿날 신료들에게 꿈 이야기를 했다. 그러자 대부 호광胡廣이 그 미인은 바로 금 연주에 뛰어난 맹요孟姚라고 했다. 무령왕이 맹요를 대릉대大陵臺로 불러보니 그 모습이 꿈속에서 본 것과 똑같았다. 이어서 맹요의 금 연주를 듣고 매우 기뻐하며 궁중에 머물게 하고 오왜吳娃라 부르게 했다. 그는 오왜와의 사이에서 아들 하何를 낳았다. 그 후 한나라에서 온 부인이 죽자 마침내 오왜를 왕후로 삼고 세자 장을 폐위한 뒤 하를 세자로 세웠다. 조나라는 북쪽으로 연나라, 동쪽으로 호족胡族, 서쪽으로는 임호족林胡族, 누번족樓煩族과 국경을 맞대고 있었고 또 진秦나라와는 황하 하나를 사이에 두고 있어서 사방에서 항상 싸움이 일어나 날마다 국력이 쇠약해졌다. 무령왕은 이러한 상황을 고려하여 자신이 직접 호복胡服(오랑캐 복장)을 입고 가죽띠를 맸으며 가죽 신발을 신었다. 백성에게도 모두 오랑캐 풍속을 따르게 하여 옷소매를 좁게 하고 옷깃도 왼쪽으로 여미게 했다. 이는 모두 말타기와 활쏘기를 편하게 하기 위한 조치였다. 그러자 나라 안에 귀천을 막론하고 호복을 입지 않는 사람이 없었다. 또한 수레를 없애고 말을 타고 다니며 활쏘기와 사냥에 전념하자 군사들의 힘이 나날이 강해졌다. 이에 무령왕은 친히 군사를 이끌고 사방의 땅을 공략하여 영토가 상산常山(河北省 正定 일대)에까지 이르렀다. 아울러 서쪽으로는 운중雲中(內蒙古 呼和浩特 托克托 일대), 북쪽으로는 안문雁門(山西省 代縣 북방 일대)까지 정벌하여 수백 리의 땅을 개척하고 마침내 진秦나라까지 병탄할 마음을 품었다. 무령왕은 운중으로 가는 길을 빼앗은 뒤 구원九原(內蒙古 包頭 서쪽)에서 남쪽으로 내려와 함양을 습격할 심산이었다. 그는 여러 장수에게 전권專權을 줄 수 없었기 때문에, 아들에게 국내 일을 맡기고 자신은 사방으로 나가 땅을 경략하는 것이 더 낫다고 생각했다. 그는 동궁에서 조회를 열게 하고 세자 하에게 보위를 전했다. 이 사람이 조 혜왕惠王이다. 아울러 무령왕은 자신을 주보主父라 부르게 했다. 주보란 후세의 태상황太上皇과 같은 뜻이다. 또 비의肥義를 상국으로 삼고 이태李兌를 태부太傅로, 공자 성成을 사마司馬로 삼았으며 자신의 맏아들 장은 안양安陽1 땅에 봉하고 안양군安陽君이라 부르게 한 뒤 전불례田不禮를 그 재상에 임명했다. 이것은 주 난왕

17년의 일이었다.

주보는 진나라 산천의 형세 및 진왕의 사람됨을 염탐하기 위해 스스로 조나라 사신 조초趙招로 변장한 뒤, 국서를 가지고 진나라로 가서 조나라에 새 임금이 즉위했음을 알리고자 했다. 그는 화공 여러 명을 데리고 연도 내내 진나라의 지형을 그리게 하면서 마침내 함양으로 들어가 진왕을 알현했다. 진 소양왕이 물었다.

"그대 나라의 퇴임하신 임금께서는 연세가 얼마나 되셨소?"

주보가 대답했다.

"아직 장년이십니다."

"아직 장년이신데 어찌하여 세자에게 보위를 물려주셨소?"

"퇴임하신 우리 주상께서는 보위를 이을 세자가 국정을 잘 모른다고 생각하시고 직접 보위를 물려주어 국정을 잘 익히게 하려고 하신 것입니다. 우리 주상께서는 비록 '주보主父'가 되셨지만 모든 국사를 직접 주관하고 계십니다."

"그대 나라도 우리 진나라를 두려워하오?"

"우리 주상께서 진나라를 두려워하지 않았다면 백성에게 호복을 입고 말타기와 활쏘기를 익히게 하지 않았을 것입니다. 이에 지금은 말을 달리며 활을 쏠 수 있는 군사가 옛날보다 열 배나 많아졌습니다. 이렇게 철저하게 진나라에 대처해왔기 때문에 아마도 종당에는 진나라와 대등하게 동맹을 맺을 수 있을 것입니다."

소양왕은 그가 조용하고 조리 있게 응대하는 것을 보고 존경의 마음이

1_ 안양安陽: 섬서성陝西省 유림楡林 고성古城 서북쪽 내몽고內蒙古 오르도스鄂爾多斯 경내 황하 북쪽 일대.

일었다. 사신이 하직 인사를 하고 공관으로 물러간 뒤 소양왕은 잠이 들었다. 한밤중에 깨어난 그는 갑자기 문득 사신의 위풍당당한 모습이 신하 같지 않다는 생각이 들었다. 이에 소양왕은 의심스런 마음에 몸을 뒤척이며 잠을 이루지 못했다. 날이 밝자 소양왕은 사신 조초를 만나고 싶다는 전갈을 보냈다. 사신의 시종이 대답했다.

"사신이 몸이 아파 입조할 수 없사오니 시간을 연기해주십시오."

사흘이 지나고도 사신이 나오지 않자 소양왕이 화를 내며 관리를 보내 조나라 사신을 다그치게 했다. 관리가 객관으로 들어가보니 사신은 없고 자칭 조초라고 하는 그 시종만 보였다. 관리가 그를 잡아서 소양왕 앞으로 압송해왔다. 소양왕이 물었다.

"네놈이 진짜 조초라면 며칠 전 사신이라고 하던 그자는 누구냐?"

그 시종이 대답했다.

"그분이 기실 우리 대왕이신 주보입니다. 주보께서 진나라 대왕마마의 위용이 보고 싶어서 일부러 사신으로 가장하고 이곳에 왔던 것입니다. 지금은 벌써 이곳을 떠난 지 사흘이 지났습니다. 떠나시기 전에 신에게 명령을 내려 여기에 남아 죄를 받으라고 하셨습니다."

소양왕은 깜짝 놀라며 발을 굴렀다.

"주보가 과인을 크게 속였구나!"

그러고는 즉시 경양군과 백기에게 정예병 3000명을 거느리고 밤새도록 주보를 추격하게 했다. 그들이 함곡관에 도착하자 관문을 지키는 장수가 말했다.

"조나라 사신은 벌써 사흘 전에 관문을 나갔습니다."

경양군 등은 할 수 없이 되돌아와 진왕에게 결과를 보고했다. 진왕은 가슴이 두근거려 며칠 동안 안정을 찾을 수 없었다. 이에 자칭 조초라고 하는 자를 잘 예우하여 조나라로 돌려보냈다. 염옹이 이 일을 시로 읊었다.

맹호가 함양 땅에 도사린 게 분명한데	分明猛虎踞咸陽
어느 누가 남몰래 함곡관을 엿보겠나?	誰敢潛窺函谷關
뜻밖에도 용안을 한 조나라 주보가	不道龍顏趙主父
마침내 당상에서 진왕을 살펴봤네	竟從堂上認秦王

이듬해 주보는 운중으로 순행을 갔다가 대代(河北省 蔚縣) 땅으로부터 서쪽으로 나가 누번樓煩(山西省 북부)에서 군사를 거두어 영수靈壽(河北省 平山 동북)에 성을 쌓고, 중산中山(河北省 중남부 定州 일대)을 진압한 뒤 그 성을 조왕성趙王城이라 부르게 했다. 주보의 부인 오왜도 비향肥鄕(河北省 肥鄕)에 성을 쌓고 그곳을 부인성夫人城이라 부르게 했다. 이때에 이르러 조나라는 삼진 중에서도 가장 강력한 갑사를 보유하게 되었다.

그해 초 회왕이 진나라를 탈출하여 조나라 국경에 당도하자 조 혜왕은 신료들과 대책을 의논했다. 혜왕은 진나라의 심기를 거스를까 겁이 났고 또 주보는 멀리 대 땅에 있었기 때문에 자기 마음대로 일을 처리할 수 없어서 관문을 굳게 닫고 초 회왕을 받아들이지 않았다. 회왕은 어쩔 도리가 없어서 남쪽 위나라 대량으로 달아났다. 그러나 진나라 군사가 뒤를 추격하여 그를 잡았고, 경양군이 또 그를 함양으로 압송했다. 회왕은 매우 분통이 터져 피를 한 말斗 이상 토하고 얼마 지나지 않아 세상을 떠났다. 이에 진나라는 시신을 초나라로 돌려보내 장례를 치르게 했다. 초나라 사람들은 회왕이 진나라에게 속아 외국에서 객사한 것을 가련하게 생각했다.

초왕의 상여를 맞으러 나온 백성은 마치 친척이 죽은 것처럼 슬퍼하며 통곡하지 않는 사람이 없었다. 제후들도 모두 진나라의 무도함을 미워하며 다시 합종책으로 진나라에 대항했다.

초나라 대부 굴원은 회왕의 죽음을 애통해하며 그것이 공자 난과 근상이 일을 그르쳤기 때문이라고 생각했다. 그러나 두 사람은 여전히 조정에 등용되어 총애를 받고 있었다. 그들 군신은 구차하게 목전의 편안함에만 탐닉하면서 진나라에 복수할 생각은 조금도 갖고 있지 않았다. 굴원은 누차 경양왕에게 간언을 올려 현인을 등용하고 간신을 멀리한 뒤, 좋은 장수를 뽑아 군사를 조련시켜서 회왕의 복수를 해야 한다고 적극 권했다. 그러자 공자 난이 굴원의 의도를 눈치채고 근상을 시켜 경양왕에게 굴원을 참소하게 했다.

"굴원은 왕실과 동성同姓이지만2 중용되지 못하자 원망을 품고 항상 사람들에게 대왕마마를 가리켜 진나라에 복수를 하지 않는 불효자식이라고 욕을 한다 합니다. 또한 공자 난 등이 진나라 정벌을 주장하지 않는 것도 불충이라고 비난한다 합니다."

경양왕은 격노하여 굴원의 관직을 빼앗고 고향으로 돌아가게 했다. 굴원에게는 먼 곳으로 시집간 수嬃라는 누나가 있었다. 그 누나는 굴원이 조정에서 쫓겨났다는 소식을 듣고 친정으로 돌아와 기夔(湖北省 秭歸 歸州鎭) 땅의 옛집에서 굴원을 만났다. 굴원의 누나는 굴원이 산발한 채 땟국이 흐르는 몰골로 깡마른 몸을 일으켜 강변을 서성이며 시를 읊는 것을 보고 이렇게 타일렀다.

2_ 초나라 왕실의 웅씨熊氏, 미씨芈氏, 굴씨屈氏는 모두 같은 조상에서 분파되었다.

"초왕은 자네의 말을 듣지 않는데 자네는 왜 이렇게 심신을 소진하는가? 이렇게 근심해봐야 무슨 소용이 있겠는가? 다행히 집에 논밭이 남아 있으니 몸소 밭을 갈아 자급자족하며 여생을 보내도록 하시게!"

굴원은 누나의 뜻을 어기기 어려워 몸소 쟁기를 잡고 밭을 갈았다. 마을 사람들은 굴원의 충성심을 애통해하며 모두 굴원의 농사일을 도와주었다. 한 달여가 지난 뒤 굴원의 누나는 시집으로 돌아갔다. 굴원이 탄식하며 말했다.

"초나라의 국사國事가 이 지경에 이르렀으니, 나는 차마 종실의 멸망을 지켜볼 수 없다."

그러고는 어느 날 새벽 갑자기 몸을 일으켜 큰 돌을 품에 안고 멱라강汨羅江(湖南省 汨羅江) 북쪽에 몸을 던져 목숨을 끊었다. 그날이 바로 음력 5월 5일이었다. 마을 사람들은 굴원이 강물에 몸을 던졌다는 소식을 듣고 작은 배를 타고 다투어 노를 저어 굴원을 구조하려 했지만 이미 그곳에 미칠 수가 없었다. 이에 대나무 잎으로 세모나게 싼 기장밥을 강물 속으로 던져 넣고 굴원의 제사를 지냈다. 음식을 채색 실로 매어둔 것은 강물 속 교룡이 가로채 먹을까봐 걱정이 되었기 때문이다. 또 용주龍舟(龍船)를 저어 강을 먼저 건너가는 놀이가 있는데, 이것도 굴원을 빨리 구조하기 위한 당시 마을 사람들의 행동에서 유래한 것이다. 이 놀이는 지금도 초(湖北省과 湖南省 일대) 지방에서 오(江蘇省과 上海 일대) 지방에 이르는 장강長江 연안 일대에 단오절 풍속으로 전해지고 있다. 또한 굴원이 경작한 논에서 백옥 같은 쌀이 생산되었다 하여 그 논을 '옥미전玉米田'이라고 부른다. 그 마을 사람들은 몰래 굴원을 위해 사당을 세우고, 그 마을 이름을 자귀향姉歸鄉3이라고 했다. 지금 형주부荊州府(湖北省 荊州 일대)에 있는 귀주歸州라는 지명도 자귀姉

歸에서 유래한 것이다. 송나라 원풍元豐 연간에 이르러서야 조정에서 굴원을 청렬공淸烈公으로 봉했고 굴원의 누나를 위해서도 사당을 세워 그 사당이름을 자귀묘姊歸廟라 했다. 그 뒤 다시 굴원을 충렬왕忠烈王으로 추증했다. 염옹이 「충렬왕 사당에 들러過忠烈王廟詩」라는 시를 지었다.

우뚝한 사당이 장강 곁에 솟아 있어	峨峨廟貌立江傍
다투어 향불 피우며 충렬왕께 제사 올리네	香火爭趨忠烈王
간신배의 뼈다귀야 어디서 썩는지 모르지만	佞骨不知何處朽
해마다 용주 띄워 맑은 물에 조문하네	龍舟歲歲弔滄浪

이때 조나라 주보는 운중雲中 순행을 마치고 한단으로 돌아와 논공행상을 하고 나서 모든 백성에게 닷새 동안 술과 육포를 하사하라고 했다. 이날 신료들은 모두 조정에 모여 축하 인사를 했다. 주보는 아들 혜왕에게 조정일을 맡기고 자신은 그 곁에 편하게 앉아 군신 간에 행하는 예법을 지켜봤다. 혜왕은 어린 나이에 곤룡포와 면류관을 갖추고 남쪽을 향해 앉아 임금 노릇을 하고 있었고, 맏아들 장은 위풍당당한 장부임에도 오히려 아랫자리에서 북쪽을 향해 배례를 올리고 있었다. 형이 아우에게 몸을 굽히는 것을 보고 주보는 매우 가련한 생각이 들었다. 조회가 끝나고 나서 주보는 자신의 곁에 있는 공자 승勝을 보고 몰래 이렇게 말했다.

"너는 안양군安陽君을 보았느냐? 비록 조정의 위계에 따라 배례를 올리고 있었지만 불쾌한 기색이 엿보였다. 나는 조나라를 둘로 나누어 장을 대

3_ 자귀향姊歸鄕: 굴원의 누나가 굴원을 만나러 돌아온 마을이라는 뜻. 지금은 '자姊'를 '자秭'로 쓴다. 호북성湖北省 자귀秭歸 귀주진歸州鎭.

땅의 왕으로 임명하고 조나라와 나란히 힘을 기르도록 해볼 생각인데 네 생각은 어떠하냐?"

조승趙勝이 대답했다.

"아바마마께서 지난날 세자 장을 폐위하신 것부터가 잘못된 일입니다. 지금 군신 간의 신분이 정해진 상황에서 다시 또 사단을 만들면 장차 변란이 발생할까 두렵습니다."

주보가 말했다.

"권력이 나에게 있는데 무슨 염려할 것이 있겠느냐?"

주보가 내궁으로 들어가자 부인 오왜도 주보의 안색이 좋지 않은 것을 보고 물었다.

"오늘 조정에서 무슨 일이 있었습니까?"

주보가 말했다.

"폐세자 장이 형으로서 아우에게 몸을 굽히는 것을 보고 마음이 좋지 않아 순리에 따라 그를 대 땅의 왕으로 봉하고자 했소. 그러나 승이 옳지 않은 일이라고 하여 내가 아직까지 주저하며 결정을 내리지 못하고 있소."

오왜가 말했다.

"옛날에 진晉 목후穆侯께서 두 아들을 낳으셨는데, 맏이는 이름이 구仇였고, 그 아우는 이름이 성사成師였습니다. 목후가 세상을 떠나자 맏아들 구가 보위를 잇고 익翼(山西省 翼城) 땅에 도읍을 정한 뒤 자신의 아우 성사를 곡옥에 봉했습니다. 그 후 날이 갈수록 곡옥이 강성해져서 마침내 구의 자손들을 멸족시키고 익 땅을 병탄했습니다. 이것은 주보께서도 잘 아시는 사실입니다. 성사는 아우의 몸으로도 그 형을 죽였는데, 형의 몸으로 아우를 대하고 연장자의 몸으로 어린아이를 대하는 경우에는 어떤 일이 발생하겠습니까? 우리 모자는 장차 어육魚肉이 되고 말 것입니다."

주보는 그 말에 미혹되어 그 계획을 그만두었다.

내시 중에 지난날 동궁에서 폐세자 장을 모시던 자가 주보가 상의하는 말을 듣고 몰래 장에게 알렸다. 장이 전불례에게 그 일을 상의했다. 전불례가 말했다.

"주보께서 두 아들 모두를 왕위에 올리고자 하시는 것은 공평한 마음에서 나온 계책인데, 다만 중간에서 부인이 방해하고 있습니다. 지금 임금은 나이가 어려서 나랏일을 잘 알지 못합니다. 적당한 기회를 봐서 대사를 도모하면 주보께서도 어쩌지 못할 것입니다."

장이 말했다.

"이 일은 경이 잘 알아서 처리해주시오. 앞으로 경과 부귀를 함께하겠소."

태부 이태는 상국 비의와 친분이 깊었기 때문에 몰래 이렇게 이야기했다.

"안양군은 힘이 강하고 교만하며 그 파당이 매우 많을 뿐만 아니라 지금 상황에 불평불만을 품고 있소. 그 옆에 있는 전불례는 성격이 사납고 자만심이 강하여 앞으로 나아갈 줄만 알지 뒤로 후퇴할 줄은 모르오. 두 사람이 지금 파당을 만들어 흉측한 일을 꾸미며 요행수를 바라고 있으니 조만간에 큰일이 일어날 것이오. 상국께서는 중책을 맡고 있는 존귀한 분이라 틀림없이 먼저 재앙을 당할 것이오. 그러니 병을 핑계로 공자 성에게 정사를 맡기고 변란에서 벗어나기 바라오."

상국 비의가 말했다.

"주보께서 어린 대왕마마를 내게 맡기시고 나를 상국으로 높여주셨소. 이것은 내게 대왕마마의 안위를 맡긴 것이오. 지금 변란도 일어나지 않았는데 먼저 도망간다면 어찌 사람들에게 웃음거리가 되지 않겠소?"

이태가 탄식하며 말했다.

"상국께서는 충신은 될 수 있어도 지혜로운 선비는 되지 못하겠소!"

그러고는 오랫동안 눈물을 흘리다가 작별 인사를 하고 떠나갔다. 비의는 이태의 말을 생각하느라 잠도 제대로 자지 못했으며 밥도 제대로 삼키지 못했다. 이리저리 생각해봐도 좋은 계책이 떠오르지 않았다. 이에 측근 심복 고신高信에게 말했다.

"지금부터 대왕마마를 부르는 자가 있으면 반드시 내게 먼저 알려라."

고신이 말했다.

"알겠습니다."

그러던 어느 날 주보와 혜왕은 사구沙邱로 유람을 갔고 안양군 장도 그 행차를 수행했다. 사구에는 상나라 주왕이 건축한 누대가 있었을 뿐만 아니라 이궁離宮도 두 곳이나 있었다. 주보와 혜왕이 각각 거리가 5~6리 정도 떨어진 이궁을 하나씩 사용했고 안양군은 그 중간에 있는 공관에 여장을 풀었다. 전불례가 안양군에게 말했다.

"지금 대왕이 밖으로 유람을 나온지라 군사가 그리 많지 않습니다. 만약 거짓으로 주보의 명령을 빙자하여 대왕을 부르면 틀림없이 이곳으로 올 것입니다. 이때 중도에 군사를 매복시키고 있다가 대왕을 격살하고 주보의 명령을 받들어 군사를 무마하면 누가 감히 항거할 수 있겠습니까?"

안양군이 말했다.

"그 계책이 참으로 훌륭하오!"

그러고는 바로 심복 내시를 주보의 사자使者로 가장하여 밤에 혜왕을 불러오게 했다. 사자가 말했다.

"주보께서 갑자기 병이 나서 대왕마마를 뵙고자 하십니다. 속히 행차하십시오!"

그 말을 듣고 고신이 바로 상국 비의에게 알렸다. 비의가 말했다.

"주보께서는 평소에 병이 없으셨다. 의심스러운 일이다."

이에 안으로 들어가 혜왕에게 아뢰었다.

"신이 먼저 가보겠습니다. 별다른 위험이 없으면 대왕마마께서는 그때 행차하십시오."

또 고신에게 말했다.

"이궁의 대문을 단단히 닫아걸고 경솔하게 열어주지 말아라."

그러고는 말을 탄 사자와 함께 앞서 길을 떠났다. 중도에 이르자 복병들이 비의를 혜왕으로 오인하고 모두 들고 일어나 그를 죽였다. 전불례가 횃불을 들고 얼굴을 비춰보다가 그가 비의임을 알았다. 전불례가 대경실색하며 말했다.

"일이 잘못 되었구나! 일이 완전히 탄로 나기 전에 모든 군사를 동원하여 이 밤에 바로 대왕을 습격해야 한다. 운이 좋으면 승리할 수도 있을 것이다."

이에 안양군을 받들고 혜왕을 공격했다. 고신은 비의의 분부가 있었기 때문에 이미 단단히 준비를 하고 있었다. 전불례는 혜왕의 이궁을 공격했으나 안으로 들어갈 수 없었다. 날이 밝아오자 고신은 군사들을 시켜 지붕으로 올라가 화살을 쏘게 했다. 수많은 적을 사살하고 화살이 다 떨어지자 고신의 군사들은 지붕의 기와를 걷어서 던졌다. 전불례는 나무에 큰 돌을 묶어 이궁의 대문을 공격했다. 큰 돌이 대문에 부딪히는 소리가 우레 소리처럼 크게 울렸다. 혜왕이 다급해서 어쩔 줄 모르고 있는데 갑자기 궁궐 밖에서 고함소리가 진동했다. 어디선가 두 갈래 군마軍馬가 달려와서 적을 마구 무찌르자 적은 견디지 못하고 뿔뿔이 흩어졌다. 본래 안양군이 반란을 일으킬까 근심하던 공자 성과 이태가 도성에서 각각 군사 한 부대씩을 이끌고 달려오다가 이궁이 적에게 포위된 것을 보고 바로 구원에 나섰던 것이다.

안양군은 자신의 군사가 패배하자 전불례에게 말했다.

"이제 어찌하면 좋소?"

전불례가 말했다.

"급히 주보에게 달려가 눈물로 호소하십시오. 주보께서 틀림없이 도와주실 것입니다. 저는 힘을 다해 추격병을 막아내겠습니다."

안양군 장은 그 말에 따라 단기필마로 주보의 이궁으로 도망갔다. 과연 주보는 문을 열고 안양군을 숨겨주면서 아무런 난색을 표시하지 않았다. 전불례는 패잔병을 동원하여 다시 공자 성 및 이태의 군사와 교전을 벌였다. 그러나 중과부적으로 전불례는 이태에게 참수되고 말았다. 이태는 안양군이 몸을 의지할 데가 없으므로 틀림없이 주보에게 달려갔으리라 짐작했다. 그는 군사를 거느리고 전진하여 주보의 이궁을 포위한 뒤 궁문을 열었다. 이태가 칼을 빼들고 앞장섰고 공자 성이 그 뒤를 따라 들어가 주보를 뵈었다. 그들은 머리를 조아리며 말했다.

"안양군이 반란을 일으켰으니 법에 따라 용서해서는 안 됩니다. 바라옵건대 안양군을 내주십시오."

주보가 말했다.

"그놈은 이곳에 오지 않았다. 믿을 수 없으면 경들이 찾아보도록 하라."

이태와 공자 성이 재삼 안양군을 내달라고 청했으나 주보는 전혀 생각을 바꾸려 하지 않았다. 이태가 말했다.

"일이 이렇게 되었으니 한바탕 수색을 할 수밖에 없소. 그러고도 역적을 찾지 못하면 그때 죄를 청해도 늦지 않을 것이오."

공자 성이 말했다.

"태부의 말씀이 옳소."

이에 공자 성은 자신의 근위병 수백 명을 불러들여 궁중을 샅샅이 뒤지다가 이중으로 된 벽 속에서 안양군을 발견하고 밖으로 끌어냈다. 그러자 이태가 갑자기 칼을 뽑아 안양군의 목을 잘랐다. 공자 성이 말했다.

"어찌 그리 일을 서두르시오!"

이태가 말했다.

"안양군을 주보와 만나게 했다가 만에 하나라도 안양군을 살려주라 하면 어쩌겠소? 그 말을 거절하면 신하의 예의가 아니고, 그 말에 따르면 역적을 놓아주는 것이 되오. 그러므로 차라리 일찍 죽여버리는 것이 낫소."

공자 성도 그 말에 수긍했다. 이태는 안양군의 머리를 들고 궁궐 밖으로 나오다가 주보의 울음소리를 들었다. 이태가 또 공자 성에게 말했다.

"주보께서 궁궐 문을 열고 안양군 장을 받아들인 것은 그를 가엾게 여기는 마음이 있었기 때문이오. 우리는 안양군 장이 반란을 일으켰기 때문에 주보의 궁궐을 포위한 뒤 장을 찾아 죽였소. 어쩔 수 없이 주보의 마음을 상하게 한 것이오. 앞으로 사태가 진정된 뒤 주보께서 궁궐을 포위한 우리의 죄를 물으시면 우리 일족은 멸문지화를 당할 것이오. 대왕께서는 나이가 어려 함께 의논할 수 없으니 우리가 직접 사태를 해결할 수밖에 없소."

이에 군사들에게 분부를 내렸다.

"절대 포위를 풀지 마라!"

그러고는 혜왕의 명령을 사칭하고 이렇게 알렸다.

"지금 궁궐에 있는 사람들은 들으라! 먼저 자수하는 사람은 살려줄 것이지만 뒤에 나오는 사람은 역도로 간주하여 그 친족까지 모두 죽일 것이다!"

그러자 주보의 측근과 내시들이 모두 혜왕의 명령이라 여기고 앞다투어 궁궐 밖으로 나왔다. 궁궐 안에는 혈혈단신 주보 한 사람만 남았다. 주보가 사람을 불렀으나 대답하는 이가 아무도 없었다. 밖으로 나오려 했지만 문이 벌써 단단히 잠겨 있었다. 궁궐 속에 갇혀 며칠이 지나자 주보는 배가 몹시 고팠다. 먹을 것이 없자 주보는 궁궐 마당의 참새 집에서 참새 알을 찾아내 배를 채웠다. 그러나 한 달여가 지난 후 주보는 결국 굶어 죽고 말았다. 이에 염선髥仙이 시를 지어 탄식했다.

호복 입고 변방 공략 오랑캐를 평정한 후	胡服行邊靖虜塵
곧바로 진나라를 병탄할 마음 품었네	雄心直欲并西秦
오왜의 혈육이 화의 씨앗 되었으니	吳娃一脈能胎禍
꿈속의 금 소리가 사람을 망쳤도다	夢裏琴聲解誤人

주보는 이미 죽었지만 궁궐 밖에 있는 사람들은 아직 그 사실을 몰랐다. 이태 등은 감히 궁궐 안으로 들어가지 못하고 3개월이 지난 뒤에야 문을 열고 들어갔다. 주보의 시체는 이미 바싹 말라 해골만 남아 있었다. 공자 성은 혜왕을 받들고 사구궁沙邱宮으로 가서 주보의 시신을 염한 뒤 장례를 선포하고 대 땅에 장사 지냈다. 지금의 산서성 영구靈邱가 바로 무령왕武靈王을 장사 지낸 곳이라 해서 붙여진 이름이다. 혜왕은 도성으로 돌아와 공자 성을 상국으로 삼고 이태를 사구로 삼았다. 얼마 지나지 않아 공자 성이 죽자 혜왕은 공자 승이 지난번에 두 왕을 두자는 주보의 계획을 저지한 것을 알고 그를 상국에 임명했다. 또 그를 평원平原(山東省 武城 서북) 땅에 봉하

趙主父
餓死
沙邱宮

조나라 주보가 사구궁에서 굶어 죽다.

고 평원군平原君이라 불렀다.

평원군도 인재를 좋아하여 맹상군과 같은 기풍이 있었다. 신분이 고귀해지자 빈객들을 더욱더 많이 불러 모았고, 그의 저택에는 늘 수천 명의 빈객이 들끓었다. 평원군의 저택에는 아름다운 그림으로 장식된 누대가 있었고 그곳에는 평원군이 좋아하는 미인이 늘 거처했다. 그 누대에서는 주변의 민가를 굽어볼 수 있었다. 그중 한 민가의 주인인 절름발이가 새벽에 일어나 다리를 절뚝거리며 물을 길러 나왔다. 미인이 누대 위에서 절름발이가 절뚝거리는 모습을 보고 큰 소리로 웃었다. 잠시 후 절름발이가 평원군의 문 앞에 와서 뵙기를 청했다. 평원군이 읍을 하고 절름발이를 들어오게 하자 절름발이가 말했다.

"신은 상국께서 선비를 좋아하신다고 들었습니다. 선비들이 불원천리하고 상국의 문하에 모여드는 이유도 상국군께서 선비를 좋아하고 미색을 천하게 여기기 때문입니다. 신은 불행하게도 다리에 병이 들어 잘 걷지를 못합니다. 그런데 상국의 후궁이 신을 보고 비웃음을 흘렸습니다. 신은 부인에게 치욕을 당할 수 없사오니 신을 비웃은 자의 머리를 얻고자 합니다!"

평원군이 웃으며 대답했다.

"알았다."

절름발이가 떠나자 평원군도 그를 비웃으며 말했다.

"저자는 바보가 아니냐? 미인이 자신을 한 번 비웃었다고 내게 미인을 죽여달라고 하다니?"

평원군의 문하에는 한 가지 규칙이 있었다. 즉 그것은 빈객을 관리하는 자가 매월 빈객의 명단을 정리하면서 그 숫자를 점검하는 일이었다. 이전까지는 빈객 숫자에 증감이 없었지만 이날부터 점차 줄어들더니 1년여 사이에 그 숫자가 반으로 줄어들었다. 평원군은 괴이하게 생각하고 종을 울려 빈객을 모두 불러 모은 뒤 물었다.

"내가 여러 빈객을 우대하며 일찍이 예를 어긴 적이 없는데, 지금 빈객들이 분분히 떠나가고 있으니 어찌 된 까닭이오?"

빈객 중 한 명이 앞으로 나서며 대답했다.

"상국께서 절름발이를 비웃은 미인을 죽이지 않으시자 빈객들이 화가 났습니다. 이를 보고 상국께서 미색을 좋아하고 선비를 천시하는 걸로 생각하여 모두 떠나간 것입니다. 신들도 조만간 이곳을 떠날 것입니다."

평원군은 깜짝 놀라 자신의 죄를 인정하며 말했다.

"그것은 나의 잘못이오."

그러고는 바로 자신의 패검을 풀어 좌우 시종을 시켜 누대 위로 올라가 미인의 머리를 베어오게 한 뒤 그 머리를 들고 절름발이의 집으로 가서 무릎 꿇고 죄를 청했다. 그러자 절름발이가 매우 기뻐했다. 이후로는 그의 문하에 있던 빈객이 모두 평원군의 현명한 품성을 칭송했고 빈객들도 다시 무수하게 모여들었다. 당시 사람들이 세 글자로 된 시로 이 일을 노래했다.

배불리 먹게 하고	食我飽
따뜻하게 입히시네	衣我溫
그의 공관에서 쉬고	息其館
그의 문하에서 노니네	遊其門
제나라엔 맹상군이요	齊孟嘗
조나라엔 평원군일세	趙平原
아름다운 공자요	佳公子

이때 진 소양왕은 평원군이 자신이 사랑하는 미인을 죽여 절름발이에게 사죄했다는 소식을 듣고 상수에게 그의 현명함을 칭찬했다. 상수가 말했다.

"그렇다고 해도 아직 제나라 맹상군보다는 못합니다."

진왕이 말했다.

"맹상군은 어떠하오?"

상수가 말했다.

"맹상군은 그의 부친 전영이 생존해 있을 때부터 집안일을 주관하고 빈객을 접대했습니다. 빈객들은 구름처럼 모여들었고, 제후들도 모두 그를 존경하고 흠모하면서 전영에게 그를 후사로 삼으라고 했습니다. 그러다가 과연 맹상군이 전영의 뒤를 이어 설공이 되자 빈객의 숫자는 더욱 많아졌습니다. 맹상군은 빈객들과 의식을 똑같이 했고 많은 생활비를 대느라 파산 지경에 이르기도 했습니다. 제나라에서 온 선비들은 모두 맹상군을 자신의 친척처럼 여기며 전혀 험담을 하지 않습니다. 그런데 지금 평원군은 절름발이를 비웃은 미인을 죽이지 않고 있다가 빈객들의 마음이 떠나자 그제야 미인의 목을 베어 사과했습니다. 이 어찌 늦은 일이 아니겠습니까?"

"과인이 어떻게 하면 맹상군을 얻어 함께 나랏일을 의논할 수 있겠소?"

"대왕마마께서는 맹상군을 만나고 싶어하시면서 어찌하여 그를 불러보지 않으십니까?"

"그 사람은 제나라 상국인데 과인이 부른다고 올 수 있겠소?"

"대왕마마께서는 친아우님을 제나라에 인질로 보내고 맹상군을 초청하십시오. 그럼 제나라는 우리 진나라를 믿고 맹상군을 보내지 않을 수 없을 것입니다. 대왕마마께서 맹상군을 승상으로 삼으시면 제나라에서도 틀림없이 대왕마마의 아우님을 상국으로 삼을 것입니다. 우리 진나라와 제나라가 서로 상대 나라 공자公子를 재상으로 삼으면 틀림없이 깊은 친교가 이루어질 것입니다. 그런 뒤 함께 다른 제후들을 도모하면 어렵지 않게 일을 이룰 수 있을 것입니다."

"좋은 생각이오."

그리하여 경양군 회를 제나라에 인질로 보내 이렇게 말을 전하게 했다.

"원컨대 맹상군을 진나라로 보내주시오. 과인이 기갈 들릴 정도로 그분을 꼭 한번 만나보고 싶소."

빈객들은 진왕이 부른다는 소식을 듣고 모두 맹상군에게 꼭 진나라로 가볼 것을 권했다. 이때 마침 소대가 연나라 사신으로 제나라에 왔다. 그가 맹상군에게 말했다.

"오늘 제가 외지에서 이곳으로 오다가 흙 인형과 나무 인형이 서로 대화하는 소리를 들었소. 나무 인형이 흙 인형에게 이렇게 말했소. '하늘에서 비가 내리면 자네는 틀림없이 망가질 것인데, 그럼 어찌하려는가?' 그러자 흙 인형이 웃으면서 이렇게 말했소. '나는 흙에서 나왔으니 망가지더라도 다시 흙으로 돌아가면 그뿐이네. 자네는 비를 맞고 강물로 떠내려가면 어디로 갈 것인가?' 진나라는 범이나 승냥이 같은 나라요. 초 회왕조차도 돌아오지 못했는데 하물며 상국이야 말해 무엇하겠소? 만약 상국을 잡아두고 보내지 않으면 나는 상국의 말로를 짐작조차 할 수 없소."

이에 맹상군은 진나라의 제의를 거절하고 가지 않으려 했다. 그러자 광장이 제 민왕에게 말했다.

"진나라에서 인질까지 보내 맹상군을 만나보려 하는 것은 제나라와 친하기 위해서입니다. 맹상군이 가지 않으면 진나라의 환심을 잃게 되고, 또 진나라에서 보내온 인질을 잡아두면 진나라를 불신하는 것이 됩니다. 대왕마마께서는 차라리 예법에 맞게 경양군을 진나라로 귀국시킨 뒤 맹상군을 진나라로 보내 그들의 예우에 보답하십시오. 이와 같이 하면 진왕도 틀림없이 맹상군을 신임하며 우리 제나라를 두텁게 예우할 것입니다."

제 민왕도 그렇게 생각하고 경양군에게 말했다.

"과인은 장차 귀국으로 상국 전문(맹상군)을 사신으로 보내 진왕의 용안을 뵙게 하도록 하겠소. 그러나 어찌 귀인을 우리 나라에 인질로 잡아둘 수 있겠소?"

그러고는 바로 수레를 준비하여 경양군을 진나라로 배웅하도록 했다. 이어서 맹상군을 진나라의 사신으로 보냈다.

맹상군은 자신의 빈객 1000여 명과 함께 수레 100여 승에 나누어 타고 서쪽 함양으로 들어가 진왕을 알현했다. 진왕은 계단 아래에까지 내려와 맹상군을 맞아들여 손을 잡고 기쁨을 나누면서 평소에 흠모하던 마음을 이야기했다. 맹상군에겐 백호구白狐裘[4] 한 벌이 있었다. 털의 길이는 두 치나 됐고, 색깔은 백설처럼 희었다. 그 가치는 천금과 맞먹는 것으로 천하에 둘도 없는 보물이었다. 맹상군은 이것을 진왕에게 선물로 바쳤다. 진왕은 백호구를 입고 평소 총애하는 연희燕姬에게 자랑했다. 연희가 말했다.

"이런 갖옷은 평소에 늘 보던 것인데 뭐가 그리 귀합니까?"

진왕이 말했다.

4_ 백호구白狐裘: 흰여우의 겨드랑이 털로 만든 고급 갖옷.

"여우는 수천 년이 지나기 전까지는 털 색깔이 희어지지 않소. 지금 내가 입고 있는 백호구는 여우의 겨드랑이에서 털 한 움큼씩만 뽑아서 짠 것이오. 이 옷은 순백의 털로 만든 것이기 때문에 매우 귀중하여 값을 따질 수가 없소. 제나라는 산동山東의 대국이어서 이런 진귀한 보배를 만들 수 있소."

당시는 아직 날씨가 더웠기 때문에 진왕은 백호구를 벗어서 창고지기에게 주며 나중에 입을 수 있게 잘 보관해두라고 일렀다. 길일을 받아 맹상군을 승상으로 임명하려고 하자 저리질이 맹상군의 능력을 시기했다. 그는 권력을 뺏길까 두려워서 자신의 빈객 공손석公孫奭을 시켜 진왕을 설득하게 했다.

"전문은 제나라 왕족입니다. 그가 지금 진나라의 승상이 되면 틀림없이 제나라를 우선시하고 진나라는 뒷전으로 미뤄둘 것입니다. 또 맹상군은 일처리가 매우 현명하여 그의 계책이 적중하지 않은 적이 없고, 빈객의 숫자까지 어마어마합니다. 그가 진나라의 권력을 빌려 몰래 제나라를 위한 일을 도모하면 진나라는 위험에 빠질 것입니다."

진왕이 그의 말을 저리질에게 알리자 저리질도 이렇게 대답했다.

"공손석의 말이 옳습니다!"

진왕이 말했다.

"그럼 제나라로 보내는 것이 어떻겠소?"

저리질이 대답했다.

"맹상군은 진나라에 머문 지 이미 한 달이 넘었습니다. 그가 데려온 빈객 수천 명이 모두 우리 진나라의 크고 작은 일을 자세히 파악하고 있습니다. 그를 그대로 제나라로 돌려보내면 결국 진나라에 해를 끼칠 것입니다.

그러니 그를 죽이는 것이 좋습니다."

진왕은 그의 말에 현혹되어 맹상군을 관사에 유폐시키게 했다.

경양군은 제나라에 있을 때 맹상군의 환대를 받았다. 날마다 음식을 제공받았고 떠나올 때도 많은 보물을 선물로 받았다. 경양군은 맹상군에게 깊은 은덕을 느끼고 있었다. 이때 경양군은 진왕의 음모를 듣고 몰래 맹상군에게 그 일을 알렸다. 맹상군은 몹시 두려워하며 앞으로의 상황에 대해 물었다. 경양군이 말했다.

"대왕마마의 계책이 아직 결정되지 않았소. 지금 궁중에는 연희가 대왕의 마음을 사로잡고 있소. 연희의 말이라면 대왕께서 모두 들어주실 것이오. 상국에게 귀중한 보물이 있다면 내가 상국을 위해 연희에게 바치고, 상국께서 참화를 벗어나 제나라로 돌아갈 수 있게 해달라고 부탁을 해보도록 하겠소."

맹상군은 백벽白璧 두 쌍을 경양군에게 주고 연희에게 부탁을 해보라고 했다. 연희가 말했다.

"나는 백호구가 몹시 탐이 나오. 소문을 들으니 산동의 대국에나 그런 보물이 있다고 하오. 만약 백호구를 가질 수만 있다면 내가 대왕마마께 한마디 말씀을 올려보도록 하겠소. 백벽은 갖고 싶지 않소."

경양군이 돌아와 맹상군에게 이 말을 전하자 맹상군이 말했다.

"한 벌밖에 없는 백호구는 벌써 진왕에게 바쳤소. 지금 어디서 그것을 다시 구한단 말이오?"

그는 빈객들에게 두루 대책을 물었다.

"다시 백호구를 구할 수 있는 사람이 있소?"

모든 빈객이 속수무책으로 아무 말도 못하고 있을 때 가장 말석에 앉아 있던 한 빈객이 말했다.

"신이 구할 수 있습니다."

맹상군이 말했다.

"그대가 어찌 백호구를 구할 수 있단 말이오?"

빈객이 말했다.

"신이 개가 되어 도둑질을 하는 능력이 있습니다."

맹상군이 웃으면서 그를 보냈다. 그 빈객은 밤이 되자 개처럼 분장을 하고 개구멍을 통해 몰래 진나라 궁궐 보물창고 앞으로 다가가며 개 짖는 소리를 냈다. 창고지기는 그것이 궁궐을 지키는 개일 거라 생각하고 전혀 의심하지 않았다. 그는 창고지기가 깊이 잠든 틈을 이용하여 그의 몸에서 열쇠를 훔쳐 창고의 문을 열었다. 과연 백호구가 그 안에 있었다. 그 빈객은 마침내 백호구를 훔쳐 나와 맹상군에게 바쳤다. 맹상군이 경양군을 시켜 그것을 연희에게 바치자 연희가 뛸 듯이 기뻐했다. 마침 연희는 진왕과 밤에 술을 마시며 즐기다가 이렇게 말했다.

"신첩이 소문을 들으니 제나라 맹상군이 천하의 대현大賢이라 합니다. 맹상군은 제나라 상국이어서 우리 진나라에 올 형편이 아니었는데, 우리 진나라가 초청해서 온 것이 아닙니까? 그런데 불러서 등용하지 못하겠으면 그만이지 어찌하여 그를 죽이려 하십니까? 대저 다른 나라의 상국을 초청하여 아무 까닭도 없이 죽이면 현인을 주살했다는 허울만 쓰게 될 것입니다. 신첩은 천하의 현명한 선비들이 장차 발을 싸매고 우리 진나라를 회피할까 두렵습니다."

진왕이 말했다.

"부인의 말씀이 옳소."

그러고는 다음 날 조정으로 나가 맹상군에게 수레와 말을 주고 통행증을 발급하여 제나라로 돌려보내라고 명령을 내렸다. 맹상군이 말했다.

"내가 요행히 연희의 말 한마디로 호랑이 굴에서 벗어나게 되었소. 그러나 만일 진왕이 중도에 후회하게 되면 내 목숨도 끝이 날 것이오."

그때 빈객 중에 증명서 위조에 뛰어난 능력을 가진 자가 맹상군의 신분을 감추기 위해, 맹상군의 통행증에 기록된 성명을 바꾸고 밤새워 수레를 몰아 제나라를 향해 길을 재촉했다. 그들 일행이 함곡관에 이르렀을 때는 아직 한밤중이었다. 관문은 굳게 잠겨 있었고 맹상군은 추격자가 있을까 몹시 두려웠다. 급히 관문을 벗어나려고 해도 관문을 열고 닫는 일정한 시간이 있어서 마음대로 할 수 없었다. 함곡관은 인경人定5에 관문을 닫고 닭이 울면 관문을 열게 되어 있었다. 관문 안쪽에 모여 있던 맹상군과 빈객들은 마음이 몹시 급했다. 그때 갑자기 빈객들 대오 속에서 닭 울음소리가 들려왔다. 맹상군이 이상하게 생각하고 그쪽을 바라보니 바로 빈객 중에서도 신분이 낮은 사람 하나가 닭 울음소리를 흉내 내고 있었다. 그러자 관문 주위 민가의 닭들이 모두 울기 시작했다. 관문을 지키는 관리는 날이 밝은 줄 알고 즉시 일어나 관문을 열었다. 맹상군 일행은 다시 관문을 나와 밤을 새워 나는 듯이 달아났다. 맹상군이 두 빈객에게 말했다.

"내가 호랑이 굴에서 벗어날 수 있었던 건 모두 계명구도鷄鳴狗盜6 덕분이로다!"

5_ 인경人定: 옛날 왕조시대에는 보통 이경二更에 관문을 닫고, 닭이 우는 시간인 오경五更에 관문을 열게 되어 있었다. 이경은 밤 9시가 시작될 무렵이며, 오경은 새벽 3시가 시작될 무렵이다.

6_ 계명구도鷄鳴狗盜: 개 소리를 흉내 내어 도둑질한 사람과 닭 울음소리를 흉내 내어 관문을 연 사람. 비천하고 작은 재주도 쓸모가 있음을 비유하거나 정도가 아닌 하찮은 재주를 비유하기도 한다.(『사기史記』 「맹상군열전孟嘗君列傳」)

孟嘗君偸過函谷關

맹상군이 몰래 함곡관을 통과하다.

신분이 높은 빈객들은 자신들이 아무 공도 세우지 못했음을 부끄럽게 여기고 그때부터 신분이 낮은 빈객들을 업신여기지 않았다. 염옹은 이에 대한 사찬史贊을 지었다.

밝은 구슬로 참새를 쏘는 것보단	明珠彈雀
흙 탄환을 쓰는 것이 훨씬 낫다네	不如泥丸
흰 옥으로 굶주림을 면하기보단	白璧療饑
미숫가루를 먹는 것이 훨씬 낫다네	不如壺餐
개 소리 흉내 내어 백호구 얻고	狗吠裘得
닭 울음 흉내 내어 관문 열었네	雞鳴關啓
성인과 현인이 있었다 해도	雖爲聖賢
저 비천한 자들보다 못했으리라	不如彼鄙
가느다란 물줄기가 바다가 되고	細流納海
티끌이 쌓여서 높은 산 되네	累塵成岡
인재 등용에 있어서는 그릇을 봐야 하니	用人惟器
맹상군을 비루하다 여기지 말라	勿陋孟嘗

저리질은 소양왕이 맹상군을 풀어줬다는 소식을 듣고 바로 조정으로 달려가 아뢰었다.

"대왕마마! 전문을 죽이고 싶지 않으시면 맹상군을 인질로라도 잡아두셔야 할 것인데 어찌하여 그를 보내셨습니까?"

그제야 진왕은 크게 후회하며 즉시 사람을 보내 맹상군을 추격하게 했다. 사자가 함곡관에 이르러 그곳을 출입한 빈객들의 명부를 조사해보았으나 제나라 사신 전문의 성명은 적혀 있지 않았다. 사자가 말했다.

"좁은 샛길로 오느라고 아직 당도하지 않은 것이 아니냐?"

그러나 한나절을 기다려도 종적이 없었다. 이에 맹상군의 모습과 빈객들의 수레 숫자를 이야기해주자 문지기가 말했다.

"그런 사람들은 아침 일찍 관문을 나갔습니다."

사자가 말했다.

"아직 추격할 수 있겠느냐?"

문지기가 말했다.

"나는 듯이 수레를 몰고 갔기 때문에 벌써 100리 밖으로 벗어났을 것이니, 추격할 수 없을 것입니다."

사자가 돌아와 진왕에게 보고하자 진왕이 탄식하며 말했다.

"맹상군은 귀신도 예측할 수 없는 재주를 지녔구나. 과연 천하의 현명한 선비라고 할 만하다."

뒷날 진왕은 창고지기에게 호백구를 가져오라 했지만 창고지기는 호백구를 찾을 수 없었다. 진왕은 연희가 호백구를 입고 있는 것을 보고 자초지종을 물었고, 결국 맹상군의 빈객이 훔쳐갔다는 걸 알았다. 이에 다시 탄식하며 말했다.

"맹상군의 문하에는 도성의 시장처럼 별의별 인재가 다 있구나. 우리 진나라에는 그와 비견할 만한 사람이 없다."

마침내 호백구를 연희에게 하사하고 창고지기를 벌하지 않았다. 맹상군이 귀국한 뒤 어찌 되었는지는 다음 회를 보시라.

제94회

폭군이 줄을 잇다

풍환은 장검을 두드려 맹상군의 빈객이 되고
제왕은 군사를 규합하여 포악한 송나라를 치다
馮讙彈鋏客孟嘗, 齊王糾兵伐桀宋.

맹상군은 진秦나라를 탈출하여 귀환하는 길에 조나라를 지나게 되었다. 평원군 조승은 30리 밖까지 마중을 나와서 지극한 공경심을 보였다. 조나라 사람들은 평소에 맹상군의 명성을 익히 들어 알고 있었지만 아직 그의 모습을 본 적은 없었기 때문에 다투어 맹상군을 구경하러 나왔다. 맹상군은 신체가 땅딸막하고 키가 중간도 넘지 못하는 사람이었다. 몇몇 구경꾼이 그를 비웃으며 말했다.

"처음에 내가 맹상군을 흠모할 때는 하늘이 낸 사람으로 생각하여 틀림없이 용모도 훤칠할 줄 알았는데, 지금 보니 땅딸보에 불과하네그려!"

그 말에 맞장구를 치며 웃음을 터뜨리는 사람도 몇 명 있었다. 그때 맹상군을 비웃은 사람들은 그날 밤 모두 목이 잘리고 말았다. 평원군은 맹상군의 빈객이 저지른 짓임을 짐작했으나 감히 따져 물을 수 없었다.

한편 제 민왕은 맹상군을 진나라로 보내놓고 마치 양손을 잃은 것처럼 아무 일도 할 수 없었다. 또한 맹상군이 진나라에서 중용될까봐 두려워 심각한 고민에 빠져 있었다. 그러다가 맹상군이 진나라에서 도망쳐 귀국하고 있다는 소식을 듣고 뛸 듯이 기뻐했다. 맹상군이 귀국하자 제 민왕은 그를 전처럼 상국으로 임명했다. 귀의하는 빈객이 더욱 많아지자 맹상군은 객사를 3등급으로 구분해 빈객을 수용했다. 상등上等 객사는 '대사代舍'라고 했고, 중등中等 객사는 '행사幸舍'라고 했으며, 하등下等 객사는 '전사傳舍'라고 했다. 대사란 맹상군을 대신할 만한 상객上客들이 거주한다는 뜻이다. 이들은 고기를 먹고 수레를 탔다. 행사란 다행히 일을 믿고 맡길 만한 중객中客들이 거주한다는 뜻이다. 이들은 고기는 먹지만 수레는 타지 못했다. 전사란 겨우 껍질 벗긴 곡식을 전해 받고 허기나 면하려는 사람들이 거주하는 곳으로 자신들이 편한 대로 출입했다. 이곳에는 하객下客들이 거주했다. 지난번 계명구도와 위조 통행증으로 공을 세운 사람들은 모두 대사에 배당되었다. 점점 늘어나는 숫자에 설읍薛邑(山東省 滕州 남쪽)에서 거둬들이는 수입만으로는 빈객들을 먹여 살릴 수 없었다. 이에 맹상군은 설 땅 사람들에게 돈을 빌려주고 해마다 이자를 받아 빈객을 부양하는 비용에 보탰다.

어느 날 몸집이 큰 거한이 낡아빠진 갈옷을 입고 짚신을 신은 채 맹상군을 뵙겠다고 했다. 그는 자신의 성이 풍씨馮氏이고 이름은 환驩인데 제나라 사람이라고 했다. 맹상군은 그에게 읍을 하고 자리를 권하며 물었다.

"선생께서 이렇게 누추한 곳으로 왕림하셨으니 제게 무슨 가르침을 내려주시려 하오?"

풍환이 말했다.

"아무것도 없습니다. 다만 상국께서 귀천을 가리지 않고 선비를 좋아한다는 소문을 들은 터라 제 비천한 신분도 생각지 않고 이곳으로 오게 된 것입니다."

이에 맹상군은 측근에게 명하여 그를 하등 객사인 전사로 보내게 했다. 10여 일이 지난 후 맹상군이 전사장傳舍長에게 물었다.

"새로 온 빈객은 무얼 하고 있소?"

전사장이 대답했다.

"풍 선생은 몹시 가난하여 몸에 별다른 물건은 지니지 않고 겨우 검劍 한 자루를 갖고 있습니다. 그런데 검을 넣는 자루가 없어서 그것을 허리춤에 새끼줄로 묶어서 다니고 있습니다. 그리고 식사를 마치면 바로 그 검을 두드리며 다음과 같은 노래를 부릅니다."

장검이여 돌아가자! 長鋏歸來兮

음식에 물고기도 없구나 食無魚

맹상군이 말했다.

"내가 주는 음식이 험하다고 불평을 하는구려."

이에 바로 중등 객사인 행사로 거처를 옮겨 물고기와 육식을 대접했다. 그러고는 행사장幸舍長을 시켜 그의 거동을 살펴보게 했다.

"닷새 후에 상황을 보고하시오."

닷새가 지난 후 행사장이 보고를 올렸다.

"풍 선생은 여전히 검을 두드리며 노래를 하지만 가사가 이렇게 달라졌습니다."

馮驩彈鋏客孟甞

풍환이 장검을 두드려 맹상군의 빈객이 되다.

장검이여 돌아가자!　　　　　　　　　　　　　　　　　　　長鋏歸來兮

출입할 때 수레도 없구나　　　　　　　　　　　　　　　　　出無車

맹상군이 놀라며 말했다.

"그 사람이 상객이 되고 싶은 건가? 그에게 틀림없이 기이한 점이 있도다!"

그러고는 다시 대사로 거처를 옮겨주고 대사장代舍長을 시켜 그가 노래를
하는지 염탐하게 했다. 풍환은 해가 뜰 때 외출하여 저녁 늦게야 돌아와
또 노래를 불렀다.

장검이여 돌아가자!　　　　　　　　　　　　　　　　　　　長鋏歸來兮

집도 마련하지 못하겠네　　　　　　　　　　　　　　　　　無以爲家

대사장이 맹상군에게 상황을 전하자 맹상군이 이마를 찌푸리며 말했다.

"그 빈객이 어찌 그리 욕심이 많단 말인가?"

이후에도 계속 염탐을 했지만 풍환은 더 이상 노래를 부르지 않았다.

그 후 1년여의 시간이 지나자 재산을 관리하는 사람이 맹상군에게 알
렸다.

"돈과 곡식이 한 달 여분밖에 남지 않았습니다."

맹상군이 차용증을 조사해보니 민간에 빌려준 돈이 매우 많았다. 이에
맹상군이 좌우 측근에게 물었다.

"빈객 중에 누가 나 대신 설 땅에 가서 빚을 받아올 수 있겠소?"

대사장이 앞으로 나서며 말했다.

"풍 선생에게 다른 장기가 있다는 소문은 듣지 못했지만 사람됨이 충직

하므로 한번 믿어볼 만합니다. 또 지난번에 자진해서 상객이 되었으니 한 번 시험해보십시오.”

맹상군이 풍환에게 빚을 받아오라고 하자 풍환은 아무 군소리 없이 이를 승낙했다. 그는 수레를 타고 설 땅으로 가서 관청에 좌정했다. 설 땅 만호戶의 백성 중에는 맹상군에게 빚진 사람이 많았다. 설공薛公(맹상군)이 상객을 보내 빚을 받으려 한다는 소식을 듣고 바로 이자를 보내온 사람이 매우 많았다. 그것을 모두 계산해보니 10만 전에 달했다. 그러자 풍환은 그 돈을 가지고 시장에 가서 쇠고기와 술을 사온 뒤 다음과 같은 방을 붙였다.

무릇 맹상군에게 돈을 빚진 사람은 갚을 능력이 있는 사람이든 없는 사람이든 내일 모두 관청으로 와서 차용증서를 점검받으라.

백성은 쇠고기와 술을 대접해준다는 말을 듣고 모두 시간에 맞추어 달려왔다. 풍환은 일일이 술과 음식을 대접하며 백성을 배불리 먹였다. 그리고 그 곁에서 가난한 사람과 부유한 사람의 현황을 자세하게 살피고 실상을 모두 알아냈다. 식사가 끝나자 그는 차용증서를 꺼내게 하여 하나하나 맞춰보게 했다. 본래 재력이 있는 사람으로 지금은 잠시 갚을 능력을 잃어버렸지만 나중에 갚을 수 있는 사람은 다시 약속을 정해 상환 날짜를 차용증에 기재하게 했다. 정말 가난하여 갚을 능력이 없는 사람은 모두 풍환에게 배례를 올리며 상환 날짜를 넉넉하게 늦추어달라고 애걸했다. 풍환은 좌우 시종에게 명하여 불을 피우게 하고 가난한 사람들의 차용증서를 불 속에 던져 넣어 소각했다. 그러고는 백성에게 말했다.

"맹상군께서 백성에게 돈을 빌려준 까닭은 백성이 생계를 꾸려갈 만한 돈이 없을까 염려했기 때문이지 자신의 이익을 위해서 그런 것이 아니오. 하지만 맹상군의 식객이 수천 명이나 되어 식비가 부족하기 때문에 부득이하게 이자를 받아 빈객을 봉양하고자 하는 것이오. 지금 갚을 능력이 있는 사람은 다시 상환 날짜를 정했고, 갚을 능력이 없는 사람은 차용증을 모두 불태워버렸소. 맹상군께서는 설 땅 사람들에게 매우 두터운 덕을 베푼 것이오."

백성은 모두 머리를 조아리며 환호했다.

"맹상군은 진정 우리 부모님이시다."

그러나 풍환이 차용증서를 불태운 일은 일찌감치 맹상군에게 보고되었다. 맹상군은 몹시 화를 내며 사람을 보내 풍환을 불러오게 했다. 풍환은 빈손으로 맹상군을 뵈러 왔다. 맹상군은 짐짓 모른 체하며 물었다.

"빈객께서는 수고가 많으셨소. 그래, 빚은 다 받았소?"

풍환이 말했다.

"상국을 위해 빚을 다 받아왔을 뿐만 아니라 민심까지 얻어왔습니다."

그러자 맹상군은 얼굴색을 바꾸며 그에게 소리를 질렀다.

"나는 지금 식객 3000명을 충분하게 먹이지 못하고 있소! 그래서 설 땅 사람들에게 돈을 빌려주고 이자를 받아 공금에 보태고 있는 것이오. 소문을 들으니 빈객께서는 이자를 받아 쇠고기와 술을 사서 그곳 백성과 즐기면서 차용증서도 절반이나 불태웠다는데, 그렇게 하여 '민심을 얻었다'는 것이오? 그게 무슨 민심인지 모르겠소."

풍환이 대답했다.

"상국께서는 진정하시고 제 말을 들어보십시오. 빚진 사람이 많아서, 쇠고기와 술을 마련하여 함께 즐기지 않으면 사람들이 의심을 품고 한곳에 모이려 하지 않았을 것입니다. 그렇게 되면 빚을 갚을 능력이 있는지 없는지 알아볼 방법이 없습니다. 장차 빚을 갚을 능력이 있는 사람은 상환 날짜를 새로 정하면 되지만, 갚을 능력이 없는 사람은 엄하게 질책해도 소용이 없고 또 세월이 오래되어 이자가 많아지면 도망치기에 급급할 뿐입니다. 설 땅이 작은 고을이라 해도 상국의 선조들께서 대대로 봉작을 이어온 곳이라 그곳 백성은 상국과 안위를 함께해야 할 사람들입니다. 그래서 저는 쓸데없는 차용증서를 불태워버린 뒤 상국께서 재산을 경시하고 백성을 사랑한다는 걸 밝힌 것입니다. 이로써 인의仁義를 중시하는 상국의 명성이 무궁하게 전해질 것입니다. 그래서 신이 상국께서 민심을 얻었다고 했습니다."

맹상군은 빈객을 돌봐야 할 경비가 모자라는 형편이라 풍환의 대처가 마음에 들지 않았지만, 벌써 차용증서를 불태워버린 뒤여서 어떻게 할 수가 없었다. 그래서 어쩔 수 없이 억지로 얼굴을 펴고 읍을 하며 감사의 인사를 했다. 사관이 이에 관한 시를 시었다.

이익 따진 사람 맞아 상객으로 삼았으나　　　　逢迎言利號佳賓

차용증서 불태운 뒤 주인 분노 촉발시켰다　　　焚券先虞觸主嗔

빈손으로 왔어도 인의를 갖고 왔으니　　　　　　空手但收仁義返

장검 두드린 그 빈객이 고사高士임을 알겠도다　　方知彈鋏有高人

진 소양왕은 맹상군을 놓친 것을 후회하다가 또 그가 행하는 놀라운 일들을 바라보면서 마음속으로 생각했다.

"그 사람이 제나라에 계속 중용되면 결국 우리 진나라에 해악을 끼칠 것이다!"

그리하여 유언비어를 널리 유포시켜 제나라까지 흘러들어가게 했다.

"맹상군의 명성이 천하에 드높아서 천하 사람들은 제나라에 맹상군만 있는 걸 알지 임금이 있는 것은 모른다. 조만간 맹상군이 제나라 임금을 대신할 것이다."

또 초나라 경양왕에게 사신을 보내 이렇게 말했다.

"지난번 여섯 나라가 진나라를 정벌할 때 유독 제나라 군사만 뒤에 처져 있었습니다. 그것은 초왕께서 스스로 종약장이 되었다고 맹상군이 이에 불복하고 군사를 함께하려 하지 않았기 때문입니다. 초 회왕께서 진나라에 계실 때 우리 주상께서는 회왕을 귀국시키려 했지만, 맹상군이 우리 주상께 사신을 보내 회왕을 귀국시키지 말라고 했습니다. 제나라가 초나라 세자를 인질로 잡고, 진나라를 시켜 초 회왕을 죽이려 한 것은 초나라 세자를 억류하여 초나라에 땅을 요구하기 위해서였습니다. 이 때문에 초나라 세자는 거의 돌아오지 못할 뻔했고, 초 회왕은 결국 진나라에서 죽음을 맞았습니다. 우리 주상께서 초나라에 죄를 짓게 된 것은 모두 맹상군 때문이었습니다. 이후 초나라에 지은 죄 때문에 우리 주상께서는 맹상군을 유인하여 죽이려 했습니다. 그러나 맹상군이 도망쳐 뜻을 이루지 못했습니다. 맹상군은 다시 제나라 상국이 되어 오로지 권력을 중시하면서 조만간에 제나라 보위를 찬탈할 것입니다. 그렇게 되면 진나라와 초나라는 많은 변란을 겪게 될 것입니다. 이에 우리 주상께서는 지난날의 과오를 후회하며 초나라와 우호 맺기를 바라는 마음으로, 따님을 초나라 대왕마마께 출가시키고 양국이 함께 맹상군의 변란에 대비하길 원하십니다. 초나라 대왕마마께서 이를 재가해주시면 참으로 다행이겠습니다.”

초왕은 그 말에 미혹되어 결국 진나라와 우호를 맺고 진왕의 딸을 부인으로 맞았다. 또 사람을 시켜 진나라에서 전해온 유언비어를 제나라에 유포시키게 했다. 제 민왕도 의심이 들어 맹상군에게 준 상국 인수를 회수하고 그를 설 땅으로 추방했다. 빈객들은 맹상군이 상국에서 파직되었다는 소식을 듣고 뿔뿔이 흩어졌다. 오직 풍환만이 맹상군 곁을 지키며 그의 수레를 몰았다. 맹상군의 수레가 아직 설 땅에 도착하지도 않았는데 설 땅 백성은 늙은이와 어린아이까지 데리고 나와 맹상군을 환영했다. 그들은 맹상군에게 술과 음식을 권하며 안부를 물었다. 맹상군이 풍환에게 말했다.

“이런 광경이 바로 선생께서 저를 위해 민심을 얻은 결과인 것 같소.”

풍환이 말했다.

“신의 의도는 이에 그치지 않습니다. 만약 신에게 수레 1승을 빌려주시면 반드시 상국께서 다시 나라에 중용되도록 해드릴 것이며, 또 상국의 봉읍이 더욱 넓어지도록 해드리겠습니다.”

맹상군이 말했다.

“선생의 명령에 따르겠소.”

며칠 후 맹상군은 수레와 말, 황금과 금전을 갖추어 풍환에게 말했다.

“선생께서 가려는 곳을 말씀해주실 수 있겠소?”

풍환은 아무 말도 하지 않고 수레를 몰아 함양으로 들어갔다. 그는 진소양왕을 만나 이렇게 말했다.

“진나라로 들어온 선비는 모두 진나라를 강하게 하고 제나라를 약하게 하려 합니다. 반면에 제나라로 들어가는 선비는 모두 제나라를 강하게 하고 진나라를 약하게 하려 합니다. 진나라와 제나라는 양립할 수 없는 강국입니다. 두 나라 가운데 승리하는 나라가 천하를 얻을 것입니다."

진왕이 말했다.

"선생께서는 무슨 계책으로 진나라를 승자로 만들 수 있소?"

"대왕마마께서는 제나라에서 맹상군의 관직을 삭탈했다는 소식을 들으셨습니까?"

"과인이 들은 적은 있지만 아직 믿지 못하고 있소."

"제나라가 천하 사람들에게 중시되는 이유는 현명한 맹상군이 있기 때문입니다. 그런데 지금 제왕은 참언과 비방에 미혹되어 갑자기 맹상군의 상국 인수를 거두어들이고 그의 공을 죄로 폄하하고 있습니다. 이 때문에 맹상군은 틀림없이 제나라를 깊이 원망하고 있을 것입니다. 이때를 틈타 진나라에서 그를 받아들여 중용하면 제나라의 비밀이 모두 진나라로 전해질 것입니다. 그 비밀을 이용하여 제나라를 도모하면 제나라 땅 전체를 얻을 수 있을 것입니다. 어찌 양국 간의 승자가 되는 것에 그치겠습니까? 대왕마마! 조속히 사자를 시켜 후한 예물을 싣고 몰래 설 땅으로 가서 맹상군을 맞아오게 하십시오. 이 시기를 놓쳐서는 안 됩니다. 만일 제나라 왕이 후회하고 다시 그를 등용하면 양국 간의 승자를 장담할 수 없게 됩니다."

이때 저리질이 막 세상을 떠난 뒤여서 진왕은 조속히 현명한 승상을 구하고 싶어했다. 그러던 차에 진왕은 풍환의 말을 듣고 매우 기뻤다. 이에 좋은 수레 10승을 잘 장식하여 황금 100일을 싣고 진나라 승상의 의장을 모두 갖춰 맹상군을 모셔오게 했다. 풍환이 말했다.

"신은 대왕마마를 위해 앞서 가서 맹상군에게 이 소식을 알리고 조속히 행장을 꾸려 지체 없이 사자를 맞아 출발할 수 있도록 하겠습니다."

풍환은 질풍같이 수레를 몰아 제나라에 당도했다. 그는 맹상군을 만날 겨를도 없이 먼저 제나라 왕을 만나 이렇게 말했다.

"제나라와 진나라가 지금 서로 자웅을 겨루고 있음은 대왕마마께서도 잘 알고 계실 것입니다. 이런 상황에서 현인을 얻는 나라가 승자가 되고 현인을 잃는 나라는 패자가 될 것입니다. 지금 신이 길에서 소문을 들으니 진왕이 맹상군의 축출을 틈타 몰래 좋은 수레 10승과 황금 100일을 보내 맹상군을 데리고 가서 승상에 임명하려 한다 합니다. 만약 맹상군이 서쪽으로 가서 진나라 승상이 된다면, 본래 제나라를 위해 계책을 마련하던 자가 진나라를 위해 계책을 내게 될 것이니 결국 진나라가 승자가 될 것입니다. 그렇게 되면 제나라의 임치와 즉묵이 위험해질 것입니다."

그러자 민왕은 얼굴빛이 변하며 급히 물었다.

"그럼 어찌하면 좋소?"

풍환이 말했다.

"진나라 사자가 조만간에 설 땅에 도착할 것이니 대왕마마께서는 그가 오기 전에 먼저 맹상군을 상국에 복위시키고 그의 봉읍을 늘려주십시오. 그럼 맹상군은 틀림없이 기뻐하며 다시 벼슬을 받을 것입니다. 비록 진나라가 강하다 해도 어찌 대왕마마께 알리지 않고 우리 나라의 상국을 마음대로 데려갈 수 있겠습니까?"

민왕이 말했다.

"좋은 말씀이오."

대답은 그렇게 했지만, 민왕은 그의 말을 다 믿을 수는 없어서 사람을 국경으로 보내 그의 말이 사실인지 탐지하게 했다. 얼마 지나지 않아 수레와 기병이 제나라로 분분히 달려왔다. 그들에게 물어보니 과연 진나라 사자였다. 그래서 염탐꾼은 밤새 말을 달려 제 민왕에게 보고했다. 민왕은 즉시 풍환에게 부절을 들고 가서 맹상군을 모셔오게 했고, 맹상군을 상국에 복위시키고 1000호의 봉읍을 더해줬다. 진나라 사자는 설 땅에 도착해서야 맹상군이 이미 제나라 상국에 복위되었다는 사실을 알고 수레를 돌려 서쪽으로 돌아갔다. 맹상군이 다시 상국의 자리에 오르자 이전에 떠나간 빈객들이 모여들기 시작했다. 맹상군이 풍환에게 말했다.

"나는 빈객을 좋아하여 예禮를 어긴 적이 없는데, 어느 날 상국의 자리에서 파면되자 빈객들은 모두 나를 버리고 떠났소. 그런데 선생의 힘으로 복위된 지금 그자들이 무슨 면목으로 나를 다시 보러 오는 것이오?"

풍환이 대답했다.

"대저 영욕榮辱과 흥망성쇠는 만물의 변함없는 이치입니다. 상국께서는 큰 도시의 시장을 보지 못하셨습니까? 아침이면 사람들이 어깨를 부딪치며 몰려오지만 해가 지면 텅 빈 폐허로 변합니다. 구하는 것이 없기 때문입니다. 대저 부귀하면 사람이 많이 몰려들고, 빈천하면 친구가 줄어드는 것은 인지상정입니다. 그런데 상국께서는 어찌 그런 것을 탓하십니까?"

맹상군이 재배를 올리며 말했다.

"삼가 분부를 따르겠소."

그러고는 처음처럼 빈객을 잘 대우했다.

이때 위 소왕과 한 이왕釐王은 주나라 천자의 명령을 받들고 '합종책'에 의지하여 진나라를 정벌했다. 진나라에서는 백기가 군사를 거느리고 그들을 맞아 이궐伊闕(河南省 洛陽 남쪽 龍門)에서 큰 전투를 벌여 적병 24만 명을 참수하고, 한나라 장수 공손희公孫喜를 포로로 잡았으며 또 무수武遂(山西省

垣曲 동남) 땅 200리를 빼앗았다. 또 위나라까지 쳐들어가서 하동河東(山西省 黃河 동쪽) 땅 400리를 빼앗았다. 진 소양왕은 매우 기뻐했다. 소양왕은 칠국七國이 모두 왕王을 칭하고 있기 때문에 왕호가 특별하다고 생각되지 않아 따로 '제帝'라는 호칭을 사용하여 막중하고 고귀한 신분을 드러내고자 했다. 그러나 자신을 홀로 높이는 것이 겸연쩍었던 소양왕은 제 민왕에게 사신을 보내 이렇게 말했다.

"지금 천하가 모두 서로 왕을 칭하고 있어 제후들이 귀의할 곳을 알지 못하고 있소. 그래서 과인은 서제西帝를 칭하며 서방을 주관하고자 하오. 그리고 제나라를 높여 동제東帝에 임명하고 동방을 주관하도록 하여 천하를 공평하게 나누고자 하는데, 대왕의 뜻은 어떠하오?"

제 민왕은 결정을 내릴 수 없어서 맹상군에게 물었다. 맹상군이 대답했다.

"진나라는 강한 힘만 믿고 횡포를 부려 제후들이 증오하고 있습니다. 진나라를 본받지 마십시오."

한 달 후 진나라는 다시 제나라에 사신을 파견하여 함께 조나라를 치자고 했다. 이때 마침 소대가 연나라에서 또 제나라로 왔다. 제 민왕은 먼저 진나라와 '제'라는 칭호를 사용하는 것에 대해 소대에게 가르침을 청했다. 소대가 대답했다.

"진나라가 다른 나라에게는 제를 칭하자고 하지 않고 유독 제나라에게만 제의한 것은 제나라를 존중하기 때문입니다. 그 제의를 거절하면 진나라의 호의를 내치는 것이 되고, 그 제의를 받아들이면 다른 제후들의 미움을 받게 됩니다. 그러므로 바라옵건대 대왕마마께서는 그 제의를 받아들이되 제라는 칭호를 사용하지는 마십시오. 진나라가 사용하고 나서 서방의 제후들이 모두 진나라를 받들면, 대왕마마께서도 제를 칭하시며 동방의 제왕으로 군림하셔도 늦지 않을 것입니다. 그런데 만약 진나라가 제를 칭한 뒤 제후들이 진나라를 증오하면 대왕마마께서 나서서 진나라의 죄를 질책할 수 있을 것입니다."

제 민왕이 말했다.

"삼가 가르침을 받들겠소."

그러고 다시 물었다.

"지금 진나라가 조나라를 정벌하자고 하는데 그 일은 어떻게 하면 좋겠소?"

소대가 말했다.

"아무 명분도 없이 군사를 출동하면 일을 성사시킬 수 없습니다. 죄도 없는 조나라를 쳐서 땅을 얻으면 진나라가 그 이익을 가져가고 제나라는 아무것도 얻지 못할 것입니다. 지금 송나라가 무도하여 천하 사람들이 모두 걸송桀宋[1]이라 부르고 있습니다. 때문에 대왕마마께서는 조나라를 정벌하는 것보다 송나라를 정벌하는 것이 더 좋습니다. 송나라 땅은 가까워서 그 땅을 얻으면 지킬 수 있고, 그 백성을 얻으면 부릴 수 있습니다. 게다가 지금 송나라는 포악하다는 오명까지 덮어쓰고 있으니 지금 송나라를 정벌하면 상나라 탕왕과 주나라 무왕의 거사를 잇는 것이 됩니다."

제 민왕은 매우 기뻐하며 제호帝號를 받았지만 칭하지는 않고 진나라 사신을 융숭하게 대접했다. 조나라를 정벌하자는 요청에도 응하지 않았다. 진 소양왕은 겨우 두 달 동안 제를 칭하다가 제나라가 여전히 왕을 칭한다는 소식을 듣고 자신 역시 제호를 버리고 사용하지 않았다.

1_ 걸송桀宋: 하나라 걸왕桀王과 같은 폭군이 다스리는 송나라라는 의미다.

이야기가 두 갈래로 나뉜다. 한편 송 강왕康王은 송 벽공辟公 벽병辟兵의 아들이고 척성剔成의 아우였다. 강왕의 모친은 서徐나라 언왕偃王이 자신의 몸에 의탁하는 꿈을 꾸었기 때문에 강왕을 낳고 나서 그 이름을 역시 언偃이라고 했다. 강왕은 나면서부터 용모가 특이했다. 키는 9척 4촌이나 됐고, 얼굴 넓이는 1척 3촌이나 됐으며, 눈빛은 큰 별과 같았고, 면상에는 신비한 빛이 감돌았다. 또 그의 힘은 강철로 만든 갈고리도 폈다 굽혔다 할 수 있을 정도로 무척 셌다. 그는 주 현왕 41년에 자신의 형인 척성을 쫓아내고 스스로 보위에 올랐다. 강왕 즉위 11년에 한 백성이 참새 집을 뒤지다가 부화한 새끼를 잡았는데, 그 속에 새매 새끼가 한 마리 섞여 있었다. 그 백성은 기이한 일로 생각하고 그것을 강왕에게 바쳤다. 강왕은 태사를 불러 점을 쳐보게 했다. 태사가 점괘를 펼쳐 보이며 아뢰었다.

"작은 참새 둥지에서 큰 새매가 나왔으니, 약한 것이 강한 것으로 변하게 될 것입니다. 대왕마마께서 패왕霸王으로 우뚝 서실 조짐입니다."

강왕이 기뻐하며 말했다.

"우리 송나라는 국력이 매우 약하오. 과인이 다시 일으키지 않는다면 다시 또 누가 일으킬 수 있겠소?"

그리하여 강왕은 많은 장정을 동원하여 친히 훈련을 시켰고 마침내 강병 10만여 명을 길러냈다. 이어서 동쪽으로 제나라를 정벌하여 다섯 성을 빼앗았고, 남쪽으로 초나라를 격파해서 300리 땅을 개척했으며, 서쪽으로 위나라 군사를 깨뜨리고 두 성을 탈취했다. 그런 다음 등滕나라를 멸망시키고 모든 땅을 빼앗았다. 또 계속해서 진나라로 사신을 보내 우호를 요청하자 진나라에서도 사신을 보내 답례를 올렸다. 이때부터 송나라는 강국으로 칭해지며 제, 초, 삼진과 이름을 나란히 하게 되었다. 강왕은 마침내 송왕宋王을 칭하며 스스로 천하의 누구와도 비견할 수 없는 영웅이라고 떠벌렸다. 아울러 패왕의 대업을 하루라도 빨리 이루려고 매번 조회를 열 때마다 신하들을 시켜 일제히 만세를 외치게 했다. 당상에서 한 번 외치면 당하에서 이에 호응하게 했다. 그러자 궁궐 문밖의 호위병까지 모두 호응하게 되어 그들이 외치는 만세 소리가 수 리里 밖에까지 들리게 되었다. 또 가죽 자루에 소의 피를 채워 넣고 긴 장대에 매달아 활로 그것을 쏘게 했다. 강한 활과 화살로 가죽 자루를 쏘아 관통시키자 피가 쏟아져 나오며 공중에서 비처럼 흩어졌다. 강왕은 사람들을 시켜 저잣거리에 이런 소문을 내게 했다.

"우리 대왕마마께서는 하늘에 화살을 쏘아 승리하셨다."

이것은 먼 곳에 사는 사람들에게까지 위협을 주기 위한 행위였다. 또 밤새도록 술을 마시며 신료들에게 억지로 술을 권했다. 그러나 강왕 자신은 좌우 측근을 시켜 온수를 가져오게 하고는 술 대신 마셨다. 신료들 중 평소에 주량이 세기로 이름난 사람들도 모두 몸을 가누지 못하고 쓰러져 예의를 차리지 못했다. 그런 상황에서 물을 마신 강왕만이 맨정신으로 앉아 있자 좌우의 아첨꾼들이 모두 말했다.

"대왕마마의 주량이 바다와 같아서 술을 1000석石이나 마셔도 취하지 않으신다."

또 부인을 많이 두고 음란한 짓을 즐기며 하룻밤에도 수십 명의 여자를 거느렸다. 그러면서 사람을 시켜 이렇게 소문을 내게 했다.

"송왕은 정력이 강해서 한꺼번에 수백 명의 여자를 거느리고도 지치지 않는다."

이렇듯 사람들을 속이며 자기 자랑하기에 급급했다. 어느 날 강왕은 봉보封父2 땅에 놀러 갔다가 우연히 뽕을 따는 아주 아름다운 여인을 만났다. 그는 그곳에 머물며 청릉대靑陵臺를 쌓고 그 위에서 여인을 바라보다가 그 집을 방문했다. 그 여인은 바로 사인舍人3 한빙韓憑의 아내 식씨息氏였다. 강왕은 사람을 시켜 한빙에게 자신의 마음을 알리고 그의 아내를 바치라고 했다. 한빙은 그 사실을 아내에게 얘기한 뒤 왕을 따라가고 싶으냐고 물었다. 식씨가 시를 지어 대답했다.

남산에 새가 사는데	南山有鳥
북산에 그물 펼쳤소	北山張羅
새가 높이 날아오르니	鳥自高飛
그물이 무슨 소용이겠소?	羅當奈何

그러나 송왕은 식씨를 사모한 나머지 계속해서 사람을 보내 강제로 식씨를 잡아오게 했다. 한빙은 자신의 아내가 수레에 실려가는 것을 보고 화를 참을 수가 없어 결국 자살하고 말았다. 송왕은 식씨를 불러 함께 청릉대에 올라 말했다.

"나는 송나라 임금이다. 사람들을 부귀하게 해줄 수 있다. 게다가 네 남편은 벌써 죽었다. 네가 만약 과인을 따른다면 왕후에 봉해주겠다."

2_ 봉보封父: 염제의 후손 중에 봉거封鉅가 황제黃帝의 스승이 된 적이 있고, 하나라 때 이르러 봉거의 후손이 봉보(지금의 河南省 封丘 封父亭)에 봉해졌다. 사람들은 지명을 따서 흔히 그를 봉보라 부른다.

3_ 사인舍人: 중국 고대 권력자의 빈객 또는 측근. 태자사인太子舍人, 중서사인中書舍人 등 관직의 명칭으로도 쓰인다.

그러자 식씨가 다시 시를 지어 대답했다.

보통 새에게도 암수가 있어 　　　　　　　　　　　　鳥有雌雄

봉황을 좇지 않는다오 　　　　　　　　　　　　　　不逐鳳凰

신첩은 서민이라 　　　　　　　　　　　　　　　　妾是庶人

임금도 기쁘지 않소 　　　　　　　　　　　　　　不樂宋王

송 강왕이 말했다.

"그대는 이미 어쩔 수 없는 처지에 빠졌다. 과인을 따르지 않으려 해도 이젠 불가능한 일이 되었다."

식씨가 말했다.

"바라옵건대 목욕을 하고 옷을 갈아입게 해주십시오. 죽은 남편의 혼령에게 작별 인사를 올리고 나서 대왕마마를 모시겠습니다."

송왕이 허락하자 식씨는 목욕을 마친 뒤 옷을 갈아입고 하늘을 향해 재배를 올렸다. 그러고는 마침내 누대 위에서 땅바닥으로 몸을 던졌다. 송왕은 황급히 사람을 시켜 식씨의 옷자락을 잡아당기게 했으나 미칠 수 없었다. 땅바닥에 떨어진 식씨는 이미 숨이 끊어져 있었다. 식씨의 몸을 뒤지자 허리띠에 편지 한 줄이 쓰여 있었다.

죽은 후 제 유골을 남편 한빙과 함께 묻어주시면 황천에서라도 그 은덕에 감사를 올리겠습니다.

송왕은 격노하여 일부러 무덤을 두 곳으로 만들고 따로 묻은 뒤 동서로 바라보며 가까이하지 못하게 했다. 시신을 묻은 지 사흘 만에 송왕은 도성으로 돌아갔다. 그러던 어느 날 밤 갑자기 두 무덤 곁에서 가래나무가 싹을 틔워 열흘 만에 세 길이 넘게 자랐다. 나뭇가지가 서로 이어져 얽히더니 연리지連理枝가 되었고, 어디선가 원앙 한 쌍이 날아와 나뭇가지 위에 앉아 목을 비비며 슬프게 울었다. 마을 사람들이 슬퍼하며 말했다.

"저건 한빙 부부의 영혼이 변한 새다!"

그러고는 그 나무를 '상사수相思樹'라고 불렀다. 염선이 시를 지어 탄식했다.

상사나무 가지 위로 원앙 한 쌍 날아오니 　　　　　相思樹上兩鴛鴦

천고토록 애정 깊어 그 혼백이 구슬프네 　　　　　千古情魂事可傷

강제로 여자 마음 뺏을 수 있다 말하지 말라 　　　　莫道威强能奪志

식씨 부인 절개 지켜 임금에게 항거했네 　　　　　婦人執性抗君王

신료들 중에는 송왕의 포악한 행태를 보고 간언을 올리는 사람이 많았다. 그러나 송왕은 자신에 대한 비난을 참지 못하고 자리 옆에 활과 화살을 비치해두었다. 그러다가 간언을 올리는 사람이 있으면 바로 화살을 메겨 그를 쏘았다. 한번은 하루 사이에 경성景成, 대오戴烏, 공자 발勃 등 세 명의 신하를 쏘아 죽였다. 그때부터 조정의 모든 신료는 감히 입을 열지 못했고, 제후들은 당시 송나라를 걸송桀宋이라 부르게 되었다.

이에 제 민왕은 소대의 말을 듣고 초나라와 위나라에 사신을 보내 서로 힘을 합쳐 송나라를 정벌한 후 그 땅을 셋으로 나누자고 요청했다. 이들이 군사를 일으키자 진 소양왕이 소식을 듣고 화를 내며 말했다.

"송나라는 우리 진나라와 새로 우호를 맺었다. 그러니 제나라가 송나라를 정벌한다면 과인이 반드시 송나라를 구원해줄 것이다. 다시 의논할 것도 없다."

제 민왕은 진나라 군사가 송나라를 구원해줄까봐 겁이 나서 소대에게 의견을 구했다. 소대가 말했다.

"신이 서쪽으로 가서 진나라의 출병을 막고 대왕마마께서 송나라를 정벌할 수 있도록 해드리겠습니다."

소대는 서쪽으로 가서 진왕을 알현하며 말했다.

"제나라가 지금 송나라를 정벌한다고 하니 신은 대왕마마께 경하의 인사를 올립니다."

진왕이 말했다.

"제나라가 송나라를 정벌한다고 하는데 선생께서는 어찌하여 과인에게 축하 인사를 하는 것이오?"

"제나라 왕의 포악함은 송나라와 다르지 않습니다. 지금 제나라는 초, 위와 약속을 하고 송나라를 공격하고 있습니다. 그러나 그 속내는 틀림없이 초나라와 위나라를 기만하려는 것입니다. 초나라와 위나라가 기만당하면 틀림없이 서쪽을 향해 진나라를 섬길 것입니다. 이는 진나라가 송나라를 미끼로 하여 가만히 앉아서 초나라와 위나라를 얻는 것입니다. 이것이 어찌 대왕마마께 불리한 일이겠으며, 이 어찌 경하할 일이 아니겠습니까?"

"과인이 지금 송나라에 구원병을 보내려 하는데 그건 어찌 생각하시오?"

"저 포악한 송나라桀宋는 천하 사람들의 공분을 불러일으키고 있습니다. 천하가 송나라의 멸망을 바라고 있는데 진나라만 구원에 나서면 천하 사람들의 분노가 진나라로 옮겨올 것입니다."

이에 진왕은 군사를 거두어 송나라를 구원하지 않았다.

한편 제나라 군사가 송나라 교외에 당도하자 초나라와 위나라의 군사도 속속 그곳으로 모여들었다. 이에 제나라 장수 한섭韓聶, 초나라 장수 당매唐昧, 위나라 장수 망묘芒卯는 한곳에 모여 작전을 상의했다. 당매가 말했다.

"송왕은 기세가 사납고 오만하니 우리가 약한 모습을 보이며 저들을 유인해야 하오."

그러자 망묘가 말했다.

"송왕은 음란하고 포악하여 백성 모두 원망을 품고 있소. 우리 세 나라는 모두 이전에 군사와 땅을 잃는 치욕을 당했소. 그러니 지금 격문을 써서 송왕의 죄악을 밝히고 옛 땅의 백성을 불러 모으면 틀림없이 그들이 창끝의 방향을 바꾸어 송나라를 공격할 것이오."

한섭이 말했다.

"두 분의 말씀이 모두 옳소."

그리하여 포악한 송나라 임금의 10대 죄악을 격문에 적었다.

첫째, 형을 쫓아내고 보위를 찬탈하여 부정하게 나라를 얻었다逐兄篡位, 得國不正.

둘째, 등나라를 멸망시키고 땅을 차지하여 강한 힘만 믿고 약자를 능멸했다滅滕兼地, 恃強凌弱.

셋째, 공격과 전투를 좋아하여 대국을 침범했다好攻樂戰, 侵犯大國.

넷째, 가죽 주머니를 달아놓고 하늘에 화살을 쏘며 상제上帝에게 죄를 지었다革囊射天, 得罪上帝.

다섯째, 밤새도록 술을 마시며 국정을 돌보지 않았다長夜酣飲, 不恤國政.

여섯째, 다른 사람의 아내를 빼앗으며 음탕하고 후안무치한 짓을 저질렀다
奪人妻女, 淫蕩無恥.

일곱째, 간언을 올리는 신하를 화살로 쏘아 충신들의 입을 막았다射殺諫臣,
忠良結舌.

여덟째, 왕호王號를 참칭하며 자존망대에 빠졌다僭擬王號, 妄自尊大.

아홉째, 유독 강한 진나라에게만 아첨하며 이웃 나라와 원한을 맺었다獨媚
强秦, 結怨鄰國.

열째, 신령을 업신여기고 백성을 학대하며 전혀 임금 된 도리를 다하지 않
았다慢神虐民, 全無君道.

격문이 이르는 곳마다 민심이 들끓었다. 본래 세 나라의 땅이었다가 송
나라에게 빼앗긴 땅의 백성은 모두 송나라에 귀의하려 하지 않고 그곳 관
리를 쫓아낸 뒤 성으로 올라가 직접 수비를 하며 세 나라 군사가 오기를
기다렸다. 이 때문에 세 나라 군사들은 가는 곳마다 모두 승리를 거두고
곧바로 송나라 도성 수양성睢陽城(河南省 商邱)으로 진격해 들어갔다. 송왕 언
은 병거와 군사를 크게 사열한 뒤 친히 중군을 거느리고 도성 밖 10리 되
는 곳에 군영을 세워 세 나라의 공격에 대비했다. 한섭은 먼저 부하 장수
여구검閭丘儉에게 군사 5000명을 주어 싸움을 걸게 했다. 그래도 송나라
군사가 나오지 않자 여구검은 목소리가 큰 군사 여러 명을 시켜 소거轈車(망
루를 높이 단 수레)에 올라가 송왕의 10대 죄악을 낭송하게 했다. 이에 송왕
은 격노하여 장군 노만盧曼에게 출전을 명했다. 노만이 달려나오자 여구검
은 대략 몇 합만 싸우는 체하다가 달아나기 시작했다. 노만이 추격해오는
것을 보고 여구검은 수레와 말과 무기까지 모두 버리고 정신없이 달아나는

척했다. 송왕은 망루에 올라 제나라 군사가 패배하여 달아나는 것을 보고 기뻐하며 말했다.

"제나라 군사가 패했으니 초나라와 위나라 군사들도 모두 기가 꺾였을 것이다."

이에 모든 군사를 출동시켜 제나라 군영으로 핍박해 들어갔다. 그러자 제나라 대장 한섭은 또 20리를 물려 군영을 세웠다. 그러나 한섭은 초나라 장수 당매와 위나라 장수 망묘를 시켜 몰래 좌우로 길을 잡아 송왕의 본영 뒤편을 노리게 했다.

이튿날 송왕은 제나라 군사가 더 이상 싸울 능력이 없다고 생각하고 모든 진채를 뽑아 곧장 제나라 군영을 공격했다. 여구검은 한섭의 대장기를 세워 놓고 진영을 펼친 채 송나라 군사와 대치했다. 진시辰時(오전 7~9시)에서 오시午時(오전 11~오후 1시)까지 30여 차례 전투가 벌어졌다. 송왕은 과연 영용하게 싸워 직접 제나라 장수 20여 명과 병졸 100여 명을 죽였다. 송나라 장수 노만도 전투 중에 죽었다. 여구검은 또다시 대패한 척 달아나기 시작했다. 내버린 병거와 무기가 무수하게 많았다. 송나라 군사는 노획물을 다투느라 정신이 없었다. 그때 갑자기 세작에게서 보고가 올라왔다.

"적병이 지금 수양성을 급하게 공격하고 있습니다. 탐지한 바에 의하면 초나라와 위나라의 군사들이라 합니다."

송왕은 격노하여 군사를 거두어 회군했다. 그들 대오가 5리도 못 갔을 때, 저쪽 산비탈에서 한 부대의 군사가 돌진해오며 고함을 질렀다.

"제나라 상장上將 한섭이 여기 있다. 무도한 폭군은 어서 항복하라!"

송왕의 좌우에서는 대직戴直과 굴지고屈志高가 양쪽에서 병거를 몰고 달려 나갔다. 그러자 한섭은 위풍당당하게 그들을 맞아 먼저 굴지고를 참하

齊王糾兵伐
諸宋

제왕이 여러 나라와 연합하여 송나라를 치다.

여 수레 아래로 떨어뜨렸다. 이에 대직은 감히 싸울 엄두도 내지 못하고 송왕을 보호하는 데 급급했다. 송나라 군사는 한편으로는 싸우고 한편으로는 도주하며 수양성 아래에 당도했다. 성을 지키던 장수 공손발公孫拔은 자국 군사임을 알아보고 성문을 열어 그들을 들어오게 했다. 뒤이어 당도한 세 나라 연합군은 밤낮을 쉬지 않고 성을 공격했다. 그때 갑자기 먼지를 자욱하게 일으키며 대군이 달려왔다. 그것은 바로 제 민왕의 군사였다. 그는 한섭이 패전할까 염려한 나머지 친히 대장 왕촉王蠋과 태사太史 교敫 등을 거느리고 달려왔다. 제 민왕이 지원병 3만 명을 이끌고 전진해오자 삼국三國 군사의 사기는 더욱 높아졌다. 송나라 군사는 제나라 왕이 직접 군사를 거느리고 왔다는 소문을 듣고 모두 낙담하며 기가 죽었다. 게다가 송왕은 병졸들의 고통을 전혀 헤아리지 않고 밤낮없이 남녀노소를 내몰아 성을 지키게 하면서도 아무런 은전도 베풀지 않았다. 이에 군사들의 원성이 높아지기 시작했다. 대직이 송왕에게 말했다.

"적의 사기는 하늘을 찌를 듯하고 민심은 변했습니다. 성을 버리고 잠시 하남河南 땅으로 몸을 피하셨다가 후일을 도모하십시오."

패왕이 되고 싶었던 송왕의 꿈은 물거품이 되고 말았다. 그는 한바탕 탄식을 내뱉으며 한밤중에 대직과 함께 성을 버리고 달아났다. 공손발은 마침내 항복 깃발을 내걸고 제 민왕을 입성시켰다. 민왕은 백성을 위로하며 한편으로는 군사를 시켜 송왕을 추격하게 했다. 송왕이 온읍溫邑에 당도했을 때 추격병이 따라붙었다. 그들이 먼저 대직을 참수하자 송왕은 신농간神農澗 물속으로 뛰어들었다. 그러나 아직 숨이 붙어 있는 송왕을 제나라 군사들이 끌어내서 참수하고 그 목을 수양성으로 보냈다. 제, 초, 위 세 나라 군사는 마침내 송나라를 멸망시키고 그 땅을 셋으로 나눠 가졌다.

초나라와 위나라 군사가 물러간 뒤 제 민왕이 말했다.

"이번 송나라 정벌에는 우리 제나라가 가장 많은 힘을 썼다. 그러나 초나라와 위나라는 편안히 앉아서 땅을 얻었다."

그러고는 군사들에게 함매衡枚를 시키고 초나라 당매의 군사 뒤를 추격하게 했다. 제나라 군사는 중구重丘(山東省 菏澤 동쪽)에서 초나라 군사를 습격하여 패퇴시켰다. 아울러 승세를 몰아 계속 추격군을 보내 회수淮水 북쪽 땅을 전부 탈취했다. 또 서쪽으로 삼진 땅을 침공하여 그들의 군사를 여러 번 격파했다. 초나라와 위나라는 제 민왕이 약속을 어긴 것에 원한을 품었다. 이에 마침내 두 나라 모두 사신을 보내 진나라에 귀의했다. 그러나 진나라는 그것을 모두 소대의 공이라 생각했다. 제 민왕은 송나라 땅을 모두 차지하게 되자 기고만장하여 자만심이 넘쳐흘렀다. 그는 총신寵臣 이유夷維를 위衛, 노, 추 세 나라 군주에게 보내 신하의 예를 갖춰 제나라에 입조하게 했다. 세 나라 군주는 제나라의 침공이 두려워 감히 따르지 않을 수 없었다. 이에 제 민왕이 말했다.

"과인은 연나라를 약화시키고 송나라를 멸망시킨 뒤 천 리의 땅을 개척했다. 또 위魏나라 군사를 격파하고 초나라 땅을 할양받아 제후들에게 위엄을 떨쳤다. 노나라와 위衛나라는 이미 신하를 칭하고 있으므로 사수泗水 가에는 더 이상 두려워할 만한 나라가 없다. 조만간에 군사 한 부대를 이끌고 주 왕실을 병합한 뒤 구정을 임치로 옮기고 천자를 칭하며 천하를 호령하고자 한다. 누가 감히 과인의 명령을 어기겠는가?"

이 말을 듣고 맹상군 전문이 간언을 올렸다.

"송왕 언은 함부로 교만을 부린 탓에 우리 제나라의 정벌을 받았습니다. 원컨대 대왕마마께서는 송나라를 교훈으로 삼으십시오. 대저 주나라는 비록 미약하지만 모든 나라가 함께 받드는 주인입니다. 따라서 강성한 일곱 제후국이 서로 전쟁을 하면서도 주나라를 치지 못하는 것은 그 명분을 두려워하기 때문입니다. 대왕마마께서 이전에 제호를 버리고 사용하지 않자 천하의 모든 나라가 우리 제나라의 겸양을 칭송했습니다. 그런데도 지금 주 왕실을 대신할 마음을 품는 것은 아마 제나라에 복이 될 일은 아닐 듯합니다."

제 민왕이 말했다.

"탕왕이 걸왕을 추방한 일이나 무왕이 주왕을 정벌한 일은 자신의 주인을 친 게 아니란 말이오? 과인이 어찌 탕왕이나 무왕보다 못하단 말이오? 애석하게도 경은 이윤伊尹이나 강태공姜太公이 아닌 것 같소."

이에 민왕은 맹상군의 상국 인수를 거둬들였다.

맹상군은 참수를 당할까 두려워 빈객들과 함께 대량으로 달아나 공자公子 무기無忌(신릉군信陵君)에게 의지했다. 공자 무기는 위 소왕의 막내아들로 사람됨이 겸손하여 선비를 좋아했고 사람을 접대할 때도 부족함이 있을까 봐 늘 염려했다. 일찍이 공자 무기가 아침을 먹고 있는데 새매에 쫓긴 비둘기 한 마리가 황급히 밥상 위로 내려앉았다. 무기는 비둘기를 숨기고 있다가 새매가 날아간 것을 보고 놓아주었다. 그러나 누가 알았을까? 새매가 지붕 위에 숨어 있다가 비둘기가 나타난 것을 보고 쫓아가서 잡아먹을 줄이야. 공자 무기는 자신을 탓하며 말했다.

"그 비둘기는 환란을 피해 내게 투신했는데, 나는 결국 비둘기를 새매에게 잡아먹히게 하고 말았다. 이것은 내가 비둘기를 배신한 것이다."

그러고는 온종일 음식을 입에 대지 않고 좌우 시종을 시켜 새매를 잡아오게 했다. 시종들이 잡아온 새매가 모두 100여 마리나 됐다. 그들은 잡아

온 새매를 각각 새장에 넣어 무기에게 바쳤다. 무기가 말했다.

"비둘기를 죽인 새매는 한 마리뿐인데 내가 어찌 다른 새매에게까지 화를 미치게 할 수 있으랴?"

이에 새장 위에 칼을 대고 이렇게 축원했다.

"비둘기를 잡아먹지 않은 새매는 나를 보고 슬피 울어라. 그럼 내가 너희들을 놓아줄 것이다."

새매가 모두 슬피우는데 유독 한 마리만 머리를 숙이고는 위를 쳐다보려 하지 않았다. 그래서 그 새매만 잡아 죽이고 다른 새매는 새장을 열어 모두 놓아줬다. 그 이야기를 들은 사람들은 모두 감탄하며 말했다.

"위나라 공자는 비둘기 한 마리도 차마 버리지 못하는데 어찌 사람을 배신할 수 있겠는가?"

이때부터 선비들은 어질고 어리석고를 막론하고 마치 시장에 가는 사람들처럼 공자 무기에게 몰려들었다. 이에 신릉군 무기의 식객도 3000여 명에 달해 맹상군이나 평원군과 거의 맞먹게 되었다.

이 무렵 위나라에 성은 후侯이고 이름은 영嬴인 은사隱士가 있었다. 그는 집이 가난하여 대량 도성 이문夷門(동문)의 문지기로 근무했다. 공자 무기는 그가 평소에 청렴결백할 뿐 아니라 기이한 계책을 잘 내서 마을 사람들의 존경을 받고 있으며, 후생侯生으로 불린다는 소문을 들었다. 그래서 수레를 타고 가서 그에게 절을 올리고 황금 20일을 예물로 줬다. 그러나 후생은 이를 사양하며 말했다.

"저는 가난하지만 분수를 지키며 살아왔고, 지금까지 다른 사람의 돈을 한 푼도 망령되이 받지 않았습니다. 그런데 지금 늙어가는 몸으로 어찌 공자를 위해 절개를 바꿀 수 있겠습니까?"

이를 강요할 수 없자 공자 무기는 그를 존중하기 위해 빈객으로 모시고 큰 주연을 베풀고자 했다. 잔칫날이 되어 위나라 종실의 왕후장상王侯將相과 여러 귀빈이 모두 공자 무기의 대청에 모여 좌정했다. 그러나 유독 공자 무기의 왼쪽 첫 번째 자리가 비어 있었다.[4] 무기는 수레를 대령하라 명하고 친히 수레를 몰고 이문으로 가 후생을 받들었다. 후생이 수레에 오르자 무기는 읍을 하며 그를 상좌에 모셨다. 후생은 거의 겸손한 모습을 보이지 않았지만, 무기는 그 곁에서 고삐를 잡고 매우 공경하는 모습을 보였다. 후생이 또 무기에게 말했다.

"신에게 주해朱亥라는 친구가 있는데 시장의 푸줏간에 살고 있습니다. 지금 잠깐 들러보고 싶은데 공자께서 함께 가주실 수 있으신지요?"

무기가 말했다.

"선생과 함께 가겠소."

그러고는 즉시 수레를 저잣거리 푸줏간으로 몰았다. 후생이 말했다.

"공자께서는 잠시 수레에서 기다리십시오. 이 늙은이가 수레에서 내려 친구를 만나보겠습니다."

후생은 수레에서 내려 주해의 집으로 들어갔다. 그는 주해와 큰 도마를 마주하고 앉아 잡담을 주고받으며 시간 가는 줄 몰랐다. 후생은 때때로 공자 무기에게 눈길을 던졌지만 무기는 그때마다 더욱 온화한 모습을 보이며 전혀 싫은 기색을 드러내지 않았다. 이때 무기를 수행한 기병 수십여 명 중에는 후생이 끝도 없이 잡담하는 걸 보고 짜증을 내며 슬쩍슬쩍 욕설을 퍼붓는 자가 많았다. 후생도 그 소리를 들었지만 유독 공자 무기만은 시종

4_ 허좌이대虛左以待. 주인이 자신의 왼쪽 자리를 비워놓고 손님을 기다린다는 뜻. 왼쪽 자리는 상좌이므로 빈객을 극진하게 우대함을 비유한다.(『사기史記』 「위공자열전魏公子列傳」)

일관 얼굴색을 바꾸지 않았다. 후생이 주해와 작별하고 수레에 오르자 무기는 그를 여전히 상좌에 모셨다. 공자 무기는 오시午時(오전 11~오후 1시)에 성문을 나서서 거의 신시申時(오후 3~5시)가 넘어서야 집으로 돌아왔다. 귀빈들은 공자 무기가 자신의 왼쪽 자리를 비워두고 직접 손님을 모시러 가는 것을 보고 도대체 어느 곳의 유명한 선비를 모시는지 혹은 어느 대국의 사신을 모시는지 알 수 없었다. 그들은 모두 존경심을 품고 기다리다가 시간이 오래 지나도록 빈객이 나타나지 않자 각각 싫증을 내며 지루해하고 있었다. 그때 갑자기 밖에서 외치는 소리가 들렸다.

"공자께서 빈객을 모시고 도착했습니다."

귀빈들은 다시 경건한 마음을 갖추고 모두 일어나 빈객을 맞으러 나갔다. 그런데 도착한 손님은 남루한 옷을 입고 낡은 관모를 쓴 백발노인에 불과했다. 그들은 모두 깜짝 놀랐다. 공자 무기는 후생을 모시고 들어와 귀빈들에게 일일이 소개했다. 귀빈들은 후생이 이문의 문지기라는 말을 듣고 뭔가 잘못된 일이라고 생각했다. 그러나 무기는 후생에게 읍을 하며 상좌를 권했고, 후생도 겸양하지 않고 그 자리에 앉았다. 주흥이 반쯤 무르익었을 때 공자 무기는 후생에게 황금 술잔을 받들어 올리며 만수무강을 빌었다. 후생은 그 술잔을 받아들고 무기에게 말했다.

"신은 이문의 문지기인데 외람되게도 공자께서 왕림해주셨습니다. 더불어 오랫동안 저잣거리 가운데 서 계시면서도 추호도 싫은 기색을 보이지 않으셨습니다. 뿐만 아니라 신을 여러 귀빈보다 윗자리에 앉게 하셨으니 이는 신에게 과분한 처사입니다. 그러나 신이 이를 사양하지 않은 것은 공자께서 선비에게 기꺼이 몸을 낮춘다는 명성을 이루어드리기 위함입니다."

귀빈들은 그 말을 듣고 모두 몰래 그를 비웃었다. 잔치가 끝난 뒤 후생은 마침내 공자 무기의 상객이 되었다. 후생이 주해가 현명하다고 추천하자 무기는 여러 번 그를 만나러 갔다. 그러나 주해는 답례로 절을 올리지 않았고 무기도 이를 전혀 이상하게 생각하지 않았다. 무기가 예절을 따지지 않고 몸을 낮춤이 이와 같았다.

이런 상황에서 맹상군이 위나라로 와서 신릉군 무기에게 몸을 의지한 것은 옛말에도 있듯이 "같은 소리는 서로 호응하고, 같은 기운은 서로 모인다同聲相應, 同氣相求"는 격이었다. 그야말로 자연스럽게 의기투합한 결과였다. 맹상군은 원래 조나라 평원군 공자 승과 교분이 깊었다. 이에 무기를 평원군에게 소개했고, 무기는 자신의 친누나를 평원군의 부인으로 출가시켰다. 그리하여 위나라와 조나라는 다시 우호를 맺었고, 맹상군은 중간에서 양국의 존중을 받았다. 제 민왕은 맹상군이 떠난 후 더욱더 교만해져서 밤낮으로 주나라 천자를 대신할 모의만 했다. 이때 제나라 경내에 괴이한 일이 많이 발생했다. 하늘에서 피가 비처럼 내려 사방 수백 리 사람들의 옷을 적셨고 그 비린내를 감당할 수 없었다. 또 땅이 여러 길로 깊이 갈라져 샘물이 용솟음쳐 올랐다. 또 어떤 사람이 나라의 관문을 가로막고 통곡을 하는데, 소리만 들리고 모습은 보이지 않았다. 이로 인해 백성의 민심이 흉흉해져서 아침에 저녁을 보장할 수 없을 정도로 불안한 날들이 계속됐다. 대부 호훤狐咺과 진거陳舉가 앞서거니 뒤서거니 민왕에게 간언을 올려 맹상군을 다시 불러오라고 요청했다. 그러나 민왕은 분노를 터뜨리며 그들을 죽여 큰길 거리에 시체를 전시하고 간언을 막았다. 이에 왕촉과 태사 교 등 어진 대부들은 모두 병을 핑계로 사직한 뒤 고향에 은거했다. 제 민왕의 말로가 어떻게 될지는 다음 회를 보시라.

소꼬리에 불을 붙여

악의는 네 나라에 유세하여 제나라를 멸망시키고
전단은 꼬리에 불붙인 소를 몰아 연나라를 격파하다
說四國樂毅滅齊, 驅火牛田單破燕.

연 소왕은 보위에 오른 이후 밤낮으로 제나라에 복수하고 치욕을 씻을
일에만 전념했다. 때문에 백성의 상가에 들러 조문하고 외로운 사람들을
찾아가 안부를 물었다. 또 병졸들과 동고동락하며 어진 선비를 존경하고
예우하니, 사방에서 몰려온 호걸들이 문전성시를 이루었다. 당시 연나라로
온 조나라 사람 악의는 위 문후文侯의 명장 악양樂羊의 손자로 어려서부터
병법에 대한 토론을 즐겼다. 당초에 악양이 영수靈壽 땅에 봉해져서 그 자
손이 모두 그곳에 자리를 잡고 살았다. 조나라 주보 무령왕이 사구에서 변
란을 당하자 악의는 가족을 데리고 영수를 떠나 위나라 도성 대량으로 가
서 위 소왕을 섬겼다. 그러나 위 소왕은 그를 깊이 신임하지 않았다. 악의
는 연왕이 황금대黃金臺를 짓고 천하의 현사賢士를 모집한다는 소문을 듣고
그에게 투신하려 했다. 이에 계책을 마련하여 연나라로 가는 사신으로 가

장하고 연 소왕을 알현했다. 악의가 병법으로 연왕에게 유세하자 연왕은 그가 현명한 선비임을 알아보고 빈객을 대하는 예를 베풀며 존중했다. 그러나 악의는 겸양하며 후한 예절을 사양했다. 연왕이 말했다.

"선생께서는 조나라에서 태어나서 위나라에서 벼슬하셨으니 우리 연나라에서는 마땅히 빈객의 예를 받으셔야 하오."

악의가 말했다.

"신이 위나라에서 벼슬한 것은 변란을 피하기 위해서입니다. 대왕마마께서 이 미미한 사람을 버리지 않으신다면 연나라의 신하로 받아주십시오."

연왕은 희색이 만면하여 바로 악의를 아경亞卿에 임명하고 극신 등 여러 신하의 윗자리에 앉게 했다. 이후 악의는 자신의 친족을 모두 불러 연나라에 거주하게 했고, 이들은 마침내 연나라 사람이 되었다. 당시 제나라는 강성한 힘만을 믿고 여러 제후국을 침범했다. 연 소왕은 자신의 소망을 깊이 감춘 채 군사를 기르고 백성을 보살피며 때가 오기를 기다렸다. 이 무렵 제 민왕이 맹상군을 쫓아내고 광포한 정치를 자행하자 백성은 그 고통을 견디지 못했다. 반면 연나라는 여러 해 동안 백성을 푹 쉬게 하고 잘 부양하여 나라가 부유해지고 민생은 넉넉해졌다. 이에 병졸들도 기꺼이 전투에 나서려고 했다. 연 소왕이 악의에게 물었다.

"과인이 선군의 원한을 가슴에 품은 지 28년의 세월이 흘렀소. 과인은 늘 어느 날 갑자기 아침 이슬처럼 목숨이 끊어져 제왕의 배에 칼날을 꽂지 못하는 것이 아닌가, 그리하여 결국 나라의 치욕을 씻지 못하는 것이 아닌가 하고 밤새도록 전전긍긍해왔소. 지금 제나라 임금은 자신의 힘만 믿고 포악한 정치를 자행하여 나라 안팎의 민심이 이반하고 있소. 하늘이 제나라를 멸망시키려 하는 이때에 과인은 온 나라의 군사를 불러일으켜 제나라와 건곤일척의 승부를 겨루고 싶소. 선생께서는 과인에게 무슨 가르침을 내려주시겠소?"

악의가 대답했다.

"제나라는 땅이 넓고 인구가 많으며 병졸들도 전투에 익숙하므로 우리 연나라 혼자서는 제나라를 공격하기 어렵습니다. 대왕마마께서 꼭 저들을 정벌하려 하신다면 반드시 천하의 여러 제후국과 함께 계책을 세워야 합니다. 지금 연나라는 이웃 중에서 조나라와 가장 친교가 깊습니다. 대왕마마께서 우선 조나라와 힘을 합치면 한나라가 그 뒤를 따를 것입니다. 또한 맹상군은 지금 위나라의 상국을 맡아보며 제나라에 깊은 원한을 품고 있습니다. 그러므로 위나라도 우리 연나라의 말을 들을 것입니다. 이와 같이 여러 나라와 힘을 합치면 제나라를 공격할 수 있습니다."

연왕이 말했다.

"좋은 계책이오!"

이에 악의에게 사신 부절을 주고 그를 조나라로 파견했다.

평원군 조승이 조 혜문왕에게 연나라와 함께 제나라를 칠 것을 권유하자 혜문왕이 허락했다. 이때 마침 진秦나라 사신이 조나라에 왔다. 악의는 진나라 사신에게도 제나라 정벌의 이익을 설명했다. 사신이 돌아가 진왕에게 악의의 말을 보고했다. 진왕도 제나라의 강성함을 시기하고 있었다. 그는 제후들이 진나라를 배신하고 제나라를 섬길까 두려워 다시 조나라로 사신을 파견해 함께 제나라를 치고 싶다고 했다. 극신은 위왕에게 유세하고 나서 맹상군을 만났다. 맹상군도 군사를 일으킬 것을 주장하며 다시 한나라와 약속을 정해 함께 제나라 정벌에 나서겠다고 했다. 그리하여 네 나라가 모두 제나라를 정벌하기 위한 날짜를 정했다. 연왕은 나라 안의 정예

説四 國樂毅 齊滅

악의가 네 나라에 유세하여 제나라를 멸망시키다.

병을 모두 일으켜 악의를 장수로 삼았다. 진나라 장수 백기, 조나라 장수 염파廉頗, 한나라 장수 포연暴鳶, 위나라 장수 진비晉鄙도 각각 자국의 군대를 이끌고 날짜에 맞춰 달려왔다. 이에 연왕은 악의에게 다섯 나라 군사를 아우르게 했고, 악상장군樂上將軍이라는 칭호를 부여했다. 다섯 나라 연합군은 호호탕탕하게 제나라로 쇄도해 들어갔다. 제 민왕도 친히 중군을 이끌고 대장 한섭과 함께 제수濟水 서쪽에서 연합군을 맞이했다. 대장 악의가 병졸들보다 앞장서서 진격하자 다른 네 나라 장졸들도 용기를 뽐내며 앞다투어 공격에 나섰다. 살육된 제나라 군사의 시체가 들판을 가득 덮었고, 시체에서 피가 흘러 시내를 이루었다. 제나라 장수 한섭이 악의의 동생 악승樂乘에게 패하여 죽자 각국 군사는 승세를 타고 제나라 군사를 쫓기 시작했다. 제 민왕은 대패하여 임치로 달아났다. 그러고는 밤새 초나라로 사신을 보내 구원을 요청하면서 회수 북쪽 땅을 모두 초나라에 주겠다고 약속했다. 한편으로는 군사와 백성을 점검하여 임치성으로 올려 보내고 성을 단단히 지키게 했다. 진, 위, 한, 조 군사들은 승세를 타고 각각 길을 나누어 변방의 성들을 탈취했다. 유독 악의만은 친히 연나라 군사를 이끌고 제나라 땅 깊숙이 쳐들어가서 지나기는 곳마다 위엄과 은덕을 함께 보였다. 그러자 제나라 읍성들은 모두 소문만 듣고도 스스로 성문을 열고 항복했다. 악의는 파죽지세로 대군을 이끌고 곧바로 임치성을 압박했다. 제 민왕은 공포에 질려 마침내 문무 신료 수십 명과 함께 몰래 북문을 열고 위衛나라로 달아났다. 위나라 군주는 교외에까지 마중 나와 스스로 신하라 칭하며 제 민왕을 모시고 도성으로 들어갔다. 그는 정전을 제 민왕에게 양보하는 등 모든 일처리를 매우 공경스럽게 했다. 제 민왕은 기고만장하여 위나라 군주를 예의에 맞지 않게 대했다. 그러자 위나라 신하들은 불평

불만을 품고 한밤중에 제 민왕의 수레와 무기를 약탈했다. 제 민왕은 격노하여 위나라 군주가 들어오기를 기다려 도적을 잡아오라고 질책할 심산이었다. 그러나 위나라 군주는 하루 종일 나타나지 않았고, 민왕에게 음식도 올리지 않았다. 민왕은 참담한 심정에 빠져들었다. 그러다가 제 민왕은 날이 저물고 배고픔이 심해지자 위나라 군주가 자신을 해칠지도 모른다는 생각이 들어 이유 등 몇 명의 측근만 데리고 밤을 틈타 줄행랑을 놓았다. 임금이 사라지자 민왕을 따르던 신하들도 모두 사방으로 흩어져 달아났다. 제 민왕은 하루도 지나지 않아 노나라 관문에 당도했다. 관문지기가 그 사실을 노나라 군주에게 보고했다. 노나라 군주는 사신을 보내 민왕 일행을 맞아들이게 했다. 이유가 물었다.

"노나라에서는 우리 대왕마마를 어떻게 접대할 생각이오?"

사신이 대답했다.

"태뢰太牢[1]를 각각 열 마리씩 준비하여 제나라 대왕을 모실 것이오."

이유가 말했다.

"우리 대왕마마는 천자이시오. 천자께서 다른 제후국을 순시하실 땐 제후국에서는 궁궐을 비우고 천자를 모신 뒤 아침저녁으로 제후가 친히 당하에서 천자의 수라를 지켜봐야 하오. 천자께서 수라를 다 드시면 물러나와 조회에 참여하여 천자의 명령을 들어야 하오. 이것이 어찌 태뢰 열 마리로 그칠 일이란 말이오?"

사신이 돌아가 노나라 군주에게 그 말을 보고하자 노나라 군주는 몹시

1_ 태뢰太牢: 고대에 임금들이 사직社稷에 제사 지낼 때 쓰던 희생인 소牛, 양羊, 돼지豕를 모두 쓰는 것을 태뢰太牢, 양과 돼지만 쓰는 것을 소뢰少牢라고 한다. 보통 천자는 태뢰를, 제후는 소뢰를 썼다. 훗날에는 예의를 갖춘 풍성한 음식을 가리키기도 했다.

화를 내며 관문을 닫아걸고 제 민왕을 받아들이지 않았다. 제 민왕은 다시 추나라로 갔다. 그때 마침 추나라 군주가 세상을 떠나 국상國喪을 치르는 중이었다. 제 민왕이 추나라로 들어가 조문을 하려 했다. 이유가 추나라 사람들에게 말했다.

"천자께서 몸을 낮추어 제후국에 조문을 할 때 주인은 반드시 빈소를 등지고 서쪽 계단 아래로 내려가 북쪽을 향해 곡을 해야 하고, 그러면 천자께서는 동쪽 계단 위로 올라가 남쪽을 바라보며 조문을 하게 되오."

그러자 추나라 사람들이 말했다.

"우리 나라는 작은 나라라 천자를 번거롭게 하고 싶지 않소."

이에 천자의 조문을 거절하고 받지 않았다. 제 민왕의 앞길이 막막해지자 이유가 말했다.

"소문을 들으니 거주莒州(山東省 莒縣)가 아직 온전하다 합니다. 그곳으로 가십시오."

제 민왕은 거주로 가서 그곳 군사들에게 성을 고수하며 연나라 군대에 맞서 싸우라고 했다.

악의는 마침내 임치성을 함락시키고 제나라 궁궐의 재물과 제기祭器를 모두 거두어들였다. 아울러 전에 제나라에 약탈당한 연나라의 보물을 찾아내 큰 수레에 가득 실어 모두 연나라로 보냈다. 연 소왕은 기쁨을 이기지 못하고 친히 제수濟水로 왕림하여 삼군에게 음식을 대접하며 크게 위로했다. 또한 악의를 창국昌國(山東省 淄博)에 봉하고 창국군昌國君으로 부르게 했다. 연 소왕은 귀국하면서 악의를 제나라에 머물게 하고 제나라의 나머지 성들을 거둬들이게 했다. 그때 제나라 왕족 중에 전단田單이란 사람이 있었다. 그는 지모智謀가 있고 병법에도 밝았지만 제 민왕이 그를 등용하지 않아서 임치성의 시장 감독관을 겨우 맡고 있을 뿐이었다. 연왕이 다시 임치로 입성하자 성안 사람들은 모두 분분히 도망치기에 바빴다. 전단과 친족들도 안평安平(山東省 淄博 臨淄區 서쪽)으로 피란했다. 이때 그는 수레축의 머리 부분을 잘라내고 거의 바퀴통과 같이 평평하게 만들었다. 그러고는 그곳을 철판으로 감싸서 단단하게 만들었다. 사람들은 그것을 보고 모두 비웃었다. 얼마 지나지 않아 연나라 군사가 안평을 공격하여 성이 함락됐다. 사람들이 다투어 도망치느라 길거리에 수레가 마구 몰려들기 시작했다. 그러나 밖으로 튀어나온 수레축이 부딪혀서 빨리 달려갈 수 없었다. 게다가 어떤 수레는 수레축이 부러져서 전복되었고 그로 인해 수레에 타고 있던 사람들은 연나라 군사들의 포로가 되고 말았다. 그러나 전단의 일가 친척은 수레축을 깎아내고 철판으로 단단히 감싸놓았기 때문에 길거리에서도 아무런 장애 없이 그곳을 벗어났고 즉묵으로 몸을 피했다. 악의는 군사를 나누어 제나라 땅을 공략하다가 화읍畫邑(淄博 臨淄區 朱臺鎭 桐林村 서남)에 이르렀다. 소문에는 은퇴한 제나라 태부 왕촉의 집이 화읍에 있다고 했다. 악의는 화읍을 침범하지 못하도록 군사들에게 30리 밖으로 돌아가라는 명령을 내렸다. 그러고는 사자를 시켜 황금과 비단을 가지고 가서 왕촉을 초빙하게 했다. 악의는 왕촉을 연왕에게 천거할 생각이었다. 그러나 왕촉은 노환을 핑계로 초빙에 응하지 않았다. 사자가 말했다.

"상장군께서 이렇게 명령을 내렸습니다. '태부께서 오시면 바로 장수로 임명하고 만호萬戶의 봉읍을 드릴 것이다. 그렇지 않으면 군사를 이끌고 화읍을 도륙할 것이다.'"

왕촉이 하늘을 우러러 탄식하며 말했다.

"'충신은 두 임금을 섬기지 않고, 열녀는 두 남편을 섬기지 않는다忠臣不

事二君, 烈女不更二夫'라고 했소. 제나라 왕이 충신들의 간언을 배척했기 때문에 내가 조정에서 물러나 시골에서 농사를 짓게 되었소. 지금 나라는 망하고 임금도 도망간 상황이라 나도 목숨을 보존하고 싶지 않소. 만약 군사를 동원해 나를 공격한다면 나는 불의하게 살기보다는 온전하게 대의를 지키며 죽을 것이오."

그러고는 마당의 나무 꼭대기로 올라가 스스로 목을 매달고 아래로 뛰어내렸다. 결국 왕촉은 목이 부러져 죽었다. 악의는 그 소식을 듣고 탄식하며 왕촉을 후하게 장사 지냈고, 그 묘표墓表에 '제 충신 왕촉의 묘齊忠臣王蠋之墓'라고 썼다. 악의는 출병한 지 6개월 만에 제나라 땅의 70여 개 성을 함락시키고 모두 연나라의 군현郡縣으로 편입시켰다. 다만 거주와 즉묵의 성은 수비가 매우 튼튼하여 함락시키지 못했다. 이에 악의는 전쟁을 멈추고 군사들을 쉬게 한 뒤 포악한 법령을 없애 세금과 노역을 감면해주었다. 또 제 환공과 관이오管夷吾를 위해 사당을 세워 제사를 지내주고 뛰어난 은사隱士를 찾아 조정에 천거했다. 그러자 제나라 백성은 매우 기뻐했다. 악의는 제나라에 남아 있는 두 성을 자신이 장악하지 않으면 끝내 이번 대사大事를 완성하시 못할 것이라 생각하고, 은혜로써 백성의 미음을 시로잡아 두 성이 스스로 항복해오기를 바랐다. 이 때문에 악의는 병력을 끝 간 데까지 사용하지 않았다. 이것은 주 난왕 31년의 일이었다.

한편 초 경양왕은 제나라 사신이 구원병을 요청하면서 회수 북쪽 땅을 모두 할양하겠다고 약속하자, 대장 요치淖齒에게 20만 군사를 주고 제나라를 구원한다는 명분으로 제나라에 가서 땅을 받아오게 했다. 경양왕이 요치에게 일렀다.

"제왕이 다급해서 우리에게 구원을 요청해왔소. 경은 제나라로 가서 상황을 잘 살펴보고 기민하게 대처하되, 우리 초나라에 유리하게 일을 잘 처리해주기 바라오."

요치는 감사의 인사를 올리고 궁궐을 나왔다. 그는 군사를 이끌고 거주로 가서 제 민왕을 수행했다. 제 민왕은 요치에게 덕을 베풀어 그를 상국으로 삼고 제나라의 권력을 모두 요치에게 주었다. 요치는 연나라 군사의 기세가 막강한 것을 보고, 제나라를 구원하다 아무 공도 세우지 못하고 오히려 양국에 죄를 지을까 두려웠다. 그래서 그는 비밀리에 악의에게 사신을 보내 서로 내통하며, 이제 자신이 제나라 왕을 죽이겠으니 제나라 땅을 초나라와 연나라가 나눠 가진 뒤 자신을 제나라 왕에 봉해달라고 요청했다. 악의가 회답을 보냈다.

"장군께서 무도한 임금을 죽인다면 스스로 크나큰 공명을 세우시는 것이오. 아마 그 큰 공적 앞에 제 환공이나 진 문공의 업적도 입에 담을 수 없을 것이오. 명령을 받들도록 하겠소."

이 말을 듣고 요치는 매우 기뻐했다. 그리하여 고리鼓里(山東省 莒縣 근처) 땅에 크게 군사를 벌려 세우고 제 민왕을 청하여 군사를 사열하게 했다. 제 민왕이 당도하자 마침내 요치는 그를 잡아 묶고 죄를 나열하며 질책했다.

"제나라가 망할 징조는 벌써 세 가지나 나타났다. 피가 비처럼 내린 것은 하늘이 그 멸망을 알린 것이다. 땅이 갈라진 것은 땅이 멸망을 알린 것이며, 어떤 사람이 관문을 막고 운 것은 사람이 멸망을 알린 것이다. 그런데도 제왕은 반성하거나 경계할 줄 모르고 충신을 죽였으며 현인을 쫓아냈다. 게다가 분수에도 맞지 않는 천자의 자리를 바라다가 지금은 제나라 땅을 모두 잃고 겨우 거주성 한 곳에 의지하여 목숨을 이어가고 있으니, 아직도 무슨 하고 싶은 일이 남았느냐?"

제 민왕은 고개를 숙이고 한 마디 대답도 할 수 없었다. 그러자 이유는 민왕을 안고 통곡했다. 요치는 먼저 이유를 죽이고 살아 있는 민왕의 근육을 뽑아 지붕에 매달았다. 그런 상태로 사흘이 지나자 민왕은 결국 숨이 끊어졌다. 제 민왕이 받은 재앙은 참혹하기 이를 데 없는 것이었다. 요치는 거주로 돌아와 세자까지 찾아 죽이려 했지만 끝내 찾을 수 없었다. 요치는 연왕에게 올릴 상소문에 자신의 공로를 서술한 뒤 그것을 악의에게 보내 연왕에게 전달해달라고 했다. 이때부터 거주와 임치는 서로 몰래 내통하며 왕래가 끊이지 않았다.

　이 무렵 제나라 왕족 중에 대부 왕손가王孫賈라는 사람이 있었다. 그는 열두 살 때 부친을 여의고 노모만을 모시고 있었다. 제 민왕은 그를 불쌍히 여기고 관직을 줬다. 제 민왕이 임치에서 도망칠 때 왕손가도 그 곁을 수행했다. 그러나 위나라에서 서로 행방을 잃어버린 뒤 민왕의 거처를 몰랐다. 그러다가 결국 몰래 자신의 집으로 돌아왔다. 노모가 귀가하는 왕손가를 보고 물었다.

　"대왕마마는 어디 계시느냐?"

　왕손가가 내답했다.

　"위나라까지 수행했다가 대왕마마께서 한밤중에 몸을 피하시는 바람에 간 곳을 알 수 없습니다."

　노모는 화를 내며 말했다.

　"나는 네가 아침에 나갔다가 저녁 때 돌아오면 대문에 기대서서 너를 기다린다.2 네가 저녁에 나갔다가 돌아오지 않으면 동네 어귀에까지 나가서 너를 기다린다. 임금이 신하를 기다리는 것이 어미가 자식을 기다리는 심정과 어찌 다르겠느냐? 임금이 한밤중에 사라져서 종적을 모르고 있는데 너는 제나라 임금의 신하가 되었으면서도 어찌 집으로 돌아올 수 있단 말이냐?"

공손가는 몹시 부끄러워서 다시 노모께 하직하고 제 민왕의 종적을 찾아 나섰다. 공손가는 민왕이 거주에 있다는 소식을 듣고 그곳으로 가서 수행하려 했다. 그러나 거주 근처에 당도했을 때 민왕이 이미 요치에게 살해당했다는 사실을 알게 됐다. 왕손가는 왼쪽 어깨를 드러낸 채 저잣거리로 가서 호소했다.

"요치가 제나라의 상국 자리에 있으면서 임금을 죽였소. 이것은 신하된 자가 불충을 저지른 것이오. 나와 함께 역적의 죄를 토벌하고자 하는 사람은 나를 따라 왼쪽 어깨를 드러내시오."

시장 사람들은 서로의 얼굴을 돌아보며 말했다.

"저 사람이 나이는 어리지만 충성스럽고 의로운 마음이 있구나. 우리도 대의를 좋아하는 사람인데 저 사람을 따라야겠다."

그리하여 순식간에 왼쪽 어깨를 드러낸 사람이 400여 명이나 되었다. 이때 초나라 군사는 그 수가 많았지만 모두 성 밖에 흩어져 주둔하고 있었다. 요치는 제왕齊王의 궁전에서 바야흐로 술을 마시며 여인들이 연주하는 음악을 즐기고 있었고, 그를 호위하는 군사 수백 명은 궁전 밖에 늘어서 있었다. 왕손가는 400여 명의 용사를 이끌고 달려가 초나라 군사들의 무기를 빼앗고 궁전으로 난입했다. 그러고는 요치를 사로잡아 그의 몸을 난도질하여 육장肉醬을 담근 뒤 성문을 굳게 닫고 수비에 나섰다. 초나라 군

2_ 의문이망倚門而望. 문에 기대어 기다린다는 뜻. 밖으로 나간 자식이 돌아오기를 간절하게 기다리는 부모의 심정을 비유한다. 의문의려倚門倚閭, 의문지망倚門之望, 의려이망倚閭而望, 의려지정倚閭之情이라고도 한다.(『전국책戰國策』「제책齊策」)

사들은 대장이 사라지자 절반은 사방으로 도망쳤고 절반은 연나라에 투항했다.

한편 제나라 세자 법장法章은 제왕이 참변을 당했다는 소식을 듣자마자 황급히 옷을 갈아입고 가난뱅이로 변장한 뒤 스스로를 임치 사람 왕입王立이라고 칭했다. 그는 무귀無歸로 도망가서 태사 교의 집에 투신하여 머슴으로 가장했다. 그가 정원에 물을 주고 직접 힘든 일을 하자 그의 본래 신분을 아무도 눈치채지 못했다. 태사 교에게는 혼인할 때가 된 딸이 하나 있었다. 그 딸이 우연히 정원에서 놀다가 법장의 모습을 보고 깜짝 놀라며 말했다.

"저분은 보통 사람이 아닌 듯한데 어째서 이곳에서 굴욕을 당하고 있을까?"

그러고는 시녀를 시켜 그 사람의 내력을 알아오게 했다. 그러나 법장은 화를 당할까 두려워 굳게 입을 다물고 사실을 알려주지 않았다. 태사의 딸이 말했다.

"'흰 용이 물고기로 변했다白龍魚服'[3]라는 고사처럼 화를 당할까 두려워 숨이 있는 것이리. 뒷날 부귀히게 될지도 모르는 일이다!"

태사의 딸은 이때부터 시녀를 시켜 수시로 옷과 음식을 법장에게 가져다주며 더욱 친하게 지냈다. 그리하여 어느 날 법장은 태사의 딸에게 몰래 자신의 신분을 이야기했다. 태사의 딸은 법장과 부부의 연을 맺고 남몰래 서로 사통했다. 집안사람들은 아무도 이런 사실을 몰랐다.

이때 즉묵 태수가 병으로 죽었다. 군중에 대장이 없게 되자 군사들은

3_ 백룡어복白龍魚服. 흰 용이 물고기로 변해 연못 속에서 노닌다는 뜻. 임금이나 고관대작들이 신분을 숨기고 잠행하는 것을 비유한다.(『설원說苑』「정간正諫」)

병법을 아는 사람을 선택하여 대장으로 추대하려 했지만 적당한 사람을 찾기가 어려웠다. 그러던 중 지난번에 수레바퀴 축을 철판으로 싼 전단의 이야기를 알고 있는 어떤 사람이 그가 대장감임을 알렸다. 이에 군사들이 그를 대장으로 옹립했다. 대장이 된 후에도 전단은 몸소 판축 일을 하며 병졸들과 똑같이 노역에 종사했다. 또 자신의 친족과 처첩들까지 모두 군대에 편입시켰다. 성안 사람들은 전단을 두려워하면서도 사랑했다.

제나라 신하들은 사방으로 도주하다가 왕촉이 절개를 지키며 자결했다는 소식을 듣고 탄식하며 말했다.

"그분은 늙어서 귀향한 몸으로도 충의지심忠義之心을 품었는데, 우리는 제나라 조정에 서서도 임금이 죽고 나라가 망하는 걸 좌시했다. 이제 나라를 다시 찾지 않는다면 어찌 사람이라 할 수 있겠는가?"

그리하여 그들은 모두 거주로 가서 왕손가 진영에 투신한 뒤 함께 세자를 찾으러 나섰다. 1년여가 지난 후 법장은 그들의 정성을 알고 자신이 직접 나서서 이렇게 말했다.

"사실 내가 세자 법장이오."

태사 교가 왕손가에게 보고하자 그들은 어가를 갖추어 법장을 맞이하여 보위에 올렸다. 이 사람이 제 양왕襄王이다. 또한 신하들은 이 사실을 즉묵성에 알리고 서로 의지하며 연나라 군사에 대항했다. 악의는 거주성을 3년간 포위하고도 함락시킬 수 없었다. 그리하여 포위를 풀고 9리를 후퇴하여 군영을 세웠다. 악의가 명령을 내렸다.

"성안에서 땔감을 하러 나오는 사람이 있으면 잡아들이지 말라. 또 굶주림에 지친 사람이 있으면 밥을 주고, 추위에 지친 사람이 있으면 옷을 주어라."

이는 모두 백성이 악의의 은혜에 감사하는 마음을 가지고 기꺼이 그에게 귀의하게 하려는 조처였다.

　한편 연나라 대부 기겁騎劫은 용력이 뛰어났을 뿐만 아니라 병법에 대한 토론도 즐겼다. 그는 평소에 연나라 세자 악자樂資4와 매우 친하게 지냈다. 기겁은 병권을 얻고 싶어서 흑심을 품고 세자에게 말했다.

　"제왕齊王은 이미 죽었고, 제나라 성 중에서 함락시키지 못한 것은 거주와 즉묵뿐입니다. 악의는 여섯 달 동안 제나라의 70여 개 성을 함락시켰는데, 어찌하여 저 두 고을에서만 어려움을 겪는단 말입니까? 이는 성을 함락시킬 마음이 없기 때문입니다. 지금 제나라 사람들이 항복하지 않자, 은혜와 위엄으로 천천히 그들의 마음을 얻은 뒤 조만간에 악의 스스로 제나라 임금이 되려는 처사입니다."

　연나라 세자 악자가 이를 연 소왕에게 이야기하자 소왕은 화를 내며 말했다.

　"우리 선왕의 원한은 창국군昌國君(악의)이 아니면 갚을 수 없었다. 설령 그가 정말 제나라 왕이 되려 한다 해도 어찌 공로가 모자라겠느냐?"

　그러고는 세자를 곤장 20대 때린 후 바로 제후의 부절을 임치로 보내 악의를 제왕齊王에 봉했다. 악의는 소왕의 은덕에 감사의 눈물을 흘리며 목숨을 걸고 제왕이 되지 않겠다고 맹세했다. 소왕이 말했다.

　"나는 본래 악의의 본심을 알고 있었다. 그는 절대로 과인을 배신할 사

---

4 악자樂資: 연 소왕의 세자 이름은 알려져 있지 않다. 악자는 『사기색은史記索隱』에 나오는 주석가注釋家의 이름인데, 이 소설의 작가가 연나라 세자의 이름으로 잘못 인식한 것이다. 연 소왕의 세자는 연 혜왕惠王으로 즉위 7년 만에 연나라 상국 성안군成安君 공손조公孫操에 의해 시해된다.

람이 아니다."

연 소왕은 평소에 신선술을 좋아했다. 그는 방사方士를 시켜 금과 돌을 단련하여 단약을 만들게 하고 항상 그것을 복용했다. 그러다가 결국 몸속에 열이 쌓여 병을 얻었고 마침내 그 병으로 세상을 떠났다. 세자 악자가 보위를 이으니 이 사람이 연 혜왕惠王이다.

전단은 늘 연나라로 세작을 보내 그곳 사정을 염탐하게 했다. 그러다가 기겁이 악의의 자리를 뺏으려 모의한 일과 연나라 세자가 곤장을 맞은 일에 대한 소식을 듣게 됐다. 전단이 탄식하며 말했다.

"제나라를 다시 세우려면 연나라에 다음 왕이 즉위한 뒤어야 하는가?"

이어서 연 혜왕이 보위를 잇자 전단은 연나라로 사람을 보내 유언비어를 퍼뜨리게 했다.

"악의가 오랫동안 제나라 왕이 되려고 했지만 연나라 선왕의 두터운 은덕을 배신할 수 없어 제나라 두 성에 대한 공격을 늦추고 뒷날을 기다렸다. 이제 연나라에 새 임금이 즉위하자 악의는 즉묵의 전단과 연락하며 우호를 다지고 있다. 이에 제나라 사람들은 다른 장수가 와서 즉묵성을 잔혹하게 함락시킬까봐 두려워하고 있다."

연 혜왕은 오랫동안 악의를 의심해오던 차에, 들려오는 시중의 유언비어가 기겁의 말과 맞아떨어지자 이를 진실로 믿게 되었다. 이에 기겁을 제나라로 보내 악의의 임무를 대신하게 하고 악의에게는 귀국 명령을 내렸다. 악의는 귀국한 뒤 주살당할까 두려웠다. 악의가 말했다.

"나는 조나라 사람이다."

그는 자신의 가족을 버리고 서쪽 조나라로 달아났다. 조왕은 악의를 관진觀津(河北省 武邑 審坡鎭) 땅에 봉하고 망제군望諸君이라 불렀다. 기겁은 악의 대신 장수가 되어 악의가 시행한 법령을 모두 고쳤다. 그러자 연나라 군사들은 원망을 품고 기겁에게 복종하지 않았다. 기겁은 보루에 머문 지 사흘 만에 군사를 거느리고 바로 즉묵성을 공격했다. 그는 성을 여러 겹 포위했지만 성안의 제나라 군사들은 더욱 견고하게 수비를 했다. 전단이 새벽에 일어나 성안 사람들에게 일렀다.

"내가 지난 밤 꿈에 상제上帝를 뵈었는데, 상제께서 이렇게 말씀하셨소. '제나라는 다시 일어설 것이며 연나라는 곧 패배할 것이다. 조만간 내가 신인神人을 보내 너희 군사軍師로 삼을 것이니 이제 모든 전투에서 승리할 것이다.'"

그때 한 병졸이 전단의 말뜻을 깨닫고 앞으로 달려와 낮은 목소리로 말했다.

"신이 군사가 될 수 있겠습니까?"

말을 마치고는 급히 달아나기 시작했다. 전단은 얼른 그를 붙잡아 군사들에게 말했다.

"내가 꿈속에서 보았던 신인이 바로 이 사람이오."

이에 전단은 그 병졸에게 의관을 입히고 군막 속 상좌에 앉게 한 뒤 북쪽을 향해 군사로 섬겼다. 그 병졸이 말했다.

"신은 사실 아무 능력도 없습니다."

전단이 말했다.

"너는 아무 말도 하지 말고 가만있으면 된다."

그러고는 그를 '신사神師'라 부르게 했다. 또한 매번 약속된 명령을 낼 때마다 반드시 신사에게 아뢰고 시행했다. 전단이 성안 사람들에게 말했다.

"신사께서 명령을 내리셨다. '이제부터 밥을 먹는 사람은 먼저 자신의 마당에서 조상님께 제사를 지내고 먹어야 한다. 그래야 조상님들의 도움을 받을 수 있을 것이다.'"

성안 사람들이 그 가르침에 따르자, 하늘 위의 새들이 마당에 차려진 제수를 보고 떼거리로 날아와 음식을 먹었다. 이렇게 이틀이 지났다. 연나라 군사들은 저 멀리 제나라 성안에 새 떼가 날아드는 것을 보고 기이하게 생각했다. 그들은 성안에서 신인이 가르침을 내리고 있다는 소문을 듣고 서로 말을 전하며 하늘이 제나라를 돕고 있다고 생각했다. 이에 그들은 제나라에 맞서 싸우는 건 하늘의 뜻을 어기는 것이라 여겼고, 때문에 모두 싸울 마음이 사라졌다. 전단은 다시 사람들을 시켜 악의에 대한 소문을 퍼뜨리게 했다.

"창국군께서는 지극히 인자하셔서 제나라 사람을 죽이지 않았다. 이 때문에 성안 사람들도 그를 겁내지 않았다. 만약 제나라 사람을 잡아 코를 베어 군사들 앞에 내걸었다면 즉묵 사람들이 고통 속에서 죽어갔을 것이다."

기겁은 그 말을 믿고 항복해온 제나라 군사들의 코를 모두 베었다. 성안 사람들은 항복한 군사들의 코가 잘려나간 것을 보고 공포에 질렸다. 이에 그들은 연나라 군사에게 잡힐까봐 더욱 경계를 단단히 하며 성을 지켰다. 그러자 전단이 또 소문을 퍼뜨렸다.

"성안 사람들 조상의 분묘가 모두 성 밖에 있다. 연나라 군사들이 그들의 무덤을 파헤치면 어떻게 할 것인가?"

기겁은 또 그 소문을 듣고 병졸을 동원해 성 밖에 있는 무덤을 모두 파헤친 뒤 시신을 불사르고 해골을 널어놓았다. 즉묵 사람들은 성 위에서 그 모습을 바라보며 눈물을 흘렸다. 그들은 연나라 군사의 살점을 씹어 먹겠다며 서로 손을 잡고 성문 앞으로 몰려나왔다. 그들은 조상의 원수를 갚겠다고 하면서 전투를 벌일 것을 요청했다.

전단은 이제 병졸을 동원할 만하다고 생각하고 강한 군사 5000명을 정선하여 성안 민가에 숨어 있게 했다. 또 그는 나머지 노약자와 여인네들을 시켜 돌아가며 성을 지키게 하고, 연나라 군영으로 사신을 보내 항복문서를 전달하게 했다.

"성안에 먹을 것이 떨어져서 모일某日에 성을 나가 항복하겠습니다."

그 말을 듣고 기겁이 휘하 장수들에게 물었다.

"나와 악의를 비교하면 어떠한가?"

장수들이 모두 대답했다.

"악의보다 몇 배는 더 뛰어나십니다."

군사들은 모두 환호작약하며 함성을 질렀다.

"만세!"

이때 전단은 다시 민간에서 황금 1000일을 거두어 몇몇 부자를 시켜 연나라 장수에게 몰래 전하게 했고, 성이 함락되는 날 그들의 집안 식구를 보호해달라고 요청하게 했다. 연나라 장수는 매우 기뻐하며 황금을 받은 뒤 각각 작은 깃발을 주고 연나라 군사가 쉽게 알아볼 수 있도록 문 위에 꽂아두게 했다. 연나라 군사들은 아무 방비도 없이 멍청하게 전단이 항복해오기만을 기다렸다. 이때 전단은 또 군사들을 시켜 성안에 있는 소 1000여 마리를 거두어들인 뒤 붉은 비단으로 옷을 지어 그 옷에 오색으로 용무늬를 그려 넣고 소에게 입혔다. 또 날카로운 칼을 소뿔에 묶고 기름을 먹인 삼과 갈대 다발을 소꼬리에 묶었다. 소가 그것을 끌자 마치 커다란 빗

자루가 땅을 쓰는 듯했다. 항복 날짜 하루 전에 전단은 모든 계획을 철저하게 준비했다. 다른 사람들은 그 의미를 알지 못했다. 전단은 소를 잡고 술을 마련한 뒤 해가 서산으로 넘어갈 무렵 5000명의 장졸을 불러들여 포식을 하게 했다. 이어서 각각 오색 물감을 얼굴에 칠하고 날카로운 무기를 들게 하여 소 떼 뒤를 따르게 했다. 그리고 백성에게는 성벽 수십 곳을 허물고 커다란 구멍을 뚫게 했다. 제나라 군사들은 그 구멍으로 소 떼를 몰아내면서 꼬리에 묶은 삼과 갈대 다발에 불을 붙였다. 불이 뜨겁게 소꼬리로 타들어가자 소들이 사납게 날뛰며 연나라 군영으로 돌진했다. 그 뒤를 따라 5000명의 장졸이 사납게 몰려들었다. 연나라 군사들은 내일 제나라 군사의 항복을 받고 입성할 것이라 믿고 모두 편안하게 잠에 취해 있었다. 그때 갑자기 소 떼가 몰려오는 소리를 듣고 놀라 꿈에서 깨어났다. 1000여 마리의 소꼬리에서 타오르는 불꽃이 마치 대낮처럼 환하게 사방을 비췄다. 소 떼는 모두 오색찬란한 용무늬를 번쩍이며 돌진해오고 있었다. 소뿔에 묶은 칼날이 닿는 곳마다 연나라 군사들이 죽거나 부상을 당했다. 군영이 대혼란에 빠진 틈을 타 이번에는 5000명의 제나라 정예병이 아무 말도 하지 않고 큰 칼과 도끼를 휘두르며 연나라 군사를 닥치는 대로 살상했다.[5] 비록 숫자는 5000명에 불과했지만 황망 중에 느끼기에는 마치 수만 명의 군사가 들이닥친 것과 같았다. 게다가 줄곧 신사가 가르침을 내리고 있다는 소문을 듣고 있던 터에 오색 물감으로 분장한 귀신 얼굴을 보자 도대체 그것이 무엇인지 짐작도 할 수 없었다. 전단은 또 직접 성안 장정들을 이끌고 시끄럽게 북을 울렸고, 노약자와 여인네들은 동기銅器를 들고 나와 마구

5_ 화우지계火牛之計. 소꼬리에 불을 붙여 적을 격파한 계책. 어려운 상황에서 기발한 계책으로 적을 물리침을 비유한다.(『사기史記』 「전단열전田單列傳」)

전단이 소꼬리에 불을 붙여 연나라를 격파하다.

두드려댔다. 경천동지할 소리가 밤하늘에 울려 퍼지자 연나라 군사들은 모두 겁에 질려 다리를 부들부들 떨었다. 그 와중에 그래도 몸을 부지한 군사들은 모두 정신없이 도망치다가 서로 밟고 넘어지며 갈피를 잡지 못했다. 죽은 연나라 군사의 숫자가 이루 헤아릴 수 없을 정도로 많았다. 기겁은 병거를 타고 황급하게 도망치다가 공교롭게도 전단을 만나 일합 만에 창에 찔려 목숨을 잃었다. 연나라 군사는 대패했다.[6] 이것은 주 난왕 36년의 일이었다. 사관이 이 일을 시로 읊었다.

불붙인 소 기이한 계책 고금에 없었으나	火牛奇計古今無
기겁의 어리석음에 편승한 병법이었다	畢竟機乘騎劫愚
황금대에서 장수를 바꾸지 않았다면	假使金臺不易將
연나라와 제나라의 승부는 어떻게 되었을까?	燕齊勝負竟何如

전단은 대오를 정돈하여 승세를 타고 연나라 군사를 추격했다. 그들은 전투를 벌일 때마다 모두 승리를 거두었다. 전단의 군사가 지나가는 곳의 성읍城邑 사람들은 제나라 군사가 승리하고 연나라 대장이 죽었다는 소식을 듣고 모두 연나라에 등을 돌리고 제나라에 귀의했다. 전단의 군사는 갈수록 강성해졌고 마침내 제나라 북쪽 경계인 황하 가까지 밀고 올라갔다. 연나라에 함락된 70여 곳의 성읍도 다시 제나라 수중에 들어왔다. 여러 장수는 전단의 공이 크다고 생각하고 그를 받들어 왕위에 올리려 했다. 그

6_ 물망재거勿忘在莒. 거주莒州에 있을 때를 잊지 말라는 뜻. 전단이 망국의 상황에 빠져서도 거주에 근거지를 마련하고 민심을 수습하여 제나라를 다시 일으켜 세운 일을 가리킨다. 어려운 시절을 잊지 말고 항상 경계하며 성실하게 살아야 함을 비유한다.(『사기史記』「전단열전田單列傳」)

러자 전단이 말했다.

"법장 세자께서 거주에 계시오. 나는 제나라 왕실의 먼 친척일 뿐인데 어찌 감히 스스로 왕이 될 수 있겠소?"

이에 왕손가는 거주에서 세자 법장을 맞아 어가를 몰고 임치로 돌아왔다. 법장은 민왕의 시신을 수습해 장례를 치르고 길일을 받아 종묘에 고유제를 올리고 보위에 올랐다. 보위에 오른 제 양왕이 전단에게 말했다.

"우리 제나라가 위기에서 벗어나 다시 안정을 찾고, 망국의 지경에서 떨쳐 일어나 다시 사직을 보존하게 된 것은 모두가 숙부의 공이오. 이제 숙부를 안평군安平君에 봉하고 식읍 1만 호를 내리겠소."

그러고는 왕손가를 아경에 임명하고, 태사의 딸을 맞아 왕후로 삼았다. 이 사람이 군왕후君王后다. 태사 교는 그제야 자신의 딸이 혼인 전에 법장에게 몸을 허락한 사실을 알고 화를 내며 말했다.

"너는 매파도 거치지 않고 혼자서 혼인했으니 내 자식이 아니다!"

이후 평생토록 왕후가 된 자신의 딸을 만나지 않았다. 제 양왕은 사자를 보내 그의 관작과 녹봉을 더해줬으나 그는 모두 받지 않았다. 다만 군왕후만은 제철마다 사람을 보내 문안 인사를 하며 결례를 하지 않았다. 이것은 뒷날의 이야기다.

이때 맹상군은 위나라에서 공자 무기無忌에게 상국 인수를 양보했다. 위나라에서는 무기를 신릉군信陵君에 봉했고, 맹상군은 자신의 고향인 설 땅으로 은퇴했다. 이후 그는 제후에 비견할 만한 생활을 하면서 평원군, 신릉군과도 깊은 교분을 유지했다. 제 양왕은 맹상군이 두려워 다시 사신을 보내 그를 상국에 임명하려 했으나 맹상군은 취임하지 않았다. 이에 양왕은 맹상군과 늘 연락하며 우호를 유지했다. 맹상군은 제나라와 위나라 사이를 왕래하며 유유자적한 생활을 했다. 그 후 맹상군이 죽고 뒤를 이을 아들이 없자 여러 공자가 그의 봉작을 잇기 위해 다투었다. 그러자 제나라와 위나라가 함께 힘을 합쳐 설 땅을 함락시키고 그 땅을 나누어 가졌다.

연 혜왕은 기겁의 군사가 패배한 후 비로소 악의의 현명함을 알게 됐으나 후회해도 아무 소용이 없었다. 혜왕은 사람을 보내 악의에게 사과하고 다시 연나라로 초빙하려고 했다. 그러나 악의는 답서를 보내 돌아가지 않겠다고 했다. 연왕은 조나라에서 악의를 등용하여 연나라를 침공할까 두려워 다시 악의의 아들 악간樂間에게 창국군昌國君 봉작을 세습하게 했고, 악의의 사촌 동생 악승樂乘을 장군으로 임명하여 모두 고귀하게 대우했다. 그러자 악의는 마침내 연나라와 조나라 사이의 우호를 주선하고 두 나라 사이를 마음대로 왕래했다. 두 나라는 모두 악의를 객경客卿으로 삼았고, 악의는 조나라에서 일생을 마쳤다. 이때 염파廉頗가 조나라 대장이 되었다. 그는 용감하고 용병술에 뛰어나 모든 제후가 그를 두려워했다. 진秦나라 군사가 누차 조나라 국경을 침범했으나 염파의 강력한 저항에 막혀 깊이 진격할 수 없었다. 이에 진나라는 조나라와 우호를 맺을 수밖에 없었다. 뒷일이 어떻게 될지는 다음 회를 보시라.

제96회

조나라의 두 호랑이

인상여는 진나라 왕을 두 번 굴복시키고
마복군은 단번에 한나라 포위를 풀다
藺相如兩屈秦王, 馬服君單解韓圍.

조나라 혜문왕은 무현繆賢[1]이라는 내시를 총애하여 그를 환자령宦者令에 임명했다. 환자령 무현은 총애를 믿고 정사政事에도 조금씩 간여했다. 어느 날 외지에서 온 어떤 손님이 백벽白璧을 사라고 했다. 무현은 옥빛이 찬란하고 흠결이 하나도 없는 백벽을 500금金 주고 샀다. 무현이 그 백벽을 옥공玉工에게 보여주자 옥공이 깜짝 놀라며 말했다.

"이것은 진짜 화씨벽和氏璧입니다. 초나라 상국 소양이 연회 도중에 이 옥을 분실하고 장의가 훔쳐간 것으로 의심하여 거의 죽도록 매질한 적이 있습니다. 이 때문에 장의가 조나라를 버리고 진秦나라로 갔던 것입니다. 그 뒤 소양은 천금을 걸고 화씨벽을 찾았으나 그것을 훔쳐간 자가 끝내 바

1_ 무현繆賢: 『강희자전康熙字典』에 의하면 '繆'가 성으로 쓰일 때는 발음이 '眉救切' 즉 '무'이다.

치지 않아서 더 이상 찾을 수 없었습니다. 그런데 오늘 그 보배가 대부의 손에 들어왔으니 참으로 뜻밖입니다. 이것은 가치를 따질 수 없는 보배이므로 잘 수습하여 깊이 감춰두고 경솔하게 다른 사람에게 내보여서는 안 됩니다."

무현이 말했다.

"이것이 아무리 좋은 옥이라 해도 어찌 가치를 따질 수 없는 보배가 될 수 있소?"

옥공이 말했다.

"이 화씨벽을 어두운 곳에 두면 저절로 빛이 나서 먼지가 앉지 못합니다. 그래서 이 화씨벽을 '야광지벽夜光之璧'이라고도 합니다. 만약 이것을 자리 사이에 놓아두면 겨울에는 따뜻한 기운이 퍼져 난로를 대신할 수 있고, 여름에는 시원한 기운이 온 방에 가득 퍼집니다. 또 이 화씨벽의 100보 반경 안으로는 파리가 들어오지 못합니다. 이와 같이 몇 가지 기이한 점은 다른 보옥에는 없는 특징입니다. 그래서 지극한 보배라고 하는 것입니다."

무현이 시험해보니 과연 그와 같았다. 이에 귀한 나무로 상자를 만들어 그 속에 화씨벽을 간직하게 했다. 이 사실은 일찌감치 조왕趙王에게 보고되었다.

"무류繆 중시中侍께서 화씨벽을 얻었다 합니다."

조왕은 무현에게 그런 사실이 있는지 묻고 화씨벽을 가져오도록 했다. 무현은 화씨벽이 아까워서 바치지 않았다. 그러자 조왕은 화가 나서 사냥을 나가는 길에 무현의 집을 급습하고 보배 상자를 찾아서 돌아왔다.

무현은 조왕이 자신의 죄를 추궁하고 죽일까 두려워 다른 나라로 도망가려 했다. 그때 그의 사인(빈객 인상여藺相如)이 옷자락을 끌어당기며 말했다.

"주인께서는 지금 어디로 가시려는 것입니까?"

"연나라로 가려 하오."

"연왕燕王과 어떻게 아는 사이이기에 가볍게 몸을 의탁하려 하십니까?"

"내가 지난날 우리 대왕마마를 수행하여 국경 근처에서 연왕을 만나본 적이 있소. 그때 연왕이 몰래 내 손을 잡고 '그대와 교분을 맺고 싶소'라고 했소. 이런 연유로 연왕을 알게 됐고 그래서 지금 연나라로 가려는 것이오."

그러자 인상여가 간언을 올렸다.

"주인께서는 잘못 생각하고 계십니다. 대저 조나라는 강하고 연나라는 약합니다. 주인께서 조왕에게 총애를 받고 있기 때문에 연왕이 교분을 맺고 싶다고 한 것입니다. 즉 연왕이 주인을 특별히 후대한 것이 아니라, 주인께서 조왕에게 후대를 받고 있기 때문에 그렇게 행동한 것입니다. 그러므로 지금 조왕에게 죄를 짓고 연나라로 망명하면, 연나라는 조왕의 토벌이 두려워 틀림없이 주인을 포박하여 조왕에게 잘 보이려 할 것입니다. 그렇게 되면 주인의 목숨은 위태로워질 것입니다."

무현이 말했다.

"그럼 어찌하면 좋소?"

인상여가 말했다.

"주인께서는 지금 다른 죄는 지은 것이 없고 오직 화씨벽을 일찍 바치지 않은 죄밖에 없습니다. 그러니 만약 웃옷을 벗고 도끼를 짊어진 채 머리를 조아리고 죄를 청하면 대왕께서 틀림없이 용서해주실 것입니다."

무현이 그의 계책에 따르자 조왕이 과연 무현을 죽이지 않았다. 이에 무현은 인상여의 지혜로움을 존중하여 그를 상객으로 삼았다.

한편 화씨벽을 감정한 옥공이 우연히 진秦나라에 들르자 진 소양왕이 그에게 옥을 다듬게 했다. 옥공은 옥에 관한 이야기를 하다가 화씨벽이 지금 조나라에 있다는 말을 했다. 진왕이 물었다.

"화씨벽이 뭐가 그렇게 좋단 말인가?"

옥공은 앞서 무현에게 한 말을 그대로 반복했다. 진왕은 몹시 부러운 마음이 들어 화씨벽을 한 번만이라도 봤으면 좋겠다고 생각했다. 이때 진나라 승상이던 소양왕의 외숙外叔 위염魏冉이 앞으로 나서며 말했다.

"대왕마마께서 화씨벽을 보고 싶으시다면 어찌하여 유양酉陽(미상) 땅의 열다섯 개 성과 바꾸지 않으십니까?"

진왕이 놀라며 물었다.

"그 열다섯 개의 성은 과인이 아끼는 곳인데 어찌 옥돌 하나와 바꿀 수 있겠소?"

위염이 말했다.

"조나라는 우리 진나라를 두려워한 지 오래입니다. 대왕마마께서 만약 열다섯 개의 성과 화씨벽을 바꾸자고 하면 조나라에서는 화씨벽을 가지고 오지 않을 수 없을 것입니다. 그것을 가지고 오면 빼앗아서 우리 진나라에 감춰두면 됩니다. 성 열다섯 개와 바꾸자는 것은 겉으로 내세운 명분이요, 화씨벽을 얻는 것은 그 실질에 해당되는 이익이니, 어찌 성을 잃을까 근심하십니까?"[2]

진왕은 뛸 듯이 기뻐하며 즉시 조왕에게 보낼 서찰을 써서 객경 호상胡傷을 사신으로 임명했다. 그 서찰의 내용은 대략 이러했다.

---

2 연성지벽連城之璧. 여러 성城의 값어치와 맞먹는 옥구슬. 매우 귀한 보배를 비유한다. 화씨지벽.(『사기史記』 「염파인상여열전廉頗藺相如列傳」)

과인이 감히 화씨벽을 흠모한 지 오래되었지만 아직 한 번도 본 적이 없소. 소문을 듣자하니 대왕께서 화씨벽을 갖고 있다고 하던데, 과인이 감히 경솔하게 요청할 수는 없고 유양 땅의 성 열다섯 곳을 그 보답으로 드리겠소. 대왕께서 허락해주시기 바라오.

조왕은 서찰을 받고 대신 염파廉頗 등을 불러 대책을 상의했다. 진나라에 화씨벽을 주자니 그들에게 기만당한 뒤 화씨벽만 뺏기고 성은 얻지 못할까 두려웠고, 주지 않으려니 진나라의 심기를 건드릴까 겁이 났다. 대신들 중에는 주지 말아야 한다는 사람도 있었고, 줘야 한다는 사람도 있었다. 의견이 분분하여 도무지 결론을 내릴 수 없었다. 그때 이극李克이 말했다.

"지혜롭고 용감한 선비 한 사람을 시켜 화씨벽을 품고 진나라로 가게 하십시오. 그리하여 성을 얻으면 화씨벽을 진나라에 주고, 성을 얻지 못하면 화씨벽을 우리 나라로 다시 가지고 돌아오게 하면 만전지계萬全之計가 될 것입니다."

조왕이 염파를 바라보자 그는 고개를 숙이고 아무 말도 하지 않았다. 그러자 한자령 무현이 앞으로 나서며 말했다.

"신의 빈객 중에 인상여藺相如란 사람이 있습니다. 그는 용력이 남다를 뿐만 아니라 지혜도 뛰어납니다. 만약 진나라에 보낼 사신을 찾으신다면 인상여보다 나은 사람이 없을 것입니다."

이에 조왕은 무현에게 인상여를 불러오게 했다. 인상여가 조정에 당도하여 배례를 마치자 조왕이 물었다.

"진왕이 열다섯 개의 성과 과인의 화씨벽을 서로 바꾸자고 하오. 선생께서는 허락해야 한다고 생각하시오?"

인상여가 말했다.

"진나라는 강하고 조나라는 약하니 허락하지 않을 수 없습니다."

"만약 화씨벽을 가지고 갔다가 성을 얻지 못하면 어찌하오?"

"진나라가 자국의 열다섯 성과 화씨벽을 바꾸자고 한 것은 그 가격을 후하게 쳐준 것입니다. 그런데도 조나라가 화씨벽을 주지 않으면 그 잘못은 조나라에 있게 됩니다. 또 조나라가 성을 받지 않고도 화씨벽을 진나라에 바치면 예의 바르고 공손한 행동이 될 것입니다. 그럼에도 진나라가 성을 우리 조나라에 주지 않으면 그 잘못은 진나라에 있게 됩니다."

"과인은 진나라에 사신으로 다녀올 만한 사람을 구해 이 화씨벽을 잘 보호하고 싶소. 선생께서 과인을 위해 가주실 수 있겠소?"

"대왕마마께서 적당한 사람을 구하지 못하시겠다면 신이 화씨벽을 받들고 진나라로 가겠습니다. 만약 열다섯 성이 조나라로 들어오면 신은 화씨벽을 진나라에 두고 오겠습니다. 만약 그렇지 않으면 화씨벽을 완전하게 가지고 돌아오겠습니다."

조왕은 매우 기뻐하며 바로 인상여를 대부로 임명하고 화씨벽을 줬다. 인상여는 화씨벽을 받들고 서쪽 함양으로 들어갔다.

진 소양왕은 화씨벽이 온다는 소식을 듣고 매우 기뻐하며 장대章臺에 자리를 마련했다. 이어서 대소 신료를 불러 모아놓고 인상여에게 입조하라 일렀다. 인상여는 화씨벽을 담아온 보물 상자는 놓아두고 비단 보자기에 화씨벽을 싸서 그것을 두 손으로 받들고 진왕에게 국궁鞠躬 재배를 올린 뒤 화씨벽을 바쳤다. 진왕은 비단 보자기를 펼쳐서 화씨벽을 감상했다. 전혀 흠결이 없는 순백색 옥돌이 찬란한 빛을 발하고 있는 것이 마치 조물주의 솜씨인 양 가공의 흔적이 전혀 없었다. 그야말로 희대의 보배라고 할 만

했다. 진왕은 화씨벽을 오랫동안 넉넉히 감상하고 나서 감탄사를 연발하며 좌우 신료들에게도 화씨벽을 돌려보게 했다. 신료들은 감상을 마치고 모두 절을 올리며 환호성을 질렀다.

"만세!"

진왕은 내시를 시켜 다시 화씨벽을 이중의 비단 보자기로 싸게 하고, 왕후와 후궁들에게도 그것을 전하여 감상하게 했다. 오랜 시간이 지난 후 화씨벽이 다시 진왕의 탁자 위로 돌아왔다. 인상여가 곁에서 기다렸지만 시간이 오래되어도 열다섯 개의 성을 주겠다는 말은 전혀 들을 수 없었다. 인상여는 마음속으로 한 가지 계책을 생각해내어 한 발 앞으로 나서며 진왕에게 아뢰었다.

"이 화씨벽에는 희미한 흠결이 있습니다. 신이 대왕마마께 알려드리겠습니다."

진왕은 좌우 내시에게 화씨벽을 인상여에게 전해주도록 했다. 인상여는 화씨벽을 받아서 손에 들고 연이어 몇 걸음 뒤로 물러나 궁궐 기둥에 기대섰다. 그러고는 두 눈을 부라리며 분기탱천한 모습으로 진왕에게 말했다.

"화씨벽은 천하에 둘도 없는 지극한 보배입니다! 대왕께서 화씨벽을 얻고 싶어 우리 조나라로 국서國書를 보내자 우리 주상께서는 신료들을 불러모아 대책을 의논하게 하셨습니다. 그러자 신료들이 이렇게 말씀을 올렸습니다. '진나라가 자신의 강성함만 믿고 거짓말로 화씨벽을 달라는 것입니다. 이제 화씨벽만 뺏기고 진나라의 열다섯 성은 얻지 못할까 두려우니 허락하지 않는 것이 좋겠습니다.' 그러나 신은 이렇게 말씀을 올렸습니다. '포의布衣(평민)가 사귈 때도 서로 속이지 않는데 하물며 만승지국의 군주야 말해 무엇하겠습니까? 어찌 좋지 않은 마음으로 대응하여 진나라 대왕께 죄를 지을 수 있겠습니까?' 이에 우리 주상께서는 닷새 동안 목욕재계하신 뒤 신에게 화씨벽을 받들게 하고 조정 뜰에서 배례를 올리며 화씨벽을 배웅했습니다. 이는 지극한 공경심이라 할 수 있습니다. 그런데 지금 대왕께서는 신의 알현을 받으면서도 예절이 매우 거만했을 뿐만 아니라 앉은 채로 화씨벽을 받았습니다. 게다가 좌우 신료들에게 모두 돌려 보게 했고 다시 후궁과 미인들에게까지 감상을 시켰으니, 이는 화씨벽을 아주 심하게 모욕한 것입니다. 신은 이런 까닭에 대왕께서 열다섯 성을 줄 마음이 없다는 것을 알았습니다. 신이 다시 화씨벽을 돌려받은 것은 이 때문입니다. 대왕께서는 틀림없이 강제로 신을 압박할 것입니다. 그럼 신의 머리와 화씨벽은 지금 함께 기둥에 부딪쳐 산산조각이 날 것입니다."

인상여는 화씨벽을 들고 기둥을 노려보며 바로 부딪치려 했다. 진왕은 화씨벽이 무척이나 아까웠고, 또 그것이 부서질까 몹시 염려가 되어 인상여를 말리며 말했다.

"대부께서는 그러지 마시오. 과인이 어찌 감히 조나라에 신의를 잃을 수 있겠소."

그러고는 즉시 유사有司에게 지도를 가져오게 하여 어디서 어디까지의 열다섯 성을 조나라에 줄 것인지 직접 지시했다. 인상여는 마음속으로 생각했다.

'이건 진왕이 속임수로 화씨벽을 가지려고 하는 말이지 진짜 마음이 아니다.'

이에 진왕에게 말했다.

"우리 주상께서는 이 희대의 보배를 아끼다가 대왕께 죄를 지어서는 안 된다고 생각하고 신을 보낼 때 닷새 동안 목욕재계하고 신료들을 모두 불러 모은 뒤 화씨벽에 배례를 올리며 배웅했습니다. 그러니 이제 대왕께서도 닷새 동안 목욕재계하시고 호위용 수레와 어거를 늘어세운 뒤 좌우 신료들에게도 위엄과 예절을 갖추게 하십시오. 그렇게 하시면 신이 화씨벽을 받들어 올리겠습니다."

진왕이 말했다.

"좋소!"

진왕은 곧바로 닷새 동안 목욕재계할 준비를 하라고 명령을 내렸다. 그 사이 인상여에게는 객관으로 물러가 편히 쉬라고 했다. 인상여는 화씨벽을 품고 객관으로 돌아와 생각에 잠겼다.

"내 일찍이 우리 조나라 대왕마마 면전에서 '진나라가 만약 열다섯 성을 주지 않으면 화씨벽을 완전하게 보호하여完璧 다시 조나라로 돌아오겠습니다'라고 큰소리를 쳤다.[3] 지금 진왕이 비록 목욕재계는 하고 있지만, 화씨벽을 수중에 넣고 나서 열다섯 성을 주지 않으면 무슨 면목으로 다시 조나라 대왕을 만나볼 수 있겠는가?"

그리하여 시종에게 두꺼운 갈옷을 입혀 가난뱅이처럼 가장하게 한 후 화씨벽을 자루에 넣어 허리에 차게 했다. 그러고는 지름길로 몰래 도주하여 조왕에게 화씨벽을 바치고 아뢰게 했다.

"진나라가 우리 조나라를 속이고 열다섯 개 성을 줄 의향을 보이지 않아, 신은 삼가 시종에게 화씨벽을 갖고 돌아가게 하여 이제 대왕마마께 바칩니다. 신은 진나라에서 대죄待罪하며, 죽어도 대왕마마의 명령을 욕되게

3_ 완벽귀조完璧歸趙. 화씨벽을 완전하게 보호하여 다시 조나라로 귀환시킴. 자신이 맡은 임무를 완전하게 수행함을 비유한다. 줄여서 완벽完璧이라고도 한다.(『사기史記』「염파인상여열전廉頗藺相如列傳」)

하지 않겠습니다."

조왕이 말했다.

"인상여는 과연 자신이 한 말을 어기지 않는구나!"

한편 진 소양왕은 말로만 목욕재계를 하겠다고 했지 실제로는 그렇게 하지 않고 닷새를 보냈다. 그러고는 대전大殿으로 올라가 예물을 벌여놓고 다른 나라에서 온 사신들도 모두 모이게 한 뒤, 그들에게 화씨벽을 받는 자신의 모습을 보여주어 여러 나라에 진나라의 강한 힘을 과시하려고 했다. 진왕은 집례자를 시켜 조나라 사신 인상여를 대전으로 올라오게 했다. 인상여는 조용한 걸음으로 천천히 대전으로 올라가 진왕을 알현했다. 진왕은 인상여의 손에 화씨벽이 없는 걸 보고 물었다.

"과인은 이미 닷새 동안의 목욕재계를 끝낸 후 화씨벽을 경건하게 받으러 나왔소. 그런데 지금 사신께서 화씨벽을 갖고 오지 않은 것은 무슨 까닭이오?"

인상여가 아뢰었다.

"진秦나라는 목공穆公 이래로 스무 분이 넘는 임금께서 군림하시어 속임수로 일을 처리해왔습니다. 멀리로는 기자杞子가 정鄭나라를 속였고, 맹명孟明이 진晉나라를 속였습니다. 또 가까이로는 상앙이 위나라를 속였고, 장의가 초나라를 속였습니다. 이처럼 분명한 옛날 일을 보건대 진나라는 여태껏 신의를 지킨 적이 없습니다. 신은 지금 대왕에게 속아서 우리 주상과의 약속을 저버릴까 두렵습니다. 그래서 벌써 시종에게 화씨벽을 품고 지름길로 조나라로 돌아가게 했습니다. 신의 죄는 죽어 마땅합니다."

진왕이 벌컥 화를 내며 말했다.

"사신이 과인을 불경하다고 하여 과인이 목욕재계를 하고 화씨벽을 받으려고 했다. 그런데 화씨벽을 벌써 조나라로 돌려보낸 것은 분명히 과인을 속인 것이다."

그러고는 좌우 측근에게 인상여를 포박하라고 고함을 질렀다. 인상여는 얼굴색 하나 바꾸지 않고 아뢰었다.

"대왕께서는 진정하십시오. 신이 한 말씀 올리겠습니다. 오늘날 형세를 보면 진나라는 강하고 조나라는 약합니다. 그러므로 진나라가 조나라를 배신하는 일은 있어도, 조나라가 진나라를 배신하는 일은 절대 없을 것입니다. 대왕께서 정말 화씨벽이 갖고 싶으시면 먼저 열다섯 성을 할양하여 조나라에 주십시오. 그런 다음 사신을 신과 함께 조나라로 보내 화씨벽을 받아 가십시오. 그럼 조나라가 어찌 감히 진나라의 성만 받고 화씨벽은 남겨둔 채 불신의 오명을 쓰고 대왕께 죄를 지을 수 있겠습니까? 신이 대왕을 속인 죄는 만 번 죽어도 모자랄 죄임을 알고 있습니다. 신은 이미 우리 주상께 살아서 돌아갈 희망이 없다는 사실을 알렸습니다. 바라옵건대 신을 가마솥에 넣어 삶아 죽이십시오. 그럼 모든 제후는 진나라가 화씨벽을 얻으려는 욕심 때문에 조나라 사신을 죽였다는 걸 알게 될 것이고, 이에 대한 시비곡직도 분명하게 가려질 것입니다."

진왕과 신하들은 서로 얼굴만 쳐다볼 뿐 한 마디 말도 내뱉을 수 없었다. 제후들의 사신은 곁에서 보고 있다가 모두 상여의 담대한 모습을 보고 두려움을 느꼈다. 그때 진왕의 좌우 측근이 인상여를 끌고 나가려 하자 진왕이 그들을 멈춰 세우고 신료들에게 말했다.

"인상여를 바로 죽이면 과인은 화씨벽도 얻지 못하고 불의의 오명만 덮어쓰게 될 것이며, 아울러 진나라와 조나라 사이의 우호도 끊어지게 될 것이오."

그리하여 인상여를 융숭하게 대접하고 예에 맞게 조나라로 돌려보냈다. 염옹이 역사책을 읽다가 여기에 이르러 이 일을 논평했다.

진나라 사람들이 성을 공격하고 고을을 빼앗아도 다른 나라가 어찌할 수 없었는데, 그 옥벽 하나를 어찌 그리 귀중하게 여겼던가? 인상여는 다만 진왕에 속아 화씨벽을 바치면 저들이 조나라를 하찮게 여기게 되고, 그럼 장래에 나라를 지탱하기 어렵게 될까 우려한 것이다. 그런 뒤 진나라가 계속해서 땅을 요구하고 공물을 요구하면 더 이상 항거할 수 없게 되기 때문에 자신의 능력을 발휘하여 조나라에도 사람이 있음을 진왕에게 알린 것이다.

인상여가 귀국하자 조왕은 그를 현인으로 생각하고 상대부上大夫에 임명했다. 그 뒤 진秦나라는 조나라에 열다섯 성을 끝까지 주지 않았고, 조나라도 진秦나라에 화씨벽을 보내지 않았다. 진왕은 조나라에 대한 야욕을 버리지 못하고 다시 조왕에게 사신을 보내 서하西河 밖 민지澠池에서 우호의 회맹을 갖자고 제의했다. 조왕이 신하들에게 말했다.

"진나라는 회맹을 갖자는 명분으로 초 회왕을 속여 함양에 감금했소. 그 일 때문에 초나라 사람들은 지금까지도 마음 아파하고 있소. 그런데 오늘 또 과인에게 회맹을 하자고 하는 것은 과인을 초 회왕처럼 대우하고자 하는 것이 아니오?"

염파와 인상여는 서로 계책을 의논하며 말했다.

"대왕마마께서 가지 않으면 진나라에게 우리가 약하다는 것을 보여주는 것이 되오."

그러고는 함께 아뢰었다.

"신 인상여는 대왕마마의 수레를 보위하여 함께 가겠습니다. 신 염파는 뒤에 남아 세자 저하를 보필하며 나라를 지키겠습니다."

조왕이 기뻐하며 말했다.

"인藺 대부는 화씨벽도 완전하게 보호했는데, 과인이야 더 말할 필요가 있겠소?"

또 평원군 조승도 계책을 올렸다.

"옛날 송 양공襄公은 자신의 어가만 타고 회맹에 갔다가 초나라의 위협에 굴복했습니다. 그러나 노나라 정공은 협곡에서 제 경공景公과 회맹할 때 좌우 사마司馬를 모두 데리고 갔습니다. 인상여가 곁에서 어가를 보호할 것이나 부디 정예병 5000명을 뽑아 어가를 호종扈從하게 하여 불의의 사태에 대비하십시오. 또 대군을 30리 밖에 주둔시켜 만전을 기하심이 옳을 것으로 생각됩니다."

조왕이 물었다.

"정예병 5000명을 거느릴 장수는 누구를 시키면 좋겠소?"

"신이 알고 있는 사람 중에는 전부리田部吏 이목李牧이 진정한 장수의 재목입니다."

"그걸 어떻게 아시오?"

"이목이 전부리가 되어 세금을 받을 때, 신의 집에서 기한을 넘겨 세금을 내지 못한 적이 있습니다. 그러자 이목은 법을 엄격하게 적용하여 신의 가신家臣 아홉 명을 죽였습니다. 신이 분노하여 질책하자 이목이 신에게 이렇게 얘기했습니다. '나라가 반드시 의지해야 할 것은 바로 법이오. 지금 공자公子의 집안을 용서하고 공무公務를 받들지 않으면 법이 무너지게 되오. 법이 무너지고 나라가 쇠약해지면 다른 제후들이 군사를 일으켜 우리 조나라를 침략할 것이오. 그럼 나라조차 보존할 수 없을 것인데 어떻게 공자의 집안을 보존할 수 있겠소? 공자께서 고귀한 신분으로 법에 따라 공무를 집행하게 되면 법치가 확립되어 나라는 부강하게 될 것이오. 그럼 공자께서는 길이길이 부귀를 보존할 수 있을 터인데, 이 어찌 좋은 일이 아니겠소?' 이로써 신은 그의 식견이 매우 뛰어나며, 장수의 재목이 될 만하다는 사실을 알게 되었습니다."

조왕은 즉시 이목을 중군대부中軍大夫에 임명하여 정예병 5000명을 거느리고 어가를 수행하게 하고, 평원군에게는 대군을 이끌고 그 뒤를 따르게 했다. 염파는 국경까지 조왕을 배웅하며 말했다.

"대왕마마께서 지금 호랑이 같은 진나라로 들어가시면 진실로 앞일을 예측할 수 없습니다. 이제 이 자리에서 대왕마마와 한 가지 약속을 하겠습니다. 왕복하는 노정路程까지 계산해보면 회맹을 끝내고 돌아오는 데 30일이면 충분할 것으로 생각됩니다. 그러므로 만약 기한을 넘겨 귀국하지 못하시면, 지난번 초나라가 했던 것처럼 신이 세자 저하를 받들어 보위에 올리고 진나라의 야망을 끊어버리겠습니다."

조왕은 그 말을 허락하고 마침내 민지로 갔다. 뒤이어 진왕도 당도하여 두 나라 왕은 각각 객관에 들어가 여장을 풀었다.

회맹 날짜가 되자 두 왕은 예법에 따라 만나 서로 인사를 나눈 뒤 주연을 즐겼다. 술이 반쯤 취할 무렵 진왕이 말했다.

"과인은 조왕께서 음악에 뛰어나단 소문을 들었소. 과인에게 좋은 슬瑟이 있으니 조왕께서 연주를 좀 해주셨으면 하오."

조왕은 수치심으로 얼굴이 붉어졌지만 감히 사양할 수 없었다. 진나라 시종이 슬을 조왕 앞에 갖다놓자 조왕은 「상령湘靈」이란 곡을 연주했다. 진왕은 끊임없이 찬사를 늘어놓았다. 연주가 끝나자 진왕이 또 말했다.

"조나라 시조이신 열후烈侯께서도 음악에 뛰어나셨다더니 군왕께서는 정말 그 전통을 이으셨구려!"

그러고는 좌우를 돌아보며 어사御史를 불러 그 일을 기록해두게 했다. 진나라 어사는 죽간과 붓을 잡고 이렇게 썼다.

"모년 모월 모일에 진왕이 조왕과 민지에서 회맹할 때 조왕에게 명령을 내려 슬을 연주하게 했다."

이때 인상여가 앞으로 나아가 말했다.

"진왕께서 진나라 음악에 뛰어나시다는 소문을 우리 대왕마마께서도 들으셨습니다. 신이 질장구盆缶를 바치겠으니 진왕께서도 그것을 두드리며 우리 대왕마마와 함께 즐기십시오."

진왕은 화가 나서 안색이 변했으나 아무 대꾸도 할 수 없었다. 그러자 인상여는 술을 담은 독을 들고 와서 진왕 앞에 무릎을 꿇고 다시 청했다. 진왕이 술독을 두드리려 하지 않자 상여가 말했다.

"대왕께서는 진나라의 강한 힘을 믿고 계십니까? 그러나 지금 신과 대왕의 거리는 다섯 걸음밖에 되지 않습니다. 신은 지금 제 목을 칼로 찔러 그 피로 대왕의 전신을 물들일 수 있습니다."

진왕의 좌우 시종이 말했다.

"상여 이놈! 무례하구나!"

그러고는 앞으로 달려가 인상여를 포박하려 했다. 상여는 두 눈을 부릅 뜨고 소리를 질렀다. 분노로 그의 수염과 머리카락이 모두 꼿꼿하게 곤추 섰다. 진왕의 시종들은 대경실색하며 자기도 모르는 사이에 몇 걸음 뒤로 물러나고 말았다. 진왕은 내키지 않았지만 인상여의 기세에 질려 억지로

藺相如兩屈秦王

인상여가 진나라 왕을 두 번 굴복시키다.

술독을 두드리며 노래 한 곡을 불렀다. 그러자 상여는 그 자리에서 일어나 조나라 어사를 시켜 죽간에 그 사실을 기록하게 했다.

"모년 모월 모일 조왕이 진왕과 민지에서 회맹할 때 진왕에게 명령을 내려 질장구를 두드리게 했다."

진나라 신하들은 모두 불평불만을 품고 연회 자리에서 일어나 조왕에게 청했다.

"오늘 조왕께서는 우리 진나라의 보살핌을 받았으니 조나라의 성 열다섯 곳을 우리 진나라 대왕마마께 할양하시어 만수무강을 축원해주십시오."

그러자 인상여도 진왕에게 청했다.

"예절이란 늘 오고 감이 있는 법이니 우리 조나라에서 진나라에 열다섯 성을 바치면 진나라도 보답하지 않을 수 없을 것이오. 이에 그 도읍인 함양 땅을 우리 조나라 대왕마마께 헌상하시어 만수무강을 축원해주십시오."

진왕이 말했다.

"우리 두 나라는 우호를 맺으러 왔소. 여러 말로 분란을 일으키지 마시오."

그러고는 좌우 신하에게 명령을 내려 다시 술을 올리라 하고 거짓으로 음주를 즐기는 척하며 연회를 끝냈다. 진나라 객경 호상 등은 조왕과 인상여를 잡아 가두라고 비밀리에 청했다. 그러나 진왕이 말했다.

"세작의 보고에 의하면 조나라가 대비를 매우 치밀하게 했다고 하오. 만일 일이 잘못되면 우리 진나라는 천하의 웃음거리가 되오."

그리하여 조왕을 더욱 융숭하게 대우하며 형제의 맹약을 맺고 영원히 침범하지 않겠다고 약속했다. 또 세자 안국군安國君의 아들 이인異人을 조나라에 인질로 보내겠다고 했다. 그러자 신료들이 모두 아뢰었다.

"형제의 맹약을 맺는 것만으로도 충분한 일인데, 어찌하여 조나라에 인질까지 보내려 하십니까?"

진왕이 웃으면서 말했다.

"조나라가 근래 강성해져서 쉽게 도모할 수 없소. 그러니 인질을 보내지 않으면 조나라가 우리를 믿지 않을 것이오. 조나라가 우리를 믿게 되면 양국 간의 우호가 튼튼해질 것이므로 우리는 오로지 한나라를 도모하는 데 집중할 수 있을 것이오."

신료들이 모두 그 말에 탄복했다.

조왕이 진왕과 작별하고 조나라로 돌아오니 그 기일이 꼭 30일이었다. 조왕이 말했다.

"인상여를 얻은 뒤로 과인의 몸은 태산보다 더 안전하게 됐고 나라는 구정九鼎보다 더 무겁게 됐소. 이번에 인상여가 가장 큰 공을 세웠소. 다른 신료들은 아무도 그의 공로에 미칠 수 없을 것이오."

이에 인상여를 상상上相에 임명하니 그 지위가 염파보다 높았다. 그러자 염파가 분노하며 말했다.

"나는 성을 공격하고 들판에서 전투를 하여 큰 공로를 세웠다. 인상여는 겨우 세 치 혓바닥을 놀려 미미한 공로를 세웠을 뿐인데도 그 벼슬이 나의 윗자리에 있게 되었다. 뿐만 아니라 그자는 환자령의 빈객이니 그 출신도 미천하다. 내가 어찌 그의 아랫자리에 있을 수 있단 말인가? 지금부터 인상여를 만나면 반드시 죽이리라."

인상여는 염파의 말을 소문으로 전해 듣고, 매번 조회가 열릴 때마다 병을 핑계로 나가지 않았다. 그는 염파와 만나지 않으려 했다. 인상여의 빈객들은 모두 인상여를 겁쟁이라고 여기며 남몰래 그를 비난했다. 그러던 어느 날 인상여가 외출할 때 염파도 마침 집을 나서고 있었다. 인상여는 염파가 앞서 가는 걸 보고 수레를 모는 시종에게 황급히 옆 골목으로 대피하라고 명령을 내린 뒤 염파의 행차가 다 지나가기를 기다려 다시 큰길로 나왔다. 인상여의 빈객들은 더욱 화가 나서 모두 인상여를 뵙고 간언을 올렸다.

"신 등이 고향과 친척을 버리고 대부의 문하로 온 것은 대부를 이 시대의 대장부로 여겼기 때문입니다. 그래서 지금도 대부를 흠모하며 따르고 있습니다. 지금 대부께서는 염파 장군과 동렬이시고 그 서열은 더 높습니다. 이런 상황에서 염 장군이 대부께 온갖 악담을 퍼붓는데도 대부께서는 보복할 생각은 하지 않으시고 조정에서도 저잣거리에서도 몸을 피하시니, 어찌하여 염 장군을 그렇게 심히 두려워하십니까? 신 등은 대부의 행동이 수치스러워 이제 이곳을 떠날까 합니다."

그러자 인상여는 그들을 만류하며 말했다.

"내가 염 장군을 피하는 건 까닭이 있소. 여러분은 잘 모르실 것이오."

빈객들이 말했다.

"신들은 비천하고 무지하오니 그 까닭을 분명하게 말씀해주십시오."

인상여가 말했다.

"제군들은 염 장군이 진왕보다 더 무섭다고 생각하시오?"

"그렇지는 않습니다."

"대저 진왕의 위엄에는 천하의 어느 누구도 대적할 수 없소. 그러나 나는 그 조정으로 가서 진왕을 꾸짖고 진나라 신하들을 모욕했소. 이 인상여가 비록 우둔한 사람이지만 어찌 유독 일개 염 장군을 두려워하겠소? 진실로 살펴보건대 저 강력한 진나라가 우리 조나라를 감히 침략하지 못하는 것은 우리 두 사람이 있기 때문이오. 지금 우리 두 호랑이가 싸우게 되면 함께 생존할 수 없소. 그럼 진나라 사람들이 그 소식을 듣고 틀림없이 조나라를 침략할 것이오. 내가 지금 부끄러움을 무릅쓰고 염 장군을 피해 다니는 건 나랏일을 막중하게 생각하고 사사로운 복수를 가볍게 여기기 때문이오."

그제야 빈객들은 인상여의 도량에 탄복했다.

얼마 지나지 않아 인상여의 빈객과 염파의 빈객이 예기치 않게 주막에서 만나 자리 다툼을 하게 되었다. 인상여의 빈객이 말했다.

"우리 주인께서는 국가를 중요하게 여기시기 때문에 염 장군에게 길을 양보하며 피해 다니신다. 우리도 우리 주인의 뜻을 받들어 너희 염 장군의 빈객들에게 자리를 양보하겠다."

그러자 염파는 더욱 교만해졌다. 이때 하동河東 사람 우경虞卿이 조나라에 놀러왔다가 인상여의 빈객이 하는 말을 듣고 조왕에게 말했다.

"오늘날 대왕마마의 중신은 인상여와 염파가 아닙니까?"

조왕이 말했다.

"그렇소."

우경이 말했다.

"신이 듣건대 조나라 전대前代의 신하들은 서로 공경하고 협력하며 나라를 잘 다스렸다고 합니다. 그런데 지금 대왕마마가 믿고 있는 중신 두 사람은 마치 물과 불처럼 다투고 있으니, 장차 사직의 화근이 될까 두렵습니다. 대저 인상여는 갈수록 양보만 하고 있는데도 염파는 그 마음을 이해하지 못하고 있습니다. 또 염파는 갈수록 교만해지는데도 인상여는 그의 기세를 꺾지 못하고 있습니다. 조정에서도 국가 대사를 함께 의논하지 않고 있으니, 장수가 되었을 때는 위급한 상황이 벌어져도 서로 구원하지 않을 것입니다. 신은 대왕마마를 위해 저 두 사람을 근심하고 있습니다. 신이 염파와 인상여의 교분을 이어주어 대왕마마께 도움을 드리고자 합니다."

조왕이 말했다.

"좋소!"

우경이 염파를 만나 먼저 그의 공로를 칭송하자 염파는 매우 기뻐했다. 우경이 말했다.

"공로를 논하자면 장군보다 더 나은 사람이 없지만, 도량을 논하자면 역시 인 대부를 꼽아야 하겠지요?"

그의 말을 듣고 염파는 발끈 화를 내며 말했다.

"그 겁쟁이는 헛바닥으로 공명을 얻었을 뿐이오. 무슨 도량이 있단 말이오?"

우경이 말했다.

"인 대부는 겁쟁이가 아니라 앞날을 보는 안목이 넓은 사람이오."

그러고는 바로 인상여가 그의 빈객들에게 한 말을 들려주며 이렇게 말했다.

"장군께서 조나라에 몸을 의탁하고 싶지 않으시면 그만이오. 하지만 조나라에 몸을 의탁하려 하시면서 계속 한 사람은 양보하고 한 사람은 분쟁을 일으킨다면 아마도 명성이 귀착될 곳은 장군의 몸이 아닐 것이오."

염파는 그 말을 듣고 크게 부끄러워하며 말했다.

"선생의 말씀이 없었다면 내 잘못을 알지 못했을 것이오. 나는 도저히 인 대부에게 미칠 수 없는 놈이오."

그러고는 바로 우경을 먼저 인상여에게 보내 사죄하게 하고, 자신은 웃옷을 벗고 맨몸에 회초리를 등에 진 채 인상여의 대문 앞으로 가서 사죄하며 말했다.

"이 비루한 놈은 마음이 좁아터진 좀생이라 상국의 아량이 이렇게 넓은 줄도 몰랐소. 나는 죽어도 죄를 다 용서받을 수 없을 것이오."

염파는 오랫동안 인상여의 마당에 꿇어앉아 용서를 빌었다. 인상여는 빠른 걸음으로 달려가 염파를 일으키며 말했다.

"우리 두 사람은 어깨를 나란히 하고 주상을 섬기며 사직을 지키는 신하로 살아왔소. 또 장군께서 이번에 이렇게 아량을 베풀어주시니 얼마나 다행인지 모르겠소. 그런데 어찌 이처럼 번거롭게 사과까지 한다고 그러시오?"

염파가 말했다.

"성질이 포악하기만 한 이 비루한 놈이 상국의 용서를 받고 보니 정말 부끄럽기 그지없소."

염파는 인상여를 잡고 눈물을 흘렸고, 인상여도 뒤따라 눈물을 흘렸다. 염파가 말했다.

"지금부터는 상국과 생사를 함께하는 벗이 되고자 하오. 비록 목이 잘리는 일이 있어도 우정을 변치 않겠소."

염파가 먼저 절을 하자 인상여도 염파에게 맞절을 했다. 인상여는 주연을 베풀고 염파를 융숭하게 대접했고, 두 사람은 끝 간 데까지 술자리를 즐기고는 서로 작별했다. 후세에 문경지교刎頸之交[4]라고 일컫는 말은 바로 이 두 사람의 사귐을 이르는 말이다. 무명씨無名氏가 이 일을 시로 읊었다.

수레 끌고 몸 피하니 그 도량 드넓었고   引車趨避量誠洪
웃옷 벗고 죄를 청한 염 장군도 영웅이었다   肉袒將軍志亦雄

4_ 문경지교刎頸之交: 목이 잘려도 마음이 변치 않는 사귐. 생사와 환난을 함께하는 지극한 우정을 비유한다.(『사기史記』 「염파인상여열전廉頗藺相如列傳」)

오늘날엔 어지럽게 문벌만 다투니 今日紛紛競門戶
어느 누가 국가 대계를 가슴속에 품고 있나? 誰將國計置胸中

조왕은 우경에게 황금 100일을 하사하고 상경에 임명했다.

이 무렵 진나라 대장 백기는 초나라 군대를 격파한 뒤 영도를 점령하고 남군南郡을 설치했다. 초나라 경양왕은 패주하여 동쪽 진陳나라로 가서 목숨을 보전했다. 또 진秦나라 대장 위염은 검중을 함락시키고 검중군黔中郡을 설치했다. 초나라는 갈수록 더욱더 쇠약해졌다. 이에 태부太傅 황헐黃歇에게 세자 웅완熊完을 모시고 진秦나라로 가서 강화를 요청하게 했다. 백기 등은 또 위나라를 공략하며 대량까지 접근했다. 그러자 위나라에서는 대장 포연暴鳶을 보내 응전하게 했다. 그러나 패주를 거듭한 끝에 결국 4만 명의 군사가 목이 잘리고 말았다. 위나라에서는 어쩔 수 없이 세 개의 성을 진나라에 바치고 강화를 요청했다. 진나라에서는 백기를 무안군武安君에 봉했다. 얼마 지나지 않아 객경 호상이 다시 위나라를 공격하여 위나라 장수 망묘芒卯를 패배시키고 남양南陽 땅을 빼앗아 남양군南陽郡을 설치했다. 진왕은 남양군을 위염에게 하사하고 양후襄侯라 부르게 했다. 또 호상에게 20만 대군을 주어 한나라를 정벌하게 하고 어여閼與5를 포위했다. 한 이왕釐王은 조나라에 사신을 보내 구원을 요청했다. 조 혜문왕은 신료들을 소집하여 대책을 상의했다.

5_ 어여閼與: '閼'가 지명으로 쓰일 때는 발음이 '어'가 된다. 어여의 위치에 대해서는 대체로 세 가지 학설이 있다. 열현涅縣(山西省 武鄕 서북 故城鎭), 무안(河北省 武安), 동제銅鞮(山西省 沁縣 冊村鎭 鳥蘇村)로 아직 정설이 없다.

"한나라를 구원해야 하오?"

인상여, 염파, 악승樂乘이 모두 말했다.

"어여 땅은 길이 험하고 협소하여 구원하기가 불편합니다."

그러나 평원군 조승은 이렇게 말했다.

"한과 위는 입술과 이빨 같은 사이입니다. 한나라를 구해주지 않으면 진나라의 창이 바로 우리 조나라로 향할 것입니다."

이때 조사趙奢가 아무 말도 없이 앉아 있자 조왕이 그에게 대책을 물었다. 조사가 대답했다.

"길이 험하고 협소하므로 그곳에서 전투가 벌어지면 마치 쥐 두 마리가 좁은 구멍 속에서 싸우는 것과 같을 것입니다. 그렇다면 아마 용기 있는 자가 승리할 것입니다."

이에 조왕은 군사 5만 명을 선발하여 조사를 대장으로 삼아 한나라를 구원하게 했다.

조사는 한단邯鄲 동문에서 30리 되는 곳까지 나와 바로 보루를 세우고 진채를 차리라고 명령을 내렸다. 진채가 세워지자 이렇게 말했다.

"군사 일에 대하여 언급하는 자는 목을 베리라!"

그러고는 군영 문을 굳게 닫은 뒤 베개를 높이 베고 한가하게 드러누워 세월을 보냈다. 군영 속은 적막감이 감돌 지경이었다. 진나라에서는 북을 울리며 군사를 휘몰아 뇌성벽력이 울리듯 어여성을 공격했다. 어여 성안의 한나라 군사는 지붕의 기와까지 모두 걷어 던졌다. 이때 조나라 군리軍吏 하나가 달려와 진나라 군대의 공격 상황을 보고했다. 조사는 군사 일을 언급하였다고 그 군리의 목을 베어 효수했다. 조사는 28일 동안 그곳에 머물며 진군하지 않았다. 또 날마다 보루를 높이 쌓고 해자를 깊이 파서 스스로를 튼튼하게 방어하는 데만 급급했다. 진나라 장수 호상은 조나라가 구원병을 파견했다는 소식을 들은 후에도 구원병이 오지 않는 것을 보고 세작을 보내 상황을 탐지하게 했다. 세작이 돌아와 보고했다.

"조나라에서 과연 구원병을 보냈고, 그 대장은 조사입니다. 그러나 한단성에서 30리 되는 곳에 군영을 세우고 진격하지 않고 있습니다."

호상은 그 말을 믿지 못하겠어서 다시 좌우 측근을 조나라 군영으로 보내 조사에게 일렀다.

"우리 진나라가 어여성을 공격 중인데 조만간 성이 함락될 것이오. 장군께서 싸울 줄 아신다면 조속히 달려오시오!"

조사가 말했다.

"우리 주상께서 이웃 나라의 위급함을 듣고 나를 보내 그들의 수비를 도와주라 했으나 내가 어찌 감히 진나라와 싸움을 할 수 있겠소?"

그러고는 술과 음식을 마련하여 진나라 사자를 융숭하게 대접하고 조나라 군영의 보루를 두루 살펴보게 했다. 진나라 사자가 귀환하여 호상에게 상황을 보고했다. 호상은 매우 기뻐하며 말했다.

"조나라 군사가 도성에서 겨우 30리 떨어진 곳에 군영을 세우고 전진할 생각을 하지 않은 채 보루를 높이 쌓고 지키기에 급급하니 이것은 싸울 생각이 없는 것이다. 그러므로 이제 어여 땅은 틀림없이 우리 차지가 될 것이다."

호상은 조나라 군사를 방비할 생각은 하지 않고 오로지 한나라 공격에만 몰두했다.

조사는 진나라 사자를 돌려보낸 지 사흘 만에 이제 진나라 군대를 공격할 때가 되었다고 생각했다. 그는 활을 잘 쏘고 전투에 능한 기병騎兵 1만 명을 뽑아 선봉대로 삼고, 대군은 그 뒤를 따르게 했다. 그리고 모든 군사에게 입에 나무 막대기를 물게 하고 무거운 갑옷은 벗게 했다. 그들은 침묵을 유지한 채 가벼운 차림으로 밤낮없이 행군했다. 이에 조나라 군사는 이틀 걸릴 거리를 하룻밤 만에 주파하여 한나라 국경에 당도했다. 조나라 군사는 어여성에서 15리 떨어진 곳에 다시 군영을 세웠다. 그 소식을 들은 진나라 대장 호상은 격노하여 군사 절반을 떼어 어여성을 포위하게 하고, 본영에 있는 군사를 모두 동원하여 조나라 군사를 맞아 싸우러 나갔다. 이때 조나라 군영의 군사 허역許歷이라는 자가 '청간請諫'(간언을 올림) 두 글자가 쓰인 간찰 한 통을 가지고 와서 군영 앞에 꿇어 엎드렸다. 조사는 기이하게 생각하고 앞서 내렸던 군령군사일을 언급하지 말라는 명령을 취소하고 그를 불러들여 물었다.

"너는 무슨 할 말이 있느냐?"

허역이 말했다.

"진나라 군사들은 우리 조나라 군사가 갑자기 들이닥칠 줄 생각지도 못했을 것입니다. 때문에 저들은 노기를 품고 사납게 달려들 것입니다. 이에 원수께서는 반드시 진영을 두텁게 쌓아 저들의 돌진에 대비해야 할 것입니다. 그렇지 않으면 틀림없이 패배하고 말 것입니다."

조사가 말했다.

"그렇게 하겠다."

그러고는 바로 진영을 두텁게 펼치고 적의 공격에 대비하라는 명령을 내렸다. 허역이 또 아뢰었다.

"『병법兵法』에 이르기를 '유리한 땅을 얻는 자가 승리한다得地利者勝'[6]고

6_ 『손자병법孫子兵法』 「구변九變」에 이와 유사한 내용이 나온다.

했습니다. 어여 땅의 형세는 북쪽 산이 가장 높습니다. 그러나 진나라 장수는 그곳을 근거지로 삼아야 함을 알지 못하고 있습니다. 이는 그 요충지를 원수께 물려준 것이니, 조속히 점거하십시오."

조사가 또 말했다.

"그렇게 하겠다."

그러고는 즉시 허역에게 명령을 내려 군사 1만 명을 거느리고 가서 북산 고갯마루를 점거한 뒤 그곳에 진채를 세우게 했다. 그곳에서는 진나라 군사의 일거수일투족이 한눈에 내려다보였다. 진나라 호상이 거느린 군대가 달려와 그제야 북쪽 산을 빼앗으려 했지만 산세가 험해 쉽게 공격할 수 없었다. 진나라 군사 중에서 몇몇 용감한 병졸들이 산 위로 진격하다가 모두 조나라 군사가 굴린 바위에 맞아 중상을 입었다. 호상은 고래고래 고함을 지르며 불같이 화를 냈다. 그는 장수들에게 사방으로 흩어져 산 위로 올라가는 길을 찾게 했다. 그때 갑자기 북소리가 우레처럼 울리는 가운데 조사의 군대가 쇄도해왔다. 호상은 군사를 나누어 적을 막으라고 명령을 내렸다. 그러자 조사는 궁수 1만여 명을 둘로 나누어 좌우로 각각 5000명씩 배치했다. 좌우에 배치된 궁수들은 진나라 군사를 향해 화살을 난사했다. 뒤이어 허역이 또 조나라 군사 1만 명을 휘몰아 산꼭대기로부터 산사태처럼 쏟아져 내려왔다. 뇌성벽력과 같은 함성이 울렸다. 진나라 군사는 앞뒤에서 협공을 당하자 하늘이 무너지고 땅이 갈라지는 듯 산산조각이 났다. 그들은 몸을 숨길 곳도 없어 대패하여 달아났다. 호상은 타고 있던 말이 쓰러져 땅바닥으로 추락했고, 거의 조나라 군사들에게 사로잡히기 직전이었다. 그때 마침 군관 사이斯離가 군사를 이끌고 달려와 호상을 사지에서 구출했다. 조사가 진나라 군사를 50리까지 추격하자 그들은 진채를 세울

마복군이 단번에 한나라 포위를 풀다.

엄두도 내지 못하고 서쪽을 향해 도주하기에 급급했다. 조사가 마침내 어여성의 포위를 풀자 한나라 이왕은 친히 조나라 군사를 위로하며 주연을 베풀었다. 그러고는 조왕에게 서찰을 보내 감사 인사를 했다. 조왕은 조사를 마복군馬服君에 봉하고 그 지위를 인상여, 염파와 나란하게 했다. 또 조사는 허역의 재능을 조왕에게 추천하여 국위國尉로 삼게 했다.

조사의 아들 조괄趙括은 어려서부터 병법에 관한 대화를 즐겼다. 그의 집에 전해져온 『육도六韜』와 『삼략三略』 같은 책을 모조리 읽은 뒤 그는 부친 조사와 병법을 토론했다. 그는 기고만장하게 하늘과 땅을 가리키며 마치 눈에 뵈는 것이 없는 듯 오만한 자세를 보였다. 그의 부친 조사도 그를 어떻게 할 수 없었다. 그것을 보고 조괄의 모친이 기뻐하며 말했다.

"우리 아들이 이렇게 똑똑하니, 집안에 또 훌륭한 장군이 나오겠구나!"

조사는 얼굴을 찌푸리며 불쾌한 표정으로 말했다.

"괄이란 놈은 장군이 되어서는 안 되오. 우리 조나라에서 그놈을 등용하지 않아야 종묘사직이 복을 누릴 수 있을 것이오."

조괄의 모친이 말했다.

"우리 아들은 당신의 책을 다 읽은 후 병법에서는 천하에 자기를 당할 사람이 없다고 생각하고 있는데, 당신은 '그 애가 장수가 되어서는 안 된다'고 하시니 대체 무슨 까닭입니까?"

조사가 말했다.

"그놈 스스로 천하에 자기를 당할 사람이 없다고 하니 이것이 바로 그놈이 장수가 되어서는 안 되는 까닭이오. 대저 전쟁이란 죽음의 땅이오. 늘 전전긍긍하며 여러 사람의 의견을 두루 들어야 하오. 그리고도 생각지 못한 점이 있을까 두려워해야 하는데, 괄이란 놈은 말을 너무 쉽게 하오. 그놈이 병권을 잡으면 틀림없이 자기의 계책만 고집할 것이오. 그러니 충성스럽고 훌륭한 계책이 귀를 비집고 들어갈 틈조차 없을 것이오. 그러므로 그놈은 틀림없이 패배할 수밖에 없소."

조괄의 모친이 남편 조사의 말을 아들에게 알리자 조괄이 말했다.

"아버지께서는 이제 연세가 드셔서 겁이 많아졌기 때문에 그런 말을 하시는 겁니다."

2년 뒤 조사는 자신의 병이 위독해지자 아들 조괄에게 말했다.

"군대는 흉하고 전쟁은 위험하다고 고인들께서 경계하셨다. 이 아비는 수년 동안 장수 노릇을 해왔지만, 오늘에야 겨우 패전의 치욕을 겪지 않고 편안히 눈을 감을 수 있게 되었다. 그러나 너는 장수 재목이 아니니 망령되게 장수 자리에 앉아 스스로 가문을 파괴해서는 절대 안 된다."

또 자신의 아내에게 일렀다.

"뒷날 만약 조왕이 괄을 불러 장수로 삼으면, 당신은 나의 유언을 이야기하고 괄에게 벼슬을 사양하도록 하시오. 군사를 잃고 나라에 치욕을 안기는 건 작은 일이 아니오."

말을 마치고 조사는 세상을 떠났다. 조왕은 조사의 공로를 생각하여 조괄에게 마복군의 지위를 계승하게 했다. 뒷일이 어떻게 될지는 다음 회를 보시라.

제97회

범수의 복수

거의 죽었던 범수는 계책을 써서 진나라로 달아나고
가짜 장녹은 자신의 마당에서 위나라 사신에게 모욕을 주다
死范雎計逃秦國, 假張祿廷辱魏使.

　대량 사람 범수范雎[1]는 자가 숙叔으로 변론이 뛰어났고 나라를 안정시키
려는 포부를 품고 있었다. 본래 위왕을 섬기고 싶었으나 집안이 가난하여
조정 대신과 줄을 맬 통로가 없었다. 이에 중대부中大夫 수가須賈의 문하에
투신하여 빈객이 되었다. 이보다 앞서 제 민왕이 다른 나라를 무도하게 대
하자, 연나라 악의가 네 나라 군사를 규합하여 함께 제나라를 정벌했다.
이때 위나라에서도 군사를 파견하여 연나라를 도왔다. 그러나 제나라 전

1_ 범수范雎: '범수范雎'인가 '범저范雎'인가를 두고 매우 오랜 논란이 있어왔다. '수雎'와 '저雎'는
글자의 형태가 비슷하여 아주 오래전부터 혼동된 것으로 보인다. 이 소설 원문에서는 일관되게
'수雎'로 표기하고 있으므로 이 번역본에서도 이를 따랐다. 다만 중국 산동성山東省에서 발견된
후한後漢 시대 「무량사화상武梁祠畫像」에 '范且'와 '魏須賈'를 병기하고 있는 것으로 보아 당시에는
'범저范雎'로 읽혔던 것으로 보인다. '且'는 사람 이름으로 쓰일 때 '저'로 읽힌다. 조선시대 정약용
丁若鏞도 『사기선찬주史記選纂注』에서 '범저范雎'로 읽고 '雎'의 발음을 '저疽'라고 했다.

단이 연나라를 격파하고 제나라를 다시 세운 뒤 제 양왕 법장을 즉위시키자, 위왕은 제나라가 보복할까 겁이 나서 상국 위제魏齊와 상의한 뒤 수가를 제나라에 사신으로 보내 우호를 맺게 했다. 수가는 범수도 함께 데리고 갔다. 제 양왕이 수가에게 물었다.

"지난날 우리 선왕께서는 위나라와 동맹하여 송나라를 친 적이 있소. 그때는 우리 두 나라가 뜻이 아주 잘 맞았소. 그런데 연나라 놈들이 제나라를 멸망시키려 할 때는 위나라도 거기에 참여했소. 과인은 지금도 선왕의 원한을 생각하며 절치부심하고 있소. 이런 차제에 지금 또 거짓말로 과인을 유혹하려 한단 말이오? 지금까지 위나라가 행한 반복무상한 짓을 볼 때 과인이 어떻게 위나라의 말을 믿을 수 있겠소?"

수가는 제 양왕의 말에 대답할 수 없었다. 그러자 범수가 그 곁에서 대신 대답했다.

"대왕의 말씀은 틀렸습니다. 우리 선군께서 송나라 정벌에 함께 참전한 것은 제나라의 명령을 받들었기 때문입니다. 본래 제나라는 송나라를 공평하게 셋으로 나누자고 약속했지만, 결국 약속을 어기고 혼자 송나라를 차지했습니다. 그러고도 다른 나라를 함부로 침략했으니 이는 제나라가 우리 위나라에 신의를 지키지 않은 것입니다. 다른 제후들도 제나라의 끝없는 교만에 두려움을 느끼고 연나라를 도와준 것입니다. 제수濟水 서쪽 전투에서 다섯 나라가 모두 제나라와 싸워 원수가 되었는데, 어찌 유독 우리 위나라만 원수의 나라라고 하십니까? 게다가 우리 위나라는 제나라를 그렇게 심하게 공격하지 않았습니다. 임치를 점령할 때 우리 위나라가 참여하지 않은 것을 봐도 위나라가 제나라를 예우했다는 사실을 알 수 있습니다. 지금 대왕께서는 영명하신 위엄을 세상에 떨치시며 선왕의 원수를 갚고 치욕을 씻어 전대前代 성군聖君의 유업을 밝게 펼치려 하십니다. 우리 주상께서는 환공桓公과 위왕威王의 빛나는 업적이 다시 일어나 민왕의 허물을 덮고 그 아름다운 공적이 영원히 전해질 것이라 생각하시어 소신 수가를 사신으로 보내 지난날의 우호를 다시 회복하게 하신 것입니다. 그런데 대왕께서는 단지 남을 질책할 줄만 아시고 스스로 돌아볼 줄은 모르십니다. 소신은 오늘 민왕의 전철을 또다시 보는 듯하여 두려움을 느꼈습니다."

제 양왕은 깜짝 놀라 일어나 사과했다.

"과인이 잘못했소."

그러고는 즉시 수가에게 물었다.

"이분은 누구시오?"

수가가 대답했다.

"신의 빈객 범수입니다."

제왕은 한참 동안이나 범수를 쳐다보다가 그들을 공관으로 보내 음식을 풍성하게 내려줬다. 그러고는 몰래 범수에게 사자를 보내 이렇게 말했다.

"우리 주상께서 선생의 재주를 흠모하시어 선생을 제나라에 머물게 하고 객경으로 대우하고 싶어하시오. 그러니 절대 이 요청을 거절하지 마시기 바라오."

그러나 범수는 사양하며 말했다.

"신은 사신과 함께 나온 사람이라 함께 돌아가지 않으면 신의를 지키지 못하게 되오. 그게 어찌 사람이 할 짓이오?"

제나라 왕은 그를 더욱 소중하게 생각하며 다시 사자를 보내 황금 열 근과 쇠고기와 술을 하사했다. 그러나 범수는 한사코 받지 않았다. 그 뒤에도 사자는 재삼 제나라 왕의 명령을 받들고 범수에게 와서 절대 그냥 가지 않으려 했다. 범수는 어쩔 수 없이 쇠고기와 술은 받고 황금은 돌려줬다. 그러자 사자는 한숨을 내쉬며 되돌아갔다. 그 일은 일찌감치 염탐꾼에 의해 수가에게 보고되었다. 그러자 수가가 범수를 불러 물었다.

"제나라 사자가 어째서 온 것인가?"

범수가 대답했다.

"제나라 왕이 황금 열 근과 쇠고기와 술을 보내왔기에 저는 처음에 받지 않았습니다. 그 뒤에도 재삼 억지로 권하기에 쇠고기와 술만 받아놓았습니다."

수가가 말했다.

"자네에게 그런 걸 하사한 까닭이 무엇인가?"

"저는 모르는 일입니다. 아마도 제가 대부의 곁에 있기 때문에 대부를 공경하는 마음으로 제게 그런 선물을 준 듯합니다."

"선물을 내게 주지 않고 유독 자네에게 준 것을 보면 자네가 제나라와 몰래 내통한 것이 틀림없구먼."

"제나라 왕이 앞서 사자를 보내, 제가 제나라에 남으면 객경에 임명하겠다고 했으나 저는 준엄하게 거절했습니다. 저는 신의를 지키기로 맹세한 사람인데 어찌 감히 사사롭게 제나라와 내통할 수 있겠습니까?"

그러나 수가는 더욱 심하게 범수를 의심했다.

사신 업무가 끝나고 수가는 범수와 위나라로 귀환했다. 수가는 마침내 그 일을 상국 위제에게 얘기했다.

"제나라 왕이 저의 빈객 범수를 잡아두고 객경에 임명하려 하면서, 황금과 쇠고기, 술을 하사했소. 국내에서 제나라와 몰래 내통한 일이 있기 때문에 그런 선물을 보낸 듯하오."

위제는 격노하여 빈객을 불러 모아놓고 사자를 시켜 범수를 잡아오게 하여 즉석에서 심문했다. 범수가 잡혀와 계단 아래 엎드렸다. 위제가 사나운 목소리로 물었다.

"네놈이 몰래 제나라와 내통했느냐?"

"어찌 감히 그럴 수 있겠습니까?"

"네놈이 제나라와 몰래 내통하지 않았다면 제나라 임금이 어찌 너를 등용하려 했겠느냐?"

"진정 그런 일은 있었지만 저는 그 말에 따르지 않았습니다."

"그럼 황금과 쇠고기, 술은 어째서 받았느냐?"

"사자가 너무나 강하게 권유하기에 저는 제나라 임금의 호의를 거절하게 될까 염려가 되어 하는 수 없이 쇠고기와 술만 받고 황금 열 근은 받지 않았습니다."

그러자 위제는 사납게 화를 내며 소리를 질렀다.

"매국노가 어찌 이리 말이 많으냐? 쇠고기와 술을 받은 일에 어찌 아무 까닭이 없겠는가?"

그러고는 옥졸에게 범수를 포박하여 곤장 100대를 치게 하고 제나라와 내통한 자백을 받아내게 했다. 범수가 말했다.

"신은 제나라와 내통한 적이 없는데, 어찌 자백할 게 있겠습니까?"

위제는 더욱더 화를 내며 말했다.

"곤장으로 저놈을 때려죽여서 화근을 남기지 않도록 해라!"

옥졸이 어지럽게 매질을 하자 범수는 이빨까지 모두 부러졌고 얼굴은 피범벅이 되었다. 범수는 참을 수 없는 고통 속에서도 억울하다고 소리쳤다. 빈객들은 상국 위제가 격노한 것을 보고 감히 말릴 엄두도 내지 못했다. 위제는 좌우 측근들에게 큰 술잔으로 술을 돌리게 하고, 다른 한편으로는 옥졸들에게 더욱 세차게 매질을 하라고 일렀다. 진시辰時(아침 7~9시)에서 미시未時(오후 1~3시)까지 매질이 계속되자 범수는 온몸이 상처투성이가 되었고 피와 살이 땅 위에 낭자하게 흩어졌다. 이어서 우두둑 소리가 나더니 범수의 늑골이 부러졌고 범수는 외마디 비명을 지르고는 기절하고 말았다. 이를 읊은 시가 있다.

가련하다 신의 있고 충성스런 한 선비가	可憐信義忠良士
도리어 함정에 빠져 억울하게 죽는구나	翻作溝渠枉死人
상관에게 보고하면 자세히 살펴야지	傳語上官須仔細
억울하게 곤장으로 평민을 치지 말라	莫將屈棒打平民

잠연거사潛淵居士도 이 일을 시로 읊었다.

장의가 어찌 일찍이 화씨벽을 훔쳤겠나?	張儀何曾盜楚璧
범수도 어찌 일찍이 제나라를 팔았겠나?	范叔何曾賣齊國
의심으로 화를 내면 공평하기 어려우니	疑心盛氣總難平
얼마나 많은 영웅이 억울함을 당했던가?	多少英雄受冤屈

좌우 옥졸들이 보고했다.
"범수의 숨이 끊어졌습니다."
위제는 친히 계단 아래로 내려와 범수를 살펴보았다. 범수의 늑골과 이빨이 부러졌고 몸에는 성한 곳이 없었다. 그는 피범벅 속에 엎어져 경직된 채

꼼짝도 않고 있었다. 위제는 손가락으로 범수를 가리키며 욕을 퍼부었다.

"나라를 팔아먹은 역적놈은 죽어도 싸다. 후세 사람들에게 본보기가 될 것이다."

그러고는 옥졸에게 명하여 거적자리로 범수의 시체를 싸서 측간厠間(변소 아래)에 갖다놓게 했다. 그리고 빈객들에게 그 위에 오줌을 누게 하여 범수가 죽어서도 깨끗한 귀신이 되지 못하게 했다.

저녁 무렵이 되자 아직 다 끊어지지 않은 범수의 목숨이 다시 살아났다. 거적자리 속에서 눈을 뜨고 몰래 밖을 보니 졸개 하나가 파수를 보고 있었다. 범수가 죽어가는 목소리로 그를 불렀다. 그 졸개가 범수의 목소리를 듣고 황망하게 달려왔다. 범수가 말했다.

"나의 상처가 이렇게 위중하니 잠시 깨어났지만 절대 살아날 희망이 없소. 그러니 부탁컨대 나를 우리 집에서 죽게 해주오. 그럼 가족들이 염을 하기에 편리할 것이오. 또 우리 집에 황금 몇 량兩이 있으니 감사의 답례로 모두 드리겠소."

그 졸개는 황금이 탐이 나서 이렇게 말했다.

"계속 죽은 척하고 있으시오. 내가 안에 들어가서 대충 보고를 하고 나오겠소."

이때 위제와 빈객들은 모두 만취해 있었다. 그 졸개가 아뢰었다.

"측간의 시체에서 썩은 냄새가 심하게 나니 밖에 내다 버리는 것이 좋겠습니다."

그 말을 듣고 빈객들도 모두 말했다.

"범수가 비록 죄를 지었지만 상국께서 앞서 내린 처분으로 충분합니다."

위제가 말했다.

"교외로 내다 버려서 들짐승이나 새들이 그놈의 남은 살점이나 뜯어 먹게 해라."

말을 마치자 빈객들도 모두 흩어졌고, 위제도 안채로 들어갔다. 그 졸개는 사람이 드문 황혼 무렵을 틈타 몰래 범수를 업어다 그의 집으로 데려다줬다. 범수의 아내와 자식들은 범수의 몰골을 보고 가슴이 미어지는 것 같았다. 범수는 아내를 시켜 황금을 꺼내 그 졸개에게 사례를 하라고 한 뒤 자신의 몸을 싸고 있던 거적자리를 풀어 졸개에게 주고 다른 사람의 이목을 속이기 위해 들판에 갖다 버리라고 했다. 졸개가 떠나자 범수의 처자식은 그의 몸을 깨끗하게 닦고 상처를 동여맸다. 또한 술과 음식을 차려 범수의 배를 채워줬다. 범수가 천천히 자신의 아내에게 말했다.

"위제가 나를 심하게 미워하오. 지금은 비록 내가 죽은 것으로 알지만 아직도 의심을 풀지 않고 있소. 측간에서 나를 내다 버리라고 한 것도 취중에 한 말이오. 내일이면 또다시 내 시체를 찾아 나설 것이오. 그러다가 찾지 못하면 틀림없이 우리 집으로 몰려올 것이고, 그럼 나는 더 이상 목숨을 부지할 수 없소. 내 의형제 중에 정안평鄭安平이란 사람이 있는데 지금 서문 밖 빈민가에 살고 있소. 당신은 나를 밤중에 몰래 그곳으로 데려다주시오. 절대 이 일이 밖으로 새어나가서는 안 되오. 한 달쯤 지나서 내 상처가 아물면 사방의 다른 나라로 몸을 피하겠소. 내가 떠나고 나면 집안에서는 내가 죽은 것처럼 곡을 하고 장례를 준비하시오. 그래야 저놈들의 의심을 끊을 수 있소."

그의 아내는 그 말에 따라 먼저 하인을 정안평의 집으로 보내 상황을 보고했다. 그러자 정안평은 즉시 범수의 집으로 와서 그를 살펴보고 자신의 집안사람들과 함께 범수를 업고 자기 집으로 데려갔다.

다음 날 위제는 과연 범수가 다시 회복되었을까봐 의심하고 사람을 보내 범수의 시체가 있는 곳을 살펴보게 했다. 범수의 시체를 찾으러 갔던 졸개가 돌아와 보고했다.

"사람이 없는 야외에 시신을 내다 버려서 지금은 거적자리만 남아 있습니다. 아마도 들개나 멧돼지가 물어간 듯합니다."

위제는 다시 범수의 집으로 사람을 보내 동정을 살피게 했다. 범수의 집에서 그를 장사 지내기 위한 곡소리가 요란한 것을 보고서야 위제는 마음을 놓았다. 한편 범수는 정안평의 집에서 약을 바르고 휴식하며 점차 몸을 회복했다. 이에 정안평은 범수와 함께 구자산具茨山(河南省 新鄭 경내 始祖山)으로 몸을 숨겼다. 범수는 그곳에서 성명을 바꾸어 자신을 장녹張祿이라 했다. 산중 사람들은 그가 범수라는 걸 아무도 알지 못했다. 반년이 지난 어느 날 진秦나라 알자謁者[2] 왕계王稽가 소양왕의 명령을 받들고 위나라로 사신을 와서 공관에 묵고 있었다. 이때 정안평은 역졸驛卒로 위장하고 왕계의 시중을 들었다. 정안평의 응대가 민첩하고 빈틈이 없자 왕계는 그를 총애했다. 그러다가 왕계가 정안평에게 몰래 물었다.

"자네 혹시 아직 벼슬길에 나서지 않은 현인 중에 아는 사람이 있는가?"

정안평이 대답했다.

"소인이 현인을 어찌 쉽게 만날 수 있겠습니까? 지난날 범수라는 사람이 있었는데 지모智謀가 뛰어났습니다. 그러나 그는 상국의 매를 맞고 죽었습니다."

말을 아직 다 마치지도 않고 왕계는 탄식했다.

2_ 알자謁者: 중국 춘추전국시대 벼슬. 임금 주위에서 어명을 출납하던 측근.

"아깝도다! 그런 사람이 우리 진나라에 왔더라면 그 큰 재주를 마음껏 펼쳤을 텐데."

정안평이 말했다.

"지금 우리 마을에 장녹 선생이란 분이 있는데, 그 재주와 지혜가 범수에 뒤지지 않습니다. 대부께서 만나보시겠습니까?"

"그런 사람이 있다면 어찌 만나보지 않을 수 있겠는가?"

"그 사람은 지금 나라 안에 원수가 있어 낮에는 다닐 수 없습니다. 그 원수가 없었다면 오래전에 벌써 위나라에서 벼슬했을 터, 오늘날까지 기다리지 않았을 것입니다."

"밤이라도 상관없네. 기다리고 있겠네."

이에 정안평은 장녹을 역졸처럼 꾸미게 한 뒤 한밤중에 함께 공관으로 왕계를 만나러 갔다. 왕계가 천하대세에 대해 대략 자문을 구하자 범수는 마치 그것이 눈앞에 있는 것처럼 하나하나 분명하게 진술했다. 왕계가 기뻐하며 말했다.

"내 이제 선생께서 비범한 분이란 걸 알았소. 나와 함께 서쪽 진나라로 갈 수 있겠소?"

범수가 말했다.

"신 장녹은 위나라에 원수가 있어서 편안하게 살 수 없습니다. 만약 대부와 함께 갈 수만 있다면 실로 더 바랄 나위가 없겠습니다."

그러자 왕계가 날짜를 꼽아보며 말했다.

"나의 사신 업무가 끝나려면 아직 닷새를 기다려야 하오. 선생께서는 닷새 후에 수레를 타고 함께 진나라로 갈 수 있도록 인적이 드문 삼정강三亭岡(河南省 蔚氏 경내)에서 나를 기다리도록 하시오."

닷새가 지나 왕계가 위왕과 작별하자 신료들은 모두 교외에까지 나와 그를 전송했다. 전송이 끝나자 왕계는 삼정강으로 수레를 몰았다. 그때 갑자기 숲 속에서 두 사람이 달려나왔다. 바로 장녹과 정안평이었다. 왕계는 기이한 보배를 얻은 듯 매우 기뻐하며 장녹과 함께 수레를 탔다. 그는 연도 내내 꼭 두 사람과 함께 음식을 먹고 휴식했다. 또 대화를 나누는 사이에 의기투합하여 아주 친숙한 관계가 됐다.

하루도 되지 않아 진나라 경계로 들어서서 호관湖關(河南省 衛輝 경내)에 이르렀다. 그때 맞은편 저 멀리서 먼지가 자욱이 일어나며 한 무리 수레와 기병이 서쪽으로부터 달려오고 있었다. 범수가 물었다.

"저기 오는 사람이 누구신지요?"

왕계가 앞서 달리는 사람을 알아보고 말했다.

"저분은 승상 양후穰侯요. 동쪽에 있는 고을을 순시하러 가는 길이오."

본래 양후의 이름은 위염魏冉[3]으로 진나라 선태후의 동생이었다. 선태후는 성이 미씨羋氏로 초나라 여인이었으며 소양왕의 모친이었다. 소양왕은 나이가 어려 아직 관례冠禮도 치르지 못한 상태에서 보위를 이었다. 이에 선태후가 조정에 나와 모든 정사를 처리했으며, 자신의 아우 위염을 승상으로 삼고 양후에 봉했다. 또 선태후는 그다음 아우 미융羋戎도 화양군華陽君에 봉하고 위염과 함께 국사國事를 오로지하게 했다. 그 뒤 소양왕은 장성해서도 선태후가 두려워 자신의 아우 공자 회를 경양군에 봉하고, 다음 아우 공자 시市를 고릉군高陵君에 봉하여 미씨의 권력을 분산시키려 했다. 나라 안에서는 이 네 귀족을 '사귀四貴'라 불렀지만 모두 승상의 존귀한 지위

3_ 위염魏冉: 진秦나라 선태후宣太后의 이부동모異父同母 동생. 그래서 성이 다르다. 선태후에게는 동부동모同父同母 동생으로 미융이 있었다.

에는 미치지 못했다. 승상 위염은 해마다 진왕을 대신하여 나라 안의 군현郡縣으로 두루 행차하여 관리들을 순찰하고 성과 해자를 살폈으며, 수레와 말을 검열하고 백성을 위로했다. 이것은 아주 오래된 법도였다. 이런 이유로, 동쪽 고을 순시에 나서는 양후의 행차가 저 멀리서 나타나자 왕계는 그 위풍당당한 선봉대의 모습을 금방 알아볼 수 있었다. 범수가 말했다.

"제가 소문을 들으니 양후는 진나라 권력을 오로지하며 어질고 능력 있는 사람을 질투한 나머지 제후들의 빈객을 싫어한다 합니다. 그래서 저는 양후에게 모욕을 당할까 두렵습니다. 차라리 수레 안에 숨어 모욕을 피하고자 합니다."

잠시 후 양후 위염이 이르자 왕계는 수레에서 내려 그를 배알했다. 양후도 수레에서 내려 왕계를 보고 그를 위로했다.

"위나라 군주를 만나 국사를 처리하느라 노고가 많았소."

그들은 수레 앞에 함께 서서 서로 문안 인사를 나누었다.

양후가 말했다.

"관문 동쪽 지역에 무슨 다른 일은 없었소?"

왕계가 허리를 굽히며 대답했다.

"없었습니다."

양후가 눈짓으로 수레 안을 가리키며 물었다.

"제후들의 빈객과 함께 온 것은 아니오? 그런 자들은 제후국을 전전하며 혓바닥으로 부귀를 얻으려는 부랑배요! 아무 쓸모 없는 자들이지."

왕계가 또 대답했다.

"어찌 감히 그런 자를 데려올 수 있겠습니까?"

양후가 떠나자 범수는 수레 안에서 뛰어내려 황급히 달아나려 했다. 왕

범수가 계책을 써서 진나라로 달아나다.

계가 말했다.

"승상은 이미 떠났소. 선생께서는 나와 함께 수레를 타고 가도 되오."

범수가 말했다.

"신이 수레 안에서 몰래 양후의 모습을 엿보았더니 눈을 희번덕거리며 계속 곁눈질을 하고 있었습니다. 그런 자는 본래 의심이 많고 일처리도 좀 늦은 편입니다. 앞서 눈짓으로 수레 안을 가리킬 때도 의심이 가득했습니다. 그때는 즉시 수색을 하지 않았지만 오래지 않아 틀림없이 후회할 것입니다. 후회하게 되면 다시 이곳으로 달려올 테니 저희 두 사람은 안전하게 몸을 피하는 좋을 것 같습니다."

그러고는 정안평을 불러내어 함께 그곳을 떠났다. 왕계가 수레를 몰고 뒤에 처져서 약 10리를 갔을 때 그들 배후에서 말방울 소리가 요란하게 울렸다. 과연 범수의 말대로 기마병 20명이 나는 듯이 달려와 왕계의 수레를 따라잡았다. 그들이 말했다.

"우리는 승상의 명령을 받들고 왔소. 혹시 대부께서 유세객을 데리고 오지 않았을까 의심이 된다며 수레를 다시 검사해보라고 하셨소. 대부께서는 괴이하게 생각하지 마시오."

그러고는 수레를 꼼꼼하게 수색했다. 외국 유세객이 보이지 않자 그제야 다시 말 머리를 돌려 동쪽으로 떠났다. 왕계가 감탄하며 말했다.

"장 선생은 진정 지혜로운 선비다. 내가 도저히 미칠 수 없는 사람이구나!"

이에 다시 수레를 재촉하여 앞으로 달려가게 했다. 5, 6리를 더 가서 장녹과 정안평을 만났다. 왕계는 그들을 수레에 태우고 함께 함양으로 들어갔다. 염옹이 시를 지어 범수가 위나라를 떠난 일을 읊었다.

앞일을 짐작함은 귀신과 같았고	料事前知妙若神
한 시기 그 지모에 짝할 이가 드물었네	一時智術少儔倫
신릉군은 부질없이 삼천 빈객 길렀을 뿐	信陵空養三千客
현인을 놓쳐서 진으로 가게 했네	卻放高賢遹入秦

왕계는 진 소양왕을 알현하여 귀국 보고를 마친 뒤 다시 아뢰었다.

"위나라에 갔더니 장녹 선생이란 분이 있었습니다. 그분은 지모가 출중한 천하의 기재奇才였습니다. 신과 함께 우리 진나라 형세를 논의하면서 우리 나라가 누란累卵의 위기에 처해 있다 했습니다. 그분에게 우리 나라를 안정시킬 대책이 있다고 하는데, 대왕마마를 뵙지 않고는 말을 할 수가 없다고 하여 신이 함께 데리고 왔습니다."

진왕이 말했다.

"제후들의 유세객은 호언장담을 좋아하여 흔히 그렇게 말하더이다. 잠시 객사에 묵게 하시오."

이에 하사下舍에 묵게 하고 진왕이 부를 때까지 기다리라고 했다. 그러나 1년을 넘기고도 범수를 부르지 않았다. 어느 날 범수는 저잣거리를 걸어가다가 바야흐로 군사를 거느리고 출정하는 양후를 봤다. 범수가 주위 사람들에게 몰래 물었다.

"승상께서 이번에 출정하여 어느 나라를 정벌하려는 것이오?"

한 늙은이가 대답했다.

"제나라 강綱(山東省 寧陽 동북 땅)과 수壽(山東省 東平 서남) 땅을 친다는구려!"

범수가 말했다.

"제나라 군사가 우리 국경을 침범했소?"

"그런 일은 없소."

"우리 진나라와 제나라는 동서로 멀리 떨어져 있고, 그 중간에는 한나라와 위나라가 끼여 있소. 제나라가 우리 진나라를 침범하지도 않았는데 어찌하여 먼 길을 행군하여 그들을 정벌하려 한단 말이오?"

늙은이는 범수를 사람이 없는 외진 곳으로 데리고 가서 말했다.

"제나라를 정벌하는 건 대왕마마의 뜻이 아니오. 도산陶山(山東省 定陶)이 승상의 봉토에 속해 있는데 강 땅과 수 땅이 바로 도산 가까이에 있소. 그래서 승상이 무안군을 대장으로 삼아 그곳을 정벌하여 빼앗은 뒤 자신의 봉토를 넓히려는 것이오."

그길로 범수는 바로 관사로 돌아와 마침내 진왕에 올리는 상소문을 작성했다. 그 내용은 대략 이러했다.

떠돌이 신하 장녹은 죽을죄를 무릅쓰고 진왕 전하께 이 글을 올리옵니다. 신이 듣건대 '밝으신 군주께서 정사를 펼칠 때는 공이 있는 자에겐 상을 주고, 능력이 있는 자에겐 벼슬을 주고, 공로가 큰 자에겐 녹봉을 후하게 주고, 재주가 뛰어난 자에겐 벼슬을 높여준다'고 했습니다. 이 때문에 능력이 없는 자가 감히 함부로 벼슬에 임명되지 못하고, 능력이 있는 자가 아깝게 버려지지 않는 것입니다. 지금 신은 하사에서 어명을 기다린 지 벌써 1년이 되었습니다. 만약 신을 쓸모 있다고 생각하시면 바라옵건대 짧은 시간이라도 할애하시어 신의 말씀을 들어보십시오. 만약 신을 쓸모없다고 생각하시면 신을 여기에 머물게 하여 무엇을 하시려는 것입니까? 대저 말씀을 올리는 건 신하이고, 말씀을 듣는 것은 군주입니다. 신의 말씀을 듣고 타당하지 않다 생각되시면 그때 도끼로 신을 주살해도 늦지 않을 것입니다. 신을 가볍게 여기는 까닭으로 신을 추천한 사람까지 가볍게 대하지는 말아주십시오.

진왕은 장녹을 잊고 있다가 그의 상소문을 보고서야 즉시 사자에게 수레를 몰고 가서 장녹을 별궁으로 불러오게 했다.

진왕이 도착하기 전에 범수가 먼저 도착하여 저쪽 먼 곳을 바라보니 진왕의 수레가 다가오고 있었다. 범수는 모른 척하고 고의로 궁궐 뒤 좁은 골목으로 달려 들어갔다. 그러자 환관이 뒤따라 달려와서 말했다.

"대왕마마께서 납시오."

범수가 어깃장을 놓으며 말했다.

"진나라에는 태후와 양후만 있을 뿐이오. 어디에 왕이 있단 말이오?"

그러고는 계속 앞으로 걸어가며 돌아보지 않았다. 두 사람이 옥신각신하는 사이에 진왕의 행차가 뒤이어 도착했다. 진왕이 환관에게 물었다.

"무슨 일로 빈객과 다투고 있느냐?"

환관이 범수의 말을 전했으나 진왕은 화를 내지 않고 범수를 내궁內宮으로 불러들여 상객으로 예우했다. 범수가 계속 사양하자 진왕은 좌우 측근들을 모두 물러가게 했다. 그러고는 범수를 향해 꿇어앉아 가르침을 청했다.

"선생께서는 과인에게 무슨 가르침을 주시겠소?"

범수가 말했다.

"네, 네."

잠시 후 진왕은 다시 무릎걸음으로 앞으로 나아가 가르침을 청했다. 그러나 범수는 여전히 "네, 네" 하고 모호한 대답만 할 뿐이었다. 이와 같이 세 차례 반복하고 진왕이 말했다.

"선생께서는 끝내 과인에게 가르침을 베풀고자 하지 않으시는구려. 이 어찌 과인을 대화의 대상으로 여기지 않는 행동이 아니겠소?"

범수가 대답했다.

"그렇지는 않습니다. 옛날 여상呂尙은 위수渭水 가에서 낚시를 하다가 우연히 주 문왕文王을 만나 한마디 말을 건네고 상보尙父에 임명되었습니다. 그 후 문왕은 여상의 계책을 써서 상나라를 멸망시키고 천하를 얻었습니다. 그러나 기자箕子와 비간比干은 귀족 신분으로 지극한 간언을 올렸지만 상나라 주왕紂王은 그들의 말을 듣지 않았습니다. 이에 기자는 노예로 가장했고 비간은 주살을 당했습니다. 그 뒤 상나라는 결국 멸망하고 말았습니다. 이러한 차이에는 다른 이유가 있는 것이 아니고 믿느냐 믿지 않느냐의 차이가 있을 뿐입니다. 여상은 비록 처음에는 소원한 사이였지만 문왕이 그를 믿었기 때문에 왕업王業이 주나라로 귀착되었습니다. 또 여상 자신도 제후의 봉작을 받아 대대손손 그 기틀을 물려주게 되었습니다. 기자와 비간은 비록 왕실 친척이었지만 주왕이 그들을 믿지 않았기 때문에 결국 주살당하거나 치욕을 당할 수밖에 없었고, 결국 나라도 구할 수 없었습니다. 신은 지금 천하를 떠도는 신세로 대왕마마와도 아주 소원한 관계일 뿐입니다. 그런데 신이 말씀드리고자 하는 일은 모두 진나라의 흥망과 관련된 국가 대사로, 더러 대왕마마의 골육지친骨肉之親과 관계된 내용도 있습니다. 그렇다고 깊이 말씀드리지 않으려니 진나라를 구할 수 없고, 깊이 말씀드리려니 기자와 비간처럼 참화가 뒤따를까 두렵습니다. 그래서 대왕마마께서 세 번이나 물으셨지만 감히 대답을 올릴 수 없었습니다. 신은 아직도 대왕마마께서 신을 믿으시는지 어떤지 짐작할 수 없습니다."

그러자 진왕은 다시 꿇어앉아 간곡하게 요청했다.

"그게 무슨 말씀이오? 과인은 선생의 크나큰 재주를 사모하여 좌우 측근까지 물리치고 오로지 선생의 가르침을 들으려고 하고 있소. 말할 것이 있으면 위로는 태후로부터 아래로는 대신에 이르기까지 아무것도 숨기지 말고 말씀해주시기 바라오."

진왕이 이렇게 말한 것은 범수가 골목으로 달려 들어갈 때 했던 "진나라에는 태후와 양후만 있지, 왕이 있다는 소문은 듣지 못했다"라는 범수의 말을 환관으로부터 들었기 때문이었다. 진왕은 범수의 말에 대한 의혹을 풀지 못하고 다시 한번 성실하게 가르침을 청한 것이다. 한편 범수는 진왕을 처음 만났을 때 만일 기회를 잡지 못하면 뒷날 자신의 계책을 말할 기회가 없을까 걱정이 되었다. 또 다른 마음으로는 진왕 좌우에 엿듣는 자가 많아서 그들이 소문을 내면 예측할 수 없는 참화가 닥칠까 두렵기도 했다. 이 때문에 범수는 외부 사정만 대략 진술하여 앞으로의 논의에 단서만 제공하려 했다. 이에 이렇게 대답했다.

"대왕마마께서 신에게 모든 말을 다 하라고 하시니 이는 신이 바라던 바입니다."

마침내 범수가 절을 올리자 진왕도 답례로 맞절을 했다. 그런 뒤 범수는 자리에 앉아 입을 열었다.

"진나라 땅의 험준함은 천하의 어느 나라도 미칠 수 없습니다. 또 군사의 강성함은 그 어느 제후도 감히 대적할 수 없습니다. 그러나 다른 나라를 겸병할 만한 지모를 내지 못하고 패왕의 업적을 이루지 못하고 있으니, 이 어찌 진나라 대신의 계책에 실수가 있는 것이 아니겠습니까?"

진왕이 곁에서 듣고 있다가 물었다.

"어떤 실수가 있는지 말씀해주시오."

범수가 말했다.

"신이 소문을 들으니 양후가 한나라와 위나라를 지나 제나라를 공격한다 합니다. 이 계책은 잘못된 것입니다. 제나라는 진나라에서 매우 멀리 떨어져 있고 한과 위가 그 사이에 끼여 있습니다. 대왕께서 군사를 적게 출정시키면 제나라에 아무 손상도 끼칠 수 없고, 만약 군사를 많이 출정시키면 먼저 진나라에 손해가 될 것입니다. 옛날 위나라가 조나라를 지나 중산국中山國을 정벌하여 그 땅을 함락시켰지만 얼마 지나지 않아 조나라가 그 땅을 소유하게 되었습니다. 무엇 때문이겠습니까? 중산 땅이 조나라와는 가깝고 위나라와는 멀기 때문입니다. 지금 제나라 정벌에 나섰다가 이기지 못하면 진나라에 큰 치욕이 될 것입니다. 설령 제나라를 정벌하여 이겼다해도 단지 한과 조에 도움만 줄 뿐 진나라에 무슨 이익이 있겠습니까? 지금 대왕마마를 위한 계책으로는 먼 나라와 친교를 맺고 가까운 나라는 공격하는 것遠交近攻이 가장 좋습니다. 먼 나라와 친교를 맺는다는 것은 저들 사이의 우호관계를 이간시키는 계책이며, 가까운 나라를 공격한다는 것은 우리 땅을 넓히는 계책입니다. 가까운 나라에서 시작하여 먼 나라로 나아가면서 마치 누에가 뽕잎을 먹는 것처럼 조금씩 점령해 들어가면 천하를 모두 병합하는 것도 어렵지 않을 것입니다."

진왕이 또 말했다.

"먼 나라와 친교를 맺고 가까운 나라를 공격하려면 어떻게 해야 하오?"

범수가 말했다.

"먼 나라와 친교를 맺으려면 우선 제나라와 초나라부터 손을 써야 하고, 가까운 나라를 공격하려면 먼저 한나라와 위나라에서 시작해야 합니다. 한과 위를 정복하고 나면 제와 초가 어찌 홀로 생존할 수 있겠습니까?"

진왕은 박수를 치며 좋은 계책이라고 칭찬했다. 그러고는 바로 범수를 객경에 임명하고 장경張卿이라 부르게 했다. 아울러 그의 계책을 이용해 한과 위를 정벌하게 하고, 백기에게는 제나라 정벌을 그만두게 했다.

위염과 백기는 승상과 대장의 신분으로 오랫동안 국사를 함께 처리해왔지만 이제 막 들어온 장녹(범수)이 진왕의 총애를 받는 것을 보고 불쾌하게 생각했다. 진왕은 그를 깊이 신임했고 날이 갈수록 더욱더 각별하게 총애했다. 진왕은 일이 있을 때면 한밤중에라도 장녹을 불러서 대책을 상의했으며 그가 내놓는 대책 가운데 시행하지 않는 것이 없었다. 범수는 자기를 신임하는 진왕의 마음에 흔들림이 없다는 것을 알고 이 틈을 타 좌우 측근들을 물리친 후 다시 장래의 대책을 아뢰었다.

"대왕마마께서 외람되게도 신의 말을 잘 들어주시고 신과 함께 국사를 논의해주시니 신은 분골쇄신하더라도 이 은혜를 갚을 길이 없습니다. 그렇지만 신에게는 아직 대왕마마께 다 아뢰지 못한 계책이 있습니다. 그 계책을 쓰면 진秦나라를 안정시킬 수 있습니다."

진왕이 무릎을 꿇고 말했다.

"과인은 선생에게 나라를 맡겼소. 선생에게 진나라를 안정시킬 수 있는 계책이 있다면, 과인이 지금 가르침을 받지 않고 다시 어느 때를 기다리겠소?"

범수가 말했다.

"신이 이전에 산동山東에 있을 때 제나라에 맹상군만 있고 제나라 임금이 있다는 말은 듣지 못했습니다. 지금 들으니 진秦나라에도 태후, 양후, 화양군, 고릉군, 경양군만 있고 임금이 있다는 소문은 없습니다. 대저 나라 전체를 제어하는 사람을 왕이라고 하고 그분이 생사여탈권을 갖고 있습니다. 다른 사람은 감히 나라를 마음대로 할 수 없습니다. 그런데 지금 태후께서는 국모라는 존귀한 지위에 의지하여 나라의 권력을 마음대로 한 지 벌써 40여 년이 되었습니다. 양후는 혼자서 진나라 승상 자리를 차지하고 있고, 화양군이 승상을 보좌하고 있습니다. 또 경양군과 고릉군은 각각 자신의 가문을 수호하며 생사여탈권을 마음대로 행사하고 있습니다. 이들의 사사로운 재산은 나라의 재산보다 열 배나 많습니다. 그런데도 대왕마마께서는 손을 싸맨 채 텅 빈 명성만 향유하고 계십니다. 이 어찌 위태로운 일이 아닙니까? 옛날 최저崔杼는 제나라를 마음대로 주무르다가 결국 장공莊公까지 시해했습니다. 또한 이태李兌는 조나라를 마음대로 주무르다가 끝내 주보까지 굶겨 죽였습니다. 지금 양후는 안으로 태후의 권세에 의지하고, 밖으로는 대왕마마의 위엄을 훔치고 있습니다. 이 때문에 그가 군사를 일으키면 제후들이 두려움에 떨고, 그가 군사를 해산시키면 열국列國이 그 은혜에 감읍합니다. 게다가 두루 세작을 풀어 대왕마마의 좌우에까지 포진시켜두었습니다. 신이 보기에 대왕마마께서 조정에 홀로 외로이 서 계신 것이 하루 이틀이 아닙니다. 신은 천추만세후에 진나라를 소유하는 사람이 대왕마마의 자손이 아닐까봐 매우 두렵습니다."

진왕은 그 말을 듣고 자기도 모르게 모골이 송연해졌다. 그리고 다시 범수에게 재배를 올리며 감사의 말을 했다.

"선생의 가르침은 폐부를 찌르는 지극한 말씀이오. 과인이 좀 더 일찍 듣지 못한 것이 한스럽소."

진왕은 다음 날 양후 위염의 승상 인수를 거두어들이고 봉토로 돌아가게 했다. 양후는 유사에게 소달구지를 갖고 오게 하여 자신의 저택에 모아둔 재산을 옮기게 했다. 그의 재산을 실은 수레가 모두 1000여 대나 됐고, 그 안의 기이한 보배는 모두 진나라 궁궐 창고에도 없는 것들이었다. 이튿날 진왕은 또 화양군, 고릉군, 경양군을 관외로 추방하고 태후도 궁궐 깊은 곳으로 거처를 옮기게 하여 정사에 간여하지 못하게 했다. 진왕은 마침내 범수를 승상으로 삼고 응성應城을 봉토로 주어 응후應侯라 부르게 했다. 진나라 사람들은 장녹을 승상으로 부르면서도 그가 범수인 걸 아는 사람은 그중 아무도 없었다. 오직 정안평만이 그 사실을 알고 있었으나 범수는 그에게 절대로 다른 사람에게 누설하지 말라고 부탁했고, 정안평도 함부로 입을 열지 않았다. 이때가 진 소양왕 41년, 주 난왕 49년이었다.

이 무렵 위魏 소왕昭王이 죽고 그의 아들 안리왕安釐王이 즉위했다. 그는 진왕이 새로 승상 장녹의 계책을 이용하여 위나라를 정벌하려 한다는 소문을 듣고 황급히 신료들을 소집하여 대책을 의논하게 했다. 신릉군 무기가 말했다.

"진나라가 우리 위나라를 침략하지 않은 지 여러 해가 되었습니다. 그런데 지금 다시 아무 까닭도 없이 군사를 일으키려 하는 것은 우리가 저들의 공격에 저항하지 못할 줄 알고 우리를 괴롭히려는 것이 분명합니다. 따라서 군사를 단단히 단속하고 방어를 튼튼하게 하여 진나라의 침략에 대비해야 합니다."

그러나 상국 위제는 이렇게 말했다.

"그렇지 않습니다. 진나라는 강하고 우리 위나라는 약합니다. 전쟁에는 요행수가 없습니다. 소문에는 진나라 승상 장녹이 우리 위나라 사람이라고 합니다. 그러니 그에게 어찌 조상의 땅을 그리는 정이 없겠습니까? 사신이 후한 예물을 가지고 가서 장 승상과 친교를 튼 다음 다시 진왕을 알현하고 예물로 강화를 요청하면 만전지책萬全之策이 될 수 있을 것입니다."

안리왕은 즉위한 지 얼마 되지 않아 전쟁을 겪어보지 않았기 때문에 바로 위제의 대책을 채택하여 중대부 수가를 진나라로 보냈다. 수가는 어명을 받들고 함양으로 가서 역관에 여장을 풀었다. 범수는 수가가 사신으로 왔다는 사실을 알고 기뻐하며 말했다.

"수가가 이곳에 왔다고 하니 오늘이 바로 나의 묵은 원수를 갚는 날이로구나!"

범수는 화려한 승상 옷을 벗어버리고 어렵게 고생하는 하인으로 가장했다. 그는 몰래 자신의 저택 문을 빠져나와 역관으로 가서 천천히 안으로 들어갔다. 그가 수가 앞에 나타나자 수가는 대경실색하며 말했다.

"범숙(범수의 자)은 그간 별고 없으셨는가? 나는 자네가 위나라 상국에게 맞아 죽은 줄 알았는데 어떻게 살아서 이곳에 있는가?"

범수가 말했다.

"그때 제 시체를 교외에 버렸는데, 다음 날 아침에 깨어났습니다. 때마침 그곳을 지나가던 장사꾼이 제 신음 소리를 듣고 가엽게 여겨 저를 구해 주었습니다. 구차하게 목숨은 겨우 건졌지만 감히 집으로 돌아가지 못하고 천신만고 끝에 진나라로 흘러왔습니다. 그런데 오늘 뜻밖에도 이곳에서 대부의 얼굴을 뵈올 줄은 생각지도 못했습니다."

"자네는 어찌하여 이곳 진나라에서는 유세를 하지 않았는가?"

"저는 지난날 위나라에서 죄를 짓고 이곳으로 망명 와서 요행으로 목숨을 부지하고 있는데 어찌 감히 국가 대사를 입에 담을 수 있겠습니까?"

"그럼 진나라에서 어떻게 살아가고 있는가?"

"다른 사람의 하인 노릇을 하며 입에 풀칠을 하고 있습니다."

수가는 자기도 모르게 불쌍한 생각이 들어 자신의 곁에 함께 자리를 만

들어 술과 음식을 대접했다. 때는 마침 겨울이라 해진 옷을 입은 범수는 추위에 몸을 덜덜 떨었다. 그것을 보고 수가가 탄식하며 말했다.

"자네, 줄곧 이렇듯 춥게 살았단 말인가?"[4]

그러고는 바로 두꺼운 비단 솜옷 한 벌을 꺼내 범수에게 줬다. 범수가 말했다.

"대부의 옷을 소인이 어찌 감히 입을 수 있겠습니까?"

수가가 말했다.

"옛 친구의 호의이니 그리 지나치게 겸양할 필요는 없네."

범수는 비단 솜옷을 입고 거듭거듭 감사의 인사를 했다. 그리고 수가에게 물었다.

"대부께서는 무슨 일로 이곳에 오셨습니까?"

"지금 진나라 승상 장녹이 국사를 맡아보게 되어 그에게 연줄을 대고 싶은데 적당한 사람이 없어서 참으로 안타깝네. 자네는 진나라에 오래 있었으니 아는 사람이라도 있지 않겠나? 혹시 장 승상에게 나를 안내해줄 사람이 있겠는가?"

"우리 주인께서 승상과 친해서 저도 일찍이 주인을 따라 승상부에 가본 적이 있습니다. 승상께서는 토론을 즐기셨는데 토론을 반복하는 사이에 우리 주인이 제때 대답을 못 해서 제가 한마디 도움을 드린 일이 있습니다. 그러자 승상께서는 제가 말솜씨가 있다고 여기시고 때때로 술과 음식을 하사하여 친근하게 대해주셨습니다. 만약 대부께서 장 승상을 알현하고 싶으시면 제가 동행해드릴 수 있습니다."

4_ 일한여차一寒如此. 한결같이 빈한貧寒하기가 이와 같았다는 의미. 가난이 계속 이어져 형편이 나아지지 않음을 비유한다.(『사기史記』「범수채택열전范睢蔡澤列傳」)

"그렇다면 번거롭지만 약속 날짜를 정하세나."

"승상께서는 늘 바쁘신데, 오늘 마침 한가한 날이라 바로 가보시는 것이 좋을 듯합니다."

"나는 말 네 마리가 끄는 큰 수레를 타고 왔네. 그런데 오늘 말의 발에 상처가 났고 수레바퀴 축도 부러져서 바로 갈 수가 없네."

"우리 주인께 빌려 탈 만한 수레가 있습니다."

범수는 자신의 저택으로 가서 큰 수레를 몰고 역관 앞으로 왔다. 범수가 수가에게 보고했다.

"수레가 준비되었으니 제가 대부를 위해 수레를 몰겠습니다."

수가가 기쁜 마음으로 수레에 오르자 범수가 말고삐를 잡았다. 저잣거리 사람들은 승상이 수레를 몰고 가는 것을 보고 모두 거리 양편에 멈춰 서서 손을 모으고 읍을 했으며, 또 더러는 아예 골목 안으로 피해 들어가기도 했다. 수가는 그들이 자신에게 공경을 표시하는 줄로만 생각했지 범수에게 공경을 표시하는 줄은 몰랐다. 승상부 앞에 이르자 범수가 말했다.

"대부께서는 잠시 여기서 기다리십시오. 제가 먼저 들어가서 대부를 위해 다리를 놓아보도록 하겠습니다. 만약 승상께서 허락하시면 들어와서 알현하도록 하십시오."

범수는 바로 승상부의 대문으로 들어갔다. 수가는 수레에서 내려 문밖에 서서 기다렸다. 오랫동안 기다리자 승상부에서 북소리가 들리더니 대문 위로 떠들썩한 소리가 전해져왔다.

"승상께서 납시오."

승상부 관리와 빈객들이 끊임없이 오고 갔지만 범수는 전혀 얼굴을 비치지 않았다. 수가가 문지기에게 물었다.

"아까 내 친구 범수라는 사람이 승상께 연락을 하러 들어갔는데, 시간이 오래되었는데도 나오지 않는구먼. 혹시 그 사람을 불러줄 수 있겠는가?"

문지기가 말했다.

"범수란 사람이 언제 들어갔다고 그러시오?"

"조금 전에 나를 위해 수레를 몰던 사람이 바로 그 사람일세."

"수레를 몰던 분은 바로 장 승상이시오. 몰래 역관에 친구를 만나러 간다고 미복 차림으로 나갔다 오셨소. 그런데 그분이 무슨 범수라고 그러시오?"

수가는 그 말을 듣고 꿈속에서 청천벽력을 맞은 것처럼 가슴이 쿵쾅쿵쾅 어지럽게 뛰었다. 수가는 혼잣말로 탄식했다.

"내가 범수에게 속았구나. 이젠 죽은 목숨이다."

이것은 그야말로 "미운 며느리 시부모 만난다"는 격이었다. 수가는 띠를 풀고 도포와 관(冠)을 벗은 후 맨발로 문밖에 꿇어 엎드렸다. 그리고 문지기를 시켜 승상께 말을 전해달라고 부탁했다.

"위나라 죄인 수가가 문밖에서 죽음을 기다리고 있습니다."

오랜 시간이 지난 뒤 대문 안에서 수가를 들어오게 하라는 승상의 전갈이 전해져왔다. 수가는 더욱 두려운 마음에 고개를 숙이고 무릎걸음으로 곁문을 통해 들어가 승상부 계단 앞에 이르렀다. 그는 연방 머리를 조아리며 외쳤다.

"죽여주십시오!"

범수는 위풍당당하게 당상에 앉아서 물었다.

"네 죄를 네가 알렸다!"

수가는 땅바닥에 엎드려 대답했다.

"알고 있습니다."

"네 죄가 몇 가지나 되느냐?"

"제 머리카락을 뽑아 죄를 셈한다 해도 부족할 것입니다."[5]

"네 죄는 세 가지다. 우리 선조들의 분묘가 모두 위나라에 있어서 나는 제나라에 벼슬할 마음이 없었다. 그런데도 너는 나더러 제나라와 내통했다고 위제의 면전에서 망언을 하여 그의 분노를 촉발시켰으니 이것이 네 첫 번째 죄다. 위제가 화를 내며 나를 곤장으로 때려 나의 이빨과 늑골을 부러뜨렸는데도 너는 전혀 말리지 않았으니 이것이 네 두 번째 죄다. 내가 혼절하여 측간에 버려졌을 때 너는 또 빈객들을 데리고 와서 내 몸에 오줌을 누게 했다. 옛말에 '공자孔子께서는 지나치게 심한 일은 하지 않으셨다仲尼不爲已甚者'[6]라고 했는데, 너는 어찌 그리 잔인했더란 말이냐? 이것이 네 세 번째 죄다. 오늘 네가 이곳에 왔으니 본래 네 목을 자르고 피를 뿌려 원한을 갚아야 하겠으나, 너를 죽이지 않는 까닭은 조금 전에 비단 솜옷으로 내게 인정을 베풀며 옛 친구의 마음을 보여줬기 때문이다. 이 때문에 네 목숨을 살려주는 것이니 너는 마땅히 살려준 은혜에 감사할 줄 알아야 할 것이다!"

수가는 머리를 조아리며 끊임없이 감사하다는 말을 했다. 그제야 범수는 그를 물러가게 했다. 수가는 엉금엉금 기어서 밖으로 나왔다. 이때부터 진나라 사람들은 장녹 승상이 위나라 사람 범수이며 그가 변성명을 하고 진나라로 왔다는 것을 알게 되었다.

5_ 탁발난수擢髮難數. 머리카락을 뽑아 세어도 다 세기 어렵다는 뜻. 이루 헤아릴 수 없을 정도로 많은 죄를 지었음을 비유한다. 원문은 다음과 같다. "저 수가의 머리카락을 뽑아서 저의 죄를 센다 해도 오히려 부족할 것입니다擢賈之髮, 以數賈之罪, 尚未足."(『사기史記』「범수채택열전范雎蔡澤列傳」)

6_ 이 구절은 『맹자孟子』「이루離婁 下」에 나온다.

다음 날 범수는 진왕을 알현하고 말했다.

"위나라가 겁을 먹고 강화 사신을 보내왔으니 군사를 일으킬 필요가 없겠습니다. 이것은 모두 대왕마마의 위엄이 가져온 결과입니다."

진왕은 그 말을 듣고 매우 기뻐했다. 범수가 또 아뢰었다.

"신에게 대왕마마를 속인 죄가 있는데 신을 용서해주시면 말씀 올리겠습니다."

"경이 무엇을 속였단 말이오? 과인은 경을 벌하지 않겠소."

"신은 본래 장녹이 아니라 위나라 사람 범수입니다. 어려서부터 고아가 되어 빈궁하게 살다가 위나라 중대부 수가의 빈객이 되었습니다. 그러던 중 수가를 수행하여 제나라로 사신을 가게 되었는데, 그때 제나라 왕이 신에게 몰래 황금을 내렸습니다. 신은 한사코 받지 않았지만 수가는 위나라 상국 위제에게 신을 비방하였고, 신은 위제에게 곤장을 맞아 거의 죽음 직전까지 갔습니다. 다행히 다시 깨어난 후 저는 장녹으로 이름을 바꾸고 진나라로 몸을 피해, 마침내 대왕마마의 은혜를 입고 높은 관직에 오를 수 있었습니다. 지금 수가가 사신으로 왔기 때문에 신은 이미 본래 성명을 밝혔고, 이제 앞으로는 예전처럼 본명을 쓰겠습니다. 엎드려 바라옵건대 부디 신을 용서해주십시오."

"과인은 경이 그처럼 억울한 일을 당했다는 사실을 전혀 몰랐소. 마침 지금 수가가 우리 진나라에 와 있으니 바로 그자의 목을 베어 경의 분노를 풀어드리도록 하겠소."

"수가는 공무를 위해 온 사신입니다. 자고로 두 나라가 전쟁을 할 때도 사신은 죽이지 않는다고 했습니다. 하물며 강화를 요청하러 온 사신이야 더 말할 나위가 있겠습니까? 신이 어찌 사사로운 원한 때문에 공무를 해칠 수 있겠습니까? 또 잔인하게 신을 죽이려 한 자는 위제입니다. 그러니 수가에게 모든 책임이 있는 것은 아닙니다."

"경은 공무를 앞세우고 사사로운 원한은 뒤로 물리니 참으로 위대한 충신이라 할 만하오. 위제에게 빚진 원한은 과인이 반드시 갚아드리도록 하겠소. 위나라 사신은 경의 말대로 처리하도록 하겠소."

범수는 진왕의 은혜에 감사의 말씀을 올리고 물러나왔다. 진왕은 위나라에서 요청한 화친을 수락했다.

수가는 작별 인사를 하기 위해 범수의 저택으로 들어갔다. 범수가 말했다.

"옛 친구가 이곳에 왔으니 밥 한 끼라도 대접하지 않을 수 없구나."

그러고는 자신의 가신을 시켜 수가를 대문 안으로 들게 하고 연회를 크게 열라고 분부했다. 수가는 남몰래 하늘을 우러러 감사를 올리며 말했다.

"부끄럽고도 부끄럽다! 참으로 다행스럽게도 승상께서 드넓은 아량을 베푸시어 이처럼 친절하게 대해주시니 내게는 분에 넘치는 일이다."

그러나 범수가 당상에서 물러나자 수가는 문간방으로 안내되어 그곳에 혼자 앉아 있게 되었다. 문밖에는 그를 감시하는 군사가 지키고 서 있어서 함부로 돌아다닐 수도 없었다. 진시辰時(아침 7~9시)에서 오시午時(오전 11~오후 1시)까지 앉아 있자 점점 배가 고파오기 시작했다. 수가는 마음속으로 이렇게 생각했다.

"나는 며칠 전 역관에서 이미 해놓은 음식을 대접했다. 그런데 지금 승상께서는 옛정으로 답례를 베푸신다고는 하지만 이렇게 과분하게 차리실 필요까지 있을까?"

잠시 후 당상에는 음식 차림이 모두 끝났다. 그때 승상부의 관리가 명단 하나를 꺼내 각국 사신 및 승상부의 유명한 빈객을 두루 불러내고 있었다.

假張
祿廷
辱
魏使

장녹이 위나라 사신 수가에게 모욕을 주다.

수가는 또 마음속으로 생각했다.

"저 사람들을 불러내서 나의 자리에 배석시키려는 모양이다! 그러나 나는 저들이 어느 나라의 누구인지 모른다. 이제 순서에 따라 내 이름을 부르면 내 좌석에 잠시 앉아 잘 짐작해봐야겠다. 내가 참람된 행동을 할 수야 없지 않은가?"

수가가 문간방에서 머뭇거리고 있는 사이 각국 사신 및 빈객들은 분분히 계단을 거쳐 당상으로 올라가고 있었다. 좌석을 관리하는 가신이 딱따기를 두드려 신호를 보내며 보고했다.

"손님들이 다 모였습니다."

그러자 범수가 당상으로 나와 서로 얼굴을 보며 인사를 나누었다. 인사 절차가 끝나자 정해진 좌석 순서에 따라 술잔이 전해졌다. 양쪽 회랑에서는 풍악이 울렸다. 그러나 끝끝내 수가는 부르지 않았다. 그때 수가는 배도 고프고 목도 말랐으며, 마음이 고통스럽고도 서글펐을 뿐만 아니라 수치스럽고도 괴로웠다. 그의 가슴은 울분으로 끓어올라 어떻게 말로 표현할 수조차 없었다. 술이 세 순배 돌고 나서 범수가 입을 열었다.

"내 친구 하나가 이곳에 왔는데 내가 마침 잊어버리고 있었소."

손님들이 모두 몸을 일으키며 물었다.

"승상께서 알고 계신 귀한 분이라면 우리도 예법에 맞게 접대해드리겠습니다."

범수가 말했다.

"비록 친구이기는 하지만 감히 여러 손님과 합석할 만한 사람은 아니오."

이에 계단 아래에 작은 자리를 마련하고 수가를 불러오게 하여 묵형墨刑을 받은 죄수 두 명을 시켜 수가의 양쪽에 배석하게 했다. 상 위에는 술과 음식이 아무것도 없었고 단지 볶은 콩만 가득 차려져 있었다. 두 죄수는 마치 말을 먹이는 것처럼 맨손으로 볶은 콩을 집어 수가의 입에 쑤셔 넣었다. 손님들은 너무 지나치다고 생각하며 물었다.

"승상께서 저자에게 무슨 깊은 원한이라도 있으신지요?"

범수는 지난 일을 빠짐없이 이야기했다. 손님들이 말했다.

"그렇다면 승상께서 화를 내시는 것도 당연한 일입니다."

수가는 치욕을 당하면서도 감히 항거하지 못하고 볶은 콩을 받아먹으며 배고픔을 면할 수밖에 없었다. 식사를 마치고 수가가 머리를 조아리며 감사의 인사를 하자 범수는 눈을 부라리고 그의 죄를 질책했다.

"진왕께서는 화친을 허락했지만 나는 위제에게 원수를 갚지 않을 수 없다. 네 한 가닥 목숨을 살려주니 어서 돌아가 위왕에게 알리고 조속히 위제의 목을 베어 진나라로 보내라고 해라. 또 우리 가족을 안전하게 진나라로 호송해야 양국 간의 화친이 이루어질 것이다. 그렇지 않으면 내가 친히 군사를 이끌고 대량을 도륙할 것이다. 그때는 후회해도 소용없을 것이다."

대경실색한 수가는 혼백이 다 달아나서 "예, 예" 대답을 연발하며 밖으로 물러나왔다. 위나라가 위제의 목을 잘라 진나라에 바칠지 어떨지는 다음 회를 보시라.

두개골로 쌓은 누대

평원군을 인질로 하여 진왕은 위제를 잡아 보내라 하고
장평에서 적군을 패배시킨 뒤 백기는 조나라 병졸을 죽이다
質平原秦王索魏齊, 敗長平白起坑趙卒.

수가는 범수의 명령을 받고 나서 며칠 밤을 새워 대량으로 달려와 위왕
을 알현하고 범수가 분부한 말을 전했다. 범수의 가족을 진秦나라로 호송
하는 일은 별일이 아니었지만 상국 위제의 머리를 잘라 바치는 것은 나라
의 체면에 관계된 일이어서 처리하기가 쉽지 않았다. 위왕이 주저하며 결단
을 미루는 사이 위제는 이 소식을 듣고 상국 인수를 내팽개친 채 밤을 새
워 조나라로 달아나 평원군 조승에게 몸을 의탁했다. 위왕은 수레와 말을
화려하게 장식하고 황금 100일과 채색 비단 1000단을 수레에 실었다. 그리
고 그것을 범수의 가족과 함께 함양으로 호송하고 이렇게 해명했다.

"위제는 소문을 듣고 먼저 도주하여 지금 평원군의 휘하에 있소. 그래서
그는 지금 위나라 국사에 간여하지 못하오."

범수가 그 사실을 진왕에게 아뢰자 진왕이 말했다.

"조나라와 우리 진나라는 계속 우호를 유지해왔고 민지 회맹에서는 형제의 맹약을 맺었소. 또 우리 진나라 왕손王孫 이인을 조나라에 인질로 보내 양국 간의 우호를 더욱 튼튼하게 유지해왔소. 그런데 앞서 우리 진나라 군사가 한나라로 쳐들어가서 어여 땅을 포위했을 때 조나라에서는 이목을 시켜 한나라를 구원하게 했고, 그때 그는 우리 진나라 군사를 대패시켰소. 과인은 아직도 그 죄를 묻지 못했소. 이런 상황에서 지금 또 함부로 승상의 원수를 받아들였다고 하오. 승상의 원수는 바로 과인의 원수요. 과인은 조나라를 정벌할 결심을 했소. 그것은 첫째 어여 땅 싸움에서 패배한 원한을 갚기 위함이며, 둘째 승상의 원수 위제를 잡아오기 위함이오."

이에 진왕은 친히 군사 20만을 거느리고 왕전王翦을 대장으로 임명하여 조나라 정벌에 나섰다. 진나라 군사는 바로 조나라의 세 성을 함락시켰다.

이 무렵 조나라에서는 혜문왕이 세상을 떠나고 태자 단丹이 보위에 올랐다. 이 사람이 조 효성왕孝成王이다. 효성왕은 나이가 어려서 혜문태후惠文太后가 국사를 대신 돌봤다. 혜문태후는 진나라 군사가 조나라 영토 깊숙이 쳐들어왔다는 소식을 듣고 매우 두려웠다. 그때 인상여가 노환이 깊어 벼슬을 그만두자 혜문태후는 인상여 대신 우경을 상국에 임명하고 대장 염파에게는 군사를 거느리고 적군을 막아내게 했다. 두 나라 군사는 서로 대치한 채 아직 승부를 내지 못하고 있었다. 우경이 혜문태후에게 말했다.

"사태가 위급합니다. 신이 장안군長安君을 제나라로 모시고 가서 인질로 주고 구원을 요청해보겠습니다."

태후가 그것을 허락했다. 원래 위나라 혜문태후는 바로 제나라 민왕의 딸이었다. 그해에 제 양왕이 세상을 떠나 태자 건建이 즉위했고 그도 나이가 어려 군왕후君王后 태사씨太史氏가 국사를 돌봤다. 위나라 혜문태후와 제나라 군왕후는 시누이와 올케 사이로 친분이 매우 두터웠다. 장안군은 또한 혜문태후가 가장 사랑하는 막내아들이었다. 그런 아들을 제나라에 인질로 보냈으니 군왕후의 마음이 어찌 움직이지 않을 수 있겠는가? 이에 전단을 대장으로 임명하고 군사 10만 명을 주어 조나라를 구원하게 했다. 그러자 진나라 장수 왕전이 진왕에게 아뢰었다.

"조나라엔 훌륭한 장수가 많고 평원군 같은 현인도 있어 쉽게 공격할 수 없습니다. 게다가 제나라 구원병도 온다고 하니 차라리 군사를 온전히 수습하여 귀환하는 것이 좋겠습니다."

진왕이 말했다.

"위제도 잡지 못한다면 과인이 무슨 면목으로 응후應侯(범수)를 볼 수 있겠소?"

이에 사자를 평원군에게 보내 말했다.

"이번에 우리 진나라가 조나라를 공격한 건 위제를 잡아가기 위함이오. 만약 위제를 우리 진나라에 바치면 즉시 군사를 물릴 것이오."

그러자 평원군이 대답했다.

"위제는 신의 집에 없습니다. 대왕께서는 다른 사람의 말을 잘못 듣지 마십시오."

진왕이 사자를 세 번이나 보냈으나 평원군은 끝까지 위제를 숨긴 사실을 인정하지 않았다. 진왕은 답답하고 불쾌한 마음에 군사를 전진시키고 싶었지만 바야흐로 제나라와 조나라가 병력을 합쳤기 때문에 승부를 예측하기가 어려웠다. 그렇다고 군사를 물리자니 어떻게 해도 위제를 잡을 수 없을 것 같았다. 진왕은 재삼 주저하다가 한 가지 계책을 마련하고 서찰한 통을 써서 조왕에게 사과의 마음을 전했다. 그 내용은 대략 이러했다.

과인과 대왕은 형제간이나 다름없소. 과인이 항간의 소문을 들으니 위제가 평원군의 처소에 있다고 하오. 이런 까닭에 과인이 군사를 일으켜 그를 잡으러 온 것이오. 그렇지 않다면 어찌 감히 경솔하게 조나라 국경을 넘어올 수 있었겠소? 앞서 함락시킨 세 성을 삼가 조나라에 돌려드리고 지난날의 우호를 회복하고자 하오. 이제 서로 거리낌 없이 왕래했으면 좋겠소.

조왕도 사신 편에 답서를 보내 군사를 거두고 성을 돌려주겠다는 진왕의 뜻에 감사 인사를 올렸다. 전단은 진나라 군사가 물러갔다는 소식을 듣고 자신도 군사를 거두어 제나라로 귀환했다. 진왕은 함곡관으로 돌아와서 평원군 조승에게 다시 한 통의 서찰을 보냈다. 조승이 서찰을 뜯어보니 대략 다음과 같은 내용이었다.

과인은 평원군의 고매한 뜻을 소문으로 들어 알고 있소. 과인은 평원군과 모든 관작을 내려놓고 포의布衣로 사귀고 싶소. 평원군께서 다행히 과인을 방문해주신다면 열흘 동안 주연을 베풀며 함께 즐기고 싶소.

평원군이 그 서찰을 조왕에게 보여주자 조왕은 신료들을 소집하여 대책을 상의하게 했다. 상국 우경이 앞으로 나서며 말했다.

"진은 범이나 승냥이 같은 나라입니다. 옛날에 맹상군이 진나라로 갔다가 거의 돌아오지 못할 뻔했습니다. 게다가 지금은 위제가 우리 조나라에 있다고 의심하는 판국이니 평원군을 보내서는 안 됩니다."

염파가 말했다.

"지난날 인상여는 화씨벽을 품고 단신으로 진나라에 갔던 적이 있는데 사람도 화씨벽도 모두 완전하게 조나라로 돌아왔습니다. 그때 진나라는 조나라를 속이지 않았습니다. 만약 지금 가지 않으면 오히려 저들의 의심을 살 수 있습니다."

조왕이 말했다.

"과인도 이번 제의를 진왕의 호의라고 생각하고 있소. 그러니 진왕의 제의를 무시해서는 안 될 것 같소."

그러고는 마침내 평원군 조승에게 진나라 사신과 함께 함양으로 가게 했다. 진왕은 평원군을 보자마자 마치 평생의 지기를 만난 것처럼 기뻐했다. 진왕은 날마다 잔치를 베풀고 평원군을 대접했다. 그렇게 며칠을 보낸 뒤 서로의 즐거움이 최고조에 이르렀을 때 진왕은 술잔을 들어 평원군에게 주며 말했다.

"과인이 평원군에게 부탁이 있소. 만약 들어주시겠다면 이 잔을 다 비우시오."

평원군이 말했다.

"대왕께서 제게 명령하시는데 제가 어찌 감히 따르지 않을 수 있겠습니까?"

그러고는 술잔을 끌어당겨 남김없이 마셨다. 진왕이 말했다.

"옛날 주 문왕은 여상을 얻어 태공太公으로 삼았고, 제 환공桓公은 관이오管夷吾(관중)를 얻어 중보로 삼았소. 우리 진나라의 범수도 과인의 태공이며 과인의 중보요. 지금 범수의 원수 위제가 평원군의 집에 의탁하고 있다 하니 부디 사람을 보내 그자의 목을 베어 와서 우리 범 승상의 한을 풀어주시오. 그러면 과인이 평원군의 은혜를 잊지 않겠소."

평원군이 말했다.

"신이 듣건대 '존귀할 때 벗을 사귀는 것은 비천할 때를 위한 것이요, 부유할 때 벗을 사귀는 것은 빈궁할 때를 위한 것이다貴而爲友者, 爲賤時也, 富而爲友者, 爲貧時也'라고 합니다. 위제는 신의 벗입니다. 설령 그가 진실로 신의 집에 있다 해도 차마 내어줄 수 없습니다. 그런데 그가 지금 신의 집에 없는 것을 어찌할 수 있겠습니까?"

진왕은 안색을 붉히며 말했다.

"평원군께서 위제를 내놓지 않으면 과인은 그대를 관문 밖으로 내보내지 않을 것이오."

평원군이 말했다.

"신이 관문 밖으로 나가고 못 나가고는 모두 대왕께 달려 있습니다. 그런데 대왕께서 주연을 즐기기 위해 신을 불러놓고 만약 힘으로 겁박하시면 천하 사람이 모두 그 시비곡직의 소재를 알 것입니다."

진왕은 평원군이 위제를 배신하지 않을 것이라는 사실을 알고 마침내 그를 데리고 함양으로 가서 관사에 연금시켰다. 그리고는 사신을 시켜 조왕에게 서찰을 보냈다. 그 내용은 대략 이러했다.

대왕의 아우1 평원군은 지금 진나리에 있고, 범范 승상의 원수 위제는 지금 평원군의 집에 있소. 위제의 머리를 아침에 가져오면 평원군을 저녁에 돌려보내 드리겠소. 그렇지 않으면 과인이 군사를 일으켜 조나라로 가서 친히 위제를 토벌할 것이며, 그러면 평원군은 국경 관문 밖으로 나가지 못할 것이오. 대왕께서 잘 살피시기 바라오.

1_ 대왕의 아우: 이 대목에 나오는 조나라 효성왕은 혜문왕의 아들이므로 평원군은 효성왕에게 숙부가 된다. 이 소설의 원저자가 약간 착오를 일으킨 것으로 보인다.

齊魏京王秦原平廣

진왕이 평원군을 인질로 잡고 위제를 요구하다.

조왕은 서찰을 읽고 두려움에 떨며 신료들에게 말했다.

"과인이 어찌 타국의 망명객 때문에 우리 나라의 귀한 공자를 잃을 수 있겠소?"

이에 군사를 동원하여 평원군의 집을 포위하고 위제를 잡아들이려 했다. 평원군의 빈객은 대부분 위제와 친교를 맺고 있어서 밤을 틈타 그를 도주하게 했다. 그는 상국 우경虞卿의 집으로 달려가 몸을 맡겼다. 우경이 말했다.

"조왕은 진나라를 승냥이나 범보다 더 두려워하므로 말로 논쟁하여 설득할 수가 없소. 차라리 다시 위나라 대량으로 몸을 피하는 것이 좋을 듯하오. 그곳의 신릉군은 현자를 초청하고 선비를 받아들이고 있어서 천하의 망명객이 모두 그에게 귀의하고 있소. 또 신릉군은 평원군과도 교분이 깊으므로 틀림없이 도와줄 것이오. 그러나 대부께서는 죄인이라 혼자 갈 수 없을 테니 내가 동행해드리겠소."

그러고는 바로 상국 인수를 풀어놓고 사직 서찰을 써서 조왕에게 보냈다. 이어서 그는 위제와 함께 비천한 신분으로 변복을 하고 조나라를 벗어났다. 대량에 도착하여 우경은 위제를 교외에 숨어 있게 하고 그를 위로하며 말했다.

"신릉군은 분개할 줄 아는 장부이니 내가 가서 몸을 맡기면 틀림없이 즉시 대부를 맞이하러 올 것이오. 오래 기다리게 하지는 않을 것이오."

우경은 도보로 신릉군의 대문 앞에 도착하여 명자名刺(명함)를 전했다. 그러자 빈객을 관리하는 가신이 집 안으로 들어가 보고했다. 신릉군은 머리를 감다가 명자에 적힌 이름을 보고 깜짝 놀라며 물었다.

"이분은 조나라의 상국이시다. 어찌하여 아무 까닭도 없이 이곳으로 오셨단 말이냐?"

그러고는 가신을 시켜 주인이 지금 머리를 감고 있으니 잠시 들어와 앉아 있으란 말을 전하게 하고, 우경이 위나라로 온 연유를 알아보게 했다. 우경은 마음이 급했으나 어쩔 수 없이 위제가 진나라에 죄를 지은 시말 및 자신이 조나라 상국 인수를 버리고 위제와 함께 도망친 사정을 대략 이야기했다. 그 가신이 다시 들어가 사정을 알리자 신릉군은 마음속으로 진나라가 무서워서 위제를 받아들이고 싶지 않았다. 그러나 다른 한편으로는 우경이 천 리 길을 달려와 부탁하는 일이어서 바로 거절할 수도 없었다. 그는 진퇴양난에 빠져 머뭇거리며 결정을 내리지 못했다. 우경은 신릉군이 난색을 표하며 바로 나와보지 않는 것에 격노하여 그 자리를 박차고 나와버렸다. 신릉군이 빈객에게 물었다.

"우경의 사람됨은 어떠하오?"

이때 후생侯生이 그 곁에 앉아 있다가 큰 소리로 웃으며 말했다.

"공자께서 어찌 그리 사정에 어두우십니까? 우경은 세 치 혀로 조나라 상국 인수를 얻어 만호萬戶의 제후에 봉해졌습니다. 게다가 위제가 곤경에 처해 우경에게 몸을 맡기자 우경은 자신의 귀중한 봉작도 아까워하지 않고 인수를 풀어 던진 뒤 그와 동행했습니다. 천하에 이 같은 사람이 몇 명이나 되겠습니까? 사정이 이와 같은데도 공자께서는 그의 현명함을 판단하지 못하겠습니까?"

신릉군은 심히 부끄러운 나머지 황급히 머리를 묶고 관冠을 쓴 뒤 수레꾼에게 명하여 신속하게 수레를 몰고 교외로 나가 그를 뒤쫓게 했다.

한편 위제는 목을 빼고 우경을 기다렸지만 오랜 시간이 흘러도 아무 소식이 없자 이렇게 생각했다.

'우경은 신릉군이 분개할 줄 아는 장부여서 나의 사정을 듣자마자 반드시 마중을 나올 거라고 했지만 지금 오랜 시간이 지나도 오지 않는 것을 보니 일이 틀어진 게 틀림없다.'

잠시 후 우경이 도착하여 눈물을 머금고 말했다.

"신릉군은 장부가 아니오. 진나라가 두려워서 나를 만나주지도 않았소. 나는 이제 대부와 함께 지름길을 통해 초나라로 갈 생각이오."

그러자 위제가 말했다.

"내가 한때의 불찰로 범수에게 죄를 지어 먼저 평원군에게 폐를 끼쳤고, 다시 우虞 상국께도 폐를 끼치게 됐소. 그런데 또다시 상국께서 온갖 고생을 하시며, 아는 사람도 없는 초나라로 가서 제 남은 목숨을 위해 구걸하려 하신다니, 제가 어떻게 살아갈 수 있겠소?"

그러고는 바로 칼을 뽑아 스스로 목을 찔렀다. 우경이 황급히 달려가 칼을 빼앗으려 했으나 칼날이 이미 목을 관통한 뒤였다. 우경이 비통해하고 있는데 신릉군의 수레가 뒤쫓아왔다. 우경은 멀리서 수레가 달려오는 것을 보고는 신릉군을 만나지 않기 위해 다른 곳으로 몸을 피했다. 신릉군은 위제의 시제를 어루만시며 통곡했다.

"이게 다 내 잘못이오!"

이때 조왕은 위제도 잡지 못하고 또 상국 우경도 떠나버리자, 두 사람이 함께 간 것을 알게 되었다. 조왕은 그들이 간 곳이 한나라가 아니라 위나라인 것을 알고 사방으로 빠른 기병을 풀어 그들을 추격하게 했다. 추격병은 위나라 교외에 당도하여 위제가 이미 자결한 것을 알고 바로 위왕에게 알린 뒤 위제의 머리를 잘라달라고 했다. 위제의 목을 진나라에 주고 평원군을 귀국시킬 생각이었다. 신릉군은 방금 위제의 시신을 염하라고 명령을 내린 터라 차마 그렇게 할 수 없었다. 진나라 사자가 말했다.

"평원군과 신릉군은 한 몸과 같습니다. 평원군이 위제를 사랑하는 마음도 신릉군과 같습니다. 위제가 지금 살아 있다면 신이 어찌 감히 위제의 머리를 달라고 할 수 있겠습니까? 그런데 지금 애석하게도 위제는 이미 자결하여 지각이 없는 해골이 되었습니다. 이런 상황에서 평원군을 오랫동안 진나라 포로로 내버려둔다면 신릉군께서는 마음이 편하시겠습니까?"

신릉군은 어쩔 수 없이 위제의 머리를 잘라 상자에 안치하고 그것을 조나라 사자에게 건네줬다. 그리고 그의 시신은 위나라 교외에 장사 지냈다. 염옹이 시를 지어 위제를 탄식했다.

수가의 말만 듣고 까닭 없이 선비를 욕보였으니	無端辱士聽須賈
목숨 바쳐 범수에게 사과함이 마땅했으리	只合捐生謝范睢
남은 목숨을 잇느라 남에게 폐 끼치고 자신의 몸도 망쳤으니	殘喘累人還自累
함양에 온 위제의 목이 너무 늦어서 한스럽네	咸陽函首恨教遲

우경은 상국 인수를 버린 후 세속 인심을 개탄하고 더 이상 벼슬살이를 하지 않고 백운산白雲山에 은거했다. 그는 저작으로 소일하며 시사時事를 풍자했다. 우경은 『우씨춘추虞氏春秋』라는 저서를 남겼다. 염옹이 이 일을 시로 읊었다.

곤궁한 근심 속에서 저서를 쓴 게 아니라도	不是窮愁肯著書
고상한 인품 우경을 천추토록 기억하네	千秋高尙記虞兮
가련하게도 유용한 문장 솜씨를 지닌 분이	可憐有用文章手

　　조왕은 밤을 새워 달려가 위제의 머리를 전해줬다. 진왕은 그것을 범수에게 하사했고, 범수는 위제의 머리에 옻칠을 하여 요강으로 사용하며 말했다.

　　"네놈은 빈객들을 취하게 하여 나의 몸에 오줌을 누게 했다. 그러니 이제 네놈은 구천에서도 항상 내 오줌을 받아먹어야 할 것이다."

　　진왕은 예를 갖추어 평원군을 조나라로 귀환시켰고, 조나라에서는 그를 상국에 임명하여 우경의 지위를 대신하게 했다. 범수는 또 진왕에게 말했다.

　　"신은 포의의 천한 몸으로 다행히 대왕마마의 알아주심에 힘입어 경상의 자리에 앉아 있습니다. 또 신의 철천지원수까지 갚아주시니 이보다 큰 은혜는 없습니다. 다만 신은 정안평이 아니었다면 위나라에서 목숨을 연장할 수 없었을 것이고, 왕계가 아니었다면 진나라로 들어올 수 없었을 것입니다. 바라옵건대 신의 벼슬을 깎으시어 이 두 사람에게 벼슬을 더해주십시오. 그렇게 되면 신은 벗의 은혜에도 보답할 수 있게 되어 죽어도 여한이 없을 것입니다."

　　진왕이 말했다.

　　"승상께서 말씀하시지 않았으면 과인이 거의 망각할 뻔했소!"

　　그러고는 바로 왕계를 하동 태수河東太守에 임명하고 정안평을 편장군偏將軍에 임명했다. 진왕은 이후로도 오로지 범수의 계책만 이용하여 먼저 한과 위를 공격했고, 제와 초에는 사신을 보내 우호를 다졌다. 아울러 범수가 진왕에게 이렇게 일렀다.

"신이 듣건대 제나라의 군왕후君王后는 현명하고 지혜롭다 합니다. 사신을 보내 한번 시험해보십시오."

이에 사신에게 복잡하게 엮어 만든 옥고리玉連環를 가지고 가서 군왕후에게 아뢰게 했다.

"제나라에 이 옥고리의 매듭을 풀 수 있는 사람이 있으면 과인이 아랫자리에서 그를 섬기겠소."

군왕후는 즉시 쇠망치를 갖고 오게 하여 옥고리를 세게 쳐서 박살을 냈다. 그러고는 사신에게 말했다.

"돌아가서 진왕에게 내 말을 전하시오. 이 할멈이 옥고리 매듭을 풀었다고 말이오."

사신이 돌아와 보고하자 범수가 말했다.

"군왕후는 과연 여걸女傑입니다. 쉽게 침범할 수 없겠습니다."

그리하여 제나라와 우호의 맹약을 맺고 서로 침범하지 않았다. 제나라는 이에 힘입어 한동안 편안한 나날을 보냈다.

한편 초나라 태자 웅완熊完은 진나라에 인질로 간 이래로 16년 동안 돌아오지 못했다. 이때 마침 진나라 사신이 양국의 화친을 위해 초나라로 가서 우호의 맹약을 맺었다. 초나라 사신 주영朱英도 진나라 사신 행렬과 함께 함양으로 가서 진왕에게 답례를 했다. 주영이 초왕의 병세가 위중하여 일어날 수 없을지도 모른단 말을 하자 태부 황헐黃歇이 웅완에게 그 말을 전하며 말했다.

"주상전하의 병세가 위독한데 태자마마께서는 아직도 진나라에 억류되어 있습니다. 만일 임종 시에 태자마마께서 탑전에 계시지 않으면 틀림없이 여러 공자가 보위에 오르려고 할 것입니다. 그럼 앞으로 초나라는 태자마마의 소유가 아니게 됩니다. 청컨대 신이 태자마마를 위해 응후應侯(범수)를 만나 귀국을 요청해보겠습니다."

태자가 말했다.

"좋소!"

황헐은 마침내 승상부로 가서 범수를 만나 말했다.

"승상께서는 초왕의 병이 위독하단 사실을 알고 계시오?"

범수가 말했다.

"사신이 앞서 그렇게 말했소."

황헐이 말했다.

"우리 초나라 태자께서는 진나라에 오래 거주하고 계신지라 진나라 장수 중에서 우리 태자와 친교를 맺지 않은 사람이 없소. 만약 초왕이 세상을 떠나고 태자께서 즉위한다면 더욱 부지런히 진나라를 섬길 것이오. 승상께서 이번 기회에 태자를 초나라로 돌려보내시면 우리 태자께서도 승상의 은혜에 영원무궁토록 감사의 마음을 가질 것이오. 그러나 만약 우리 태자를 억류한 채 초나라로 돌려보내지 않으면 초나라에서는 다른 공자를 보위에 올릴 것이오. 그럼 초나라 태자는 진나라에 계속 머물면서 함양 땅의 일개 포의로 생을 마치게 되오. 게다가 초나라 사람들은 태자가 돌아오지 않은 것에 앙심을 품고 뒷날 다시는 인질을 보내 진나라를 섬기지 않을 것이오. 대저 태자를 평범한 포의로 억류해두고 만승지국의 우호를 폐기하는 것은 잘못된 계책으로 생각되오."

범수도 고개를 끄덕이며 말했다.

"태부의 말씀이 옳소."

범수는 황헐의 말을 바로 진왕에게 알렸다. 진왕이 말했다.

"태부 황헐을 먼저 보내 초왕을 문병하게 하고 병이 과연 위독하면 다시 태자를 맞아 가라고 하시오."

황헐은 태자가 자신과 함께 돌아가지 못하게 되었다는 소식을 듣고 몰래 태자와 대책을 상의했다.

"진왕이 태자마마를 억류한 채 보내려 하지 않는 것은 지난날 회왕께 했던 짓을 똑같이 하려는 의도입니다. 그러다가 우리 사정이 급박할 때 땅을 요구할 것입니다. 초나라에서 다행히 땅을 떼어주고 태자마마를 모셔가면 진나라의 계책이 성공하는 것이고, 모셔가지 않으면 태자마마께서는 목숨이 끝날 때까지 진나라의 포로로 사셔야 합니다."

태자가 무릎을 꿇고 간청했다.

"태부께서는 장차 어떤 계책을 쓰실 작정이오?"

황헐이 말했다.

"신의 어리석은 생각으로는 차라리 변장하고 달아나는 것이 더 좋을 듯합니다. 지금 초나라 사신이 우호를 위해서 왔다가 귀국하려 하고 있습니다. 이 기회를 놓쳐서는 안 됩니다. 신은 여기 혼자 남아서 죽음으로 뒷일을 감당하겠습니다."

태자가 울며 말했다.

"일이 성공하면 우리 초나라를 태부와 함께 다스릴 것이오."

황헐은 몰래 주영을 만나 자신의 계책을 알렸다. 주영도 그렇게 하기로 하고 태자 웅완을 수레꾼으로 변장시켰다. 초나라 사신은 주영과 함께 말고삐를 잡고 마침내 함곡관을 벗어났다. 아무도 알아채는 사람이 없었다. 황헐은 객사를 지키고 있다가 진왕이 그에게 초왕의 문병을 가라고 분부하자 이렇게 말했다.

"태자께서 마침 환후 중이라 돌볼 사람이 없습니다. 태자의 환후가 좀 나은 후 떠나도록 하겠습니다."

보름이 지나 태자가 이미 진나라 관문을 나간 지 오래되었을 것으로 짐작되자 황헐은 진왕을 만나 머리를 조아리며 사죄했다.

"신 황헐은 초왕께서 어느 날 갑자기 세상을 떠나신 후, 태자가 보위를 잇지 못해 결국 대왕마마를 섬기지 못할까봐 걱정이 이만저만이 아니었습니다. 이에 제 마음대로 태자를 방면하여 진나라 관문을 나가게 했습니다. 신에게는 대왕마마를 기만한 죄가 있으므로 이제 부월斧鉞로 참형을 받고자 합니다."

진왕이 격노하여 말했다.

"초나라 놈들은 이처럼 온갖 속임수를 다 쓰는구나!"

그러고는 좌우 측근에게 호령을 내려 황헐을 옥에 가두고 참형에 처하라 했다. 그 말을 듣고 승상 범수가 간언을 올렸다.

"황헐을 죽인다고 해도 초나라 태자를 돌아오게 할 수는 없고, 초나라의 환심을 잃게 될 뿐입니다. 차라리 그의 충성심을 가상히 여겨 돌려보내는 것이 좋겠습니다. 초왕이 죽으면 틀림없이 태자가 보위를 이을 것이고, 태자가 보위를 이으면 황헐이 상국이 될 것입니다. 그렇게 되면 초나라 군신은 모두 우리 진나라의 은혜에 감사하며 계속 진나라를 섬길 것입니다."

진왕도 그렇게 생각하고 황헐에게 후한 예물을 주어 초나라로 돌려보냈다. 사관이 이 일을 시로 읊었다.

변복하고 말고삐 잡고 나는 듯이 치달렸네　　　　　更衣執轡去如飛

자칫하면 함양 땅의 포의가 될 뻔했지 險作咸陽一布衣

춘신군 황헐의 선견지명이 없었다면 不是春申有先見

회왕 때 뿌린 눈물을 또다시 뿌렸으리 懷王餘涕又重揮

황헐이 귀국한 지 3개월 만에 초나라 경양왕이 세상을 떠나고 태자 웅완이 즉위했다. 이 사람이 초 고열왕考烈王이다. 고열왕은 태부 황헐을 상국으로 승진시키고 회수淮水 이북의 땅 12개 현을 황헐에게 봉한 뒤 그에게 춘신군春申君이란 봉호封號를 내렸다. 황헐이 말했다.

"회수 북쪽 땅은 제나라와 경계를 이루고 있습니다. 바라옵건대 군郡을 설치하고 성을 쌓아 지키십시오. 대신 신을 강동江東 땅에 봉해주십시오."

이에 고열왕은 봉토를 바꾸어 황헐을 옛날 오吳나라 땅에 봉했다. 황헐은 오왕吳王 합려闔閭의 옛 성을 수리하여 도성으로 삼았다. 그리고 성안의 물길을 준설하여 사통팔달로 태호太湖와 통하게 했다. 또 파초문破楚門의 이름도 바꿔 다시 창문昌門이라 부르게 했다. 당시 맹상군은 죽었지만 조나라엔 평원군이 있었고 위나라엔 신릉군이 있어서 서로 다투어 선비를 길렀다. 초나라 황헐도 그들을 부러워하며 빈객들을 불러 모아 식객이 늘 수천 명이나 되었다. 평원군 조승도 항상 춘신군의 저택에 사자를 보냈고 춘신군도 사자를 상사上舍에 묵게 했다. 조나라 평원군의 사자는 초나라 사람들에게 위엄을 과시하려고 대모玳瑁[2]로 동곳을 만들어 머리에 꽂고, 주옥珠玉으로 칼을 장식하여 허리에 찼다. 그러나 그는 춘신군의 3000여 명의 빈객 중 상객들이 모두 밝은 구슬로 장식한 신발을 신고 다니는 것을 보고

2_ 대모玳瑁: 열대지방 바다에 사는 큰 거북. 대모의 등껍질은 단단하고 검은 무늬가 있어서 여러 가지 장신구의 재료로 사용된다.

부끄러움을 금치 못했다. 춘신군은 빈객의 계책을 이용하여 북쪽으로 추鄒나라와 노魯나라 땅을 병합했다. 또 현명한 선비 순경荀卿(순자荀子)을 난릉령蘭陵令(江蘇省 常州)으로 임명하여 정법政法을 개정하고 병사를 훈련시켰다. 이에 초나라는 다시 강국이 되었다.

이야기가 두 갈래로 나뉜다. 진 소양왕은 제나라, 초나라와 우호를 맺고 나서 대장 왕흘王齕에게 군사를 주어 한나라를 정벌하게 했다. 왕흘은 위수에서 물길로 군량미를 싣고 동쪽 황하와 낙수洛水로 들어가 군사들에게 식량을 공급했다. 왕흘이 야왕성野王城(河南省 沁陽)을 함락시키자 상당上黨(山西省 長治, 晉城 일대)으로 왕래하는 길이 끊겼다. 상당 태수 풍정馮亭은 그곳 관리, 백성과 대책을 상의하며 말했다.

"진나라가 야왕을 점거했으니 상당 땅도 이제 한나라의 소유가 아니게 될 것이다. 그러니 진나라에 항복하기보다는 조나라에 항복하는 것이 더 좋겠다. 진나라는 조나라가 땅을 거저 얻은 것에 분노하여 틀림없이 조나라로 군사를 이동시킬 것이다. 그럼 조나라는 진나라 군사의 공격을 받고 틀림없이 우리 한나라에 화친을 청할 것이다. 한나라와 조나라가 환란을 함께하며 힘을 합치면 진나라를 막아낼 수 있다."

그리하여 국서와 상당 지도를 휴대한 사신을 조나라에 파견해 그것을 효성왕에게 바치게 했다. 이때가 조 효성왕 4년, 주 난왕 53년이었다.

이 무렵 조 효성왕이 밤에 꿈을 꾸었다. 조왕은 꿈에 좌우 색깔이 다른 옷을 입고 있었는데, 하늘에서 내려온 용에 올라타자 그 용이 바로 하늘로 날아올랐고, 하늘 위에까지 닿지 못한 채 떨어지고 말았다. 떨어진 곳 양쪽에는 금산金山과 옥산玉山이 눈부시게 빛나고 있었다. 조왕은 꿈에서 깨어나 대부 조우趙禹를 불러 꿈 이야기를 했다. 조우가 대답했다.

"좌우 색깔이 다른 옷은 두 가지를 합친다는 뜻입니다. 또 용을 타고 하늘로 올라가신 것은 국운이 상승하는 모습이고, 땅으로 떨어진 것은 땅을 얻을 조짐입니다. 그리고 금과 옥이 산을 이룬 것은 장차 재물이 넘치게 된다는 의미입니다. 대왕마마께서는 조만간 틀림없이 땅을 넓히고 재물을 늘리는 경사를 맞이할 것입니다. 이 꿈은 대단한 길몽입니다."

조왕은 그 말을 듣고 매우 기뻐했다. 조왕은 잠시 후 다시 서사筮史(국가 대사를 점치는 관리)를 불러 해몽을 하게 했다. 서사는 오히려 다음과 같이 대답했다.

"좌우 색깔이 다른 옷은 조각을 이은 것이라 쇠잔함을 뜻합니다. 용을 타고 하늘 위로 날아가다 하늘에 닿지 못하고 떨어진 것은 국가 대사에 변화가 많아 이름만 있고 실질은 없다는 징조입니다. 금과 옥이 산을 이룬 것은 보기에만 좋을 뿐 쓸모가 없다는 조짐입니다. 이 꿈은 매우 불길한 흉몽입니다. 대왕마마께서는 조심하고 또 조심하셔야 합니다."

조왕은 조우의 말에 미혹되어 서사의 해몽을 옳지 않게 여겼다. 사흘 뒤 한나라 상당 태수 풍정의 사자가 조나라로 왔다. 그가 가져온 서찰의 내용은 대략 이러했다.

진나라가 한나라를 공격하여 사태가 급박합니다. 아마 상당 땅은 장차 진나라 수중에 떨어질 듯합니다. 그러나 이곳 관리와 백성은 진나라에 귀속되기를 원치 않고 조나라에 귀속되길 원합니다. 신은 감히 관리와 백성의 여망을 어길 수 없어서 신이 관할하는 17개 성을 삼가 대왕마마께 바치고자 하니 받아주시기 바랍니다.

조왕은 크게 기뻐하며 말했다.

"조우가 장차 땅을 넓히고 재산을 늘리는 경사가 있을 것이라고 하더니 오늘 드디어 그 말이 맞아떨어졌다."

그러자 평양군平陽君 조표趙豹가 간언을 올렸다.

"신이 듣건대 아무 까닭도 없이 굴러오는 이익은 재앙의 근원이라고 합니다. 대왕마마께서는 그 땅을 받지 마시옵소서!"

조왕이 말했다.

"저들이 진나라를 두려워하고 우리 조나라를 사모하기 때문에 땅을 바친 것인데, 어찌하여 아무 까닭이 없다는 것이오?"

조표가 대답했다.

"진나라는 한나라 땅을 잠식하여 야왕을 함락시키고 상당으로 통하는 길을 끊었습니다. 그 두 곳은 이제 서로 연락이 닿지 않아, 진나라 사람들은 상당 땅을 손바닥 안의 물건처럼 여기며 앉아서도 함락시킬 수 있다고 생각하고 있습니다. 그런데 그 땅이 어느 날 아침 조나라의 소유가 된다면 진나라가 어찌 수긍할 수 있겠습니까? 이는 진나라가 힘들여 밭을 간 곳에서 조나라가 무난으로 곡식을 수확하는 셈이므로 '까닭 없는 이익'이라 한 것입니다. 또 풍정이 상당 땅을 진나라에 주지 않고 조나라에 준 것은 장차 재앙을 조나라로 전가하여 한나라의 곤궁을 타파하기 위한 술책입니다. 대왕마마께서는 어찌하여 자세히 살피지 않으십니까?"

조왕은 그렇게 생각하지 않고 다시 평원군 조승을 불러 결정을 하게 했다. 평원군이 대답했다.

"백만 대군을 동원하여 1년 넘게 공격을 해도 성 하나 뺏기가 어렵습니다. 그런데 지금 한 치의 무기나 작은 식량도 허비하지 않고 17개 성을 얻게 되었으니 이것은 막대한 이익입니다. 절대 놓칠 수 없습니다."

조왕이 말했다.

"경의 말씀이 바로 과인의 마음과 같소."

이에 평원군에게 군사 5만을 주어 상당으로 가서 땅을 수령하게 했다. 그리고 풍정에게는 3만 호의 봉읍을 주고 화릉군華陵君에 봉하여 계속 태수 직을 수행하게 했다. 또 그곳의 현령 열일곱 사람에게도 각각 3000호의 봉읍을 주고 작위를 대대로 세습하게 했다. 그러나 풍정은 문을 닫고 슬피 울며 평원군과 만나지 않으려 했다. 평원군이 만나기를 간청했지만 풍정은 이렇게 말했다.

"나는 세 가지 불의한 짓을 저질렀기 때문에 사자를 만날 수 없소. 고을 태수로서 죽음으로 땅을 지키지 못했으니 이것이 첫 번째 불의요, 군주의 명령도 받지 않고 마음대로 이곳 땅을 조나라에 바쳤으니 이것이 두 번째 불의요, 나라의 땅을 팔아 부귀를 얻었으니 이것이 세 번째 불의라고 할 수 있소."

평원군은 그 말을 듣고 감탄하며 말했다.

"이 사람은 진정한 충신이다!"

그러고는 그 집 문 앞에서 사흘 동안 풍정을 기다리며 떠나지 않았다. 풍정은 평원군의 정성에 감동하여 마침내 대문으로 나왔지만 여전히 눈물을 그치지 않으면서 할양해준 땅에 다른 태수를 임명해달라고 청했다. 평원군이 재삼 풍정을 위로하며 말했다.

"태수의 마음은 나도 잘 알고 있소. 그러나 태수께서 자리에서 물러나시면 이곳 관리와 백성의 마음을 위로할 수가 없소."

그러나 풍정은 예전처럼 태수 직은 수행하면서 봉작은 끝까지 받지 않았다. 평원군이 작별을 하려고 하자 풍정이 말했다.

"상당 땅을 조나라에 바친 것은 우리 힘으로는 진나라를 막아낼 수 없기 때문이오. 바라건대 공자께서는 조왕께 이런 사정을 잘 알려주시오. 그리고 서둘러 대군을 동원하고 명장을 파견하여 진나라의 계략을 막아주시기 바라오."

평원군은 조나라로 돌아와 조왕에게 상당 땅의 상황을 보고했다. 조왕은 주연을 베풀고 새로 땅을 얻은 경사를 축하했다. 그러나 군사를 파견하는 일은 천천히 논의하자며 결정을 짓지 않았다. 이때 진나라 대장 왕흘이 군사를 동원해 상당을 포위했다. 그곳 태수 풍정은 두 달 동안 성을 굳게 지켰지만 조나라 구원병이 오지 않자 관리와 백성을 거느리고 조나라로 달아났다. 이때 조왕은 염파를 상장上將으로 임명하고 군사 20만을 주어 상당을 구원하게 했다. 행군 대오가 장평관長平關(山西省 長子 남쪽)에 이르렀을 때 풍정을 만나 상당 땅이 이미 함락되었다는 것을 알았다. 진나라 군사는 날마다 조나라로 가까이 다가오고 있었다. 염파는 금문산金門山(山西省 高平 경내) 아래로 나아가서 군영을 세우고 보루를 구축했다. 동서로 각각 수십 곳의 군영을 마치 별처럼 늘어세웠다. 또 따로 군사 1만을 나누어 풍정을 시켜 광랑성光狼城(山西省 高平 남쪽)을 지키게 했다. 그리고 또 군사 2만을 나누어 도위都尉 개부蓋負와 개동蓋同을 시켜 동쪽과 서쪽의 두 장성鄣城을 지키게 했다.

아울러 비장裨將 조가趙茄를 멀리까지 보내 진나라 군사의 동정을 염탐하게 했다. 조가는 군사 5000명을 거느리고 적정을 염탐하기 위해 장평관 밖으로 나갔다. 약 20리를 행군하다가 역시 초병哨兵을 이끌고 오는 진나라 장수 사마경司馬梗과 마주쳤다. 조가는 사마경의 군사가 얼마 되지 않는 것을 보고 곧바로 싸움을 걸었다. 양측이 교전을 벌이고 있는 중에 진나라의 두 번째 초장哨長 장당張唐이 군사를 이끌고 달려왔다. 조가는 당황한 나머지 손이 느려져서 사마경에게 목이 잘리고 말았다. 진나라 군사는 계속해서 조나라 군사를 어지럽게 살육했다. 염파는 자신이 보낸 전초병이 패배했다는 소식을 듣고 각 보루에 명령을 내려 진나라 군사와 절대로 싸우지 말고 수비에만 힘쓰라고 당부했다. 아울러 군사들에게 땅을 매우 깊게 파고 물을 가득 채우라고 했다. 군사들은 염파의 의도를 알지 못했다. 진나라 왕흘은 대군을 이끌고 와서 금문산에서 10리 떨어진 곳에 군영을 세우고 먼저 군사를 나누어 동서 두 장성鄣城을 공격했다. 개부와 개동은 성을 나와 분전했으나 싸움에 져서 전사하고 말았다. 왕흘은 승세를 타고 광랑성을 공격했다. 사마경이 용기를 떨치며 먼저 성으로 올라가자 대군도 그 뒤를 이었다. 풍정은 다시 패주하여 금문산 본영으로 도망쳤다. 염파가 그를 군영 안으로 받아들이자 진나라 군사가 본영의 보루를 공격하기 시작했다. 그때 염파가 명령을 내렸다.

"군영 밖으로 나가서 싸우는 자는 비록 승리하더라도 목을 벨 것이다."

왕흘은 조나라 군영을 공격했으나 안으로 들어갈 수 없자 자신의 군영을 조나라 군영에서 5리 떨어진 곳으로 옮겨와 적을 압박했다. 왕흘이 계속해서 몇 차례 싸움을 걸었지만 조나라 군사들은 끝끝내 밖으로 나오지 않았다. 왕흘이 말했다.

"염파는 노장이라 행군을 매우 신중하게 하니 움직이게 할 수가 없구나!"

그때 진나라 편장군偏將軍 왕릉王陵이 계책을 올렸다.

"금문산 아래에 양곡楊谷이라는 계곡이 있습니다. 우리 진나라와 조나라 군사는 모두 그 계곡에서 물을 길어 식수로 사용합니다. 조나라 보루는 계곡 남쪽에 있고, 진나라 보루는 계속 서쪽에 있습니다. 계곡물은 서쪽에서 동남쪽 방향으로 흐르고 있습니다. 만약 이 계곡물의 흐름을 끊어 동쪽으로 흘러가지 못하게 하면 조나라 군사들은 마실 물이 없어 며칠만 지나면 틀림없이 군영이 어지러워질 것입니다. 저들의 어지러움을 틈타 공격하면 반드시 승리할 수 있을 것입니다."

왕흘은 그 계책이 옳다고 여기고 군사를 시켜 계곡물을 막게 했다. 지금도 양곡을 절수絶水라고 부르는 것은 바로 이 때문이다. 그러나 염파가 미리 깊은 구덩이를 파고 물을 넉넉하게 저장해놓아서 일상생활에 전혀 부족함이 없다는 것을 누가 알았겠는가?

진나라와 조나라는 넉 달 동안 대치했지만 왕흘은 한 번도 싸울 기회가 없어서 어떤 방법도 쓸 수 없었다. 이에 진왕에게 사자를 보내 상황을 알렸다. 진왕은 응후 범수를 불러 대책을 상의했다. 범수가 말했다.

"염파는 산전수전을 다 겪은 장수여서 우리 진나라 군사가 강하다는 것을 알고 경솔하게 싸우지 않을 것입니다. 저들은 우리 진나라의 보급로가 길어서 오래 지탱할 수 없다는 것을 알고 우리 군사를 지치게 한 뒤 그 틈을 노리려 하고 있습니다. 만약 염파를 제거하지 않으면 우리는 끝내 조나라로 들어갈 수 없을 것입니다."

진왕이 말했다.

"경에게 염파를 제거할 무슨 계책이 있소?"

범수는 좌우 측근을 물러나게 해달라고 한 뒤 진왕에게 말했다.

"염파를 제거하려면 '반간계反間計'를 써야 합니다. 여차여차하게 한 다음 천금을 뿌리지 않고는 불가능한 일입니다."

진왕은 매우 기뻐하며 범수에게 천금을 내려줬다. 범수는 자신의 심복 문객에게 사잇길을 통해 한단邯鄲에 가서 조왕의 좌우 측근에게 천금의 뇌물을 주고 유언비어를 유포할 것을 명했다.

"조나라 장수 중에서는 마복군이 가장 뛰어났고 그의 아들 조괄도 용력이 부친을 능가한다. 만약 그를 장수로 임명하면 아무도 막아낼 수 없을 것이다. 염파는 늙어서 겁이 많아졌고 여러 차례 전투에서 모두 패해 조나라 병졸 3, 4만을 잃었다. 지금 진나라 군사들에게 핍박을 받고 있으므로 조만간에 항복할 것이다."

조왕은 먼저 조가 등이 피살되고 연이어 세 성을 잃었다는 소식을 듣고 사자를 장평長平으로 보내 염파에게 출전을 재촉했다. 그러나 염파는 '강고한 수비' 전략을 고수하며 전투를 하려고 하지 않았다. 조왕은 그가 겁을 먹고 있다고 의심하던 차에 좌우에서 이간질하는 말을 듣자 자신의 의심을 진실이라고 믿고 마침내 조괄을 불러 물었다.

"경은 과인을 위해 진나라 군사를 격파할 수 있겠소?"

조괄이 대답했다.

"진나라에서 무안군(백기)을 장수로 삼는다면 신이 대책을 좀 마련해야 하지만 왕흘 같은 놈이야 입에 담을 것도 없습니다."

조왕이 말했다.

"어떻게 그렇게 장담을 하시오?"

조괄이 말했다.

"무안군은 여러 번 진나라 군대의 장수가 되어 앞서 이궐에서 한나라와 위나라의 군사를 격파하고 24만 명의 장졸을 참수했습니다. 그리고 다시 위나라를 공격하여 크고 작은 성 61곳을 함락시켰습니다. 또 남쪽으로 초나라를 공격하여 언鄢과 영郢을 함락시키고 무巫와 검黔을 평정했으며, 위나라를 공격하여 망묘를 쫓아내고 장졸 13만 명을 참수했습니다. 한나라를 공격하여 다섯 성을 빼앗고 장졸 5만 명을 참수했습니다. 그리고 조나라 장수 가언賈偃의 목을 베고 그 병졸 2만 명을 황하에 수장시켰습니다. 싸우면 반드시 이겼고, 공격하면 반드시 함락시켰습니다. 그의 위엄과 명성은 평소에도 널리 알려져서 상대 군사들은 그 이름만 듣고도 전율을 일으킬 지경입니다. 신이 만약 그와 대결한다면 승패가 반반이 될 것입니다. 이 때문에 대책을 좀 마련해야 한다고 말씀드린 것입니다. 지금 왕흘은 새로 진나라 장수가 되어 염파의 비겁함을 틈타 감히 우리 조나라로 깊이 들어왔습니다만, 만약 신을 만나면 추풍낙엽 같은 신세가 될 것이니 신이 나서서 쓸어버릴 것도 없습니다."

조왕은 크게 기뻐하며 조괄을 상장으로 임명하고 황금과 비단을 하사했다. 그리고 부절을 가지고 가서 염파의 직위를 대신하게 하고 다시 강군 20만을 보태줬다.

조괄은 군사들의 사열을 마친 뒤 집으로 돌아가 어머니를 뵈었다. 그의 어머니가 말했다.

"돌아가신 네 선친께서는 네가 조나라 장수가 되어서는 안 된다고 유언을 남기셨다. 그런데 오늘 너는 어찌하여 장수 직을 사양하지 않았느냐?"

조괄이 말했다.

"사양하고 싶지 않았던 것이 아니라, 조정에 저보다 나은 사람이 없어서 어찌할 수 없었습니다."

그러자 그의 모친은 직접 상소문을 써서 간언을 올렸다.

"조괄은 단지 그의 부친이 남겨놓은 책만 읽어서 실제 전투의 변화를 모릅니다. 조괄은 장수의 재목이 아니오니 바라옵건대 대왕마마께서는 부디 전쟁터에 보내지 마십시오."

조왕은 조괄의 모친을 불러서 친히 사정을 물었다. 조괄의 모친이 대답했다.

"조괄의 아비 조사는 장수 직에 있을 때 자신이 상을 받으면 모두 군대행정 관리에게 주어 병사들과 함께 쓰게 했습니다. 또 어명을 받은 날부터 바로 군영에서 묵으며 집안일에 대해서는 절대 묻지 않고 병졸들과 고락을 함께했습니다. 또한 모든 군사 일에 대해 반드시 여러 사람에게 자문을 구하고 절대 혼자서 마음대로 처리하지 않았습니다. 그런데 지금 조괄이 조나라 장수가 되어 대왕마마께 배례를 올리자 군대 행정 관리들은 아무도 감히 조괄을 쳐다보지 못했습니다. 또 그는 상으로 받은 황금과 비단을 모두 집으로 가져왔습니다. 장수된 자가 어찌 이와 같을 수 있단 말입니까? 조괄의 아비는 임종 시에 신첩에게 이렇게 훈계를 했습니다. '만약 괄이란 놈이 장수가 되면 틀림없이 조나라 군사가 패배할 것이오.' 신첩은 아직도 그 말을 기억하고 있습니다. 바라옵건대 대왕마마께서는 다른 훌륭한 장수를 뽑아 쓰시고 절대 조괄을 등용하지 마십시오."

조왕이 말했다.

"과인의 마음은 벌써 굳어졌소!"

조괄의 모친이 말했다.

"대왕마마께서 지금 신첩의 말을 듣지 않으셨으니 만약 조괄이 패배하더라도 신첩의 일가를 연좌시키지 말아주십시오."

조왕이 허락했다. 마침내 조괄은 군사를 이끌고 한단을 떠나 장평으로 진군했다.

한편 범수는 자신이 파견한 문객이 여전히 한단에 있었으므로 그곳 사정을 낱낱이 탐지하게 했다. 범수는 조괄이 조왕에게 한 말과 조왕이 이미 그를 대장에 임명했다는 사실, 조나라 군사의 출발 날짜까지 모두 알게 되었다. 이런 사정은 연일 밤을 새워 진나라 도성 함양에 바로 보고되었다. 이에 진왕은 범수와 대책을 상의하며 말했다.

"무안군이 아니면 이 전쟁을 끝낼 수 없을 것 같소."

그러고는 바로 백기를 상장으로 삼고 왕흘을 부장으로 삼았다. 이 일은 비밀리에 진나라 군영에 전달되었다. 그리고 이렇게 입단속을 했다.

"무안군이 대장이 되었다는 사실을 누설하는 자는 목을 벨 것이다."

그 무렵 조괄이 장평관에 당도하자 염파는 그가 가지고 온 부절을 확인하고 바로 모든 군적軍籍을 조괄에게 넘겼다. 그리고 자신은 홀로 친위대 100여 명만 인솔하고 한단으로 돌아갔다. 조괄은 염파가 세워놓은 규정을 모두 뜯어고치고 방어를 위해 여러 개로 나눠놓았던 보루의 진영도 하나로 합쳐서 대규모 군영을 세웠다. 이때 풍정이 군중軍中에서 그렇게 해서는 안 된다고 간청했지만 조괄은 듣지 않았다. 조괄은 또 옛 장수를 몰아내고 자신이 데리고 온 장수로 그 자리를 채웠다. 그러고는 아주 엄하게 명령을 내렸다.

"진나라 군사가 쳐들어오면 각각 용기를 발휘하여 앞서 나가 싸워야 한다. 또 만약 싸움에서 승리하게 되면 바로 진나라 군사를 끝까지 추격하여 한 놈도 살려 보내서는 안 된다."

백기는 벌써 진나라 군영으로 부임한 조괄이 염파가 정해놓은 규정을 모두 뜯어고쳤다는 소식을 들었다. 백기는 먼저 병졸 3000명을 군영 밖으로 내보내 조나라 군사에게 싸움을 걸게 했다. 그러자 조괄이 바로 1만 군사를 거느리고 싸우러 나왔고, 진나라 군사는 짐짓 대패하여 도망하는 척했다. 백기는 보루 위로 올라가 조나라 군영을 바라보며 왕흘에게 말했다.

"내 이제 저들에게 이길 수 있는 방법을 알았네."

조괄은 한 번의 싸움에서 승리하자 자기도 모르게 기쁨에 겨워 사자使者를 진나라 군영 아래로 보내 전서戰書(싸움을 청하는 문서)를 전달하게 했다. 백기는 왕흘을 시켜 대답하게 했다.

"내일 바로 결전에 나서겠다."

그리고는 일부러 군사를 10리 뒤로 물려 왕흘이 앞서 주둔했던 곳에 다시 군영을 세웠다. 그 소식을 듣고 조괄이 기뻐하며 말했다.

"진나라 군사가 나를 두려워하는구나!"

이에 소를 잡아 군사들을 넉넉하게 먹인 다음 명령을 내렸다.

"내일 대전에서 반드시 왕흘을 사로잡아 제후들과 대화를 나눌 때 우스갯거리로 삼아야 한다."

백기는 군영을 튼튼하게 세우고 나서 장수들을 모두 불러 모아 명령을 내렸다. 장수 왕분王賁과 왕릉에게는 군사 1만으로 진영을 펼치게 한 뒤, 조괄을 상대로 번갈아가며 싸움을 걸게 했다. 그러나 싸울 때마다 절대로 이기지 말고 거짓으로 패배한 척하라고 당부했다. 그런 방법으로 조나라 군사를 유인하여 진나라 방어벽까지 끌고 오면 일등 전공戰功으로 인정해주겠다고 했다. 또 대장 사마착司馬錯과 사마경 두 사람에게는 각각 군사 1만5000명을 이끌고 지름길을 통해 조나라 군사의 뒤로 돌아가 그들의 보급로를 끊으라고 했다. 또 대장 호상에게는 군사 2만 명을 주고, 진나라 군영 왼쪽 가까이에서 주둔하고 있다가 조나라 군사들이 방어벽을 돌파하여 진나라 군사를 추격하면 바로 옆에서 쇄도해 나와 조나라 군사의 대열을 둘로 분단시키라고 했다. 또 대장 몽오와 왕전은 각각 경기병輕騎兵 5000명을 거느리고 있다가 각 부대의 전황에 따라 적절하게 도움을 주라고 명했다. 그리고 백기와 왕흘은 본래의 군영을 굳게 지키기로 했다. 그야말로 "천라지망을 펼쳐놓고 용쟁호투에 나선 장수를 잡는다安排地網天羅計, 待捉龍爭虎鬪人"는 격이었다.

이 무렵 조괄은 군영에 분부를 내려 사경四更(새벽 1~3시) 북소리가 울리면 밥을 지어 먹고, 오경五更(새벽 3~5시) 북소리가 울리면 군장을 꾸려서 해 뜰 무렵에는 대열을 지어 전진하게 했다. 행군이 5리도 채 가지 못했을 때 진나라 군사를 만났다. 양측 군사들은 둥그런 진영으로 대치했다. 조괄이 선봉장 부표傅豹를 출전시키자 진나라에서는 장수 왕분을 내세워 교전을 벌이게 했다. 대략 30여 합을 싸운 뒤 왕분이 짐짓 패배한 척 달아나자, 부표가 그 뒤를 추격하기 시작했다. 조괄은 다시 왕용王容에게 군사를 주어 추격을 돕게 했다. 왕용은 추격전을 벌이다가 진나라 장수 왕릉을 만났다. 그러나 대략 몇 합도 겨루지 못하고 왕릉도 패배하여 달아났다. 조괄은 조나라 군사가 연전연승하는 것을 보고 자신이 직접 대군을 이끌고 추격전을 벌이기 시작했다. 풍정이 다시 간언을 올렸다.

"진나라 군사는 기만술에 능하오. 저들의 패배도 곧이곧대로 믿어서는 안 되오. 원수께서는 적을 추격하지 마시오."

그러나 조괄을 들은 척도 하지 않고 다시 10여 리를 추격하여 진나라 군영의 방어벽 앞에 당도했다. 왕분과 왕릉은 군영을 에돌며 달아났지만 진나라 군영의 방어벽은 열리지 않았다. 조괄은 모든 부대에게 일제히 방어벽을 공격하게 했지만 여러 날이 지나도록 진나라 군영의 튼튼한 방어벽을 함락시킬 수 없었다. 그러자 조괄은 후군에 사자를 보내 군영을 앞으로 옮겨와 함께 진나라 군영을 치자고 했다. 그때 조나라 장수 소사蘇射가 말을 타고 나는 듯이 달려와 조괄에게 보고했다.

"우리 후군은 진나라 장수 호상에게 가로막혀서 전진할 수가 없소."

조괄이 격노하여 말했다.

"호상이란 놈이 이처럼 무례하다니 내가 직접 가봐야겠다."

그러고는 초병을 시켜 진나라 군사의 동정을 염탐하게 했다. 초병이 돌아와 보고했다.

"서쪽 길에는 군마가 끊임없이 이어지고 있지만, 동쪽 길은 무인지경입니다."

이에 조괄은 군사를 지휘하여 동쪽 길로 돌아 행군을 재촉했다. 행군이 2, 3리도 못 갔을 때 진나라 대장 몽오의 군사가 측면 비탈에서 쏟아져 나오며 고함을 질렀다.

"조괄 네놈은 무안군의 계책에 걸려들었다. 어서 투항하라!"

조괄은 화가 치밀어 올라 창을 내지르며 몽오와 싸우려 했다. 그때 편장군 왕용이 앞으로 나서며 말했다.

"수고롭게 원수께서 나서실 것까지는 없습니다. 저 왕용이 오늘 전공을 세우겠습니다."

왕용은 바로 몽오를 가로막고 교전을 벌이기 시작했다. 그때 왕전이 거느린 군사도 전투에 가세하자 조나라 군사들 중에 사상자가 매우 많았다. 조괄은 승리하기 어렵다고 생각하고 징을 울려 군사를 거두었다. 그리고 수초水草가 자라는 곳에다 군영을 세웠다. 그러자 풍정이 또 간언을 올렸다.

"군대의 사기는 날카로워야 하오. 지금 우리 군사가 비록 불리한 형세에 처했지만 힘써 싸우면 본영으로 귀환할 수 있을 것이니, 그곳에서 힘을 모아 적과 맞서야 하오. 만약 이곳에 군영을 세우면 앞뒤로 적의 공격을 받게 되어 다시는 이곳을 벗어날 수 없을 것이오."

　그러나 조괄은 그 말을 듣지 않고 군사들에게 보루를 쌓게 하고 튼튼하게 방어벽을 쳐서 적을 막아내게 했다. 그리고 한편으로는 조왕에게 구원을 요청하고 다른 한편으로는 후군에 사자를 보내 군량미를 가져오도록 재촉했다. 하지만 후방 보급로가 이미 진나라 장수 사마착과 사마경에 의해 차단되었다는 걸 어떻게 알 수 있었겠는가? 이미 백기의 대군이 앞을 가로막고 있었고, 호상과 몽오 등의 대군이 후방을 끊고 있었다. 게다가 진나라 군사는 매일 무안군의 명령이라고 칭하며 조괄에게 투항을 권고하고 있었다. 조괄은 이때서야 비로소 백기가 정말 진나라 군영에 있는 것을 알고 깜짝 놀라 간담이 서늘해졌다.

　한편 진왕은 무안군의 승첩을 보고받고 조괄이 장평에서 곤궁에 빠진 것을 알았다. 그리하여 진왕은 친히 수레에 올라 하내河內로 가서 민가의 장정을 모두 징발했다. 무릇 열다섯 살 이상의 남자는 모두 종군하게 한 뒤, 길을 나누어 조나라 사람들의 식량과 사료를 약탈하여 아예 조나라가 구원병을 징발하지 못하도록 막았다. 조괄은 진나라 군사에게 포위되었고 46일이 지나자 군영 안의 양식이 모두 떨어지고 말았다. 병졸들은 서로가 서로를 잡아먹으며 배를 채우고 있었지만 조괄은 그것을 금지할 수가 없었다. 조괄은 할 수 없이 장수와 군사를 네 부대로 나누었다. 부표가 거느린 부대는 동쪽으로, 소사가 거느린 부대는 서쪽으로, 풍정이 거느린 부대는 남쪽으로, 왕용이 거느린 부대는 북쪽으로 가서 적의 포위망을 돌파하게 했다. 네 부대는 일제히 북을 울리며 포위망을 뚫기 위해 치달려나갔다. 한 곳이라도 포위망이 뚫리면 조괄이 나머지 세 부대를 불러들여 그곳으로 함께 치고 나가기로 했다. 그러나 무안군 백기가 미리 궁수를 선발하여 조나라 방어벽을 따라 둥그렇게 복병을 묻어뒀을 줄 그 누가 짐작이나 했겠는가? 진나라 궁수들은 조나라 군사들이 쏟아져 나오자 장수와 병졸을 가리지 않고 마구 화살을 퍼부었다. 조나라 진영의 네 부대는 서너 차례 돌파를 시도했지만 모두 화살을 맞고 자신의 진영으로 되돌아가고 말았다. 또다시 한 달이 흘렀다. 조괄은 분노를 참을 수 없어 최상의 정예병 5000명을 정선하여 모두에게 두꺼운 갑옷을 입히고 준마를 타게 한 뒤 조괄 자신이 직접 창을 잡고 선봉에 서서 공격에 나섰다. 부표와 왕용이 그 뒤를 바짝 따르며 포위망을 돌파하려 했다. 그들을 보고 진나라 장수 왕전과 몽오가 한꺼번에 달려나왔다. 조괄은 그들과 여러 차례 큰 전투를 벌였지만 포위망을 뚫을 수 없었다. 할 수 없이 조괄은 자신의 보루로 되돌아가려고 하다가 말이 넘어지는 바람에 땅바닥에 떨어져 몸에 화살을 맞고 목숨을 잃었다. 조나라 군사는 큰 혼란에 빠졌다. 부표와 왕용도 모두 전사했다. 소사는 풍정을 이끌고 함께 달아나려 했다. 풍정이 말했다.

"내가 조 원수에게 세 번이나 간언을 올렸지만, 끝내 내 말을 듣지 않아 이 지경에 이르렀소. 이것은 천명이오. 어디로 도망친단 말이오?"

그러고는 바로 자신의 칼로 목을 찌르고 자결했다. 소사는 포위를 탈출하여 오랑캐 땅으로 달아났다. 백기가 항복을 재촉하는 깃발을 세우자 조나라 군사는 모두 갑옷과 무기를 버리고 투항하며 소리쳤다.

"진나라 만세!"

백기는 군사를 시켜 조괄의 목을 효수하게 하고 조나라 군영으로 가서 군사를 위로했다. 그곳에는 아직도 20여만 명의 군사가 남아 있었다. 그들은 원수가 피살되었다는 소식을 듣고는 싸우려 하지 않았고 항복하기를 원했다. 갑주와 무기가 산처럼 쌓였고, 군영에 있던 크고 작은 병거들은 모두

백기가 장평에서 조나라 병졸을 몰살시키다.

진나라 군사의 소유가 되었다.

백기는 왕흘과 계책을 의논하며 말했다.

"앞서 우리 진나라가 야왕野王을 함락시키고 상당을 장악했지만 그곳 관리와 백성은 진나라에 귀속되는 걸 기뻐하지 않고 조나라에 귀속되기를 원했네. 지금 앞서거니 뒤서거니 항복한 조나라 병졸이 모두 40여만 명이나 되는데 저들이 어느 날 변란이라도 일으키면 어떻게 막아낼 수 있겠는가?"

이에 항복한 조나라 장졸을 모두 열 개의 병영으로 분산시켜 장수 열명에게 그들을 통제하게 하고 진나라 군사 20만 명을 그곳에 배치했다. 그리고 각 군사에게 쇠고기와 술을 하사하고 이렇게 선언했다.

"내일 무안군께서 조나라 군사를 분류하고 선발하신다. 전투를 잘하는 최정예 병사에겐 무기를 지급하고 진나라로 데려가서 계속 군사로 쓸 것이다. 전투를 감당할 수 없는 노약자나 힘이 고갈된 자는 모두 조나라로 돌려보낼 것이다."

조나라 군사는 그 말을 듣고 환호작약했다. 이날 밤 무안군은 조나라 포로를 지키는 열 명의 장수에게 비밀리에 명령을 내렸다.

"오늘 밤 초경初更(저녁 7~9시)이 되면 우리 진나라 군사들은 흰 띠로 머리를 동여매라. 머리에 흰 띠를 두르지 않은 자는 모두 조나라 군사이니 남김없이 죽여라."

진나라 군사는 이날 밤 명령을 받들고 일제히 달려나갔다. 항복한 조나라 포로들은 아무 준비도 없었을 뿐만 아니라 몸에 무기 하나도 지니고 있지 않아서 속수무책으로 살육당했다. 다행히 군영 문밖으로 달아난 자들도 군사를 이끌고 순라에 나선 몽오와 왕전을 만나 모두 사로잡혀 참수당했다. 하룻밤 사이에 40만 대군이 모두 목숨을 잃었다. 피가 시내를 이뤄 콸콸 넘쳐흘렀고, 양곡楊谷(山西省 高平 서북)의 계곡물도 모두 붉게 변했다. 이에 지금도 그곳의 물을 단수丹水라 부른다. 무안군은 조나라 병졸의 두개골을 수습하여 진나라 보루 사이에 쌓아놓고 두로산頭顱山(山西省 高平 경내)이라 부르며 누대樓臺로 삼았다. 두개골로 쌓은 까마득한 누대를 백기대白起臺라 불렀고 그 백기대 아래가 바로 양곡이다. 훗날 당唐나라 현종玄宗 황제가 순행 중에 이곳에 들렀다가 처연히 탄식하며 고승 삼장三藏에게 명하여 7일 밤낮으로 수륙재水陸齋를 올리게 하고 원통하게 죽은 조나라 군사들의 혼령을 천도했다. 이 때문에 그 계곡 이름을 성원곡省寃谷이라 부르기도 한다. 이것은 모두 뒷날의 이야기다. 사관이 이 일을 시로 읊었다.

높디높은 백기대는 모두가 두개골이니	高臺百尺盡頭顱
어찌 그것이 만 개의 마른 뼈에 그치랴?	何止區區萬骨枯
화살과 돌은 무정한데 승리 위해 그랬다니	矢石無情緣鬪勝
가련하게도 병졸들이 무슨 죄가 있었던가?	可憐降卒有何辜

장평長平 대전을 통틀어보면 그 전투를 전후하여 참수된 조나라 포로가 모두 45만 명이었고, 앞서 왕흘에게 투항한 장졸들도 모두 주살을 당했다. 나이 어린 240명만 죽이지 않고 한단으로 살려 보내 진나라의 위력을 소문내게 했다. 조나라의 국가 존망이 어떻게 될지는 다음 회를 보시라.

임신한 첩을 바치다

무안군(백기)은 원통하게 두우에서 죽고
여불위는 교묘한 계책으로 이인을 귀국시키다
武安君含冤死杜郵, 呂不韋巧計歸異人.

조나라 효성왕은 처음에는 조괄의 승전보를 받고 매우 기뻐했으나, 뒤이어 조나라 군사가 장평에서 곤경을 겪고 있다는 소식을 듣고 구원병을 보낼 일을 상의하고 있었다. 그때 갑자기 보고가 올라왔다.

"대장 조괄이 죽고 조나라 군사 40여만 명은 모두 진秦나라에 항복했다가 하룻밤 새에 무안군(백기)에게 몰살을 당했고, 겨우 240명만 살아 돌아왔습니다."

조왕은 대경실색하며 어쩔 줄 몰라 했고 신료들도 두려움에 떨지 않는 사람이 없었다. 조나라 국내에 남아 있던 자식들은 피살당한 아버지를 통곡했고, 아버지는 아들을 통곡했고, 형은 아우를 통곡했고, 아우는 형을 통곡했고, 할아버지는 손자를 통곡했고 아내는 남편을 통곡했다. 온 거리와 시장통에 통곡 소리가 끊이지 않았다. 오직 조괄의 어머니만 울지 않고 이렇게 말했다.

"내 아들 조괄이 장수가 될 때부터 이 늙은이는 그놈을 산 사람으로 생각하지 않았다."

조왕은 조괄의 모친이 전에 한 말이 생각나서 죽이지 않고 오히려 곡식과 비단을 내려 위로했다. 또 염파에게 사자를 보내 사과했다. 조나라 전체가 공황 상태에 빠져 있을 때 변방의 관리가 또 보고를 올렸다.

"진나라 군사가 상당을 함락시켰고 그곳의 17개 성이 모두 진나라에 항복했습니다. 지금 무안군은 친히 대군을 거느리고 진격해오면서 한단을 포위할 거라고 공언하고 있습니다."

조왕이 신하들에게 물었다.

"누가 진나라 군사를 막아낼 수 있겠소?"

대답하는 신하가 아무도 없었다. 평원군은 귀가하여 빈객들에게 두루 대책을 물었다. 빈객들 중에도 대답하는 사람이 없었다. 그때 마침 소대가 평원군의 처소에 와 있다가 이렇게 말했다.

"저를 함양으로 보내주시면 진나라가 조나라를 공격하지 않게 할 수 있습니다."

평원군이 그의 말을 조왕에게 아뢰자 조왕은 막대한 황금과 비단을 그에게 주고 진나라로 들어가게 했다.

소대는 진나라로 가서 응후 범수를 만났다. 범수는 소대에게 읍을 하며 상좌에 앉히고 물었다.

"선생께서는 무슨 일로 오셨소?"

소대가 말했다.

"승상을 위해 왔소."

"저에게 무슨 가르침을 주시려오?"

"무안군 백기가 조나라 마복군의 아들 조괄을 죽였다는 게 사실이오?"

"그렇소."

"지금 또 한단을 포위하려 하오?"

"그렇소."

"무안군의 용병술은 신과 같소. 그는 진나라 장수가 되어 다른 나라의 고을 70여 성을 빼앗았고 거의 100만에 가까운 적병을 참수했소. 이윤이나 여망呂望의 공로가 크다 해도 이보다 더 뛰어나지는 못할 것이오. 그는 지금 또 군사를 거느리고 한단을 포위하고 있으므로 조나라는 틀림없이 망할 것이오. 조나라가 망하면 진나라는 제업帝業을 이루게 되고, 진나라가 제업을 이루면 무안군은 좌명공신佐命功臣의 으뜸이 되어 상나라의 이윤이나 주나라의 여망과 같은 지위를 누릴 것이오. 승상께서는 지금 비록 고귀한 신분이긴 하지만 결국은 백기의 아랫자리에 처하지 않을 수 없을 것이오."

범수는 깜짝 놀라며 앞으로 다가와 물었다.

"그럼 어찌하면 좋소?"

소대가 말했다.

"승상께서는 한나라와 조나라가 땅을 떼어 진나라에 화친하려는 요구를 들어주시는 것이 좋을 것이오. 대저 땅을 할양받으면 그것은 승상의 공이 될 것이고, 아울러 무안군의 병권도 빼앗을 수 있게 되오. 그럼 승상의 지위는 태산보다 더 튼튼하게 될 것이오."

범수는 크게 기뻐하며 다음 날 바로 그 대책을 진왕에게 아뢰었다.

"우리 진나라 군사들은 너무 오랫동안 외지에 체류하고 있어서 이미 피로가 극심합니다. 이제 휴식할 수 있게 해주십시오. 한나라와 조나라에 사신을 보내 땅을 할양하면 강화를 받아들이겠다고 하십시오."

진왕이 말했다.

"승상께서 알아서 처리하시오."

그리하여 범수는 다시 막대한 황금과 비단을 내어 소대에게 주고 그를 한나라와 조나라로 보내 자신의 말을 전하게 했다. 한왕과 조왕은 진나라의 공세가 두려워서 모두 소대의 계책에 따랐다. 한나라는 원옹성垣雍城(河南省 原陽 서북) 한 곳을 할양했고, 조나라는 무려 여섯 성을 할양했다. 그후 두 나라는 각각 진나라로 사신을 보내 강화를 요청했다. 한나라가 겨우 한 개의 성만 바쳤다며 진왕이 불평하자 사신이 말했다.

"지금 진나라 군사가 점령한 상당 땅 17개 현縣도 모두 한나라 땅이었습니다."

진왕은 그 말을 듣고 웃으면서 강화를 수락하고 무안군에게 군사를 거두라고 명령을 내렸다. 백기는 연전연승을 거둔 뒤 바야흐로 한단을 포위하려고 하다가 갑자기 군사를 거두라는 명령을 받았다. 그는 그것이 응후의 계략임을 알아채고 크게 한탄했다.

이때부터 백기와 범수 사이에는 틈이 벌어지기 시작했다. 백기는 군사들 앞에서 큰 소리로 연설을 했다.

"조나라가 장평에서 패배하고 나서 한단성 사람들은 하룻밤에도 열 번씩이나 깜짝깜짝 놀란다. 만약 승세를 타고 공격을 하면 한 달 만에 한단성을 함락시킬 수 있을 것이다. 그러나 애석하게도 응후가 대세를 알지 못하고 군사를 거두라고 주장하여 기회를 놓치고 말았다."

진왕은 그 소식을 듣고 크게 후회하며 말했다.

"백기는 한단을 함락시킬 수 있다는 걸 알면서도 어찌하여 일찍 아뢰지 않았는가?"

그리하여 다시 백기를 대장으로 임명하고 조나라를 정벌하려 했다. 그러나 백기가 병이 나서 전장으로 갈 수 없었다. 그 후 다시 왕릉을 대장으로 임명하여 군사 10만을 주고 조나라 한단성을 포위하게 했다. 조왕은 염파를 시켜 적을 막아내게 했다. 염파는 수비를 튼튼히 하면서 자신의 집안 재산을 털어 결사대를 모집한 뒤 때때로 밤중에 밧줄을 타고 성을 내려가 진나라 군영을 공격하게 했다. 이들의 공격을 받고 왕릉의 군사는 여러 번 패하고 말았다. 이때 무안군 백기의 병이 낫자 진왕은 백기에게 왕릉의 대장 직을 대신하게 했다. 무안군이 아뢰었다.

"한단은 실로 함락시키기가 쉽지 않습니다. 지난번에 조나라 군사를 크게 격파했을 때는 저들 백성이 공포에 떨며 안정을 찾지 못하고 있었습니다. 저들의 수비가 견고하게 자리 잡지 못했고 저들의 공격도 힘을 쓸 수 없었기 때문에 그때 승세를 타고 공격했다면 쉽게 함락시킬 수 있었을 것입니다. 지금은 벌써 2년이 지난 상황이라 저들의 고통은 이미 진정되었고, 또 노장 염파가 대장이 되어 있어 조괄과는 비교할 수가 없습니다. 제후들도 우리 진나라가 조나라와 강화를 한다고 해놓고 다시 공격에 나선 것을 보고 모두 진나라를 믿지 못하겠다고 생각할 것입니다. 그럼 저들은 틀림없이 다시 '합종책'으로 연합하여 조나라를 구원하러 올 것입니다. 신은 우리 진나라의 승리를 장담할 수 없습니다."

진왕은 백기에게 강제로 대장 직을 맡겼으나 백기는 한사코 사양했다. 진왕은 응후 범수를 시켜 백기를 설득하게 했으나 백기는 범수가 전에 자신의 전공을 가로막은 것에 화가 나서 마침내 몸이 아프다는 핑계를 대고 대장 직을 받아들이지 않았다. 진왕이 범수에게 물었다.

"무안군이 정말 몸이 아픈 것이오?"

범수가 말했다.

"정말 아픈지 어떤지는 알 수 없으나 대장 직을 맡지 않겠다는 마음은 흔들림이 없어 보입니다."

진왕이 분노하여 말했다.

"백기는 우리 진나라에 다른 장수가 없다고 생각하고 저렇게 행동하는 것이다. 어찌 그자가 아니면 장수가 없으랴? 지난번 장평 싸움에서 승리한 것도 본래 왕흘이 처음에 용병을 잘했기 때문이다. 왕흘이 어찌 백기만 못하랴?"

이에 군사 10만을 더 동원하여 왕흘에게 주고 왕릉의 지위를 대신하게 했다. 조나라에 여러 번 패배한 왕릉은 결국 귀국한 뒤 삭탈관직을 당했다. 왕흘은 한단을 다섯 달이나 포위했지만 함락시킬 수 없었다. 무안군 백기가 그 소식을 듣고 자신의 빈객에게 이야기했다.

"내가 본래 한단성을 쉽게 함락시킬 수 없다고 말했지만 대왕께서는 내 말을 듣지 않았소. 그러다가 지금 결국 어떻게 되었소?"

그 빈객은 평소에 응후의 빈객과 교분이 깊었다. 그 말은 마침내 밖으로 새어나가 범수의 귀에 들어갔다. 범수는 진왕에게 그 말을 전하고 무안군을 대장으로 삼아야 한다고 요청했다. 그러나 무안군은 거짓으로 병이 위독하다고 하며 다시 대장 직을 사양했다. 진왕은 격노하여 무안군의 작위를 박탈하고 병졸로 강등시킨 뒤 음밀陰密(甘肅省 靈臺 서남)로 거처를 옮기라고 했다. 그리고 잠시도 머뭇거리지 말고 즉각 함양성에서 나가라고 호통을 쳤다. 무안군이 탄식하며 말했다.

"범여范蠡가 일찍이 '교활한 토끼가 죽으면 사냥개는 삶아 먹는다狡兔死,

走狗烹'라고 하더니, 나는 진나라를 위해 제후들의 성을 70여 개나 함락시켰지만 결국 삶아져 먹히게 되었다."

그리고는 함양성 서문을 나서 두우杜郵(陝西省 咸陽 경내)에 이르러 잠시 쉬며 자신의 짐을 실은 수레가 도착하기를 기다리고 있었다. 이때 응후 범수가 다시 진왕에게 아뢰었다.

"백기는 함양을 떠나면서 불평불만을 품고 원망을 늘어놓았다고 합니다. 이를 보면 몸이 아프다는 것도 거짓말입니다. 그가 다른 나라로 가서 진나라를 해칠까 몹시 두렵습니다."

이에 진왕은 사자에게 날카로운 칼을 주고 그것을 다시 백기에게 전하여 자결하게 하라고 명령을 내렸다. 사자는 두우에 이르러 진왕의 명령을 전했다. 무안군 백기는 칼을 잡고 탄식하며 말했다.

"내가 하늘에 무슨 죄를 지었기에 이런 지경에 빠졌단 말인가?"

그리고 나서 또 한참 후에 말했다.

"나는 죽어 마땅하다. 장평대전에서 나는 항복한 조나라 병졸 40여만 명을 속임수로 하룻밤 새 모두 죽여 구덩이에 묻었다. 이 죄가 진실로 얼마인가? 오늘 나의 죽음은 지극히 당연한 일이다!"

그리고는 진왕이 내린 칼로 스스로 목을 찔러 죽었다. 이때가 진 소양왕 50년 11월, 주 난왕 58년 11월이었다. 진나라 사람들은 백기가 죄도 없이 죽었다고 생각하고 그를 동정하지 않는 사람이 없었다. 그들은 곳곳에 백기의 사당을 세우고 그를 추모했다. 뒷날 당나라 말년에 이르러 하늘에서 벼락이 쳐 소 한 마리가 죽었는데 그 소의 복부에 '백기白起'라는 두 글자가 쓰여 있었다. 사람들은 백기가 살인을 많이 해서 수백 년 후 짐승이 되어서도 벼락을 맞았다고 수군거렸다. 살인을 저지른 업보는 이처럼 막중하니

杜郵寬火君舍政安

무안군(백기)이 두우에서 원통하게 죽다.

장수된 자가 어찌 경계하지 않을 수 있겠는가?

    진왕은 백기를 죽이고 나서 다시 정예병 5만을 징발한 뒤 정안평을 장수로 임명하여 왕흘을 돕게 했다. 진왕은 반드시 한단을 함락시킬 작정이었다. 조왕은 진나라가 군사를 증원하여 공격에 나섰다는 소식을 듣고 두려움에 떨며 여러 나라로 사신을 파견해 구원병을 요청하려고 했다. 평원군 조승이 말했다.

    "위나라는 우리 인척이고 평소에도 우호를 유지해왔으므로 틀림없이 구원병을 보낼 것입니다. 그러나 초나라는 나라도 크고 먼 곳에 있기 때문에 합종책으로 설득하지 않으면 안 될 것이니, 신이 직접 가보겠습니다."

    이에 자신의 문하에 있는 식객 중에서 문무겸전한 인재 20명을 뽑아 함께 가기로 했다. 3000여 명의 식객을 살펴보니 문文에 능통한 자는 무武를 갖추지 못했고, 무에 뛰어난 자는 문을 갖추지 못하고 있었다. 평원군은 그들 중에서 고르고 골라 겨우 19명을 확정했다. 20명도 채우지 못하자 평원군이 탄식하며 말했다.

    "내가 선비를 부양한 지 수십 년이 되었지만 인재를 얻기가 이렇게 어렵단 말인가?"

    그때 말석에 앉아 있던 빈객 한 사람이 앞으로 나서며 말했다.

    "신과 같은 사람은 그 숫자에 들어갈 수 없습니까?"

    평원군이 성명을 묻자 그가 대답했다.

    "신의 성은 모毛이고 이름은 수遂입니다. 대량 사람으로 이곳에서 문객 생활을 한 지 3년이 되었습니다."[1]

    평원군이 웃으며 말했다.

"대저 현명한 선비의 처세는 마치 주머니 안에 송곳을 넣어둔 것과 같아서 그 날카로운 송곳 끝이 바로 밖으로 삐져나오기 마련이오.[2] 지금 선생께서는 나의 문하에서 3년이나 있었다고 말씀하시는데 나는 아직 성함을 들어본 적이 없소. 그러므로 선생께서는 문과 무 중에서 한 가지도 잘하는 점이 없는 것 같소."

모수가 말했다.

"신은 오늘에야 겨우 저를 주머니 속에 넣어달라고 청할 기회를 얻었습니다. 좀 더 일찍 저를 주머니 속에 넣어주셨다면 송곳 전체가 밖으로 튀어나왔을 것입니다. 어찌 송곳 끝에 그치겠습니까?"

평원군은 그 말을 기이하게 여기고 그를 20명 안에 포함시켜 그날로 바로 조왕에게 작별 인사를 하고 초나라 도성[3]을 향해 출발했다. 평원군은 초나라 도성에 당도하고는 먼저 춘신군 황헐에게 통지했다. 황헐은 평소에 평원군과 친교가 있었기 때문에 초 고열왕에게 그 소식을 알렸다.

여명 무렵 평원군은 초나라 조정에 들어가서 고열왕과 상견례를 끝냈다. 초왕과 평원군은 대전 위에 앉았고, 모수와 19명의 문객은 계단 아래에 늘어서 있었다. 평원군은 조용하게 합종책으로 진나라를 물리쳐야 한다고 언급했다. 초왕이 말했다.

"합종책을 처음 시작한 건 조나라였는데, 나중에 장의의 유세를 듣고

1_ 모수자천毛遂自薦. 모수毛遂가 스스로를 천거함. 자기가 자기를 추천함을 비유한다.(『사기史記』 「평원군열전平原君列傳」)

2_ 낭중지추囊中之錐. 주머니 속의 송곳이라는 뜻. 재능이나 지혜가 뛰어난 사람은 보통 사람들 사이에 묻혀 있어도 금방 두각을 나타냄을 비유한다. 대중지추袋中之錐, 낭추출두囊錐出頭라고도 한다.(『사기史記』 「평원군열전平原君列傳」)

3_ 초나라 도성: 당시 초나라는 진秦나라의 핍박을 받아 도성을 진도陳都(河南省 淮陽)로 옮겼다.

맹약을 굳게 지키지 못했소. 또 앞서 우리 회왕께서도 합종책의 종약장이 되어 진나라를 정벌했지만 이기지 못했소. 그 뒤 또 제 민왕도 종약장이 되었지만 제후들이 등을 돌렸소. 그래서 지금은 열국들이 '종'이란 말만 들어도 꺼리는 형편이오. 이 일은 마치 모래를 뭉치는 것 같아서 쉽게 말할 수 있는 것이 아니오."

평원군이 말했다.

"소진이 합종책을 제창한 이후 여섯 나라는 형제가 되기로 원수洹水에서 맹약을 맺었습니다. 이 소식을 듣고 진나라 군사는 감히 함곡관 밖으로 15년 동안이나 나오지 못했습니다. 그 뒤 제와 위는 서수犀首(공손연)에게 속아 조나라를 정벌하려 했고, 초 회왕은 장의에게 속아 제나라를 정벌하려 했습니다. 이 때문에 합종책이 점차 와해되었습니다. 만약 이 세 나라가 원수의 맹약을 굳게 지키며 진나라에게 속지 않았다면 진나라가 어떻게 할 수 있었겠습니까? 제 민왕은 명목상으로 합종책을 추진한다고 했지만 실제로는 다른 나라를 병합하려 했던 것입니다. 이러한 까닭에 제후들이 제나라에 등을 돌린 것이지 어찌 합종책이 잘못된 계책이었겠습니까?"

"오늘날의 형세를 보면 진나라만 강하고 다른 제후국들은 모두 약하오. 그러니 각각 자신을 보위하기에도 바쁜 형편인데 어찌 다른 나라를 도울 힘이 있겠소?"

"진나라가 힘은 강하지만 이를 나누어 여섯 나라를 제압하기는 어렵습니다. 또한 여섯 나라가 약하지만 힘을 합쳐서 진나라를 제압하는 것은 쉽습니다. 만약 각국이 자신을 보위하는 데만 힘쓰고 서로 도와주지 않는다면, 하나의 강한 나라가 하나의 약한 나라를 상대하게 되니 그 승부는 벌써 판가름 난 것이나 다름없습니다. 이렇게 되면 진나라 군사는 날마다 약한 나라로 진격해 들어갈 것입니다."

"진나라는 한 번 출병하여 한나라 상당의 열일곱 개 성을 함락시키고 조나라 병졸 40여만 명을 매장시켰소. 한나라와 조나라가 힘을 합쳐도 무안군 백기 한 사람을 당해내지 못했소. 지금 또 진나라가 조나라 한단을 공격하고 있는데, 이처럼 궁벽하고 먼 곳에 자리 잡고 있는 우리 초나라가 제때에 도와줄 능력이 있겠소?"

"우리 주상께서는 장수를 잘못 임용하여 장평 전투에서 패배하고 말았습니다. 그러나 지금 왕릉과 왕흘은 20여만 군사를 이끌고 한단성 아래에 진을 친 지 1년이 넘었지만 우리 조나라를 털끝만큼도 해치지 못하고 있습니다. 이런 상황에서 각국의 구원병이 한곳에 모이면 진나라의 예봉을 꺾을 수 있습니다. 그럼 이후 여러 해 동안 안락한 삶을 누릴 수 있을 것입니다."

"진나라는 얼마 전에 우리 초나라와 새로 우호를 맺었소. 그럼에도 과인이 합종책에 따라 조나라를 구원한다면 진나라가 틀림없이 우리 초나라에 분노할 것이오. 이것은 우리 초나라가 조나라를 대신하여 원망을 받는 꼴이오!"

"진나라가 초나라와 우호를 맺은 것은 삼진三晉을 정벌하는 데 전념하기 위해서입니다. 만약 삼진이 망한다면 초나라가 어찌 홀로 지탱할 수 있겠습니까?"

그러나 초왕은 진나라가 두려워서 끝까지 머뭇거리며 결정을 하지 못했다. 이때 모수가 계단 아래에 서 있다가 해시계를 돌아보니 시간이 벌써 정오 무렵이었다. 그는 칼을 잡고 계단 위로 올라가 평원군에게 말했다.

"합종책의 이해득실은 두 마디 말이면 바로 판단할 수 있습니다. 그런데 지금 주군께서는 해 뜰 무렵에 입조하여 정오가 되도록 결정을 짓지 못하고 있으니 어찌된 까닭입니까?"

초왕이 노하여 물었다.

"이자는 누구요?"

평원군이 말했다.

"이 사람은 신의 빈객 모수라고 합니다."

초왕이 말했다.

"과인이 네 주군과 천하 대사를 논의하고 있거늘 빈객 따위가 어찌 그리 말이 많단 말이냐?"

초왕은 그를 꾸짖으며 물러가라고 했다. 그러나 모수는 몇 걸음 더 올라가서 패검佩劍을 눌러 잡고 말했다.

"합종책은 천하 대사이므로 천하 사람 누구나 논의할 수 있습니다. 제 주군께서 앞에 계시는데 어찌하여 저를 꾸짖으십니까?"

그러자 초왕은 안색을 좀 부드럽게 피면서 물었다.

"빈객은 무슨 할 말이라도 있소?"

모수가 말했다.

"초나라는 땅이 5000여 리나 되고, 초 무왕과 문왕 때부터 지금까지 천하에 군림하며 맹주로 일컬어지고 있습니다. 그러다가 어느 날 갑자기 진나라가 떨쳐 일어나 초나라 군사를 여러 번 패퇴시켰고, 초 회왕까지 감금하여 돌아가시게 했습니다. 또 진나라 백기란 놈은 연거푸 싸움을 걸어와 초나라의 언 땅과 영 땅까지 모두 함락시켰습니다. 초나라는 결국 진나라의 핍박에 못 이겨 도읍까지 진도陳都로 옮겼습니다. 이러한 일은 백대百代에까지 이어질 원한이라 삼척동자라도 부끄럽게 여길 것인데 대왕께서만 홀로 그렇게 생각하지 않으십니까? 오늘 논의하는 합종책은 조나라를 위한 것이 아니라 초나라를 위한 것입니다."

초왕이 말했다.

"그렇소. 그렇소이다!"

"그럼 대왕께서는 결심을 하신 것입니까?"

"과인은 이미 결심했소."

모수는 바로 좌우 시종을 불러 삽혈을 하기 위한 쟁반을 가져오게 하고 초왕 앞에 무릎을 꿇고 말했다.

"대왕께서 종약장이시니 먼저 삽혈을 하십시오. 그다음은 우리 주군께서 삽혈을 하실 것이고 마지막에 신 모수가 삽혈을 하겠습니다."

그리하여 마침내 합종 맹약이 이루어졌다. 삽혈이 끝나자 모수는 왼손으로는 삽혈 쟁반을 들고 오른손으로는 함께 온 19명에게 손짓을 하며 말했다.

"여러분도 당하堂下에서 함께 삽혈을 하도록 하시오. 여러분은 소위 '다른 사람의 힘에 의지하여 일을 성취하는因人成事'[4] 사람들이구려!"

초왕은 합종책을 허락하고 바로 춘신군에게 군사 8만 명을 주어 조나라를 구원하게 했다. 평원군은 귀국하여 감탄하며 말했다.

"모 선생의 세 치 혀가 백만 군사보다 강하오. 나 조승은 많은 사람을 두루 살펴왔지만 이번에 모 선생에게는 실수를 했소. 이제 나는 감히 천하 선비들의 관상을 보지 못하겠소."

이때부터 평원군은 모수를 상객으로 삼았다. 이를 읊은 시가 있다.

4_ 인인성사因人成事. 다른 사람의 힘에 의지하여 일을 성취한다는 뜻. 하는 일 없이 남에게 빌붙어서 공로를 함께 누림을 비유한다.(『사기史記』「평원군열전平原君列傳」)

배 젓는 노는 아무리 커도 사람 손에 움직이고　　　　　櫓檣空大隨人轉

저울추는 비록 작아도 천 근을 달 수 있네　　　　　　　秤錘雖小壓千斤

날카로운 송곳을 주머니에 넣지 않고　　　　　　　　　利錐不與囊中處

문이니 무니 어지럽게 열아홉 명을 뽑았도다　　　　　文武紛紛十九人

이 무렵 위나라 안리왕은 대장 진비에게 10만 군사를 거느리고 가서 조나라를 구원하게 했다. 진왕은 제후들이 구원병을 보냈다는 소식을 듣고 친히 한단으로 가서 전투를 독려했다. 그리고 위왕에게 사신을 보내 이렇게 말했다.

"우리 진나라는 조나라 한단을 공격하여 조만간에 함락시킬 것이오. 감히 조나라를 구원하러 오는 제후가 있으면 반드시 군사를 이동시켜 먼저 그 나라를 격파할 것이오."

위왕은 몹시 두려워하며 사자를 보내 진비의 군사를 따라잡게 하고 그에게 함부로 진격하지 말라고 당부했다. 진비는 그 명령에 따라 업하鄴下(河北省 臨漳 서남)에 군사를 주둔시켰다. 초나라 춘신군도 무관武關에 군사를 주둔시킨 채 사태를 관망하며 전진하지 않았다. 이 이야기는 여기에서 잠시 접어두고자 한다.

한편 진秦나라 왕손 이인은 진나라와 조나라가 민지에서 회맹한 뒤 조나라에 인질로 보내졌다. 이인은 바로 안국군의 둘째 아들이다. 안국군은 이름이 주柱, 자는 자혜子傒로 소양왕의 태자였다. 안국군에게는 아들이 20여 명 있었지만 모두 후궁 소생이었고 적자適子는 없었다. 안국군이 총애하는 부인은 초나라 출신 화양부인華陽夫人이었지만 아들이 없었다. 이인의 모친 하희夏姬는 총애를 받지 못하고 일찍 죽었다. 이 때문에 이인이 인질로 선택되어 조나라로 보내졌고, 이후 오랫동안 안부 서신을 보내는 사람도 없었다. 진나라 왕전이 조나라를 정벌할 때는 조왕이 인질에게 화를 내며 이인을 죽이려고 했다. 그러자 평원군이 간언을 올렸다.

"이인은 진왕의 총애도 받지 못하는데 그런 사람을 죽여서 무슨 이득이 있겠습니까? 진나라 사람들에게 뒷날 우호를 끊을 빌미만 제공할 뿐입니다."

그러나 조왕은 분노를 삭이지 못하고 이인을 총대叢臺에 안치하고, 대부 공손건公孫乾을 보내 함께 거주하며 출입을 감시하게 했다. 아울러 그에게 제공하던 일상 물자도 모두 줄였다. 이인은 출입할 때 타고 다닐 수레도 없었고 물자나 재물도 넉넉하지 않아서 온종일 우울하게 지내야 했다.

이 무렵 양적陽翟(河南省 禹州) 일대 사람으로 부자父子가 모두 장사를 하는 여불위呂不韋란 사람이 있었다. 그는 평소 각국을 왕래하며 물건을 싸게 사서 비싸게 팔아 집 안에 천금의 재산을 쌓아두고 있었다. 그때 마침 그는 한단에 머물고 있다가 길에서 우연히 이인이 지나가는 걸 보게 됐다. 이인은 분을 바른 듯한 하얀 얼굴에 연지를 바른 듯한 붉은 입술을 하고 있었다. 비록 쓸쓸하게 보이긴 해도 귀인의 품위를 잃지 않고 있었다. 여불위는 남몰래 기이하다고 찬탄하며 옆에 있는 사람에게 물었다.

"저분은 누구시오?"

옆 사람이 대답했다.

"저 사람은 진왕의 태자인 안국군의 아들인데 지금 조나라에 인질로 와 있소. 근간에 진나라 군사가 자주 국경을 침범하자 우리 대왕께서 몇 번이나 저 사람을 죽이려고 했소. 비록 죽음은 면했지만 총대에 억류되어 있고 일상 용품도 부족해서 가난뱅이나 다름없소."

여불위는 몰래 혼잣말로 탄식했다.

"참으로 간직할 만한 진기한 보배로다!"5

여불위는 집으로 돌아와 부친에게 물었다.

"농사를 지으면 몇 배의 이익을 남길 수 있습니까?"

부친이 말했다.

"열 배다."

"구슬이나 옥돌을 매매하면 몇 배의 이익을 남길 수 있습니까?"

"백 배다."

"만약 어떤 사람을 왕으로 세워서 그 나라 강산을 장악하면 몇 배의 이익을 남길 수 있습니까?"

부친이 웃으며 말했다.

"어떻게 왕으로 세울 수 있단 말이냐? 그렇게만 된다면 그 이익이 천만 배는 될 것이다. 그것은 도저히 계산할 수 없는 숫자다."

여불위는 공손건에게 백금百金을 주고 교분을 맺었다. 공손건과 점점 친숙하게 왕래하면서 이인과도 자연스럽게 만나게 됐다. 여불위는 아무것도 모르는 것처럼 가장하고 이인의 내력을 물었다. 공손건은 이인의 사정을 사실대로 여불위에게 이야기했다. 어느 날 공손건이 주연을 마련하여 여불위를 초청하자 여불위가 말했다.

"주연 자리에 다른 손님을 초대하지 않았다면 여기 계신 진나라 왕손을

5_ 기화가거奇貨可居. 기이한 물건을 손에 넣어 간직하다는 뜻. 뒷날 큰 이익을 가져다줄 진귀한 보배나 뛰어난 인물을 미리 알아보고 그것에 일찍 투자하는 것을 비유한다.(『사기史記』 「여불위열전呂不韋列傳」)

합석시키는 것이 어떻겠소?"

공손건은 그의 말에 따라 이인을 초청하여 여불위와 인사를 나누게 하고 함께 술을 마셨다. 술이 반쯤 오르자 공손건이 일어나 측간厠間에 갔다. 이 틈을 타서 여불위가 목소리를 낮추어 이인에게 물었다.

"지금 진왕께서는 연로하셨고, 태자 안국군은 화양부인을 총애하고 있지만 두 분 사이에 아들이 없습니다. 게다가 마마의 형제 20여 명 중에는 아직도 안국군의 총애를 독차지하는 아들이 없습니다. 이런 상황에서 마마께서는 어찌하여 진나라로 귀국하여 화양부인을 섬기며 그분의 아들이 되려 하지 않으십니까? 그렇게만 되면 뒷날 보위에 오를 희망이 있을 것입니다."

이인이 눈물을 머금고 대답했다.

"내가 어찌 그런 희망을 품을 수 있겠소? 고국이란 말만 들어도 심장이 찢어질 것 같소. 그런데도 이곳을 탈출할 계책이 없으니 그것이 한스러울 뿐이오!"

여불위가 말했다.

"저의 집이 비록 가난하지만 천금의 자금을 가지고 마마를 위해 서쪽 진나라로 가서 태자마마와 화양부인에게 이곳 상황을 전하고 마마를 구해달라고 청하겠습니다. 어떻습니까?"

이인이 말했다.

"만약 그대의 말대로 되어 내가 부귀를 얻을 수 있다면 그대와 함께 나누겠소."

두 사람이 대화를 대략 마칠 무렵 공손건이 돌아오며 물었다.

"무슨 말씀들을 그렇게 재미있게 나누시오?"

여불위가 말했다.

"제가 왕손께 진나라에서 매매되는 옥돌의 가격을 여쭸더니 왕손께서 모르겠다고 하시는구려."

공손건은 더 이상 의심하지 않고 다시 술을 권했다. 세 사람은 술을 마시며 한껏 즐기다가 헤어졌다. 이때부터 여불위와 이인은 자주 함께 만났다. 여불위는 비밀리에 이인에게 500금을 주고 그 돈으로 그를 감시하는 좌우 사람을 매수하게 했으며, 또 빈객들과도 교분을 맺게 했다. 공손건의 위아래 측근들은 모두 이인의 뇌물을 받고 한 가족처럼 지내며 다시는 그를 의심하거나 미워하지 않았다.

여불위는 다시 500금을 들여 진기한 보물과 노리개를 사서 공손건과 작별하고 함양으로 갔다. 여불위는 화양부인에게 진나라로 시집온 언니가 있음을 알아내고 그 집안 좌우 시종을 매수하여 화양부인의 언니에게 연줄을 놓게 했다. 여불위가 말했다.

"조나라에 계시는 이인 왕손께서 태자마마의 부인을 친어머니처럼 그리워하며 극진한 효성을 바치고 있습니다. 그리하여 지금 저를 보내 이 선물을 드리게 했습니다. 왕손께서는 부인을 친 이모님으로 받들겠다고 하십니다."

그러고는 마침내 황금과 주옥珠玉 한 상자를 바쳤다. 화양부인의 언니는 매우 기뻐하며 대청으로 나와 주렴을 드리우고 손님을 맞았다. 그러고는 여불위에게 말했다.

"왕손의 마음이 아름답기는 하지만 공연히 손님에게 폐를 끼치며 멀리까지 행차를 하게 했구려. 왕손은 지금 조나라에서 아직도 고향 생각을 하고 있소?"

여불위가 대답했다.

"저는 왕손의 공관 맞은편에 거주하고 있습니다. 무슨 일이 있으면 바로

呂不韋
歸하
異人

여불위가 이인을 귀국시키기 위한 계책을 꾸미다.

제게 말씀을 하셨기 때문에 저는 그분의 마음을 모두 알고 있습니다. 왕손
께서는 태자마마의 부인을 밤낮없이 그리워하고 있습니다. 왕손께서 제게
말씀하시기를 자신은 어려서 어머니를 여의어 태자마마의 부인이 바로 자
신의 친어머니이므로 조속히 귀국해서 친히 봉양하며 효도를 다하고 싶다
고 했습니다."

"근래 왕손의 안부는 어떠하오?"

"진나라 군사가 누차 조나라를 침범하자 조왕은 그때마다 왕손을 죽이
려 했습니다. 다행히 조나라 신하와 백성이 모두 왕손을 살려둬야 한다고
아뢰었기 때문에 겨우 목숨은 부지하고 있습니다. 이런 까닭에 왕손께서는
더욱 간절하게 귀국하고 싶어하십니다."

"조나라의 신하와 백성이 무슨 연유로 왕손을 보호하려는 것이오?"

"왕손의 어질고 효성스러운 성품은 그 누구도 짝할 사람이 없습니다. 매
번 진왕秦王마마와 태자마마 그리고 그 부인의 탄신 및 설날, 매달 초하루
그리고 보름날이 되면 반드시 목욕재계한 뒤 향을 피우고 서쪽을 향해 절
을 하며 이분들의 만수무강을 축원합니다. 조나라 사람 중에서 이 일을 모
르는 사람은 아무도 없습니다. 또 학문을 좋아하고 현인을 존중하며 여러
제후의 빈객과 교류하고 있습니다. 이 일도 천하에 두루 알려져서 사람들
은 모두 그분의 어질고 효성스러운 성품을 칭송하고 있습니다. 이런 연유로
조나라의 신하와 백성이 왕손을 보호하려고 하는 것입니다."

여불위는 말을 마치고 나서 또 500금에 해당하는 황금과 보옥 및 진기
한 노리개를 바치며 말했다.

"왕손께서는 지금 귀국하여 태자마마의 부인을 모실 수 없기 때문에 이
보잘것없는 예물이라도 바치고 효성을 표시하겠다고 하셨습니다. 바라옵건

대 왕실의 친척이신 부인께서 이 예물을 좀 전달해주십시오."

화양부인의 언니는 집안 가신을 시켜 여불위에게 술과 음식을 융숭하게 대접하라고 한 뒤 입궁하여 화양부인에게 여불위의 말을 전했다. 화양부인은 진기한 보물을 보고 '왕손이 진정으로 나를 그리워하고 있구나'라고 생각했다. 화양부인의 마음속에는 기쁨이 솟구쳤다. 화양부인의 언니가 다시 돌아와 여불위에게 그 사실을 이야기했다. 여불위가 모른 척하고 물었다.

"화양부인에겐 아들이 몇 분 있습니까?"

그 언니가 대답했다.

"아들이 없소."

여불위가 말했다.

"제가 듣건대 '미모로써 다른 사람을 섬기는 사람은 미모가 시들면 사랑을 잃는다以色事人者, 色衰而愛弛'고 합니다. 그런데 지금 화양부인께서는 태자마마를 섬기며 지극한 사랑을 받고 있지만 아들이 없습니다. 이런 때에는 태자마마의 여러 아들 중에서 어질고 효성스러운 사람을 골라 양자로 세워야 합니다. 그럼 평생토록 영화를 누린 후에도 그 아들이 왕이 될 것이니 영원히 세력을 잃지 않게 됩니다. 그렇게 하지 않았다가 뒷날 미모가 시들고 사랑을 잃는 날에는 땅을 치고 후회해도 소용없을 것입니다. 지금 이 인은 어질고 효성스러운 데다 스스로 화양부인께 귀의하고 있습니다. 그는 자신이 보위에 오를 수 없는 차남임을 알고 있습니다. 그러니 화양부인께서 그를 선택하여 적자로 삼으시면 대대로 진나라에서 은총을 받고 복을 누릴 수 있지 않겠습니까?"

화양부인의 언니는 다시 그의 말을 화양부인에게 전했다. 화양부인이 말했다.

"그 문객의 말이 옳아요!"

어느 날 밤 화양부인은 안국군과 술을 마시며 즐기다가 갑자기 눈물을 뚝뚝 흘리며 울었다. 태자가 이상하게 생각하고 연유를 물었다. 화양부인이 대답했다.

"신첩은 후궁이 되어 은총을 받고 있으나 불행하게도 아들이 없습니다. 대왕마마의 여러 아들 중에서 이인이 가장 현명하다고 합니다. 또 제후들의 빈객도 그와 왕래하며 모두 입이 닳도록 그를 칭찬하고 있습니다. 만약 이인을 데려와 후사로 삼을 수 있다면 신첩이 노후를 의지할 수 있을 것 같습니다."

태자가 그 일을 허락했다. 화양부인이 말했다.

"태자마마께서 오늘은 신첩의 청을 허락하셨지만 내일 또 다른 후궁의 말을 듣고 오늘 일을 잊으실지도 모릅니다."

태자가 말했다.

"부인께서 믿지 못하시겠다면 내가 부절을 만들어 맹세하겠소."

태자는 바로 옥으로 부절을 만들어 '적사이인適嗣異人'(이인을 적통 후사로 삼는다)이라는 네 글자를 새기고 그것을 반으로 쪼개 각자가 하나씩 보관하도록 했다. 그 부절을 신표로 삼는다는 의미였다. 화양부인이 말했다.

"이인이 지금 조나라에 있는데 어떻게 귀국시킬 수 있겠습니까?"

태자가 말했다.

"내가 틈을 보아 아바마마께 부탁해보겠소."

이때 진 소양왕은 조나라에 화가 나 있던 차에 태자가 이인을 귀국시키자고 하자 들은 척도 하지 않았다. 여불위는 왕후의 아우 양천군陽泉君이 진왕의 총애를 받고 있다는 것을 알고 다시 그 집 가신들에게 뇌물을 먹이고 양천군을 만났다. 여불위가 말했다.

"대부께서는 극형을 당할 죄를 지으셨는데 알고 계십니까?"

양천군이 깜짝 놀라며 물었다.

"내가 무슨 죄를 지었다는 것이오?"

여불위가 말했다.

"대부의 문하 사람들은 고관대작에 올라 두터운 봉록을 누리지 않는 사람이 없고, 마구간에는 준마가 가득 차 있으며, 후원에는 미녀들이 넘쳐납니다. 그런데 태자의 문하에는 부귀하거나 득세한 사람이 없습니다. 지금 진왕께서는 춘추가 많으신데, 어느 날 갑자기 붕어崩御하시면 태자께서 보위를 이을 것이고 그럼 태자 문하의 사람들이 틀림없이 대부를 심하게 원망할 테니 대부께서 멸문지화의 길로 들어서는 것은 명약관화한 사실이 아닙니까?"

양천군이 말했다.

"허면 지금 내가 무슨 계책을 써야 하오?"

여불위가 말했다.

"대부의 연세를 100세까지 연장시키고, 대부의 권세를 태산보다 더 튼튼하게 안정시킬 수 있는 계책이 있습니다. 들어보시겠습니까?"

양천군이 무릎을 꿇고 여불위에게 계책을 청했다. 여불위가 말했다.

"진왕께서는 지금 춘추가 많으시고 태자 안국군에겐 적자가 없습니다. 이런 상황에서 왕손 이인이 어질고 효성스럽다고 제후들에게 명성이 알려졌지만 안타깝게도 조나라에 버려진 채 밤낮없이 고국으로 돌아오기만을 학수고대하고 있다 합니다. 이 기회에 대부께서 왕후마마에게 청해 진왕께 말씀을 올려 이인을 귀국시킨 뒤 태자의 뒤를 이을 적자로 삼게 하십시오. 그럼 왕손 이인은 나라가 없는 처지에서 나라를 갖게 되고, 화양부인께서는 아들이 없다가 아들을 갖게 됩니다. 이후 태자와 왕손은 왕후마마의 은덕에 감사하며 대대손손 끝없는 혜택을 베풀어줄 것이니 대부의 작위도 길이길이 이어질 것입니다."

양천군이 여불위에게 절을 올리며 말했다.

"삼가 가르침을 받들겠소."

양천군은 그날 바로 여불위의 말을 왕후에게 전했고 왕후도 그 말을 진왕에게 전했다. 진왕이 말했다.

"조나라에서 강화를 청해오면 내가 그 아이를 귀국시키도록 하겠소."

이때 태자가 여불위를 불러서 물었다.

"나는 이인을 우리 진나라로 불러들여 후사로 삼고 싶지만 부왕께서 아직 허락하지 않으시오. 선생에게 무슨 묘책이 없소?"

여불위가 머리를 조아리며 말했다.

"태자께서 진실로 왕손 이인을 후사로 삼으시겠다면 소인이 천금의 재산을 아끼지 않고 조나라 권력자에게 뇌물을 써서 반드시 그분을 구해오겠습니다."

태자와 화양부인은 매우 기뻐하며 황금 300일을 여불위에게 건네준 뒤, 그것을 다시 왕손 이인에게 전해주고 빈객을 사귀는 경비로 사용하라고 했다. 왕후도 황금 200일을 여불위에게 주었다. 화양부인은 또 이인을 위해 옷 한 상자를 지어주고 여불위에게 따로 황금 100일을 하사했다. 아울러 여불위를 미리 태부로 임명하고 왕손 이인에게 이렇게 말을 전하게 했다.

"조만간 상봉할 수 있을 것이니 너무 근심하지 말라!"

여불위는 작별 인사를 하고 한단으로 돌아와 먼저 부친을 뵙고 그간의 경과를 자세히 이야기했다. 그의 부친은 매우 기뻐했다. 다음 날 예물을 갖추어 공손건을 만나고 나서 왕손 이인을 만났다. 여불위는 황금 500일과 화양부인이 지어준 옷을 이인에게 바쳤다. 이인은 뛸 듯이 기뻐하며 여불위에게 말했다.

"옷은 내게 주시고 황금은 선생께서 가져가셔서 쓸데가 있으면 마음대로 사용하시오. 나를 고국으로 돌아가게만 해주시면 그 깊은 은혜를 절대 잊지 않겠소."

한편 여불위는 이전에 조희趙姬라는 한단의 미녀를 첩으로 얻은 적이 있었다. 조희는 춤과 노래에 뛰어났다. 여불위는 조희가 임신 2개월인 것을 알고 마음속으로 한 가지 계책을 생각해냈다.

'왕손 이인이 귀국하면 틀림없이 보위를 이을 것이다. 만약 조희를 이인에게 바치고 아들을 낳는다면 그 아이는 나의 혈육이다. 그 아이가 보위를 계승해 왕이 되면 영씨嬴氏의 천하는 바로 여씨呂氏의 천하로 바뀌는 것이다. 이건 나의 온 재산을 다 털어 넣어도 아깝지 않은 사업이다.'

그리하여 여불위는 이인과 공손건을 자신의 집으로 초청해 주연을 베풀었다. 상 위에는 온갖 산해진미가 가득 차려져 있었고, 피리 소리와 노랫소리가 아름답게 울려 퍼지고 있었다. 주흥이 반쯤 무르익었을 때 여불위가 입을 열었다.

"소인이 얼마 전에 새로 젊은 비첩 하나를 들였는데 자못 가무歌舞에 뛰어납니다. 이제 그 비첩을 불러 술을 한 잔 권하게 할 테니 당돌하다고 욕은 하지 마십시오."

여불위는 푸른 옷을 입은 어린 계집종에게 명령을 내려 조희를 불러오게 했다. 조희가 나오자 여불위가 말했다.

"두 분 귀인께 배례를 드리거라."

조희는 연꽃 같은 걸음으로 사뿐사뿐 걸어와 양탄자 위에서 두 사람에게 머리를 조아렸다. 이인과 공손건은 황망 중에 읍을 하며 답례했다. 여불위는 조희에게 금 술잔을 받들어 올려 두 사람에게 축수를 하게 했다. 금 술잔이 이인에게 왔을 때 이인이 고개를 들어 바라보니 그 아름다운 모습에 넋이 나갈 지경이었다. 과연 어떤 모습이었을까? 이를 읊은 사詞가 있다.

구름 같은 귀밑머리 매미 날개인 양 가볍게 휘날리고	雲鬢輕挑蟬翠
가녀린 눈썹은 고운 봄 산처럼 은은하네	蛾眉淡掃春山
붉은 입술은 한 점 앵두 같고	朱唇點一顆櫻桃
하얀 치아는 두 줄기 백옥 같네	皓齒排兩行白玉
보조개 피는 미소는	微開笑靨
포사가 유왕을 유혹하는 듯	似褒姒欲媚幽王
사뿐히 걷는 연꽃 걸음은	緩動金蓮
서시가 오왕吳王을 미혹시키는 듯	擬西施堪迷吳主
수만 가지 교태는 눈으로 다 볼 수 없고	萬種嬌容看不盡
그 한 몸 요염함은 그림으로도 그릴 수 없네	一團妖冶畫難工

조희는 술잔을 올리며 축수祝壽를 끝내고 나서 긴 소매를 휘날리며 춤을 추었다. 양탄자 위에서 고운 손을 크게 작게 휘저으며 춤을 추는 모습은 마치 하늘 위에서 용이 노니는 듯했고, 춤사위에 펄럭이는 옷소매는 흡사 창공에 흰 무지개가 걸린 듯했다. 빙글빙글 몸을 돌릴 때에는 가벼운 깃털

이 회오리바람을 따라 도는 듯하여, 그 아름답고 경쾌한 모습이 고운 안개와 함께 어우러지는 것 같았다. 공손건과 이인은 눈이 어질어질하고 정신이 혼미하여 넋을 놓고 바라봤다. 두 사람은 부지불식간에 찬사를 연발했다. 조희가 가무를 마치자 여불위는 다시 큰 술잔에 술을 부어 두 사람에게 올렸다. 두 사람은 단숨에 술잔을 들이켰다. 조희는 술을 다 권하고 나서 바로 안채로 들어갔다. 주인과 손님은 다시 서로 술을 권하며 만취할 때까지 주연을 즐겼다. 공손건은 자기도 모르는 사이에 크게 취하여 바로 그 자리에 쓰러졌다. 이인은 조희의 고운 모습이 눈에 어른거려 술김에 체면을 무릅쓰고 여불위에게 청했다.

"나는 외로운 몸으로 이곳에 인질로 잡혀 있소. 객관은 무척 쓸쓸하오. 바라건대 조희를 내 아내로 주면 평생의 소원을 풀 수 있을 것 같소. 몸값이 얼마나 되는지 모르겠으나 내 마땅히 그 값을 치르겠소."

여불위는 분노한 척 말을 했다.

"저는 호의로 두 분을 청하여 비첩까지 불러내 술을 권하며 존경의 마음을 표시했습니다. 그런데 마마께서는 제가 사랑하는 여인까지 뺏으려 하시니 이것이 대체 무슨 경우입니까?"

이인은 그 말을 듣고 황망하고 불안한 모습을 보이며 무릎을 꿇고 말했다.

"내가 고독한 객지 생활로 인해 망령되게도 선생께서 사랑하는 사람을 달라고 했소. 이것은 취중망언이니 심히 허물하지는 마시오."

여불위는 얼른 이인을 부축해 일으키며 말했다.

"저는 마마를 위해 모든 계책을 다 바치고 천금의 재산까지 다 쏟아부으면서도 전혀 아깝다고 생각하지 않았습니다. 그러니 지금 어찌 비첩 하나를 아끼겠습니까? 그러나 조희는 나이가 어려 부끄럼을 많이 타 말을 듣지 않을까 염려가 됩니다. 조희가 원한다면 즉시 마마께 보내드려 마마의 곁에서 이부자리를 펴는 일을 돕도록 하겠습니다."

이인은 재배를 올리며 감사 인사를 했다. 그리고 공손건이 술에서 깨기를 기다려 함께 수레를 타고 숙소로 돌아왔다.

그날 밤 여불위가 조희에게 말했다.

"진나라 왕손께서 너를 매우 사랑하신다며 너를 아내로 맞이하겠다고 내게 부탁했다. 네 생각은 어떠하냐?"

조희가 말했다.

"첩은 이미 제 온몸을 바쳐 서방님을 섬기고 있고 또 아이까지 가졌습니다. 그런데 어찌하여 저를 내치시어 다른 사람을 섬기라고 하십니까?"

여불위가 몰래 속삭였다.

"네가 나를 따르다가 늙어 죽으면 한 장사꾼의 여자밖에 되지 않는다. 왕손 이인은 앞으로 진왕이 될 사람이다. 네가 그분의 총애를 받으면 틀림없이 왕후가 될 것이고, 천행으로 배 속 아이가 아들이면 그 아이가 태자가 될 것이다. 그럼 너와 나는 진왕의 친부모가 되어 영원토록 부귀를 누릴 수 있게 된다. 네가 부부의 정을 생각한다면 네 뜻을 꺾고 내 계책에 따라다오. 그리고 이 일은 절대로 밖으로 발설해서는 안 된다."

조희가 말했다.

"서방님의 원대한 계책을 첩이 어찌 감히 받들지 않을 수 있겠습니까? 그러나 우리 부부간의 사랑을 어찌 끊으시려는지요?"

말을 마치고 조희는 눈물을 흘렸다. 여불위는 조희를 어루만지며 말했다.

"네가 만약 우리 사랑을 잊지 못하겠다면 뒷날 진나라의 천하를 얻은 후 다시 부부가 되어 영원히 헤어지지 말자꾸나. 이 또한 아름다운 일이 아니냐?"

두 사람은 마침내 하늘에 맹세하고 그날 밤 잠자리를 함께했다. 두 사람이 평소보다 더욱 깊은 정을 나누었다는 것은 자세히 서술할 필요도 없겠다. 이튿날 여불위는 공손건의 거처로 가서 간밤에 너무 무례한 짓을 했다고 사과했다. 공손건이 말했다.

"내가 지금 왕손과 함께 댁으로 가서 후의에 감사를 드리려던 참이었소. 그런데 이렇게 먼저 왕림해주시니 몸 둘 바를 모르겠소."

잠시 후 왕손 이인도 도착하여 감사 인사를 했다. 여불위가 말했다.

"마마께서 제 소첩을 추악하게 여기지 않으시고 아내로 맞이하겠다고 하시니, 저와 소첩이 몇 번이나 의논한 끝에 삼가 높으신 명령을 따르기로 마음먹었습니다. 오늘이 마침 길일이라 바로 마마의 처소로 보내드리겠습니다."

이인이 말했다.

"선생의 높으신 뜻은 제가 분골쇄신해도 다 갚기가 어렵겠소."

옆에서 공손건이 말했다.

"그런 좋은 인연을 맺으신다니 내가 마땅히 중매를 서야겠소."

공손건은 마침내 좌우 시종에게 혼인 잔치 자리를 마련하라고 명령을 내렸다. 여불위는 그 자리에서 물러났다가 밤이 되자 조희를 온거溫車에 태워 이인에게 보냈다. 이인은 그날 밤 조희와 혼례를 올렸다. 염옹이 이 일을 시로 읊었다.

새 기쁨과 옛사랑이 하루아침에 뒤바뀌니　　　　　　新歡舊愛一朝移

화촉동방에 곤궁한 왕손 마침내 뜻을 얻었네　　　　　　花燭窮途得意時

모두들 왕손 이인이 나라 얻었다 말하지만　　　　　　盡道王孫能奪國

여씨 아이에게 나라 바칠 줄 그 누가 알았으랴?　　　　誰知暗贈呂家兒

이인은 조희를 얻자 물고기가 물을 만난 듯 그녀를 지극히 사랑했다. 대략 한 달여가 지나자 조희가 마침내 이인에게 말했다.

"첩이 마마를 모시고 나서 하늘이 도우시어 태기가 있습니다."

이인은 그 내력을 알지 못한 채 조희가 자신의 씨를 잉태한 줄 생각하고 더욱더 기뻐했다. 조희는 이미 2개월 전에 임신한 채로 이인에게 시집왔으므로 8개월이 지나면 바로 열 달이 차서 해산을 해야 했다. 그러나 배 속의 아이는 전혀 움직임이 없었다. 천하를 통일할 진정한 제왕을 임신하고 있었기 때문에 보통 아이와는 달리 12개월이 되어서야 조희는 사내아이를 낳았다. 아이를 낳자 방 안에 붉은빛이 가득했고 수많은 새가 모여들었다. 아이는 콧날이 우뚝했고 눈이 크고 길었으며 네모반듯한 이마에 겹 눈동자를 갖고 있었다. 입에는 벌써 이가 여러 개 나 있었고 목덜미에는 용의 비늘이 한 줄 돋아나 있었다. 울음소리는 또 얼마나 우렁찬지 길거리 사람들도 모두 그 울음소리를 들을 정도였다. 그날이 진 소양왕 48년 정월 초하루였다. 왕손 이인은 뛸 듯이 기뻐하며 말했다.

"내가 듣건대 천운을 타고 나는 군주는 반드시 특이한 징조를 가지고 있다고 한다. 이 아이는 골상이 비범할 뿐만 아니라 정월 초하룻날 태어났으니 뒷날 틀림없이 천하에 큰 정치를 펼 것이다."

이에 왕손 이인은 조희趙姬의 조趙 자를 따고, 정치政治의 정政 자를 따서 아이 이름을 조정趙政이라 했다. 뒷날 조정은 진나라 보위를 이어받아 육국六國을 병합했다. 이 사람이 바로 진시황秦始皇이다. 당시 여불위도 조희가 아들을 낳았다는 소식을 듣고 남몰래 기뻐했다.

진 소양왕 50년에 조정은 이미 세 살이 되었다. 이때 진나라 군사가 조나라 한단을 매우 급박하게 포위하자 여불위가 이인에게 말했다.

"조왕이 또 마마에게 화를 내면 어찌하시겠습니까? 진나라로 몸을 피해야 위험에서 벗어날 수 있을 것입니다."

이인이 말했다.

"이 일은 전부 선생의 계책에 따르겠소."

여불위는 황금 600근을 가져와서 그중 300근을 한단성 남문을 지키는 수문장과 병졸들에게 고루고루 나눠주며 부탁했다.

"우리 집 온 가족은 양적에서 이곳으로 와서 장사를 하고 있는데 불행하게도 진나라 도적놈들이 성을 포위한 지 오래되어 오고 가지 못하니 고향 생각이 더 간절합니다. 제가 가진 전 재산을 여러 장군님께 모두 나눠드리겠습니다. 제발 인정을 베푸시어 우리 일가가 고향에 돌아갈 수 있도록 성 밖으로 내보내주십시오. 이 은혜는 절대 잊지 않겠습니다."

수문장은 여불위의 부탁을 들어줬다. 여불위는 다시 황금 100근을 공손건에게 주고 고향 양적으로 돌아가고 싶다는 뜻을 전달하면서 부디 남문 수문장에게 부탁하여 자신을 내보내달라고 요청했다. 남문 수문장과 병졸들 모두 여불위의 뇌물을 받았기 때문에 순조롭게 인정을 베풀었다. 여불위는 먼저 이인에게 조씨 모자를 데리고 비밀리에 처가에 가 있게 한 뒤 이날 술자리를 마련하고 공손건을 초청하여 이렇게 말했다.

"제가 사흘 안에 성을 나갈 예정이기 때문에 특별히 오늘 술잔을 나누며 작별 인사를 드리고자 합니다."

여불위는 공손건에게 술을 먹여 만취하게 하고 좌우 군졸들에게도 술과 고기를 풍족하게 내려 마음대로 먹고 마시게 했다. 이들은 각자 배불리 먹고 취한 다음 잠에 곯아떨어졌다. 한밤중이 되자 이인은 미복으로 갈아입고 하인들 틈에 섞여 여불위 부자를 따라 남문으로 갔다. 수문장은 왕손 이인 일행이 진짜인지 가짜인지 구별하지 못하고 몰래 성문을 열어 그들을 성 밖으로 내보냈다. 당시 진나라 왕흘의 본영은 서문 밖에 있었다. 여불위는 본래 고향으로 간다고 말했기 때문에 우선 남문으로 길을 잡을 수밖에 없었다. 왕손 이인 부부와 여불위 세 사람은 하인들과 한패를 이루어 밤새도록 달려간 뒤 방향을 크게 바꾸어 서문에 있는 진나라 본영으로 길을 잡았다. 날이 밝을 무렵 그들은 진나라 군사들에게 사로잡혔다. 여불위가 이인을 가리키며 말했다.

"이분은 진나라 왕손이시다. 앞서 조나라에 인질로 잡혀 있다가 오늘 한단을 탈출하여 본국으로 돌아가려고 한다. 너희는 속히 길을 안내하라."

순찰병들은 말을 내주고 세 사람을 태운 뒤 왕흘의 본영으로 안내했다. 왕흘은 이들 일행의 내력을 분명하게 확인하고 나서 군막 안으로 들어오게 하여 인사를 나누었다. 그리고 이인에게 좋은 의관을 주어 옷을 갈아입게 하고 잔치를 베풀며 환대했다. 왕흘이 말했다.

"대왕마마께서 전투를 독려하기 위해 이곳으로 납시었습니다. 행궁이 여기서 불과 10리도 안 되는 곳에 있습니다."

왕흘은 수레와 말을 준비하여 이인 일행을 행궁으로 전송했다. 진 소양왕은 이인을 보고 기쁨을 감추지 못하며 말했다.

"태자가 밤낮없이 너를 생각하더니 오늘 우리 손자가 호랑이 아가리를 탈출하여 이곳에 왔구나. 먼저 함양으로 돌아가 네 부모의 마음을 위로해주도록 해라."

이인은 진왕과 작별하고 여불위 부자와 수레에 올라 마침내 함양으로 향했다. 이인 부자의 상봉이 어떠할지는 다음 회를 보시라.

동해를 밟고 들어가 죽을지언정

노중련은 진나라의 제업을 인정하지 않고

신릉군은 부절을 훔쳐 조나라를 구하다

魯仲連不肯帝秦, 信陵君竊符救趙.

여불위는 왕손 이인과 함께 진왕秦王에게 작별 인사를 하고 마침내 함양 땅에 도착했다. 먼저 태자 안국군에게 사람을 보내 도착 보고를 했고, 안국군은 또 화양부인에게 그 소식을 전했다.

"우리 아들이 왔다는구려!"

화양부인은 중당中堂에 좌석을 마련하고 안국군과 함께 이인을 기다렸다. 여불위가 이인에게 말했다.

"화양부인께서는 초나라에서 오셨습니다. 마마께서는 이제 그분의 아들이므로 초나라 복장으로 갈아입고 어머니를 그리워한 마음을 나타내셔야 합니다."

이인은 그 말에 따라 당장 옷을 갈아입고 동궁으로 가서 먼저 안국군에게 절을 올리고 다시 화양부인에게 절을 올렸다. 그러고는 눈물을 흘리며 말했다.

"이 불초자식이 오랫동안 부모님 곁을 떠나 있어서 몸소 봉양도 하지 못했습니다. 아바마마! 어마마마! 이 불효자의 죄를 용서해주십시오."

화양부인은 이인이 초나라 남관南冠[1]을 쓰고, 표석豹鳥[2]을 신고, 짧은 도포에 가죽띠를 매고 있는 것을 보고 깜짝 놀라며 물었다.

"우리 아들이 한단 땅에 있으면서 어떻게 초나라 복장을 입게 되었느냐?"

이인이 절을 올리며 아뢰었다.

"이 불효자는 밤이나 낮이나 자애로우신 어머니가 그리워서 특별히 초나라 복장을 만들어 입고 그리움을 달랬습니다."

화양부인이 매우 기뻐하며 안국군에게 말했다.

"신첩은 초나라 사람입니다. 이제 이인은 당연히 제 아들입니다."

안국군이 말했다.

"그럼 이제 아들의 이름을 바꾸어 자초子楚라고 부르도록 합시다!"

이인이 절을 하며 감사의 말을 올리자 안국군이 자초에게 물었다.

"어떻게 돌아올 수 있게 되었느냐?"

자초는 조왕이 먼저 자신을 죽이려 한 일과 여불위가 전 재산을 기울여 조나라 신료들에게 뇌물을 먹인 일을 자세히 아뢰었다. 안국군은 즉시 여불위를 불러 위로하며 말했다.

"선생이 아니었다면 어질고 효성스러운 내 아들을 잃을 뻔했소. 이제 동궁에 소속된 밭 200경頃과 저택 한 채, 그리고 황금 50일을 임시 위로금으

1_ 남관南冠: 중국 춘추전국시대 초나라 사람들이 쓰던 관冠으로 흔히 남방 사람들의 관을 가리킨다.

2_ 표석豹鳥: 신발 바닥에 이중으로 표범 가죽을 덧댄 신발. 중국 고대에 초나라를 비롯한 남방 사람들이 신던 신발의 일종이다.

로 하사하겠소. 부왕께서 귀국하시면 관작과 봉록을 추증하도록 하겠소."

여불위는 그 은혜에 감사 인사를 드리고 물러나왔고, 자초는 화양부인의 궁중에 머물러 살게 되었다.

한편 조나라의 공손건은 날이 밝을 무렵 술에서 깼다. 그러자 좌우 측근들이 보고를 올렸다.

"진나라 왕손 일가의 종적이 묘연합니다."

여불위에게 사자를 보내 상황을 물어보았지만 사자가 돌아와 보고했다.

"여불위도 집에 없습니다."

공손건은 대경실색하며 말했다.

"여불위가 사흘 안에 어디로 간다고 하더니 어찌하여 야반도주를 했단 말이냐?"

공손건은 바로 남문으로 달려가 캐물었다. 수문장이 대답했다.

"여불위의 가족은 성을 나간 지 오래되었습니다. 그들은 대부(공손건)의 명령을 받았다고 했습니다."

공손건이 말했다.

"그놈들 안에 왕손 이인이 없더냐?"

수문장이 대답했다.

"여씨呂氏 부자와 노복 몇 명만 있었고 왕손은 없었습니다."

공손건이 발을 구르며 탄식했다.

"노복들 안에 틀림없이 왕손이 섞여 있었을 것이다. 내가 장사꾼의 계략에 속았다."

이에 바로 조왕趙王에게 상소문을 올렸다.

"신 공손건이 감시를 소홀히 한 틈에 인질 이인이 도주했습니다. 신은 변명할 수도 없는 죄를 지었습니다."

그러고는 마침내 칼을 뽑아 목을 찌르고 자결했다. 염옹이 시를 지어 이 일을 탄식했다.

감시란 아침저녁에도 만전을 기해야 하나	監守晨昏要萬全
오로지 주식과 금전을 탐했도다	只貪酒食與金錢
만취한 후 깨어나니 왕손이 떠나버려	醉鄉回後王孫去
한칼로 목숨 끊고 구천에서 후회하네	一劍須知悔九泉

진왕秦王은 왕손이 진나라로 귀국한 이후 조나라에 대한 공격을 더욱 강화했다. 조왕은 다시 위나라에 사신을 보내 원군을 요청했다. 그러자 빈객으로서 장수에 임명된 신원연新垣衍이 계책을 올렸다.

"진나라가 조나라를 포위하고 급하게 몰아치는 것에는 까닭이 있습니다. 지난날 진나라는 제나라 민왕과 강성함을 다툴 때 제호帝號를 칭하려 하다가 중도에 그만두고 제호를 칭하지 않은 적이 있습니다. 제 민왕이 죽고 난 뒤 지금 제나라는 국력이 더욱 약화되었고 오직 진나라만 웅자로 군림하고 있습니다. 그런데도 아직 제호를 칭하지 못하고 있으니 저들은 틀림없이 마음이 기껍지 않을 것입니다. 지금 진나라가 군사를 일으켜 다른 나라를 쉬지 않고 침략하는 것도 제업을 이루기 위함입니다. 만약 조나라에서 진나라로 사신을 보내 저들을 높여 제호를 칭해주면 진나라는 틀림없이 기뻐하며 군사를 거둘 것입니다. 이것은 저들에게 허명虛名을 붙여주고 참화에서 벗어나는 길입니다."

위왕은 마음속으로 조나라에 구원병을 보내는 것이 싫어서 신원연의 계책에 깊이 찬성하며 그를 조나라 사신과 함께 한단으로 보내 조왕을 설득하게 했다. 조왕과 신료들은 신원연의 계책을 놓고 그 가부를 토론했으나 의견이 분분하여 결정을 내릴 수 없었다. 평원군도 마음이 혼란스러워 전혀 갈피를 잡을 수 없었다.

이때 제나라 사람 노중련魯仲連이 조나라 한단에 와 있었다. 그는 열두 살 때 이미 변론가 전파田巴를 굴복시킨 적이 있어서 사람들이 그를 '천리구千里駒'라 불렀다. 당시에 전파가 말했다.

"그는 하늘을 나는 토끼飛兔다. 어찌 천리를 달리는 망아지千里駒에 그치겠는가?"

노중련은 장성한 뒤에도 벼슬을 하지 않고 오로지 먼 나라로 유세 다니기를 좋아했다. 그는 난제와 분규를 해결하는 것을 즐겼다. 그는 이때 마침 포위된 조나라 도성에 와 있다가 위나라 사신이 진나라를 높여서 제왕의 나라로 칭해주자는 말을 듣고 발끈 화를 내며 평원군을 뵙기를 청했다. 그가 평원군을 만나 말했다.

"길 가는 사람들에게서 소문을 들으니 대군께서 진나라에 제호를 칭해주는 일을 논의 중이라는데 그런 일이 있소?"

평원군이 말했다.

"내 비록 화살을 맞은 새처럼 정신이 왔다 갔다 하지만 어찌 감히 그런 일을 입에 담을 수 있겠소? 그것은 위왕의 사신 신원연이 우리 조나라에 와서 한 말이오."

노중련이 말했다.

"대군께서는 천하 사람들이 알아주는 현명한 공자이신데 어찌 위나라 빈객에게 목숨을 맡기려 하시오? 지금 신원연 장군은 어디에 있소? 내가 대군을 위해 그를 꾸짖어 돌려보내겠소."

평원군이 그 말을 신원연에게 전했다. 신원연은 평소에 노중련 선생의 명성을 듣고 있었지만 그가 변설에 뛰어난 것을 알고는 자신의 의견이 혼란스러워질까봐 만나려 하지 않았다. 그러나 평원군이 굳이 만나보라고 하여 마침내 자신의 공관으로 노중련을 초대했다. 노중련과 신원연은 한자리에서 인사를 나누었다. 신원연이 눈을 들어 노중련을 바라보니 풍채가 맑고 골상이 시원하여 별천지에서 표연히 노니는 신선의 풍도가 있었다. 그는 자기도 모르는 사이에 숙연하게 공경심이 일었다. 신원연이 노중련에게 말했다.

"선생의 옥 같은 용모를 보니 평원군에게 아무것도 바랄 것이 없을 것 같은데 어찌하여 이 포위된 성에 오래 머물며 떠나지 않는 것이오?"

노중련이 말했다.

"평원군에게는 바라는 것이 없지만 장군에게는 청할 것이 있소."

"선생께서는 소인에게 무엇을 청하려는 것이오?"

"조나라를 도와야지 진나라를 제왕의 나라로 받들어서는 안 되오."

"선생께서는 어찌하여 조나라를 도우라 하시오?"

"내 장차 위나라와 연나라를 설득하여 조나라를 돕게 하겠소. 제나라와 초나라는 본래 조나라를 돕고 있었소."

신원연이 웃으면서 말했다.

"연나라는 잘 모르지만 위나라라면 내가 좀 알고 있소. 나는 대량 사람이기 때문이오. 그런데 선생께서는 어찌하여 내게 조나라를 도우라 하시오?"

노중련이 말했다.

"위나라는 칭제稱帝하려는 진나라의 폐해를 아직 직접 목도하지 못했소. 만약 그 폐해를 직접 목도하면 틀림없이 조나라를 도울 것이오."

"진나라가 제호帝號를 칭하면 어떤 폐해가 발생하오?"

"진나라는 예의를 버리고 전공戰功만 으뜸으로 치는 나라요. 그리고 강한 힘만 믿고 속임수를 남발하며 천하의 백성을 마음대로 살육해왔소. 저들은 같은 제후의 입장에서도 저렇듯 함부로 행동하는데 만약 방자하게 제호를 칭하는 날엔 그 포악함이 더욱 극심해질 것이오. 나는 차라리 동해 바다를 밟고 들어가 죽을지언정 차마 저들의 백성이 되지는 않겠소.3 그런데 위나라는 어찌하여 저들의 발 아래로 기어들어가려는 것이오?"

"위나라가 어찌 기꺼이 진나라의 발 아래로 들어가려 하겠소? 노복奴僕을 예로 들자면, 열 명의 노복이 한 명의 주인을 섬긴다고 해서 어찌 열 명의 지혜가 주인보다 못하겠소? 진실로 주인의 위력을 두려워하는 것뿐이오."

"위나라가 스스로를 노복으로 간주한단 말이오? 그럼 내가 장차 진왕에게 위왕을 삶아 젓갈을 담그라 하겠소."

신원연이 발끈 화를 내며 말했다.

"선생께서 어떻게 진왕에게 우리 위왕을 삶아 젓갈을 담그게 할 수 있단 말이오?"

노중련이 말했다.

"옛날 구후九侯와 악후鄂侯와 문왕文王은 상나라 주왕紂王의 삼공三公이었소. 구후에겐 아름다운 딸이 있어서 그 딸을 주왕에게 바쳤소. 그러나 그 딸은 음란한 짓을 좋아하지 않아서 주왕의 노여움을 샀소. 주왕은 그 딸

3_ 노련도해魯連蹈海. 노중련이 동해 바다를 밟고 들어간다는 뜻. 차라리 죽음을 택하더라도 강적이나 강대국의 굴욕을 받지 않겠다는 굳은 절개를 비유한다.(『전국책戰國策』 「조책趙策」)

노중련이 진나라의 제업을 인정하지 않다.

을 죽이고 아비 구후까지 죽여 젓갈을 담갔소. 악후가 그 일을 간諫하다가 역시 솥에 넣어 삶아져 젓갈이 되었소. 문왕은 그 소식을 듣고 몰래 탄식 했소. 주왕이 그 소식을 듣고 문왕을 잡아 유리羑里 땅에 가뒀소. 문왕은 그곳에서 거의 죽을 뻔했소. 저 삼공의 지혜가 어찌 주왕만 못하겠소? 천자가 제후들에게 행하는 짓은 본래 이와 같은 것이오. 그러므로 진나라가 방자하게 제호를 칭한다면 틀림없이 위나라를 질책하여 입조入朝하게 할 것이오. 어느 날 진나라가 주왕처럼 구후와 악후를 죽인 것과 똑같은 짓을 저지른다면 어느 누가 그것을 막을 수 있겠소?"

신원연은 깊은 생각에 잠겨 아무 대답도 하지 못했다. 노중련이 다시 말했다.

"비단 이와 같을 뿐만 아니라, 진나라가 방자하게 제호를 칭하면 틀림없이 지금 제후들의 대신을 모두 바꿀 것이오. 그런 뒤 자신이 싫어하는 사람은 쫓아내고 좋아하는 사람만 심을 것이오. 또한 진왕의 딸과 험담이나 일삼는 첩실을 제후들의 아내로 삼게 할 것이오. 이러고서야 위왕께서 어떻게 편안하게 살아가실 수 있겠소? 또한 장군은 어찌 지금의 작록을 유지하실 수 있겠소?"

그 말을 듣고 신원연은 마침내 벌떡 일어나 노중련에게 재배를 올리며 사과했다.

"선생께서는 진실로 천하의 명사이시오. 나는 이제 위나라로 돌아가 우리 주상께 보고를 드리고 진나라를 제왕의 나라로 칭하자는 말을 다시는 하지 않겠소."

이 무렵 진왕은 위나라 사신이 조나라에 와서 진나라를 제왕의 나라로 높이려 한다는 소식을 듣고 매우 기뻐하며 공격을 늦추고 잠시 대기했다.

그러나 그 논의가 성공하지 못하고 위나라 사신이 벌써 돌아갔다는 소식이 전해졌다. 진왕이 탄식하며 말했다.

"이 포위된 성안에 뛰어난 인물이 있는 듯하니 적을 가볍게 보아서는 안 되겠다."

진왕은 결국 분수汾水 가로 군사를 후퇴시키고 왕흘에게도 각별히 주의해서 전투를 준비하라고 일렀다.

한편 신원연이 돌아간 뒤 평원군은 또 업하鄴下로 사자를 보내 위나라 장수 진비에게 구원을 요청했다. 그러나 진비는 왕명을 들어 조나라의 구원 요청을 물리쳤다. 이에 평원군은 서찰을 보내 신릉군 무기를 질책했다.

나 조승이 자진하여 공자公子의 집안과 혼인을 맺은 까닭은 공자께서 대의를 펼쳐 다급한 사람을 곤경에서 구해줄 수 있으리라 생각했기 때문이오. 지금 한단은 조만간에 진나라에 투항할 수밖에 없는 다급한 상황이오. 그런데도 위나라가 구원에 나서지 않는다면 내 어찌 평생토록 공자에게 의탁할 까닭이 있겠소? 공자의 누이는 한단성이 함락될까봐 밤낮없이 슬피 울고 있소. 공자께서 설령 나 조승을 생각하지 않을 수는 있겠지만 친누이 생각까지 하지 않는단 말이오?

신릉군은 서찰을 읽고 진비를 시켜 여러 번 위왕에게 조나라를 구원해달라고 요청했다. 그러나 위왕은 이렇게 말했다.

"조나라는 진나라를 제왕의 나라로 인정하려 하지 않으면서 다른 나라의 힘을 빌려 진나라를 물리치려 하고 있소."

위왕은 끝내 구원병 파견을 허락하지 않았다. 신릉군은 다시 자신의 빈객 중에서 변설에 뛰어난 사람을 뽑아 온갖 방법으로 위왕을 설득했으나 위왕은 그들의 말을 전혀 따르지 않았다. 신릉군이 말했다.

"나는 대의를 지켜야 하므로 평원군을 저버릴 수 없다. 차라리 나 혼자라도 조나라로 가서 평원군과 함께 죽겠다."

이에 병거 100여 승을 동원하여 빈객들과 두루 약속을 정하고 곧바로 진나라 군영으로 쳐들어가 평원군과 고난을 함께하고자 했다. 기꺼이 신릉군을 따라가려는 빈객이 1000여 명이나 되었다. 그들의 행차가 이문夷門을 지날 때 후생侯生(후영侯嬴)과 작별 인사를 했다. 후생이 말했다.

"공자께서는 부지런히 힘쓰시오. 나는 연로하여 종군할 수가 없소. 나를 너무 탓하지는 마시오."

신릉군이 후생에게 여러 번 눈짓을 했지만 후생은 아무 말도 하지 않았다. 신릉군은 불만스러운 마음으로 그곳을 떠났다. 약 10리쯤 행군하다가 신릉군은 마음속으로 생각했다.

'나는 후생을 대할 때마다 모든 예절을 다 갖췄다. 오늘 내가 진나라 군영으로 쳐들어가는 것은 사지死地로 가는 것이다. 그런데도 후생은 나를 위해 일언반구의 계책도 말해주지 않았을 뿐만 아니라 나의 출병도 막지 않았다. 참으로 이상한 일이다.'

그러고는 빈객들의 행군을 잠시 멈추게 하고 혼자서 수레를 몰고 후생을 만나러 갔다. 빈객들이 모두 말했다.

"다 죽어가는 노인은 아무 쓸모도 없습니다. 그런데 공자께서는 어찌하여 그런 사람을 다시 만나러 가십니까?"

그러나 신릉군은 그들의 말을 듣지 않았다. 그 무렵 후생은 대문 밖에서 있다가 멀리서 달려오는 신릉군의 수레를 보고 웃으면서 말했다.

"나는 공자께서 틀림없이 다시 돌아올 줄 알고 있었소!"

신릉군이 말했다.

"어찌 그것을 아셨소?"

후생이 말했다.

"공자께서는 이 늙은이를 평소에 극진하게 대접해주셨소. 그런데 오늘 공자께서 생사를 예측할 수 없는 곳으로 가시는데도 신은 전송을 하지 않았소. 그래서 신은 공자께서 틀림없이 신을 원망하며 다시 돌아오리란 걸 알고 있었소."

신릉군이 재배를 올리며 말했다.

"처음에는 내가 선생께 실수한 것이 있어서 나를 돌아보지도 않는 것으로 의심했소. 이 때문에 다시 돌아와 그 까닭을 알고 싶었던 것이오."

후생이 말했다.

"공자께서는 수십 년 동안 빈객을 기르면서도 한 가지 기이한 계책도 듣지 못했소. 그런데도 빈객들이 지금 맨몸으로 공자와 함께 강한 진나라의 예봉에 맞서려는 것은 굶주린 호랑이에게 고깃덩이를 던져주는 것과 같소. 이러한 행동이 무슨 이익이 있겠소?"

"나도 아무 이익이 없다는 걸 알고 있소. 그러나 평원군과 두터운 교분을 쌓은 내가 의리상 혼자 살 수는 없는 일이오. 선생에게 무슨 좋은 계책이라도 있소?"

"공자께서는 잠시 안으로 들어가 앉으시오. 노신이 천천히 계책을 말씀드리겠소."

후생은 좌우 시종을 물리친 채 몰래 신릉군에게 물었다.

"소문에는 여희가 대왕마마에게 총애를 받고 있다는데 그게 사실이오?"

"그렇소."

"내가 또 소문을 들으니 여희의 부친이 옛날 어떤 사람에게 피살되고 나서 여희가 대왕마마께 말씀을 올리고 부친의 복수를 해달라고 했지만 3년이 되도록 범인을 잡지 못했고, 결국 공자께서 빈객을 시켜 범인의 목을 잘라 여희에게 바쳤다는데 그런 일이 있었소?"

"그렇소."

"그래서 여희는 공자의 은덕에 감격하여 공자를 위해 목숨까지 바치려고 한 지가 하루 이틀이 아니오. 지금 진비의 병부兵符[4]가 대왕마마의 침전에 있소. 오직 여희만이 그것을 훔쳐낼 수 있소. 공자께서 한마디 말을 전해 여희에게 부탁하면 여희가 틀림없이 공자의 말씀을 따를 것이오. 공자께서는 이 호부를 가져가 진비의 병권을 박탈한 뒤 조나라를 구원하고 진나라를 물리치시오. 그럼 오패五覇에 버금가는 전공을 이룰 수 있을 것이오."

신릉군은 마치 꿈에서 깨어난 것처럼 후생에게 재배하고 감사 인사를 했다. 그리고 빈객들을 교외에서 기다리게 한 뒤 혼자서 수레를 몰고 집으로 돌아가 평소에 친하게 지내던 내시 안은顔恩에게 호부를 훔칠 일을 여희에게 몰래 부탁하라고 시켰다. 안은이 그 말을 전하자 여희가 말했다.

"공자께서 내게 끓는 물이나 뜨거운 불 속으로 뛰어들라 해도 내 어찌 사양할 수 있겠느냐?"

4_ 병부兵符: 고대 사회에서 군사상의 명령을 전달하거나 장수를 파견할 때 지참하던 일종의 징표. 동銅, 옥玉, 목木, 석石 등으로 만든다. 호랑이 모양으로 만들기 때문에 호부虎符라고도 한다. 이 호부를 반으로 쪼개 절반은 임금이 보관하고 절반은 군대를 통솔하는 대장에게 준다. 임금이 군사상 긴급한 명령을 내릴 때는 반드시 반쪽 호부를 대장에게 전해주고 그 호부가 하나로 완벽하게 맞춰지게 해서 자신의 명령이 틀림없음을 증명한다.

이날 밤 위왕이 술에 취해 쓰러져 잠이 들자 여희는 호부를 훔쳐서 안은
에게 주었고, 안은은 또 그것을 신릉군에게 전했다. 신릉군은 호부를 손에
넣고 다시 후생에게 가서 작별 인사를 했다. 후생이 말했다.

"외지에 있는 장수는 임금의 명령이라도 받들지 않을 수 있소. 공자께서
가지고 간 이 부절이 딱 맞아떨어지더라도 진비가 믿지 않고 제 마음대로
다시 위왕에게 명령을 청하면 일이 틀어지고 말 것이오. 신의 빈객 중에
주해라는 사람이 있는데 용력이 천하장사요. 공자께서 데려가시면 쓸모가
있을 것이오. 진비가 명령에 따르면 가장 좋겠지만, 만약 명령에 따르지 않
으면 주해를 시켜 진비를 격살하시오."

신릉군은 자기도 모르는 사이에 눈물을 흘렸다. 후생이 말했다.

"공자께서는 두려우시오?"

신릉군이 말했다.

"진비는 노장인데 아무 죄도 없소. 그런데도 그가 명령에 따르지 않는다
고 바로 격살해야 하다니 나는 이것이 슬픈 것이오. 다른 두려움은 없소."

그리하여 신릉군은 후생과 함께 주해의 집으로 가서 자신들이 온 까닭
을 말했다. 주해가 웃으면서 대답했다.

"신은 천한 백정인데 공자께서 여러 번 보살펴주셨습니다. 그러나 신이
아직까지 보답하지 않은 까닭은 작은 답례로는 공자께 별다른 도움을 드리
지 못할 것이라고 생각했기 때문입니다. 지금 공자께서 위급한 상황에 처
했으므로 이때야말로 신이 목숨을 바칠 때인 듯합니다."

후생이 말했다.

"나도 의리상 마땅히 종군해야 하오나 나이가 너무 많아 멀리까지 갈 수
가 없소. 이제 나의 혼백으로 공자를 배웅하고자 하오."

그러고 나서 후생은 바로 신릉군의 수레 앞에서 칼로 목을 찔러 자결했다. 신릉군은 몹시 슬퍼하며 후생의 가족들에게 넉넉하게 자금을 하사하여 후생의 장례를 후하게 치르게 했다. 그러나 자신은 더 이상 시간을 지체할 수 없어서 주해와 함께 수레에 올라 북쪽을 향해 달려갔다. 염선이 이 일을 시로 읊었다.

적을 겁낸 위왕은 진실로 용기 없었고	魏王畏敵誠非勇
조나라 위해 목숨 내건 신릉군도 가소롭다	公子捐生亦可嗤
3000명의 식객도 아무 쓸모가 없었으니	食客三千無一用
후생만이 여희에 기대 기책을 펼쳤도다	侯生奇計伏如姬

한편 위왕은 침전의 병부가 없어진 것을 사흘이 지난 후에야 알게 되었다. 위왕은 놀랍기도 하고 이상하기도 하여 여희에게 내막을 캐물었으나 여희는 모른다고 발뺌을 했다. 온 궁궐 안을 모두 뒤졌으나 전혀 행방을 알 수 없었다. 위왕은 안은을 시켜 궁녀와 내시 및 침전 숙직 내시를 잡아들여 한바탕 매질을 하며 추궁하게 했다. 안은은 마음속으로 일의 내막을 분명하게 알고 있었으나 자신의 마음을 감춘 채 궁녀와 내시들을 추궁했다. 또다시 하루 꼬박 소란을 떨고 나서, 위왕의 뇌리엔 문득 공자 무기(신릉군)가 떠올랐다. 그는 누차 위왕에게 진비의 군사를 진격시켜야 한다고 간절히 권했고, 또 그의 휘하 빈객들 중에는 계명구도의 무리가 매우 많았다. 위왕은 틀림없이 신릉군이 한 짓이라 생각하고 사자를 보내 신릉군을 불렀다. 사자가 돌아와 보고했다.

"4, 5일 전에 이미 빈객 1000여 명과 수레 백승에 나누어 타고 성을 빠져나갔다 합니다. 소문에는 조나라를 구원하러 갔다고 합니다."

위왕은 대로하여 장군 위경衛慶에게 군사 3000명을 주어 밤새도록 신릉군을 추격하게 했다.

이즈음 조나라 한단성에서는 구원병이 오기를 학수고대하고 있었다. 그러나 어느 나라도 구원병을 보내지 않자 백성이 지친 나머지 분분히 항복하자는 의견을 내놓고 있었다. 조왕은 이러한 상황을 보고 근심에 젖었다. 이때 전사傳舍5를 관리하는 집사의 아들 이동李同이 평원군에게 말했다.

"백성은 날마다 성 위로 올라가 적을 막아내기 위해 힘쓰는데, 주군께서는 편안하게 부귀만 누리신다면 누가 주군을 위해 전심전력을 다하겠습니까? 주군께서 부인 이하 가족을 모두 군대의 대오 속에 편입시켜 업무를 나누어주고 또 함께 성을 지키게 하고 집안의 모든 재산을 풀어 장졸들에게 나누어주면 위태롭고 고통스러운 처지에 있는 장졸들은 그 은혜에 쉽게 감격합니다. 그럼 진나라와 맞서 싸울 때 온 힘을 다 바칠 것입니다."

평원군은 그 계책에 따랐다. 그리고 결사대 3000명을 모집하여 이동을 장수로 삼았다. 평원군은 이들에게 밧줄을 타고 성 밖으로 나가서 한밤중에 진나라 군영을 습격하게 했다. 이들은 진나라 군사 1000여 명을 죽였다. 왕흘은 깜짝 놀라 30리를 후퇴하여 다시 군영을 세웠다. 그런 뒤에야 성안의 민심이 다소 진정되었다. 이동은 중상을 입고 성으로 돌아와서 죽었다. 평원군은 애통하게 통곡하며 그의 시신을 후하게 장사 지내주도록 했다.

한편 신릉군 무기는 업하로 가서 진비를 만나 말했다.

5_ 전사傳舍: 중국 전국시대 귀족이 자신의 빈객에게 제공한 숙소. 이 소설 제94회에 의하면 상등의 빈객에게는 대사代舍, 중등에게는 행사幸舍, 하등에게는 전사傳舍의 숙소를 제공했다고 한다. 이후 흔히 빈객이나 나그네들이 숙식을 해결하는 장소를 전사라 하고 그곳을 관리하는 관리 또는 집사를 전사리傳舍吏라고 한다.

"대왕마마께서 장군이 오랫동안 외지에서 풍찬노숙하고 있는 것을 염려하시며 특별히 나를 보내 장군의 노고를 대신하게 했소."

그러고는 바로 주해에게 호부(병부)를 받들어 올리게 하여 진비의 호부와 맞춰보게 했다. 진비는 호부를 받아들고 마음속으로 주저하며 생각에 잠겼다.

'대왕마마께서는 내게 10만이나 되는 군사를 주셨다. 내 비록 구차하게 앉아서 지키기는 했지만 아직 전투에 패배한 중죄는 짓지 않았다. 그런데 대왕께서 작은 서찰 하나도 없이 공자를 보내 맨손으로 호부만 바치게 하고 나의 대장 직을 교체하려 하고 있다. 그러니 이 일을 어찌 경솔하게 믿을 수 있겠는가?'

진비가 신릉군에게 말했다.

"공자께서는 잠시 며칠만 쉬시오. 제가 군사들의 병적兵籍을 다시 정리하여 조만간 공자께 올리겠소. 어떻소?"

신릉군이 말했다.

"한단의 형세가 풍전등화의 위기에 처해서 밤새도록 달려가 구원을 해야 할 형편인데 어떻게 다시 시간을 지체한단 말이오?"

진비가 말했다.

"공자를 속이지 않겠소. 사실 이 일은 중요한 군사 업무이므로 내가 대왕마마께 다시 주청을 드린 후 군사를 인계하도록 하겠소."

진비가 아직 말을 마치지도 않았는데 주해가 사나운 목소리로 고함을 질렀다.

"원수께서 왕명을 받들지 않으시면 바로 반역행위가 되오."

진비가 바야흐로 "너는 웬 놈이냐?"라고 물으려는 순간 주해는 소매 속에서 무게가 40근이나 나가는 철추鐵鎚를 꺼내 진비의 머리를 내리쳤다. 뇌장腦漿이 밖으로 으깨져 나와 진비는 순식간에 숨이 끊어졌다. 신릉군은 호부를 손에 잡고 여러 장수에게 말했다.

"대왕마마의 명령이시다. 이제 내가 진비 장군을 대신해 조나라 구원에 나설 것이다. 진비는 어명을 받들지 않아 바로 주살되었다. 삼군은 경거망동하지 말고 안심하고 어명에 따르라."

그러자 군영이 숙연하게 안정을 되찾았다. 이때 위경이 신릉군을 추격하여 업까지 왔으나 신릉군은 이미 진비를 죽이고 병권을 장악하고 있었다. 위경은 조나라를 구하려는 신릉군의 결심이 확고한 것을 보고 바로 작별 인사를 하고 돌아가려 했다. 그러자 신릉군이 말했다.

"대부께서 여기까지 왔으니 내가 진나라 군사를 격파하는 것을 보고 돌아가 대왕마마께 보고를 올리시오."

위경은 먼저 사람을 보내 비밀리에 위왕에게 상황을 보고하고 마침내 군영 속에 머물렀다. 신릉군은 삼군의 군사들을 배불리 먹인 뒤 다시 명령을 내렸다.

"부자父子가 함께 입대했으면 아버지는 귀가하라. 형제가 함께 입대했으면 형은 귀가하라. 형제가 없는 독자는 귀가하여 부모를 봉양하라. 질병이 있는 사람은 여기 남아서 의약으로 치료를 받으라."

이 명령을 듣고 귀가 신고를 한 사람은 대략 십 분의 이 정도였다. 신릉군은 남은 정예병 8만 명의 대오를 정돈하고 군법을 다시 명확하게 밝혔다. 또 신릉군 스스로 자신이 데려온 빈객을 이끌고 선봉에 서서 진나라 군영으로 진격했다. 왕흘은 예기치 않게 위나라 군사가 갑자기 들이닥치자 창졸지간에 적을 막아내기에도 급급했다. 위나라 군사들은 용맹을 뽐내며

信陵君竊符救趙

신릉군의 부하 주해가 진비를 격살하다.

돌진했다. 평원군도 성문을 열고 위나라 군사를 지원했다. 한바탕 큰 싸움이 벌어졌고, 진나라 왕흘은 군사 절반을 잃었다. 그는 자신의 군사를 이끌고 분수汾水 가로 달아났다. 진왕은 결국 조나라에 대한 포위를 풀고 귀국하라는 명령을 내렸다. 정안평은 군사 2만을 이끌고 동문에 따로 군영을 세웠다가 위나라 군사에게 막혀 돌아갈 수 없었다. 그가 탄식하며 말했다.

"나는 본래 위나라 사람이다."

그러고는 바로 위나라에 투항했다. 초나라 춘신군은 진나라 군사가 이미 포위를 풀었다는 소식을 듣고 자신도 군사를 거두어 귀국했다. 한왕韓王은 승기를 잡고 다시 상당 땅을 수복했다. 이것은 진 소양왕 50년, 주 난왕 58년의 일이었다.

조왕은 소를 잡고 술을 마련해 군사를 위로했다. 아울러 신릉군에게 재배를 올리며 말했다.

"우리 조나라가 망국의 위기에서 다시 살아난 것은 모두 공자公子의 힘 덕분이오. 옛날부터 현인이 많았지만 아직 공자에 비할 만한 사람은 아무도 없었소."

평원군은 쇠뇌와 화살을 등에 멘 채 신릉군을 위해 수레를 몰았다. 신릉군의 모습에는 자신의 전공을 자랑하려는 기색이 엿보였다. 주해가 앞으로 나서며 말했다.

"다른 사람이 공자에게 은덕을 베풀었다면 공자께서는 그 은덕을 잊어서는 안 됩니다. 공자께서 다른 사람에게 은덕을 베풀었다면 그 은덕을 잊어버리셔야 합니다. 앞서 공자께서는 가짜 어명으로 진비에게서 병권을 빼앗아 조나라를 구했습니다. 이 일은 조나라에게는 공을 세운 것이 되지만 위나라에게는 죄가 없다고 할 수 없습니다. 그런데도 공자께서는 스스로 전공을 자랑하려 하십니까?"

신릉군은 몹시 부끄러워하며 말했다.

"삼가 그 가르침을 받들겠소."

한단성으로 들어가자 조 효성왕은 궁궐을 깨끗하게 청소한 뒤 신릉군을 맞았다. 조왕은 주인의 자리에서 매우 공손하게 처신하며 신릉군에게 읍을 하고 그를 서쪽 계단을 통해 조당朝堂으로 올라가게 했다. 신릉군은 주인과 대등한 입장인 객이 될 수 없다고 사양하고 종종걸음으로 동쪽 계단으로 올라갔다. 조왕은 신릉군에게 술잔을 바치며 만수무강을 빌고 조나라를 되살린 그의 공적을 찬양했다. 그러나 신릉군은 몸을 구부리고 겸손하게 사양하며 말했다.

"신臣 무기는 우리 위나라에 죄만 지었을 뿐, 조나라에는 아무 공도 세우지 못했습니다."

연회가 끝난 뒤 신릉군이 객관으로 돌아가자 조왕이 평원군에게 말했다.

"과인은 본래 우리 나라의 다섯 성을 신릉군에게 주려 했으나 신릉군이 지극히 겸양하는 모습을 보여서 나 자신이 부끄러움을 느끼고 결국 그 말을 입 밖으로 꺼내지도 못했소. 그러니 호鄗(河北省 柏鄕 북쪽 固城店) 땅을 신릉군이 편히 쉴 장소로 제공하고자 하오. 번거롭겠지만 과인의 뜻을 전해 주시오."

평원군이 조왕의 어명을 전하자 신릉군은 여러 번 사양하고 나서야 겨우 그 땅을 받았다. 신릉군은 자신이 위왕에게 죄를 지었다고 생각하고 감히 귀국할 마음을 먹지 않았다. 자신이 훔쳐왔던 병부는 장군 위경에게 주어 군사를 거느리고 위나라로 돌아가게 했다. 그가 조나라에 남자 위나라에 있던 그의 빈객들도 모두 조나라로 달려와 신릉군에게 의지했다. 조왕은 노중련에게도 큰 고을을 봉토로 주려 했으나 끝까지 사양하며 받지 않았고 그에게 하사한 천금의 상도 전부 받지 않았다. 노중련이 말했다.

"부귀를 얻기 위해 남에게 굽신거리며 살기보다 빈천하지만 자유롭게 살고 싶습니다."

신릉군과 평원군이 모두 노중련을 잡았지만 그는 그들의 말을 듣지 않고 표연히 그곳을 떠났다. 정말 고매한 선비라고 할 만했다. 사관이 이에 대한 사찬을 지었다.

탁월하고 탁월하다 노중련이여	卓哉魯連
그 품성 고매하여 천년을 갔네	品高千載
강진強秦을 제왕으로 인정치 않고	不帝強秦
차라리 동해 밟고 죽으려 했네	寧蹈東海
고난을 물리치고도 영예는 사양	排難辭榮
유유자적 자유롭게 살아갔다네	逍遙自在
장의와 소진에 비교해보면	視彼儀秦
그 인품 열 배나 뛰어나다네	相去十倍

당시 조나라에는 도박판에 몸을 숨기고 사는 처사 모공毛公이란 사람과 주막6에 몸을 숨기고 있던 설공薛公이란 사람이 있었다. 신릉군은 평소 이 두 사람이 어질다는 소문을 듣고 주해를 시켜 그들을 방문하고 싶다고 했다. 그러나 두 사람은 몸을 숨기고 신릉군을 만나려 하지 않았다. 어느 날

6_ 매장賣漿. 본래 차茶, 술, 식초와 같은 음료수를 파는 가게. 여기에서는 편의상 주막으로 번역했다.

신릉군은 두 사람의 행적을 뒤쫓다가 모공이 설공의 집에 있다는 사실을 알았다. 신릉군은 수레나 말을 이용하지 않고 주해 한 사람만 데리고 미복 차림을 한 채 술꾼으로 가장하여 두 사람이 있는 장소로 갔다. 신릉군은 그곳에서 두 사람을 만났다. 두 사람은 술동이를 사이에 두고 앉아 함께 술을 마시고 있었다. 신릉군은 곧바로 그들에게 다가가 통성명하고 지금까지 줄곧 두 사람을 흠모해왔다고 이야기했다. 두 사람은 그 자리를 피할 수 없어서 얼굴을 보고 인사를 나눌 수밖에 없었다. 네 사람은 함께 앉아 술을 마시며 한껏 즐기다가 헤어졌다. 이때부터 신릉군은 수시로 모공, 설공과 어울려 놀았다. 평원군이 그 소문을 듣고 부인에게 말했다.

"옛날에 나는 부인의 동생 신릉군이 천하의 호걸이고, 여러 공자 중에서 그와 짝할 만한 사람이 없다는 소문을 들었소. 그런데 지금은 노름꾼과 술장사를 쫓아다니며 놀이를 즐기고 있으니, 이는 비천한 놈들과 교류하며 명예를 깎아먹는 짓이오."

평원군의 부인은 자신의 동생 신릉군을 만나 남편 평원군의 말을 전했다. 신릉군이 말했다.

"누님! 나는 얼마 전 자형姉兄인 평원군이 현명하다고 생각해서 위왕魏王을 버리고 군사를 동원해 그를 구원했소. 하지만 지금 평원군이 사귀는 빈객은 호화롭게 사는 사람들뿐이오. 평원군은 이제 현명한 선비를 찾지 않고 있소. 나는 위나라에 있을 때부터 조나라에 모공과 설공이라는 뛰어난 은사隱士가 있다는 소문을 들었소. 나는 그분들과 함께 놀지 못한 것이 늘 한으로 남아 있었소. 다행히 지금 그분들을 위해 말고삐를 잡고는 있지만 아직도 내게 부족한 점이 있을까 늘 걱정이 되오. 그런데 평원군은 나의 이런 행동을 수치스럽게 생각하고 있으니 어찌 선비를 좋아하는 사람이라

할 수 있겠소? 평원군은 어진 사람이 아니오. 그러니 나는 이제 이곳에 남아 있을 이유가 없소."

평원군은 그날 바로 빈객들에게 여장을 꾸리게 하고 다른 나라로 떠나려 했다. 평원군은 신릉군이 여장을 꾸린다는 소식을 듣고 깜짝 놀라 부인에게 말했다.

"내가 처남에게 실례를 저지른 적이 없는데 어찌하여 갑자기 나를 버리고 떠나려 하오? 부인은 그 까닭을 아시오?"

부인이 말했다.

"내 동생은 당신이 어질지 못하다고 여겨 여기서 함께 살고 싶어하지 않는 것입니다."

그러고는 신릉군이 한 말을 전해주자 평원군은 얼굴을 가리고 탄식하며 말했다.

"우리 조나라에 두 현인이 있다는 걸 신릉군은 알고 있었지만 나는 모르고 있었소. 나는 정말 신릉군에게 한참이나 못 미치는 사람이오. 신릉군의 모습에 나를 비춰보면 나는 인간이라 할 수도 없소."

평원군은 몸소 관사로 가서 관冠을 벗고 맨머리를 조아리며 신릉군에게 자신의 죄를 인정하고 사과했다. 그리하여 신릉군은 다시 조나라에 머물게 되었다. 평원군 문하에 모여 있던 빈객들 태반이 이 소문을 듣고 평원군을 버리고 신릉군의 문하로 들어갔다. 천하 사방에서 조나라로 온 빈객들도 모두 신릉군에게 귀의했다. 평원군의 명성은 여기서 끝이 나고 말았다. 염옹이 이 일을 시로 읊었다.

술장사와 도박꾼이라고 어찌하여 싫어하나?　　　　賣漿縱博豈嫌貧

화려한 공자 신릉군은 기꺼이 몸 굽혔네   公子豪華肯辱身

가소롭다 평원군은 원대한 식견 없어   可笑平原無遠識

자신의 부귀로 현인을 업신여겼네   卻將富貴壓賢人

한편 위왕魏王은 위경의 비밀 보고를 받았다.

공자 무기(신릉군)가 과연 병부를 훔쳐 진비를 격살하고 군사를 동원하여 조나라 구원에 나서고 있습니다. 아울러 신을 군영 속에 잡아둔 채 귀국하지 못하게 하고 있습니다.

위왕은 분기탱천하여 곧바로 신릉군의 가족을 잡아들이고 국내에 남아 있는 신릉군의 빈객을 모두 주살하려 했다. 그러자 여희가 무릎을 꿇고 간청했다.

"그건 신릉군의 죄가 아니라 천첩의 죄입니다. 천첩은 만 번 죽어 마땅합니다."

그 말을 듣고 위왕은 격노하여 마구 소리를 질렀다.

"병부를 훔친 것이 바로 너였더냐?"

여희가 말했다.

"신첩의 아비가 어떤 자에게 살해되었을 때 대왕마마께서는 한 나라의 주인인데도 신첩을 위해 복수를 해주지 않았습니다. 그러나 신릉군은 신첩을 위해 원수를 갚아주었습니다. 이에 신첩은 신릉군의 깊은 은덕에 감격했고, 또 그 은덕에 보답할 기회가 없음을 늘 한탄하고 있었습니다. 그런데 최근에 신릉군은 자신의 누이가 조나라에 있음을 생각하고 밤낮없이 슬피 울었습니다. 신첩은 그 애통한 모습을 차마 보고 넘길 수 없어서 제 마음대로 병부를 훔친 뒤 진비의 군사를 출동시켜 신릉군의 소원을 이루어준 것입니다. 신첩이 듣건대 '같은 집안사람이 남과 싸우면 관을 쓸 새도 없이 머리를 풀어헤친 채 달려나가 도와줘야 한다'고 합니다. 조나라와 위나라는 한집안입니다. 대왕마마께서는 지난날의 우의를 잊으셨지만 신릉군은 한집안의 위급함을 구해주러 달려갔습니다. 만약 신릉군이 다행히 진나라를 물리치고 조나라를 온전하게 구해낸다면 대왕마마의 명성이 먼 나라에까지 두루 퍼질 것입니다. 대왕마마의 의로운 명성이 사해에 널리 알려질 수만 있다면 신첩의 몸이 만 갈래로 찢어진다 해도 무엇이 아깝겠습니까? 만약 신릉군의 가족을 잡아들이고 그 빈객을 주살한 뒤 신릉군이 싸움에서 진다면 신릉군도 기꺼이 자신의 죄를 인정할 것입니다. 그런데 만약 신릉군이 승리하면 그를 어떻게 처분하시겠습니까?"

위왕은 한참 동안 신음하다가 노기를 조금 가라앉히며 물었다.

"부인이 병부를 훔쳤다면 틀림없이 그것을 운반한 사람이 있지 않소?"

여희가 말했다.

"병부를 신릉군에게 전해준 사람은 안은입니다."

위왕은 좌우 시종에게 명하여 안은을 포박해오게 했다. 위왕이 물었다.

"네놈은 어찌하여 병부를 신릉군에게 전해줬느냐?"

안은이 대답했다.

"이 노비는 병부가 어떻게 생겼는지도 모릅니다."

여희는 몰래 안은에게 눈짓을 하며 말했다.

"지난번에 내가 네게 화승花勝7을 주고 신릉군의 부인에게 전해주라 하지 않았더냐? 그 화승을 넣은 상자 안에 있던 것이 바로 병부였다."

안은은 그제야 진상을 깨달은 듯 통곡하며 말했다.

"부인의 분부를 이 노비가 어찌 감히 어길 수 있겠습니까? 그 상자는 여러 겹으로 잠겨 있어서 이 노비는 그 속에 무엇이 들어 있는지 알 수 없었습니다. 이 노비는 오늘 원통하게 죽게 되었습니다."

여희도 울면서 말했다.

"신첩이 모든 죄를 감당하겠으니 다른 사람은 연루시키지 마십시오."

위왕은 고함을 지르며 안은을 감옥에 가두고 여희를 냉궁冷宮에 감금하라고 명령을 내렸다. 다른 한편으로는 세작을 보내 신릉군의 전투 소식을 염탐하게 했다. 승부 여하에 따라 신릉군의 죄를 다시 처리할 심산이었다. 약 두 달여가 지난 뒤 위경이 군사를 이끌고 돌아와 병부를 바치며 아뢰었다.

"신릉군이 진나라 군사를 크게 패퇴시켰습니다. 그러나 감히 귀국할 수 없어서 조나라 도성에서 살겠다고 했습니다. 또 멀리서 대왕마마께 배례를 올리며 '뒷날 다시 죄를 받겠다'고 했습니다."

위왕이 전투가 어떠했는지 묻자 위경은 그간의 전투 상황을 자세히 이야기했다. 만조백관들이 모두 절을 올리고 하례를 드리며 소리쳤다.

"만세!"

위왕은 매우 기뻐하며 좌우 측근을 시켜 여희를 냉궁에서 불러오게 하고 또 안은을 감옥에서 석방시킨 뒤 그들의 죄를 모두 용서했다. 여희는 위왕을 뵙고 사은숙배를 올리고는 아뢰었다.

"우리 위나라가 조나라 구원에 성공하자 진나라는 대왕마마의 위엄을

---

7 화승花勝: 금, 은, 동, 옥 등의 재료로 만든 꽃 모양의 머리 장식. 장수와 만복을 기원하는 의미가 담겨 있다.

두려워하고 있고, 조나라는 대왕마마의 은덕에 감사하고 있습니다. 이것은 모두 신릉군의 공입니다. 신릉군은 실로 나라의 장성長城이며 집안의 보배인데 어찌하여 타국에 버려두십니까? 바라옵건대 사신을 보내 본국으로 불러들이십시오. 그리하여 친척과 친하게 지내고, 현인을 현인으로 존경하는 대의를 펼쳐 보이십시오."

위왕이 말했다.

"그의 죄를 사면해준 것만으로도 충분하오. 무슨 공을 운운하시오?"

그러고는 이렇게 분부했다.

"신릉군 명의의 봉토와 녹봉은 옛날처럼 그의 본가로 보내 가족들이 먹고살 수 있도록 하라. 그러나 그의 귀국은 허락하지 않겠다."

이때부터 위나라와 조나라는 모두 태평한 세월을 누렸다.

이 무렵 진 소양왕은 전쟁에 패배하여 귀국했다. 태자 안국군은 왕손 자초를 데리고 교외에까지 마중을 나왔다. 두 사람이 모두 여불위의 현명함을 아뢰자 진왕은 그를 객경에 임명하고 식읍食邑 1000호를 하사했다. 또 진왕은 정안평이 위나라에 항복했다는 소식을 듣고 격노하여 그의 가족을 몰살시켰다. 정안평은 승상 범수가 추천한 사람이었다. 진나라 법률에 의하면 추천받은 사람이 잘못을 저지르면 추천한 사람까지 똑같은 죄를 받게 되어 있었다. 정안평이 적에게 항복하여 그 가족이 몰살당했기 때문에 범수도 연좌되어 벌을 받아야 했다. 이에 범수는 궁궐 앞에서 석고대죄席藁待罪8를 했다. 범수의 목숨이 어떻게 될지는 다음 회를 보시라.

8_ 석고대죄席藁待罪: 맨땅에 돗자리를 깔고 꿇어앉아 죄를 청하는 일.

제101회

주 왕실이 멸망하다

진왕은 주나라 왕실을 멸망시킨 뒤 구정을 옮기고
염파는 연나라를 패배시킨 뒤 두 장수를 죽이다
秦王滅周遷九鼎, 廉頗敗燕殺二將.

정안평은 군사를 거느리고 위나라에 항복했다. 응후 범수는 그를 추천한 사람이었기 때문에 법률상 마땅히 연좌제를 받아야 했다. 그래서 범수는 궁궐 앞에서 석고대죄를 했다. 진왕秦王이 말했다.

"정안평을 임명한 것은 본래 과인의 뜻이었지 승상과는 무관했소."

진왕은 재삼 범수를 위로하며 다시 관직을 돌려줬다. 신료들 사이에서 분분하게 범수를 비난하는 여론이 일자 진왕은 범수가 불안해할까봐 나라 안에 명령을 내렸다.

"정안평이 죄를 지어서 그 가족까지 모두 주살했으니 더 이상 거론하지 말라. 그 일을 다시 거론하는 자는 즉각 참수하겠다!"

이후로는 사람들이 그 일을 입에 담지 못했다. 진왕은 범수에게 음식을 내리고 평소보다 더 두터운 은혜를 베풀었다. 범수는 무척 황송한 마음이 들어 진왕에게 주나라 왕실을 멸망시키고 제호를 칭하라고 아부했다. 이에 진왕은 장당을 대장으로 삼아 한나라를 정벌했다. 먼저 양성陽城(河南省 登封告城鎭)을 빼앗아 삼천三川으로 들어가는 길을 열기 위한 조치였다.

이때 초 고열왕은 신릉군이 진나라 군사를 대파했다는 소식을 들었다. 그러나 춘신군 황헐이 아무 공도 세우지 못하고 군사를 거두어 돌아오자 탄식하며 말했다.

"평원군이 말한 합종책이 망언이 아니었도다! 과인은 신릉군과 같은 사람을 장수로 임명하지 못함이 한스럽다! 그런 장수가 있다면 과인이 어찌 진나라를 두려워하겠는가?"

춘신군은 부끄러운 마음에 얼굴을 붉히며 계책을 올렸다.

"지난번 합종 논의에서 모두들 대왕마마를 종약장으로 추대했습니다. 지금 진나라 군사는 패배한 직후라 기세가 많이 꺾여 있을 것입니다. 이 틈에 각국에 사신을 보내 약속을 정하고 서로 힘을 합해 진나라를 공격하십시오. 그리고 다시 주나라 천자를 설득하여 맹주로 받드십시오. 천자를 끼고 진나라를 성토하면 지난날 오패五覇의 공로도 이에 미치지 못할 것입니다."

초왕은 매우 기뻐하며 즉시 주나라로 사신을 보내 진나라를 정벌할 계책을 난왕에게 알렸다. 난왕은 이미 진왕이 삼천을 통해 주 왕실을 정벌하려 한다는 소식을 듣고 있던 차에, 초왕이 진나라 정벌에 나선다는 통지를 받았다. 이것은 『병법兵法』에서 말하는 '먼저 선수를 쳐서 적을 제압해야 한다先發制人'는 전략과 딱 맞아떨어지는 계책이었으므로 어찌 따르지 않을 수 있겠는가? 이에 초왕은 다섯 나라와 합종책으로 힘을 합치자고 약속하고 군사를 일으킬 날짜를 정했다.

당시 주 난왕은 천자의 자리에 앉아 있었지만 왕실의 힘이 줄곧 미약하여 실속 없는 이름만 유지하고 있었을 뿐 실제 명령을 내릴 수 없었다. 또 한나라와 조나라가 주 왕실의 땅을 둘로 나누었기 때문에 낙읍雜邑(河南省 洛陽)의 왕성王城은 서주西周라 했고, 또 성주成周에 배속된 공鞏(河南省 鞏義 서쪽) 땅은 동주東周라 했다. 이 두 곳은 두 명의 주공周公을 임명하여 다스리게 했다. 난왕은 성주에서 왕성으로 옮겨와 서주공西周公에 의지하여 살아갈 수밖에 없었기 때문에 어떤 일도 손수 처리할 수 없었다. 이때에 이르러서도 군사를 동원해 진나라를 공격하려고 서주공에게 장정을 점검하여 대오를 편성하게 했으나 겨우 5000~6000명을 모으는 데 그쳤다. 게다가 병력 유지에 필요한 비용을 댈 수 없어서 나라 안 부자들에게 돈을 빌려 군자금으로 충당하고 채권債券을 발행해줬다. 그리고 그 채권은 군사가 회군하는 날 적에게서 빼앗은 노획물로 이자까지 계산하여 상환하기로 했다. 서주공은 그렇게 모은 군사를 이끌고 이궐에 주둔한 채 제후들의 군사가 오기를 기다렸다. 이 무렵 한나라는 진나라 군사의 침략을 받아 스스로를 돌볼 겨를도 없었다. 조나라도 진나라의 포위 공격에서 겨우 풀려나 당시의 공포에서 아직 벗어나지 못하고 있었다. 제나라는 진나라와 우호를 맺은 터라 함께 참여하지 않으려 했다. 오직 연나라와 초나라만 각각 악한樂閒과 경양景陽을 대장으로 삼고 먼저 군사를 보내 군영을 길게 늘어세운 채 사태를 관망했다. 진왕은 각국의 마음이 일치하지 않아서 진격을 하지 못하고 있다는 소식을 듣고, 군사를 더 증원하여 양성 공격에 나선 장당을 도와주게 했다. 또 따로 장군 영규嬴樛에게 군사 10만을 주어 함곡관 밖에서 무력을 과시하게 했다. 연나라와 초나라 군사들은 약 3개월여를 주둔해 있었지만, 다른 나라 군사가 오지 않는 것을 보고 어물어물 시간만 보내다가 결국 군사를 거두어 되돌아갔다. 서주공도 군사를 이끌고 귀환했다. 주 난왕은 한바탕 출병했다가 경비만 허비하고 아무 소득도 얻지 못했다. 돈을 낸 부자들은 모두 채권을 가지고 와서 상환을 요구했다. 날마다 궁궐 문밖에 모여서 떠드는 소리가 바로 침전에까지 들렸다. 난왕은 부끄럽고 비참하여 아무 대응도 하지 못하고 궁궐의 높은 누대 위로 몸을 피했다. 그리하여 후세 사람들은 그 누대를 '피채대避債臺'(빚을 피한 누대)라고 불렀다.

한편 진왕은 연나라와 초나라 군대가 해산했다는 소식을 듣고 영규와 장당의 군사를 합치라고 명령을 내린 후 양성으로 길을 잡아 서주 공격에 나섰다. 난왕은 군사와 군량미가 모두 부족하여 왕성을 막아낼 수가 없자 삼진三晉 땅으로 도망치려 했다. 그러자 서주공이 앞으로 나서서 간언을 올렸다.

"옛날에 태사담太史儋이 이런 예언을 했습니다. '주나라와 진나라는 500년 후에 하나로 합쳐질 것이며 그때는 새로운 패왕覇王이 나타날 것이다周秦五百歲而合, 有伯王者出.' 지금이 바로 그때인 듯합니다. 진나라는 천하를 통일할 만한 기세를 가지고 있어서, 삼진 땅도 조만간 진나라의 소유가 될 듯합니다. 상감께서 다시 치욕을 당하지 않으시려면 스스로 땅을 바치고 진나라에 귀의하는 것이 좋겠습니다. 그럼 송宋나라(망국 은殷나라 후예를 봉한 제후국)나 기杞나라(망국 하夏나라 후예를 봉한 제후국)처럼 작은 봉토는 잃지 않을 것입니다."

난왕은 다른 계책이 없어서 신료와 왕자와 조카들을 거느리고 문왕과 무왕의 사당에서 대성통곡했다. 사흘 뒤 난왕은 주나라 모든 땅의 지도를 받들고 친히 진나라 군영으로 나아가 그것을 바쳤다. 그리고 자신을 진나라 도성 함양으로 보내달라고 했다. 영규가 지도를 받아보니 모두 36개 성에 3만 호의 가구가 있었다. 서주에 소속된 땅은 이때 모두 진나라로 넘어갔고, 겨우 동주 땅만 남게 되었다. 영규는 먼저 장당에게 난왕의 신하와 자손들을 진나라로 호송하게 하고 아울러 승첩을 보고하게 했다. 영규 자신은 군사를 이끌고 낙양성으로 들어가서 경계를 확정했다. 주 난왕은 진왕을 알현하고 머리를 조아리며 사죄했다. 진왕은 난왕을 가엾게 여기고 양성梁城(河南省 汝州)을 난왕의 봉읍으로 하사한 뒤 작위를 주공周公으로 강등시키고 그 봉토는 진나라 부용국附庸國(속국)에 속하게 했다. 원래의 서주공은 난왕의 가신으로 삼고, 동주공의 작위는 공公에서 군君으로 깎아내려 동주군東周君이라 부르게 했다. 난왕은 연로하여 주나라와 진나라를 왕래하는 사이에 그 피곤함을 이기지 못하고 양성에 도착한 지 한 달도 안 돼 병에 걸려 세상을 떠났다. 진왕은 주나라를 폐지하라고 명령을 내리고, 영규에게 낙양의 장정을 징발하여 주나라의 종묘를 파괴하고 그 안에 보관해둔 제기祭器도 진나라로 옮기게 했다. 아울러 천자의 상징인 구정九鼎도 함양으로 운반하려 했다. 주나라 백성 중에 진나라를 위해 일하고 싶지 않은 사람들은 모두 공성鞏城으로 도망가 동주군을 의지하고 살았다. 이 점을 보더라도 당시 주나라 민심이 주나라를 잊지 않으려 했다는 사실을 알 수 있다. 구정을 옮기기 하루 전날 그곳 백성은 구정 속에서 통곡 소리가 나는 것을 들었다. 구정을 운반하는 행차가 사수泗水에 이르렀을 때 아홉 개의 솥 중에서 하나가 배 안쪽에서 저절로 날아올라 물속으로 침몰했다. 영규가 사람을 잠수시켜 그 솥을 찾게 했으나 솥은 보지 못하고 푸른 용 한 마리가 비늘 갈기를 곧추세우고 있는 것을 보았다. 잠시 후 또 파도가 갑자기 사납게 일자 뱃사공들이 두려워하며 감히 그 용을 건들지 못했다.

영규는 이날 밤 주 무왕이 태묘太廟에 앉아 있는 꿈을 꾸었다. 무왕은 영규를 불러서 꾸짖으며 말했다.

"너는 어찌하여 나의 보물을 옮기고 나의 종묘를 파괴하느냐?"

아울러 꿈속에서 주 무왕은 또 좌우 측근들을 시켜 채찍으로 영규의 등을 300대나 치게 했다. 영규가 깜짝 놀라 꿈에서 깨어나자 그의 등에는 진짜 상처가 나 있었다. 그는 아픈 몸을 이끌고 진나라로 귀환하여 팔정八鼎을 진왕에게 바치면서 그렇게 된 상황을 자세히 해명했다. 진왕이 잃어버린 솥을 조사해보니 바로 주나라를 상징하는 예주豫州의 솥이 빠져 있었다. 진왕이 탄식하며 말했다.

"예주 땅은 이미 진나라에 편입되었는데, 그 솥만 과인에게 귀의하지 않는 것인가?"

진왕은 다시 수많은 병졸을 풀어 잃어버린 솥을 찾으려 했으나 영규가 간언을 올렸다.

"그 솥은 신물神物이라 혼령이 있어서 다시 찾을 수 없습니다."

이에 진왕은 솥 찾는 일을 그만두었고 영규는 등에 난 상처가 도져서 결국 목숨을 잃었다. 진왕은 팔정 및 제기를 진나라 태묘 안에 진열하고 옹주雍州에서 상제上帝에게 교사郊祀를 지낸 뒤 구정을 옮긴 사실을 열국에 두루 알렸다. 그리고 모든 나라에게 조공품을 가지고 와서 하례를 올리라 하고, 오지 않는 나라는 군사를 일으켜 정벌하겠다고 했다. 한나라 환혜왕이 가장 먼저 입조하여 머리를 조아리고 신하를 칭했다. 제, 초, 연, 조나라에서도 모두 상국을 보내 축하 인사를 했다. 유독 위나라 사자만 나타나지 않고 있었다. 진왕은 하동 태수 왕계에게 군사를 이끌고 가서 위나라를 습격하게 했다. 왕계는 평소에 위나라와 내통하며 사사롭게 금전을 받아먹고

진왕이 주나라를 멸망시킨 뒤 구정을 옮기다.

있었기 때문에 이 사실을 위나라에 알려주었다. 위왕은 몹시 두려워하며 사신을 보내 사죄하고 태자 증增을 진나라에 인질로 보내 진왕의 명령을 따르게 했다. 이때부터 여섯 나라는 모두 진나라의 신하로 복종했다. 이때가 진 소양왕 52년이었다. 진왕은 왕계가 위나라와 내통한 일을 조사한 뒤 그를 소환하여 주살했다. 왕계를 추천한 범수는 더욱 불안한 마음을 감추지 못했다.

어느 날 진왕은 조정에 나와 탄식했다. 범수가 앞으로 나서며 말했다.

"신이 듣건대 '임금이 근심하면 신하는 치욕을 느껴야 하고, 임금이 치욕을 당하면 신하는 죽어야 한다主憂則臣辱, 主辱則臣死'고 합니다. 지금 대왕마마께서 조정에 나오셔서 탄식을 하시는 건 신들이 직무를 제대로 수행하지 못하여 대왕마마의 근심을 덜어드리지 못했기 때문입니다. 이에 신은 감히 죄를 청합니다."

진왕이 말했다.

"대저 물건이란 평소에 갖춰둬야지 갑자기 찾아낼 수는 없는 법이오. 지금 무안군은 주살당했고, 정안평은 배반했소. 밖으로 강적이 즐비한 상황에서 안으로는 훌륭한 장수가 없소. 이러한 까닭에 과인이 근심에 젖어 있는 것이오."

범수는 부끄럽기도 하고 두렵기도 하여 감히 대답을 하지 못하고 조정에서 물러나왔다.

이 무렵 연나라 출신의 채택蔡澤이라는 사람이 있었다. 그는 박학다식하고 말솜씨가 뛰어나서 스스로 고매한 선비라고 자부했다. 그는 지붕 없는 수레를 타고 제후들을 찾아다니며 유세했지만 아무도 그를 알아주지 않았다. 그는 대량에 이르러 당거唐擧라는 관상을 잘 보는 사람을 만나 물었다.

"소문을 듣건대 선생께서는 일찍이 조나라 이태의 관상을 보고 '100일 이내에 나라의 정권을 잡는다百日之內, 持國秉政'고 하셨다던데, 정말 그런 일이 있었소?"

당거가 말했다.

"그렇소."

"선생이 보시기에 나 같은 사람은 어떠하오?"

당거가 그의 관상을 자세히 본 뒤 웃으면서 말했다.

"선생께서는 코가 전갈과 같고, 어깨는 목보다 위로 솟았고, 얼굴은 길쭉한데 미간엔 주름이 많고, 양 무릎은 안짱다리 모양을 하고 있소. '성인聖人의 관상은 알아볼 수 없다聖人不相'고 들었는데, 아마도 선생의 관상이 그러한 듯하오."

채택은 당거가 자신을 놀리는 줄 알고 이렇게 말했다.

"내가 본래 부귀를 누릴 관상이란 건 알고 있소. 그러나 내가 몇 살까지 살게 되는지는 모르겠소."

당거가 말했다.

"선생의 수명은 지금부터 43년을 더 누릴 수 있겠소."

채택이 웃으면서 말했다.

"내가 맛있는 밥과 기름진 고기를 먹고, 수레에 올라 나는 듯이 말을 치달리고, 허리에다 황금으로 만든 인장을 자줏빛 인끈으로 둘러매고, 임금 앞에서 읍양揖讓하는 일은 43년이면 충분하오. 더 이상 무엇을 바라겠소?"

그러고는 다시 한나라와 조나라로 가서 유세했으나 역시 뜻을 얻지 못했다. 이후 위나라로 돌아오다가 교외에서 도적을 만나 휴대용 솥까지 몽

땅 탈취당해서 밥도 해먹을 수 없었다. 그는 나무 아래에 앉아 쉬다가 우연히 또 당거를 만났다. 당거가 그를 놀리며 말했다.

"선생께서는 아직도 부귀를 얻지 못했소?"

"아직도 찾고 있는 중이오."

"선생께서는 금수金水의 골상을 지니고 있어서 서쪽으로 가야 발복을 받을 수 있을 것이오. 지금 진나라 승상인 응후 범수가 정안평과 왕계를 추천했다가 그들이 모두 무거운 죄를 짓는 바람에 매우 참담하고 두려운 지경에 빠져 있소. 지금 틀림없이 자신의 관직을 인계할 사람을 급하게 찾고 있을 것이오. 선생께서는 어찌하여 그곳으로 가지 않고 이곳에서 어려움을 겪고 있소?"

"길이 너무 멀어서 가기가 어렵소. 어찌하면 좋소?"

당거는 자신의 주머니에서 꽤 많은 돈을 꺼내 채택에게 줬다.

채택은 그 돈을 노자로 삼아 마침내 서쪽 함양으로 들어갔다. 함양에 도착하여 채택은 여관 주인에게 말했다.

"흰 쌀밥과 기름진 고기로 내 밥상을 차려주시오. 내가 승상이 되고 나서 후하게 사례를 하겠소."

여관 주인이 말했다.

"손님은 뉘시기에 승상이 되기를 바라는 것이오?"

채택이 말했다.

"나는 성이 채고, 이름은 택으로 천하에서 가장 웅변이 뛰어나고 지혜로운 사람이오. 이번에 특별히 진왕을 만나러 왔소. 진왕께서 나를 만나주시기만 하면 틀림없이 내 말을 기쁘게 받아들인 뒤, 응후를 쫓아내고 대신 나를 승상의 자리에 앉힐 것이오. 그럼 나는 바로 승상의 인수를 허리에 차게 될 것이오."

여관 주인은 미치광이 같은 그의 말이 우스워서 다른 사람들에게 두루 그 이야기를 해줬다. 범수의 문객 한 사람이 그 이야기를 듣고 범수에게 바로 알렸다. 범수가 말했다.

"오제五帝[1]와 삼대三代[2]의 일과 제자백가의 학설 중 내가 들어보지 못한 것이 없소. 수많은 사람의 변설도 내가 모두 굴복시켰소. 그 채택이라는 자가 어떻게 진왕께 유세하여 나의 승상 인수를 빼앗아갈 수 있단 말이오?"

이에 사자를 여관으로 보내 채택을 불러오게 했다. 여관 주인이 채택에게 말했다.

"손님께 재앙이 닥칠 것 같소. 손님께서 응후를 대신해 승상이 되고 싶다고 큰소리를 쳐서 지금 승상부에서 손님을 부르오. 선생께서 그곳으로 가시면 틀림없이 큰 곤욕을 치르게 될 것이오."

채택이 웃으며 말했다.

"내가 응후를 만나면 틀림없이 그분이 승상의 인수를 내게 양보할 것이오. 그러니 내가 진왕까지 만날 필요도 없소."

주인이 말했다.

"손님께서는 제정신이 아닌 것 같소. 제발 나까지 연루시키지는 마시오."

채택은 보통 베옷에 짚신을 신고 응후 범수를 만나러 갔다. 범수는 거만하게 앉아 그를 맞았다. 채택도 길게 읍만 하고 절은 올리지 않았다. 범수는 앉으란 말도 하지 않고 목소리를 높여 채택을 꾸짖었다.

1_ 오제五帝: 중국 신화 전설 시대의 다섯 주요 임금. 『사기史記』에서는 황제黃帝, 전욱顓頊, 제곡帝嚳, 요堯, 순舜을 오제로 꼽았다.

2_ 삼대三代: 중국 역사의 초기 왕국에 속하는 하夏, 상商(은殷), 주周를 가리킨다.

"밖에서 나를 대신해 승상이 되겠다고 큰소리를 친 자가 바로 네놈이냐?"

채택이 단정하게 서서 대답했다.

"그렇소."

"네놈에게 어떤 변론 재주가 있기에 내 작위를 빼앗을 수 있단 말이냐?"

"어허! 승상께서는 식견이 어찌 그리 모자라십니까? 대저 사계절의 순서를 보더라도 무르익은 계절은 물러나고 풋풋한 새 계절이 다가오는 법입니다. 승상께서는 이제 자리에서 물러나셔야 합니다."

"내가 스스로 물러나지 않는데 누가 나를 물러나게 할 수 있단 말이냐?"

"대저 사람은 몸이 건강하고 손발이 재빠르고 지혜가 총명할 때 천하에 올바른 도道와 덕德을 펼치면 세상 사람들이 모두 존경하고 흠모하며 호걸로 생각합니다."

범수가 맞장구를 쳤다.

"그렇지!"

채택이 또 말했다.

"그리고 천하에 뜻을 펼친 뒤 편안하게 천명을 누리고, 작위와 녹봉을 자손에게 전하여 대대로 부귀가 끊어지지 않게 하면서 천지와 더불어 영원히 운명을 함께한다면 이 어찌 세상에서 말하는 길상吉祥과 선업善業이 아니겠습니까?"

"그렇지!"

"그런데 진秦나라 상군, 초나라 오기, 월나라 문종文種과 같은 사람은 공은 이루었지만 몸은 비참하게 죽었습니다. 승상께서도 이들처럼 되고 싶은 건 아니겠지요?"

범수는 마음속으로 몰래 생각했다.

'이자가 이해관계를 언급하는 것이 점점 진실에 가까워지고 있다. 내가 지금 저들처럼 되고 싶지 않다고 하면 바로 이자의 말에 걸려들게 된다.'

그래서 범수는 거짓으로 이렇게 대답했다.

"저들처럼 되고 싶지 않을 이유가 무엇이냐? 대저 상앙은 진 효공을 섬김에 한 치의 사사로움도 없이 지공무사至公無私한 태도로 법률을 정해 나라를 다스렸고, 나중에는 또 진나라 장수가 되어 천 리의 땅까지 개척했다. 오기는 초 도왕悼王을 섬김에 신분이 고귀한 인척을 쫓아내고 전사를 양성하여 남쪽으로는 오나라와 월나라를 평정하고 북쪽으로는 삼진三晉을 물리쳤다. 문종은 월왕 구천을 섬김에 약한 나라를 강한 나라로 만들어 막강한 오나라를 병탄한 뒤 자기 임금이 회계會稽에서 당한 원한을 갚아주었다. 비록 저들이 제명에 죽지는 못했지만 대장부로서 살신성인하고 편안하게 죽음을 맞았다. 저들은 당시에 큰 공을 세워 그 이름이 후세에까지 전해지고 있다. 그러니 어찌 저들처럼 되고 싶지 않을 까닭이 있겠느냐?"

이때 범수는 입으로는 그렇게 어깃장을 놓았지만 자리에 앉아 있기가 불안하여 결국 일어서서 그의 말을 들었다. 채택이 대답했다.

"임금이 성스럽고 신하가 현명한 건 나라의 복입니다. 아버지가 자애롭고 아들이 효성스러운 건 집안의 복입니다. 효자라면 누가 자애로운 아버지를 원치 않겠으며, 현신이라면 누가 밝은 임금을 원치 않겠습니까? 그러나 비간이 충성을 다 바쳤어도 은나라는 망했으며, 신생申生이 효도를 다했음에도 진晉나라는 혼란에 빠졌습니다. 자신의 몸은 악형을 당해 죽으면서도 끝내 임금과 부친을 구제하지 못한 것은 무슨 까닭입니까? 자신의 임금과 부친이 밝지도 자애롭지도 못했기 때문입니다. 상군, 오기, 문종이 불행하게 죽었지만 이들이 어찌 자신의 죽음으로 후세의 명성을 구했겠습니까? 대저 비간은 심장을 해부당해 죽었지만 미자微子는 은나라를 떠났으며, 소홀김忽은 주살당했지만 관중管仲은 살아남았습니다. 그렇다고 미자와 관중의 명성이 어찌 비간과 소홀의 명성보다 아래에 있겠습니까? 이 때문에 대장부의 처세술은 자신의 몸과 명성을 모두 온전하게 지키는 걸 최상으로 여깁니다. 명성은 전했으면서도 목숨을 잃은 것을 그다음으로 꼽습니다. 그리고 명성을 더럽히고 몸만 온전히 살아남은 것을 최하로 치는 것입니다."

이 말을 듣고 범수는 가슴이 상쾌하여 자신도 모르는 사이에 자신의 자리를 벗어나 하당下堂으로 발걸음을 옮기며 칭찬했다.

"훌륭한 말이다."

"승상께서는 상군, 오기, 문종과 같은 살신성인의 삶을 사는 것이 소원이라고 하셨는데, 그런 삶을 굉요閎夭가 문왕文王을 섬긴 일과 주공周公이 성왕成王을 보필한 일에 비교해보면 어느 것이 더 낫습니까?"

"상군 등의 삶이 더 못하다."

"그럼 지금 진秦나라 대왕께서 충신을 신임하고 옛 신하를 두텁게 대하는 태도는 옛날 진 효공과 초 도왕에 비해 어떻습니까?"

범수가 잠시 신음하다가 말했다.

"어떤지 아직 모르겠다."

"승상께서 스스로 생각하시기에 국가를 위해 공을 세우고 실책을 저지르지 않은 점에서 자신을 상군, 오기, 문종과 비교했을 때 어떠하다고 보십니까?"

"내가 그분들보다 못하다."

"지금 진왕께서 공신을 신임하는 태도는 진 효공, 초 도왕, 월왕 구천보다 두텁지 못할 뿐만 아니라 승상의 공적도 상군, 오기, 문종보다 못합니다. 그런데도 승상의 지위는 지극히 높고 사가私家의 재산은 저들 세 대부보다 두 배나 많습니다. 사정이 이와 같은데 어찌 급류에서 용기 있게 물러나 몸을 온전히 보존할 계책을 세우지 않으십니까? 저들 세 대부도 참화를 면치 못했는데 하물며 승상께서 어떻게 화를 면할 수 있겠습니까? 대저 비취, 고니, 무소, 코끼리는 살아가는 모습이 죽음에서 멀리 떨어져 있는 것 같지만, 결국 이 짐승들이 죽게 되는 까닭은 미끼에 유혹되기 때문입니다. 소진과 지백智伯은 지혜로운 사람이었기에 자기 자신을 충분히 보호할 수 있었지만, 결국 죽음을 맞을 수밖에 없었던 것은 끝없는 탐욕에 유혹되었기 때문입니다. 승상께서는 필부의 몸으로 진왕의 인정을 받아 승상의 지위에 올랐으니 부귀가 이미 극점에 도달했습니다. 또 지난날의 원한을 다 갚고 임금의 은덕에도 보답한 지금까지도 권세와 이익에 연연하며 앞으로 나아가기만 할 뿐 물러날 줄 모르니 소진과 지백이 당한 참화를 면치 못할까 두렵습니다. 속담에도 이르기를 '해가 중천에 이르면 반드시 서쪽으로 기울고, 달이 만월滿月이 되면 반드시 이지러진다日中必移, 月滿必虧'고 했습니다. 승상께서는 어찌 이런 시기에 승상의 인수를 반환하고 현자를 골라 추천하지 않으십니까? 추천된 사람이 현명하면 추천한 사람은 더욱 존중을 받을 것이니 승상께서는 겉으로는 영광스러운 지위를 사양한 것이 되지만, 실제로는 무거운 짐을 벗은 것이 됩니다. 그런 뒤 아름다운 산수를 찾아 즐기면서 왕자교王子喬3나 적송자赤松子4와 같은 수명을 누리고, 후세 자손들까지 길이길이 응후의 작위를 세습하게 하십시오. 이것은

3_ 왕자교王子喬: 주周 영왕靈王의 맏아들로 이름은 진晉, 자는 자교子喬. 생황을 잘 불고 백학白鶴을 타고 노닐다가 신선이 되었다고 한다. 이 소설 제67회 참조.

뜬구름 같은 권세에 의지하여 예측할 수 없는 참화에 빠져드는 것보다 훨씬 좋은 계책입니다."

"선생께서는 스스로 웅변에 뛰어나고 지혜롭다고 하더니 지금 보니 과연 그렇구려. 내가 어찌 감히 그 명령을 받들지 않을 수 있겠소?"

그러고는 바로 상좌로 인도하여 상객으로 대우하고 객관에 머물게 한 뒤 술과 음식을 내려 융숭하게 대접했다.

이튿날 범수는 조정으로 들어가 진왕에게 아뢰었다.

"신의 문객 중에 방금 산동山東에서 온 사람이 있습니다. 그의 성명은 채택으로 가히 자신이 보필하는 임금을 제왕이나 패주霸主로 만들 만한 재주를 품고 있고 시대의 변화에도 통달해 있습니다. 그러므로 장차 그에게 진나라의 정사를 맡길 만합니다. 지금까지 신은 매우 많은 사람을 만났지만 이 사람에 짝할 만한 사람은 보지 못했습니다. 신도 이 사람에게는 만분의 일도 미칠 수 없습니다. 신은 감히 현인을 감춰둘 수 없어서 삼가 대왕마마께 추천해드립니다."

이에 진왕은 채택을 편전으로 불러들여 육국을 겸병하는 일에 대한 계책을 물었다. 채택은 조용하게 조목조목 답변을 했다. 진왕은 그날로 바로 채택을 객경으로 임명했고, 범수는 병을 핑계로 인수를 내놓고 귀향을 요청했다. 진왕이 불허했으나 범수는 마침내 병이 위독하다는 핑계를 대고 조정에 나오지 않았다. 그리하여 진왕은 채택을 승상으로 임명하여 범수의 직위를 대신하게 하고 또 그를 강성군剛成君에 봉했다. 범수는 마침내 응應 땅으로 귀향하여 여생을 마쳤다.

---

4 적송자赤松子: 중국 신화에 나오는 제왕 신농씨神農氏의 우사雨師. 곤륜산崑崙山에 있는 서왕모西王母의 석실石室에 거주하며 염제炎帝의 딸과 함께 신선이 되었다고 한다.

이야기가 두 갈래로 나뉜다. 한편 연나라는 소왕이 나라를 다시 일으켜 세운 뒤 재위 33년 만에 보위를 혜왕惠王에게 전했다. 혜왕은 재위 7년 만에 또 무성왕武成王에게 보위를 전했고, 무성왕은 재위 14년 만에 효왕孝王에게 보위를 전했고, 효왕은 재위 3년 만에 연왕燕王 희喜에게 보위를 전했다. 연왕 희는 즉위하여 자신의 아들 단丹을 태자로 세웠다. 이것은 연왕 희 4년, 진秦 소양왕 56년의 일이었다. 이해에 조나라 평원군 조승이 세상을 떠나자 조왕은 염파를 상국으로 삼고 신평군信平君에 봉했다. 연왕 희는 조나라와 국경을 접하고 있는 터라 상국 율복栗腹을 보내 평원군을 조문하고 500금을 조왕의 술값으로 주면서 결의형제를 맺으려 했다. 율복은 조왕이 자신에게 후한 선물을 주리라 기대하고 있었지만 조왕은 그를 일상예절에 따라 대할 뿐이었다. 율복은 불쾌한 마음으로 귀국한 후 연왕에게 이렇게 보고했다.

"조나라는 장평 싸움에서 패배하여 장정들은 모두 죽었고 그들의 자식들은 아직 어립니다. 또 상국 평원군이 죽자 이미 연로한 염파를 상국에 임명했습니다. 이때 저들이 예측하지 못한 틈을 타 군사를 나누어 정벌에 나서면 조나라를 멸망시킬 수 있을 것입니다."

연왕은 그의 말에 미혹되어 창국군昌國君 악한樂閒을 불러 물었다. 악한이 대답했다.

"조나라는 동쪽으로 우리 연나라와 이웃해 있고 서쪽으로는 진나라와 경계를 대고 있으며 남쪽으로는 한나라와 위나라, 북쪽으로는 호맥胡貊과 땅이 이어져 있습니다. 이처럼 사방에 펼쳐진 평야에서 저들 백성이 군사 훈련을 해왔기 때문에 가볍게 공격할 수 없습니다."

"우리가 세 배 많은 군사를 출동시켜 저들의 군사 하나를 치면 어떠하오?"

"불가합니다."

"그럼 다섯 배의 군사로 하나를 치면 어떠하오?"

악한은 아무 대답도 하지 않았다. 연왕이 화를 내며 말했다.

"너는 네 부친의 분묘가 조나라에 있다고 조나라를 공격하려 하지 않는 것이냐?"

악한이 말했다.

"대왕마마께서 믿지 못하시겠다면 신이 한번 시험해보겠습니다."

신료들도 연왕의 뜻에 아첨하기 위해 모두 이렇게 말했다.

"천하에 어찌 다섯 배의 군사로 하나의 군사를 이기지 못한단 말이오?"

이때 대부 장거將渠만이 혼자서 간절하게 간언을 올렸다.

"대왕마마! 군사의 많고 적음은 거론하지 마시고 먼저 군사 행동의 옳음과 그름을 말씀하십시오. 대왕마마께서는 바야흐로 조나라와 친교를 두텁게 하고자 500금을 주어 조왕의 장수를 축원했습니다. 그런데 사신의 귀국 보고만 듣고 바로 조나라를 공격하려 하시니 이는 신의도 없고 의롭지도 못한 일입니다. 이렇게 군사를 일으키시면 틀림없이 아무 공적도 세울 수 없을 것입니다."

그러나 연왕은 그렇게 생각하지 않았고, 율복을 대장으로 삼고 악승을 그 보좌로 삼아 군사 10만을 거느리고 호鄗 땅을 공격하게 했다. 또 경진慶秦을 부장으로 삼고 악한을 보좌로 삼아 군사 10만을 거느리고 대代 땅을 공격하게 했다. 아울러 연왕 자신도 친히 군사 10만을 거느리고 중군을 꾸려 뒤에서 두 장수를 구원하겠다고 했다. 연왕이 병거에 오르려는데 장거가 연왕의 허리띠를 잡고 눈물을 흘리며 말했다.

"조나라 정벌에 대왕마마께서 직접 가지 마십시오. 좌우의 여러 사람을 놀라게 할까 두렵습니다."

연왕은 화를 내며 장거를 발로 찼다. 장거는 연왕의 발을 끌어안고 울면서 말했다.

"신이 대왕마마를 잡는 것은 충심입니다. 대왕마마께서 신의 말을 듣지 않으시면 우리 연나라에 참화가 닥칠 것입니다."

연왕은 더욱 화를 내며 장거를 옥에 가두라 명했고, 전쟁에서 이겨 개선하는 날 주살하겠다고 했다. 삼군은 길을 나누어 진격했다. 깃발이 들판을 덮고 사기가 하늘을 찔렀다. 연왕은 조나라 땅을 밟으면서 연나라 영토가 크게 확장되기를 바랐다.

조왕은 연나라 군사가 쳐들어온다는 소식을 듣고 신료들을 소집하여 대책을 물었다. 상국 염파가 앞으로 나서며 말했다.

"연나라는 우리가 지난번 전쟁에서 패배하여 지금 군사를 보충할 수 없을 것으로 생각하고 있습니다. 그러나 국내 백성에게 많은 재물을 나눠주고, 그중 15세 이상인 자들에게 모두 무기를 잡고 우리 군사를 돕게 하면 우리 군사의 사기는 진작되어 크게 고함을 지를 것이고 그럼 연나라 군사의 사기는 저절로 떨어질 것입니다. 율복이란 자는 공을 세우기만 좋아하고 장수로서의 담략은 없습니다. 게다가 경진은 이름 없는 풋내기에 불과하고, 악한과 악승은 창국군 악의樂毅를 따라 연나라와 조나라를 많이 왕래했기 때문에 우리 조나라를 공격할 때 있는 힘을 다하지 않을 것입니다. 그러므로 우리가 연나라 군사를 바로 격파할 수 있습니다."

또한 염파는 안문雁門을 지키는 장수 이목을 장수의 재목으로 추천했다. 조왕은 염파를 대장으로 삼고 5만의 군사를 주어 호 땅에서 율복을 맞아 싸우게 했고 또 이목을 부장으로 삼고 5만의 군사를 주어 대 땅에서 경진을 맞아 싸우게 했다.

염파는 군사를 거느리고 방자성房子城(河北省 臨城)에 도착하여 연나라 장
수 율복이 호 땅에 있다는 걸 알고, 젊은 장정은 모두 철산鐵山(河北省 臨城
경내)에 숨긴 뒤 노약자들만 진영 앞에 늘어세웠다. 율복은 세작을 보내 조
나라 군사의 상황을 탐지하고 나서 기뻐하며 말했다.

"나는 본래 조나라 병졸이 전투를 감당할 수 없다는 사실을 알고 있
었다."

율복은 군사를 이끌고 급히 호성鄗城을 공격했다. 호성 사람들은 구원병
이 벌써 당도해 있다는 사실을 알고 15일 동안 성을 굳게 지키며 굴복하지
않았다. 염파는 대군을 거느리고 가서 먼저 피로하고 허약한 병졸 수천 명
을 내세워 싸움에 임했다. 율복은 악승에게 성을 공격하게 하고 자신은 군
사를 이끌고 조나라 공격에 맞섰다. 단지 일합을 겨루었는데도 조나라 군
사는 연나라 군사를 당해내지 못하고 대패하여 달아났다. 율복은 장졸을
지휘하여 조나라 군사를 추격했다. 대략 6, 7리를 쫓아가자 그곳에 매복해
있던 조나라 군사들이 일제히 달려나왔다. 그중에서도 선봉에 선 대장 한
명이 병거를 치달리며 고함을 질렀다.

"염파가 여기 있다. 이곳에 온 연나라 장수는 일찌감치 포박을 받으라!"

율복은 대로하여 칼을 휘두르며 적을 맞아 싸웠다. 그러나 염파는 무예
가 뛰어난 고수였고 그가 거느리고 온 장졸들도 모두 정선된 정예병이어서
일당백의 용력을 발휘했다. 몇 합도 채 겨루지 않아 연나라 군대는 대패했
고, 염파는 대장 율복을 사로잡았다. 악승은 대장이 조나라 군사에게 사
로잡혔다는 소식을 듣고 호성의 포위를 풀고 달아났다. 염파가 사람을 보
내 악승을 부르자 악승은 결국 조나라 군영에 투항했다. 이때 마침 이목도

염파가 연나라 두 장수의 목을 베다.

대 땅을 구원하러 가서 승리를 거두었다. 그는 연나라 부장 경진의 목을 베고 사자를 보내 염파에게 승첩을 보고했다. 연나라 장수 악한은 나머지 군사를 이끌고 청량산淸涼山(山西省 懷仁 경내)으로 들어가서 목숨을 보존하고 있었다. 염파는 악승에게 서찰 한 통을 써서 악한을 불러오게 했다. 악한도 결국 조나라에 항복했다. 연왕 희는 두 곳의 군사가 모두 패배했다는 소식을 듣고 밤새도록 도주하여 중도中都(北京 房山區 竇店鎭)로 회군했다. 염파는 장거리를 치달려 바로 연나라로 들어가서 긴 포위망을 구축하고 연왕을 곤경에 몰아넣었다. 연왕은 사신을 보내 강화를 요청했다. 항복한 장수 악한이 염파에게 말했다.

"본래 조나라 정벌을 제창한 자는 율복입니다. 당시 연나라 대부 장거는 선견지명이 있어서 조나라와 전쟁을 해서는 안 된다고 극구 간언을 올렸지만 연왕은 그의 말을 듣지 않고 그를 옥에 가두었습니다. 만약 강화를 허락하시려면 연왕에게 반드시 장거를 상국에 임명한 후 그를 강화 사절로 보내라고 하십시오."

염파가 그의 말에 따르자 연왕은 어찌할 도리가 없어서 옥중에서 장거를 불러내 상국 인수를 줬다. 그러나 장거는 그것을 사양하며 말했다.

"불행하게도 신의 말이 적중되고 말았지만 신이 어찌 나라가 패배한 틈을 타 사리사욕을 채울 수 있겠습니까?"

연왕이 말했다.

"과인이 경의 말을 듣지 않아서 치욕스러운 패배를 자초했소. 지금 조나라에 강화를 요청하려면 경이 아니면 일을 추진할 수가 없소."

이에 장거는 어쩔 수 없이 연나라 상국 인수를 받았다. 장거가 연왕에게 말했다.

"악승과 악한은 비록 조나라에 투항했지만 그 선인先人은 연나라에서 큰 공을 세웠습니다. 대왕마마께서는 저들의 처자식을 조나라로 돌려보내 저들이 우리 연나라의 은덕을 잊지 못하게 하십시오. 그렇게 하면 강화가 조속히 이루어질 수 있을 것입니다."

연왕은 그 말에 따랐다. 장거는 조나라 군영으로 가서 연왕 대신 사죄하고 자신이 데리고 온 악한과 악승의 가족을 보내줬다. 염파는 강화를 허락하고 참수한 율복의 머리와 경진의 시신을 연나라로 돌려보냈다. 그러고는 그날로 바로 군사를 거두어 조나라로 귀환했다. 조왕은 악승을 무양군武襄君에 봉했고, 악한은 여전히 이전처럼 창국군이라 칭하게 했다. 또 이목을 대 땅의 군수로 삼았다. 이때 극신은 연나라를 위해 계주薊州(天津 薊縣)를 지키고 있었다. 연왕은 극신이 지난날 악의와 함께 연나라 소왕을 섬겼다는 사실을 알고 그에게 서찰을 써서 조나라에 투항한 악승과 악한을 불러보라고 했다. 그러나 악승과 악한은 연왕이 충언을 받아들이지 않는 것을 알고 끝까지 조나라에 남았다. 장거는 연나라 상국이 되었지만 그건 연왕의 본래 뜻이 아니었기 때문에, 장거는 반년도 안 돼 병을 핑계로 상국 인수를 돌려줬다. 연왕은 마침내 극신을 등용하여 장거의 지위를 대신하게 했다. 이 이야기는 잠시 여기서 접어두고자 한다.

한편 진秦 소양왕은 재위 56년이 되었을 때 나이가 71세였고 그해 가을 병이 들어 세상을 떠났다. 태자 안국군 주가 즉위하니 이 사람이 진 효문왕孝文王이다. 효문왕은 조녀趙女5를 왕후로 삼고 자초를 태자로 세웠다. 한 환혜왕桓惠王은 진왕의 부음 소식을 듣고 가장 먼저 상복을 입고 가서 조문하고 장례를 돌보며 신하로서의 예를 다했다. 다른 제후국에서도 모두 상국이나 대장을 보내 장례에 참석하게 했다. 효문왕은 장례를 마치고 사흘째 되던 날 신료들을 위해 위로 잔치를 크게 벌인 후 궁궐로 돌아가서 갑자기 죽었다. 진나라 사람들은 모두 객경 여불위가 자초를 빨리 왕위에 올리려고 좌우 측근에게 많은 뇌물을 먹여 술에 독을 탔고 결국 진왕은 그 술을 마시고 독살된 것으로 의심했다. 그러나 여불위의 권세가 두려워 아무도 감히 그 말을 입 밖에 내지 못했다. 그리하여 여불위는 신료들과 자초를 받들어 보위를 잇게 했다. 이 사람이 진 장양왕莊襄王이다. 장양왕은 화양부인을 태후에 봉하고 조희를 왕후에 봉했으며, 아들 조정을 태자로 세운 뒤 이름에서 조趙 자를 떼어내고 그냥 정政으로만 부르게 했다. 채택은 장양왕이 여불위의 은덕에 깊이 감사한 나머지 그를 승상으로 삼고 싶어하는 것을 알고 병을 핑계로 승상 인수를 양보했다. 여불위는 마침내 승상이 되어 문신후文信侯에 봉해졌고 하남河南의 낙양 땅 10만 호를 식읍으로 받았다. 여불위는 맹상군, 신릉군, 평원군, 춘신군의 명성을 흠모했다. 그는 자신이 그들에 미치지 못함을 부끄럽게 여기고 객관을 설치하여 빈객을 불러 모았다. 그의 휘하에 모여든 빈객도 3000여 명이나 되었다.

이 무렵 동주군은 진나라의 두 임금이 연이어 죽어서 나라 안이 어수선하다는 소식을 듣고 자신의 빈객을 여러 나라로 보내 합종책을 써서 진나라를 정벌하려고 했다. 그러자 승상 여불위가 장양왕에게 말했다.

"서주西周는 이미 멸망했고 동주東周만이 겨우 명맥을 유지하고 있습니

5_ 조녀趙女: 안국군의 부인은 초나라 여인인 화양부인이다. 그러므로 이 소설 원문에 조녀趙女라고 되어 있는 것은 초녀楚女의 잘못이다. 실제로 안국군은 진秦나라 임금이 된 후 화양부인을 정실 왕후로 삼았다. 화양부인의 양자 자초(이인)가 데려온 여인이 조나라 여인 조희다.

다. 지금 저들이 문왕과 무왕의 자손이라고 자부하며 천하의 제후국을 선동하고 있으니 차라리 저들을 섬멸하여 사람들의 희망을 끊는 것이 좋겠습니다."

진왕은 즉시 여불위를 대장에 임명하고 군사 10만을 주어 동주를 정벌하게 했다. 여불위는 동주군을 사로잡아 귀환하면서 동주의 공성 등 일곱 고을을 모두 진나라 영토로 거두어들였다. 주나라는 무왕이 기유년己酉年에 천명을 받은 이래 동주군 임자년壬子年에 멸망했다. 37명의 왕이 873년의 역사를 이어오다가 진나라에 의해 제사가 끊겼다. 이 일을 증명해줄 만한 가결歌訣6이 있다.

무왕 성왕 강왕 소왕 목왕 공왕	周武成康昭穆共
의왕 효왕 이왕 여왕 선왕 유왕을 끝으로	懿孝夷厲宣幽終
이상이 주나라 전성기의 열두 임금이었고	以上盛周十二主
252년을 면면히 이어왔도다	二百五十二年逢
동천東遷한 뒤 평왕 환왕 장왕 이왕 혜왕	東遷平桓莊釐惠
양왕 경왕 광왕 정왕 간왕 영왕이 계승했고	襄頃匡定簡靈繼
경왕 도왕 경왕 원왕 정정왕 애왕	景悼敬元貞定哀
사왕 고왕 위열왕 안왕 열왕이 대를 이었네	思考威烈安烈序
현왕 신정왕 난왕에 이르러 멸망하여	顯子慎靚赧王亡
동주 26명의 왕7이 서주와 짝을 이뤘네	東周廿六湊成雙

6_ 가결歌訣: 어떤 사물이나 사건의 요점을 쉽게 기억하고 암송하기 위해 시나 노래의 형식으로 만든 일종의 비결祕訣. 본래 도가道家의 도술을 전수해주는 비기祕記를 가리켰으나 나중에는 일반적인 비결까지 모두 가리키는 말이 되었다.

주나라는 제곡帝嚳의 아들 후직 기棄의 자손으로	系出嚳子後稷棄
태왕과 왕계와 문왕 창이 시원을 열었네	太王王季文王昌
문왕까지 포함하면 처음부터 끝까지 38명의 왕이 보위에 올라	卜年卜世數過之
874년의 역사 동안 천하를 다스렸네	首尾三十有八主
점쳐 얻은 숫자대로 대수代數가 흘렀음에	八百七十年零四
신령하고 장구한 종묘사직이 다시는 없었다네	宗社靈長古無二

진왕秦王은 주나라 왕실을 멸망시킨 기세를 타고 다시 몽오를 시켜 한나라를 기습해 성고成皐와 형양滎陽을 함락시킨 뒤 삼천군三川郡을 설치했다. 이때부터 진나라 영토의 경계는 위나라 대량에까지 다가가게 되었다. 진왕이 말했다.

"과인이 지난날 조나라에 인질로 잡혀 있을 때 조왕은 몇 번이나 과인을 죽이려 했다. 과인은 이 원한을 갚지 않을 수 없다."

그리하여 다시 몽오를 시켜 조나라를 공격하게 하여 유차楡次 등 37개 성을 빼앗아 태원군太原郡을 설치했다. 이어서 마침내 상당을 평정하고 내친김에 위나라 고도高都(山西省 澤州 高都鎭)를 공격했으나 성을 함락시키지 못했다. 진왕은 다시 왕흘에게 군사 5만을 주어 고도 전투를 돕게 했다. 위나라 군사들은 번번이 진나라 군사에게 패했다. 여희가 위왕에게 말했다.

"진나라가 우리 위나라를 급하게 공격하는 것은 위나라를 업신여기기 때문입니다. 저들이 위나라를 업신여기는 까닭은 신릉군이 우리 위나라에 없기 때문입니다. 신릉군의 명성은 천하에 알려져 있으니 그분에게 의지하

7_ 26명의 왕: 실제로는 25명의 왕. 이 소설의 착오로 보인다.

여 제후들의 힘을 빌릴 수도 있을 것입니다. 대왕마마께서 사자에게 겸손하고 간곡한 서찰과 후한 폐물을 지참하게 하고 그를 조나라로 보내 신릉군을 불러온 뒤 합종책으로 여러 나라의 힘을 합쳐 진나라를 막아내게 한다면 몽오와 같은 무리가 100여 명이 있다 해도 어찌 감히 우리 위나라를 똑바로 쳐다볼 수 있겠습니까?"

위왕은 형세가 다급해지자 어쩔 수 없이 여희의 계책에 따랐다. 위왕은 안은을 사자로 임명하고 상국 인수와 황금과 채색 비단을 가지고 조나라로 가서 신릉군을 맞아오게 했다. 신릉군에게 보내는 서찰의 내용은 대략 이러했다.

아우님은 지난날 조나라의 위기를 참지 못했는데, 지금 우리 위나라의 위기는 참고 있단 말인가? 위나라가 지금 매우 위급하네. 과인과 온 나라 백성은 아우님이 돌아오기를 학수고대하고 있네. 아우님은 지난날 과인이 저지른 잘못을 너무 섭섭하게 생각하지 마시게.

신릉군은 비록 조나라에 거주하고 있었지만 빈객들이 끊임없이 오고 가며 소식을 전해줬기 때문에 위나라에서 장차 자신을 맞아가기 위해 사자를 파견하리란 사실을 알고 있었다. 신릉군이 한탄하며 말했다.

"위왕은 나를 조나라에 10년이나 버려두었다. 그런데 국내 형세가 급박해지자 나를 불러가려 하고 있다. 이것은 위왕이 마음속으로 나를 생각해서 내린 명령이 아니다."

이에 대문 앞에 다음과 같은 글을 써서 내걸었다.

감히 위왕을 위해 사자와 내통하는 자는 사형에 처할 것이다.

이 글을 보고 빈객들은 모두 서로 경계하며 아무도 감히 신릉군의 귀국을 권하지 못했다. 안은은 보름이 지나도록 신릉군을 만날 수 없었다. 위왕은 다시 사신을 보내 안은에게 빨리 신릉군을 불러오라고 재촉했다. 그러나 안은은 신릉군을 만날 수 없었고 위나라 사자의 왕래만 분주하게 이어졌다. 안은은 신릉군 문하의 빈객들에게 자신의 말을 좀 전해달라고 했으나 모두 그 말을 전하려 하지 않았다. 또 안은은 신릉군이 외출할 때 길에서 만나려고 했지만 신릉군은 위나라에서 온 사자를 피하려고 문밖출입도 하지 않았다. 안은은 어찌해볼 도리가 없었다. 신릉군이 과연 위나라로 귀국할지 어떨지는 다음 회를 보시라.

제102회

태자 정이 진왕에 오르다

신릉군는 화음도에서 몽오를 패퇴시키고
방난은 호로하에서 극신을 참수하다
華陰道信陵敗蒙驁, 胡盧河龐煖斬劇辛.

안은은 신릉군을 만나려고 했으나 실패했고, 신릉군의 빈객들도 다리를
놓아주려 하지 않아서 어떻게 할 도리가 없었다. 이때 마침 도박꾼 모공과
술 장사꾼 설공이 신릉군을 만나러 가게 되었다. 안은은 그들이 신릉군의
상객이란 걸 알고 자신의 사정을 읍소했다. 두 사람이 말했다.

"신릉군의 저택에서는 외부인의 수레를 경계하니, 우리 두 사람이 힘을
다해 설득해보겠소."

안은이 말했다.

"두 분께 모든 것을 맡기겠습니다."

두 사람은 신릉군을 만나 이렇게 말했다.

"소문을 들으니 공자께서 장차 조상의 땅으로 돌아가신다 하여 우리 두
사람이 특별히 송별하러 왔소."

신릉군이 말했다.

"그럴 리가 있겠소?"

두 사람이 말했다.

"진秦나라 군사가 위나라를 매우 급박하게 포위하고 있다는데, 공자께서는 소문을 듣지 못하셨소?"

신릉군이 말했다.

"들었소. 그러나 나는 위나라를 떠난 지 벌써 10년이라 이젠 조나라 사람이 되었소. 감히 위나라의 일에 간여하고 싶지 않소."

그러자 두 사람이 한목소리로 말했다.

"공자께서는 무슨 말씀을 그리 하시오. 공자께서 조나라에서 존중받고 제후들에게까지 명성이 알려진 까닭은 조상 땅인 위나라가 있기 때문이오. 또 공자께서 훌륭한 선비를 부양할 수 있고 천하의 빈객들이 공자의 문하에 모여드는 까닭도 위나라의 힘을 빌리고 있기 때문이오. 지금 진나라가 날마다 급박하게 위나라를 공격하고 있는데도 공자께서 구원에 나서지 않다가, 만약 어느 날 진나라가 위나라 도성 대량을 함락시키고 선왕先王의 종묘를 평지로 만들어버린다면 어떻게 하시겠소? 설령 자신의 집안은 내버려둔다 해도, 종묘의 제사까지 생각하지 않을 수 있단 말이오? 그럼 이후 어떻게 얼굴을 들고 조나라에서 밥을 얻어먹을 수 있겠소?"

말을 다 마치지도 않았는데 신릉군은 땅을 박차고 일어나 얼굴에 식은 땀을 흘리며 사과했다.

"선생께서 저 무기를 꾸짖으시는 건 참으로 옳은 말씀이오. 저 무기는 천하의 죄인이 될 뻔했소."

그러고는 그날로 바로 빈객들에게 짐을 꾸리라 명령을 내리고 조정으로 들어가 조왕에게 작별 인사를 했다. 조왕은 신릉군을 차마 보낼 수 없어서 그의 팔을 잡고 눈물을 흘리며 말했다.

"과인은 평원군을 잃고 나서 오직 공자만을 장성長城처럼 의지해왔소. 그런데 하루아침에 과인을 버리고 떠나가신다니 과인은 이제 누구와 함께 사직을 지켜야 하오?"

신릉군이 말했다.

"신은 우리 선왕의 종묘가 진나라 군사에게 파괴되는 걸 차마 두고 볼 수 없어 귀국하지 않을 수 없습니다. 만약 대왕마마께서 홍복이 있으시어 위나라 종묘사직이 파괴되지 않는다면 장차 다시 상봉할 날이 있을 것입니다."

조왕이 말했다.

"공자께서 지난번에 위나라 군사를 동원하여 우리 조나라를 구원해주셨소. 이번에는 공자께서 위나라 국난을 구원하러 가신다니 과인이 어찌 모든 군사를 동원하여 그 뒤를 따르지 않을 수 있겠소?"

이에 상장군上將軍의 인수를 신릉군에게 주고 장군 방난龐煖을 부장으로 삼아 조나라 군사 10만 명을 동원하여 위나라를 돕게 했다. 신릉군은 조나라의 장수가 된 뒤 먼저 안은을 귀국시켜 자신의 출병 소식을 보고하게 하고, 다시 자신의 빈객을 나누어 각 제후국에 구원을 요청하는 서찰을 전하게 했다. 연, 한, 초 세 나라는 평소에 신릉군의 인품을 존중하고 있었기 때문에 그가 군사를 거느리고 출정한다는 소식을 듣고 모두 기뻐했다. 그리하여 이 세 나라는 자국 군대의 대장에게 군사를 이끌고 위나라로 가서 신릉군의 통제를 받을 것을 명했다. 연나라는 대장 장거를 보냈고, 한나라는 대장 공손영公孫嬰을 보냈으며, 초나라는 대장 경양景陽을 보냈다. 그러나 제나라에서는 군사를 파견하려 하지 않았다.

한편 위왕은 급박한 상황에 처해 있다가 안은의 귀국 보고를 들었다.

"신릉군이 연, 조, 한, 초나라 군사를 모두 이끌고 우리 위나라를 구조하기 위해 달려오고 있습니다."

위왕은 목마른 자가 샘을 만난 듯, 화재를 당한 자가 물을 만난 듯 말로 형언할 수 없을 정도로 기뻐했다. 위왕은 위경에게 나라 안 모든 군사를 일으켜 신릉군과 호응하라고 지시했다. 이 무렵 몽오는 겹주郟州(河南省 郟縣)를 포위하고 있었고, 왕흘은 화주華州(河南省 新鄭 북쪽 華陽 故城)를 포위하고 있었다. 신릉군이 휘하 장수들에게 말했다.

"진나라에서는 내가 장수가 되었다는 소식을 듣고 틀림없이 조급하게 공격해올 것이오. 겹주와 화주는 동서로 500리나 떨어져 있소. 나는 일부 군사를 겹주로 보내 몽오의 군사를 막게 하고, 나 스스로는 기습병을 이끌고 화주를 공격하겠소. 만약 화주의 왕흘을 격파할 수 있다면 겹주의 몽오도 혼자서 버틸 수 있을 것이오."

장수들이 모두 말했다.

"알겠습니다."

신릉군은 위경에게 위나라 군사와 초나라 군사를 합하게 하여 보루를 연이어 길게 쌓고 몽오를 막게 했다. 아울러 신릉군의 깃발을 거짓으로 꽂아두고 절대 전투를 하지는 말라고 했다. 그리고 자신은 조나라 군사 10만을 거느리고 연나라, 한나라 군사와 연합하여 밤새도록 화주로 달려갔다. 신릉군은 장수들을 소집하여 대책 회의를 하며 말했다.

"소화산少華山(陝西省 華縣 蓮花寺鎮 경내)은 동쪽으로 태화산太華山(陝西省 華陰 경내)과 이어져 있고 서쪽으로는 위수(陝西省 渭河)에 맞닿아 있소. 진나라는

배로 군량미를 운반하는데 그 배들이 모두 위수에 정박해 있소. 소화산에
는 가시나무가 많아 군사를 매복시키기에 안성맞춤이오. 만약 군사 한 부
대를 위수로 보내 군량미를 약탈하면 왕흘은 틀림없이 모든 군사를 동원
해 구원에 나설 것이오. 우리가 소화산에 군사를 매복시키고 있다가 저들
을 맞아 공격을 퍼부으면 반드시 승리할 수 있을 것이오."

신릉군은 즉시 조나라 장수 방난에게 군사를 이끌고 위수로 가서 군량
미를 싣고 있는 배를 공격하라고 명령을 내렸다. 또 한나라 장수 공손영과
연나라 장수 장거에게는 각각 군사 한 부대씩을 이끌고 가서 군량미를 약
탈하는 방난의 군대를 돕게 했고, 그 일이 끝나면 소화산 좌우에서 진秦나
라 군사가 오기를 기다리고 있다가 함께 진군秦軍을 공격하라고 했다. 신릉
군 자신은 친히 정예병 3만을 거느리고 소화산 아래에 매복했다. 방난이
군사를 이끌고 먼저 출발하자, 그 소식은 길가에 숨어 있던 진나라 세작에
의해 일찌감치 왕흘의 군영에 보고되었다.

"위나라 신릉군이 대장이 되어 휘하 군사를 곧바로 위수 하구로 보냈습
니다."

왕흘은 깜짝 놀라며 말했다.

"신릉군은 용병用兵에 뛰어나다. 지금 화주를 구원하러 와서 우리와 싸
우지 않고 위수의 군량미를 약탈하러 가는 것은 우리 뿌리를 뽑으려는 의
도다. 내가 직접 구원하러 가야겠다."

마침내 이렇게 명령을 내렸다.

"군사 절반은 이곳에 남아 화주성을 계속 포위하고, 나머지는 모두 나
를 따라 위수로 군량미를 구하러 간다."

이들 군사가 소화산 가까이로 다가가자 산속에서 대군이 쏟아져 나왔

다. 그 군사들 위로는 '연나라 상국 장거燕相國將渠'라고 쓴 깃발이 펄럭이고 있었다. 왕흘은 진영을 펼치라고 명령을 내린 뒤 장거를 맞아 교전을 벌였다. 두 장수가 몇 합을 겨루지도 않았는데 또 다른 대군이 쇄도해왔다. 그들은 '한나라 대장 공손영韓大將公孫嬰'이라는 깃발을 들고 있었다. 왕흘은 황급히 군사를 나누어 적을 맞아 싸웠다. 그때 한 군사가 달려와 보고했다.

"위수의 군량미를 조나라 장수 방난에게 빼앗겼습니다."

왕흘이 말했다.

"사태가 이와 같이 된 바에야 오직 적을 죽이고 진격할 수밖에 없다. 만약 연나라와 조나라 군사를 물리치면 힘의 균형을 이룰 수 있을 것이다."

세 나라 군사들은 한데 엉겨 오시午時(오전 11~오후 1시)에서 유시酉時(오후 5~7시)까지 치열한 싸움을 벌이면서도 후퇴의 징 소리를 울리지 않았다. 신릉군은 진나라 군사가 지쳤을 것이라 짐작하고 복병을 이끌고 일제히 쏟아져 나가며 고함을 질렀다.

"신릉군이 친히 군사를 이끌고 이곳으로 납시었다. 진나라 장수는 내 도끼날을 더럽히지 말고 어서 항복하라!"

왕흘은 전투에 이골이 난 장수였지만 상황이 이 지경에 이르고 보니 몸이 몇 개라 해도 적을 막아낼 수 없었다. 하물며 진나라 군사들은 신릉군의 이름만 듣고도 간담이 서늘해져서 걸음아 날 살려라 도망치기에 바빴다. 왕흘은 대패하여 군사 5만여 명을 잃었을 뿐만 아니라 군량미까지 모두 빼앗기고 말았다. 그는 패배한 장수와 병졸을 이끌고 남쪽으로 달아나 임동관臨潼關(陝西省 華陰 동쪽 潼關)으로 몸을 피했다. 신릉군은 승리한 군사를 이전처럼 세 부대로 나누고 겹주를 구하러 달려갔다.

이즈음 몽오는 신릉군이 군사를 이끌고 화주로 갔다는 첩보를 받고 노약자들만으로 군영을 세운 뒤 '대장 몽大將蒙'이라는 거짓 깃발을 꽂고 위, 초 두 나라 군사와 대치하게 했다. 그리고 자신은 정예병을 모두 이끌고 비밀리에 화주를 향해 질주했다. 그는 왕흘과 군사를 합쳐 신릉군과 싸울 생각이었다. 그러나 신릉군이 이미 왕흘을 격퇴했다는 걸 어찌 알 수 있었겠는가? 몽오는 공교롭게도 화음華陰(陝西省 華陰) 경계에서 신릉군과 마주쳤다. 신릉군은 몸소 화살과 돌멩이를 무릅쓰고 선봉에서 적을 공격했다. 또 왼쪽에는 공손영, 오른쪽에는 장거가 군사를 이끌고 달려왔다. 양측 군사는 크게 어울려 싸웠다. 몽오는 군사 1만여 명을 잃고 징을 울려 군사를 거둔 뒤 군영을 튼튼하게 세우고 군마를 정돈하면서 다시 결사전을 준비했다. 한편 겹주를 지키던 위나라 장수 위경과 초나라 장수 경양은 몽오가 군중에 없다는 사실을 탐지해내고 성 밖 진나라 군영의 노약자를 무찌르고 겹주의 포위를 풀었다. 그러고는 바로 진나라 군사를 추격하기 위해 화음을 향해 행군을 시작했다. 이들은 몽오가 진영을 펼치고 싸움에 나서려는 것을 보고 양쪽에서 협공을 가했다. 몽오가 비록 용감하다 해도 어떻게 다섯 갈래의 군사를 막아낼 수 있겠는가? 그는 앞뒤로 적의 협공을 받고 또다시 대패하여 황급히 서쪽으로 달아났다. 신릉군은 여러 나라의 군사를 이끌고 곧바로 함곡관 아래까지 추격했다. 다섯 나라 군사들은 함곡관 앞 다섯 곳에 커다란 군영을 세우고 위력을 과시했다. 이와 같이 한 달여가 지났지만 진나라 군사는 관문을 굳게 닫아걸고 밖으로 나오지 않았다. 그제야 신릉군은 군사를 거두어 귀국했다. 각국 병사도 모두 흩어져 본국으로 돌아갔다. 사관은 이 일을 신릉군의 공이라고 논했지만, 기실은 모두 모공과 설공의 공이었다. 이 일을 읊은 시가 있다.

華陰道
信陵
欺蒙驚

신릉군이 화음도에서 몽오를 패퇴시키다.

병마가 성에 임하니 누가 포위를 풀 것인가?　　　　兵馬臨城孰解圍

합종책은 오로지 신릉군에만 의지했네　　　　　　合縱全仗信陵歸

당시 그의 귀국을 설득한 이 누구였던가?　　　　當時勸駕誰人力

저잣거리에 이름 숨긴 두 분의 포의布衣였네　　　卻是埋名兩布衣

위 안리왕은 신릉군이 진秦나라 군사를 대파하고 개선한다는 소식을 듣고 기쁨을 참을 수 없어서 친히 도성 30리 밖에까지 나가 신릉군을 환영했다. 10년을 헤어져 있다 오늘에야 다시 만난 두 형제는 희비가 교차하여 어찌할 바를 몰랐다. 두 사람은 수레를 나란히 하고 조정으로 돌아왔다. 위왕은 논공행상을 하여 신릉군을 상상上相으로 삼고 다섯 성을 봉토로 더해 줬다. 아울러 나라 안 대소사는 모두 신릉군에게 결재를 받도록 했다. 또 지난번에 신릉군을 위해 대장 진비를 격살한 주해의 죄를 사면하여 편장偏將으로 등용했다. 이때 신릉군의 위엄과 명성은 천하를 진동했다. 각국에서는 후한 예물을 가지고 와 신릉군에게 병법을 배우려 했다. 신릉군은 자신의 빈객들이 평소에 써서 올린 글을 모두 모아 그림을 곁들인 일곱 권의 책으로 편찬하고 『위공자병법魏公子兵法』[1]이라는 제목을 붙였다.

한편 몽오와 왕흘은 패잔병을 이끌고 한곳에 모여 부대를 합친 뒤 진 장양왕을 알현하러 왔다. 두 사람이 아뢰었다.

"위 공자 무기가 거느린 다섯 나라의 합종군은 군사도 많고 장수도 많아 신들이 승리할 수 없었습니다. 병졸과 장수를 잃고 패배했으니 신들의 죄

1_ 『위공자병법魏公子兵法』: 『사기史記』 「위공자열전魏公子列傳」에는 『위공자병법魏公子兵法』으로 적혀 있고, 『한서漢書』 「예문지藝文志」에는 『위공자魏公子』 21편이 있었다고 기록되어 있으나 지금은 전하지 않는다.

는 만 번 죽어 마땅합니다."

진왕이 말했다.

"경들은 여러 차례 전공을 세워 강토를 넓게 개척했소. 오늘의 패배는 중과부적이니 경들의 죄가 아니오."

이때 강성군 채택이 앞으로 나서며 말했다.

"여러 제후국이 합종책에 따른 까닭은 공자 무기(신릉군)가 있기 때문입니다. 지금 대왕마마께서 위나라와 우호를 맺겠다 하시고 사신을 파견해 공자 무기를 진나라로 보내라고 하십시오. 그가 우리 관문으로 들어설 때 바로 잡아서 죽이면 영원히 후환이 없어질 것입니다. 이 어찌 좋은 일이 아니겠습니까?"

진왕은 그의 계책을 이용해 위나라로 사신을 파견해 우호를 맺겠다고 하면서 신릉군을 진나라로 초청했다. 풍환이 말했다.

"맹상군과 평원군이 모두 진나라에 억류되었다가 다행히 풀려났습니다. 공자께서는 다시 그 전철을 밟아서는 안 됩니다."

신릉군도 진나라로 가기를 원치 않았다. 그는 주해에게 옥벽玉璧 한 쌍을 주고 진나라 사신으로 가 진왕에게 감사의 뜻을 표하라고 했다. 진왕은 신릉군이 오지 않자, 자신의 계획이 틀어진 것을 알고 마음속에서 분노가 치밀어 올랐다. 이때 몽오가 비밀리에 진왕에게 아뢰었다.

"위나라 사신 주해는 철추鐵錘로 진비를 격살한 위나라의 용사입니다. 억류하여 우리 진나라 장수로 등용해야 합니다."

진왕은 주해에게 관직을 내리려 했으나 주해는 굳게 사양하며 받지 않았다. 진왕은 더욱 분노하여 좌우 호위병을 시켜 주해를 호랑이 우리에 넣었다. 우리 속에 있던 커다란 호랑이가 사람을 보고 앞으로 달려와 덮치려 했다. 그러자 주해가 벽력같이 고함을 질렀다.

"이놈의 짐승이 어찌 이리 무례하냐?"

그러고는 등잔불처럼 두 눈을 부릅뜨고 눈자위를 찢어 올리자 충혈된 눈에서 피가 흘러 호랑이를 적셨다. 호랑이는 웅크린 채 몸을 부들부들 떨면서 오랫동안 꼼짝도 하지 못했다. 좌우 호위병이 다시 주해를 우리 밖으로 꺼냈다. 진왕이 감탄하며 말했다.

"오획과 임비도 이보다 뛰어날 순 없을 것이다. 만약 다시 위나라로 돌려보내면 신릉군에게 날개를 달아주는 격이 된다."

진왕은 더욱 심하게 압박하며 항복을 권했으나 주해는 끝까지 따르지 않았다. 진왕은 주해를 역사에 가두고 음식을 주지 말라고 명령을 내렸다. 주해가 말했다.

"비천한 나를 알아준 분은 신릉군이었다. 나는 죽음으로 그분의 은혜에 보답할 것이다."

그러고는 집 안 기둥에 머리를 찧었는데 기둥만 부러지고 머리는 깨지지 않았다. 이에 자신의 손으로 자신의 목을 틀어잡고 스스로 목숨을 끊었다. 진정 의로운 용사였다.

진왕은 주해가 죽자 다시 신료들과 대책을 의논하며 말했다.

"주해는 죽었으나 신릉군은 여전히 위나라 정사를 좌지우지하고 있소. 과인은 저들 군신을 이간시키고 싶소. 경들에게 무슨 좋은 대책이 없소?"

강성군 채택이 앞으로 나서며 말했다.

"지난날 신릉군이 병부를 훔쳐 조나라를 구원한 것은 기실 위왕에게 죄를 지은 일입니다. 이 때문에 위왕은 그를 조나라에 버려두고 만나려 하지 않았습니다. 나중에 우리 진나라 군사가 위나라를 급박하게 포위했기 때문에 부득이하게 위왕이 신릉군을 불러들였습니다. 그 뒤 네 나라 군사를 규합하여 큰 전공을 세웠지만 신릉군에게는 위왕을 진노케 한 혐의가 있으니 위왕이 어찌 그를 의심하며 꺼리지 않겠습니까? 또 신릉군은 진비를 격살했기 때문에 진비의 종친과 빈객들은 그를 깊이 증오할 것입니다. 대왕마마께서 만약 황금 1만 근을 희사할 수 있다면, 비밀리에 세작을 시켜 그것을 갖고 위나라로 가서 진비의 일당에게 바치고 다음과 같은 유언비어를 퍼뜨리게 하십시오. '여러 제후국에서는 신릉군의 위엄을 두려워하여 모두 그를 위왕으로 받들어 모시려고 한다. 신릉군은 조만간 위나라 보위를 찬탈할 것이다.' 이와 같이 하면 위왕은 틀림없이 신릉군을 멀리하고 그에게 준 권력을 다시 뺏을 것입니다. 신릉군이 정사에 나서지 못하면 천하 제후들과 맺은 합종책도 해체될 것입니다. 그 틈을 타서 우리가 군사를 일으키면 더 이상 어려운 일은 없을 것입니다."

진왕이 말했다.

"경의 계책이 참으로 훌륭하오. 그러나 위나라는 이번에 우리 군사를 패배시켰고, 저들의 태자 증은 아직 우리 나라에 인질로 잡혀 있소. 과인은 그를 잡아 죽여 내 원한을 풀고 싶소. 경들의 생각은 어떻소?"

채택이 대답했다.

"위나라 태자를 죽이면 저들은 다시 태자를 세울 것인데 위나라에 무슨 손해를 끼칠 수 있겠습니까? 차라리 위나라 태자의 지위를 빌려 반간계를 쓰는 것이 더 좋을 것입니다."

진왕은 크게 깨닫고 태자를 더욱 극진하게 대접했다. 그리고 한편으로는 세작에게 만금萬金을 주고 위나라로 가서 유언비어를 유포하게 했고, 다른 한편으로는 왕실의 빈객들을 모두 태자 증의 처소로 보내 친교를 맺게 했다. 그중 하나가 비밀리에 태자 증에게 일렀다.

"신릉군은 외국에서 10년이나 있었기 때문에 제후들과 교분이 깊습니다. 그래서 제후들의 장수와 상국 중에는 신릉군을 존경하면서도 두려워하지 않는 사람이 없습니다. 지금 신릉군은 위나라의 대장이지만 합종책으로 합친 제후들의 군사를 모두 거느리고 있습니다. 천하 사람들은 위나라에 신릉군만 있는 줄 알지 위왕이 있는 줄은 모릅니다. 우리 진나라도 신릉군의 위엄이 두려워서 그를 왕위에 올린 뒤 우호를 맺고자 합니다. 신릉군이 위왕이 되면 틀림없이 진나라를 시켜 태자를 죽일 것입니다. 이는 태자를 우러러보는 위나라 백성의 여망을 끊기 위한 대책입니다. 설령 그렇게까지는 하지 않는다고 해도 태자는 결국 진나라에서 늙어 죽을 수밖에 없을 것입니다. 자, 이제 어찌 하시겠습니까?"

태자 증은 눈물을 흘리며 대책을 알려달라고 했다. 그 빈객이 말했다.

"지금 진나라는 위나라와 우호를 맺으려 하고 있습니다. 태자께서는 어찌하여 위왕에게 서찰 한 통을 보내 귀국시켜달라고 간청하지 않으십니까?"

태자 증이 말했다.

"간청을 한다 해도 진나라가 기꺼이 나를 놓아주겠소?"

빈객이 말했다.

"진왕이 신릉군을 보위에 올리려는 것은 본의가 아니라 그를 두려워하기 때문입니다. 만약 태자께서 보위에 오른 후 진나라를 섬기겠다고 하면 진실로 그것은 진나라의 소원을 들어주는 것이 됩니다. 어찌 간청을 했다가 실패할까 걱정하십니까?"

이에 태자 증은 밀서를 썼다. 밀서에 제후들이 신릉군에게 귀의하고 있다는 사실과 진나라도 신릉군을 위나라 왕으로 옹립하려 한다는 사실을 자세히 적었다. 또 마지막에 귀국하고 싶어하는 자신의 마음을 덧붙였다. 그러고 나서 밀서를 빈객에게 주고 비밀리에 위왕에게 전해달라고 부탁했다. 그리하여 진왕도 서찰 두 통을 썼다. 한 통은 위왕에게 거짓말로 주해가 병으로 죽었으니 그의 시신을 돌려보낸다는 내용이었고, 다른 한 통은 신릉군에게 보내는 하례賀禮 서찰이었다. 또한 신릉군에게는 따로 황금과 비단 등의 예물을 후하게 곁들여 보냈다.

이 무렵 위왕은 진비의 빈객들이 퍼뜨린 유언비어를 듣고 신릉군을 의심하고 있었다. 마침 이 틈을 타서 진나라 사신이 국서를 받들고 와서 위나라와 전쟁을 중지하고 우호를 맺고 싶다고 했다. 우호를 맺고자 하는 그들의 의중을 떠보니 모두 신릉군을 경모하기 때문이라고 했다. 이때는 태자 증이 보낸 서찰을 받은 뒤였기 때문에 위왕은 마음속 의혹이 더욱 가중되었다. 진나라 사신은 또 서찰과 예물을 신릉군 댁으로도 가져가야 한다고 하면서 고의로 그 말을 슬쩍 흘려 위왕이 들을 수 있게 했다. 한편 신릉군은 진나라 사신이 강화를 요청하러 왔다는 소식을 듣고 자신의 빈객들에게 말했다.

"진나라가 군사와 관련되지 않은 일을 어찌 위나라에 요청한단 말이오? 여기에는 계략이 숨어 있는 것이 틀림없소."

말을 아직 다 마치지도 않았는데 문지기가 진나라 사신이 문밖에 와 있음을 알렸다.

"진왕이 또 하례를 드리는 서찰도 보내왔습니다."

신릉군이 말했다.

"신하된 사람은 위국 사신과 사사롭게 왕래해서는 안 된다. 진왕의 서찰과 예물은 받을 수 없다고 전해라."

사신이 진왕의 뜻을 여러 번 전했으나 신릉군은 서신과 예물을 모두 물리쳤다. 이때 마침 위왕의 사자가 당도하여 진왕이 보낸 서신을 보자고 했다. 신릉군이 말했다.

"대왕마마께서 이미 진나라에서 서찰을 보냈다는 사실을 아시는데, 만약 내가 받지 않으면 틀림없이 나를 믿지 못하실 것이다."

그리하여 마침내 수레에 진왕의 서찰과 예물을 싣고 가서 원래의 봉함을 뜯지 않고 그대로 위왕에게 올리며 말했다.

"신이 이미 여러 번 받지 않겠다고 사양했기 때문에 봉함을 뜯지 않았습니다. 이제 대왕마마께서 친히 열람하시도록 서찰을 받들어 올리오니 직접 처결해주십시오."

위왕이 말했다.

"서찰에 틀림없이 무슨 내용이 쓰여 있을 테니 뜯어보지 않고서는 알 수 없을 것이다."

서찰을 뜯어보니 그 내용은 대략 이러했다.

공자公子의 위엄과 명성은 천하에 널리 알려져 있어서 천하의 제후들 중 공자를 존경하지 않는 사람이 없소. 조만간 보위에 올라 남면南面하시어 우리 제후들의 영수가 되셔야 하지 않겠소? 다만 위왕이 언제 양위讓位를 할지 몰라 목을 빼고 바라보고 있소. 보잘것없는 물건은 미리 축하의 마음으로 드리는 것이니 공자께서는 너무 무례하다고 탓하지 마시오.

위왕은 서찰을 다 읽고 나서 신릉군에게도 보여줬다. 신릉군이 아뢰었다.

"진나라 사람들은 걸핏하면 속임수를 씁니다. 이 서찰도 우리 군신 간을 이간시키기 위한 속임수입니다. 신이 본래 이 서찰을 받지 않은 까닭은 이 서찰에 무슨 말이 쓰여 있는지 몰라서 저들의 계략에 빠질까 걱정이 되었기 때문입니다."

위왕이 말했다.

"아우님에게 저들이 부추기는 마음이 정말 없다면 과인의 면전에서 바로 답서를 쓰시게."

위왕은 즉시 좌우 측근에게 필기구를 가져오라 하여 신릉군에게 그 자리에서 답서를 쓰게 했다. 그 답서의 내용은 대략 이러했다.

신 무기 우리 주상의 막대한 은혜를 입어 머리를 부순다 해도 그 은혜를 다 갚을 수 없습니다. 남면을 하라는 말씀은 신하를 가르치시는 말씀이 아닙니다. 대왕께서 내려주신 선물은 죽어도 받을 수 없습니다.

신릉군은 진나라 사신에게 답서를 주고 황금과 비단도 모두 다시 갖고 돌아가게 했다. 위왕도 진나라에 답례 사절을 보내 이렇게 말을 전하게 했다.

"우리 주상께서 연로하십니다. 이제 태자 증을 귀국시켜주시기 바랍니다."

진왕이 허락하자 태자 증은 마침내 위나라로 귀국했다. 태자 증은 위왕에게 아뢰길, 신릉군에게 모든 걸 맡겨서는 안 된다고 했다. 신릉군은 마음에 아무런 부끄러움도 없었으나 위왕이 마음속 의심을 끝내 풀지 못하는 것으로 짐작하고 마침내 병을 핑계로 조정에 나가지 않았다. 그리고 상국 인수와 병부를 모두 위왕에게 돌려줬다. 이후 신릉군은 빈객들과 밤새도록 술을 마시며 여색을 가까이했다. 그는 밤낮을 가리지 않고 즐기고도 그 즐거움이 모자랄까 근심했다. 사관이 이 일을 시로 읊었다.

의협심은 고금을 뛰어넘었고	俠氣凌今古
위엄과 명성은 귀신을 움직였다	威名動鬼神
한 몸 바쳐 조와 위를 보전했으며	一身全趙魏
백전백승 진秦나라를 물리쳤다	百戰卻嬴秦
나라 안정 튼튼한 초석 같아도	鎮國同堅礎
헐뜯는 말 개처럼 으르렁거렸네	危詞似吠狺
영웅이 쓸모없이 버려진 후에	英雄無用處
주색으로 남은 봄을 소진했다	酒色了殘春

한편 진나라 장양왕은 재위 3년 만에 병을 얻었다. 승상 여불위는 침전으로 들어가 문병을 한 뒤 내시를 시켜 비밀 봉서를 왕후에게 전하고 옛날의 맹세를 상기시켰다. 왕후는 옛정을 끊지 못하고 마침내 여불위를 불러들여 몰래 정을 나누었다. 여불위는 자신이 지은 약을 진왕에게 올렸고 진왕은 그 약을 먹고 한 달도 되지 않아 세상을 떠났다. 여불위는 태자 정政을 보위에 올렸다. 태자 정은 이때 겨우 열세 살이었다. 그리고 장양후莊襄后(조희)를 높여 태후에 봉했고, 태자 정의 아우 성교成嶠를 장안군長安君에 봉했다. 국사는 모두 여불위가 결정했다. 여불위는 자신을 강태공姜太公에 비겨 상보尙父라 부르게 했다. 얼마 뒤 여불위의 부친이 죽자 사방의 제후와 빈객들이 조문을 하러 몰려와 마치 저잣거리처럼 북적댔고, 수레와 말도 도로에 가득 찼다. 앞서 있었던 진왕의 장례보다 더욱 성대했다. 그야말로 '권력은 중외中外를 움직였고, 위엄은 제후를 진동시켰다權傾中外, 威振諸侯'는 격이었다.

진왕秦王 정政 원년에 여불위는 신릉군이 물러났다는 걸 알고 다시 군사를 일으킬 논의를 하기 시작했다. 여불위는 대장 몽오와 장당에게 조나라를 정벌하게 하여 진양晉陽(山西省 太原 晉源區 일대)을 함락시켰다. 진왕 정 3년에는 다시 몽오와 왕흘을 시켜 한나라를 공격하자 한나라에서는 공손영을 시켜 막아내게 했다. 왕흘이 말했다.

"나는 조나라에 한 번 패했고, 위나라에 두 번 패했지만 대왕마마께서 나를 죽이지 않으셨다. 이번 싸움에서 죽음으로 보답하리라."

왕흘은 마침내 자신이 데리고 온 사병私兵 1000명을 이끌고 곧바로 한나라 군영으로 쳐들어가서 온 힘을 다해 싸우다 죽었다. 그 사이에 한나라 군영이 혼란에 빠지자 몽오는 그 틈을 타서 한나라 군사를 크게 무찌르고 한나라 대장 공손영을 죽였으며, 한나라의 열두 성을 빼앗은 뒤 귀환했다. 신릉군이 벼슬에서 물러난 뒤 조나라와 위나라의 우호관계도 단절되었다. 조나라 효성왕은 염파를 시켜 위나라를 정벌하게 했다. 염파는 번양繁陽(河南省 內黃 서북)을 포위했으나 성을 함락시키지 못했다. 그러던 중 효성왕이 세상을 떠나고 태자 언偃이 즉위했다. 이 사람이 조趙 도양왕悼襄王이다. 이때 염파는 번양을 함락시킨 뒤 승세를 타고 공격을 계속하고 있었다. 당시 조나라 대부 곽개郭開는 평소 아첨을 일삼았기 때문에 염파는 그를 매우 미워했다. 염파는 임금을 모시고 연회를 여는 자리가 있을 때마다 곽개를 꾸짖었다. 이 때문에 곽개는 염파에 대한 원한을 품고 도양왕에게 참소했다.

"염파는 이미 늙어서 맡은 일을 제대로 수행하지 못합니다. 이번에 위나라 정벌에 나선 지 오래인데도 아무런 전공도 세우지 못하고 있습니다."

이에 도양왕은 무양군 악승을 보내 염파의 직위를 대신하게 했다. 염파가 분노하여 말했다.

"내가 혜문왕을 섬기며 대장의 직위를 맡은 이래 40여 년이 지났지만 아직까지 대장 직을 잃은 적이 없다. 악승이란 놈이 어떤 놈이기에 내 자리를 대신할 수 있단 말이냐?"

염파는 마침내 군사를 동원해 악승을 공격했다. 악승은 겁을 먹고 다시 귀국했다. 염파는 결국 위나라로 달아났다. 위왕은 그를 높여 객장客將으로 삼았지만 마음의 의심을 풀지 못해 등용하지는 않았다. 염파는 이때부터 대량에 거주하게 되었다.

진왕 정 4년 10월 메뚜기 떼가 동쪽에서 날아와 하늘을 가렸다. 이에 진나라 사람들은 곡식을 거두지 못했고 역병도 크게 돌았다. 여불위는 빈객들과 의논하여 백성 중에서 1000섬의 곡식을 바치는 자에게 1급의 작위를 하사하겠다고 했다. 후세에 나라에서 곡식을 받아들이는 사례가 이때부터 시작되었다. 이해에 위나라 신릉군은 주색에 빠져 몸이 상해 결국 병으로 죽었다. 풍환은 슬피 통곡하다가 슬픔이 지나쳐 역시 세상을 떠났다. 빈객들 중에서도 칼로 스스로 목을 찔러 신릉군을 따라 죽은 사람이 100여 명이나 되었다. 평소에 신릉군이 선비들의 마음을 깊이 얻었음을 여기에서도 알 수 있다. 이듬해 위나라 안리왕도 세상을 떠나서 태자 증增이 보위를 이었다. 이 사람이 위 경민왕景湣王이다. 진나라에서는 위나라 임금이 죽고 신릉군도 죽었다는 소식을 듣고 지난번 패배를 앙갚음하기 위해 대장 몽오를 파견하여 위나라를 공격했다. 몽오는 산조酸棗(河南省 延津) 등 스무 곳의 성을 빼앗아 동군東郡을 설치했다. 얼마 지나지 않아 또 조가朝歌(河南省 淇縣)를 함락시켰고, 다시 복양濮陽까지 함락시켰다. 위원군衛元君은 위왕의 사위였지만 복양을 버리고 동쪽 야왕野王으로 달아나 험한 산속에 숨었다. 위 경민왕이 탄식하며 말했다.

"신릉군께서 아직 살아 계셨다면 진나라 군사가 이처럼 날뛰게 하지 않았을 것이다."

이에 조나라로 사신을 보내 친교를 맺었다. 조 도양왕도 진秦나라의 끝도 없이 계속되는 침공에 겁을 먹고 바야흐로 여러 제후국으로 사신을 보내 신릉군과 평원군이 시행했던 합종책을 모색하려 했다. 그때 갑자기 변방의 관리가 보고를 올렸다.

"지금 연나라가 극신을 대장으로 삼고 10만 군사를 동원하여 우리 북쪽 경계를 침범했습니다."

극신은 본래 조나라 사람으로 앞서 조나라에 있을 때 방난과 친교를 맺은 사이였다. 그러다가 나중에 방난은 조나라에서 벼슬을 하게 되었고, 극신은 연나라 소왕에게 몸을 맡겼다. 연 소왕은 그를 계薊 땅의 군수로 임명했다. 연왕 희는 도성에서 조나라 장수 염파에게 포위되어 곤경에 빠졌다가 장거의 능력에 의지하여 조나라와 강화를 맺고 전투를 멈췄다. 연왕 희는 이 일을 매우 수치스럽게 생각했다. 장거는 연나라 상국이었지만 본래 조나라의 명령에 따라 우호를 맺었기 때문에 그것이 연왕의 의도에 의한 것은 아니었다. 그가 비록 신릉군을 도와 진秦나라와의 전투에서 공을 세우기는 했지만 그들 군신 간에는 깊은 믿음이 없었다. 장거는 상국이 된 지 1년여 만에 병을 핑계로 인수를 반환했고, 연왕은 계 땅에서 극신을 불러와 상국으로 삼고 조나라에 보복할 일을 함께 논의했다. 그러나 염파가 두려워서 감히 함부로 행동하지 못했다. 그런데 근래 염파가 위나라로 달아났고 방난이 대장이 되었다는 소식이 들리자 극신은 그를 경시하며 연왕의 뜻에 영합하는 말만 했다. 극신이 아뢰었다.

"방난은 용렬한 자로 염파에 비교할 수 없습니다. 게다가 진나라 군사가 진양을 함락시킨 지금 조나라 군사는 피로에 지쳐 있을 것입니다. 이 틈을 노려 조나라를 공격하면 율복이 당했던 치욕을 씻을 수 있을 것입니다.”

연왕은 매우 기뻐하며 말했다.

“과인도 지금 바로 그런 생각을 하고 있었소. 상국께서 과인을 위해 이번 싸움에 나서줄 수 있겠소?”

극신이 말했다.

“신은 조나라의 지리를 잘 알고 있습니다. 맡겨만 주신다면 반드시 방난을 생포하여 대왕마마 앞에 바치겠습니다.”

연왕은 크게 기뻐하며 마침내 극신을 대장으로 삼고 군사 10만을 주어 조나라를 정벌하게 했다. 조왕은 이 소식을 듣고 바로 방난을 불러 대책을 논의했다. 방난이 말했다.

“극신은 자신이 경험 많은 장수인 것만 믿고 틀림없이 우리를 얕볼 것입니다. 지금 대군代郡(河北省 蔚縣) 동북 군수로 있는 이목에게 군사를 이끌고 남쪽으로 내려가게 하십시오. 이후 다시 그에게 경도慶都(河北省 保定) 길을 따라 나아가서 적의 후방을 끊게 하십시오. 신은 군사를 이끌고 전방에서 적을 맞아 싸우겠습니다. 저들을 앞뒤에서 공격하면 극신을 사로잡을 수 있을 것입니다.”

조왕은 그 계책에 따랐다.

이때 극신은 역수易水를 건너 중산中山(河北省 定州 일대) 길로 들어서 바로 상산常山(河北省 正定 일대) 경계를 침범했다. 그가 거느린 군대의 사기는 매우 날카로웠다. 방난은 조나라 대군을 이끌고 동원東垣(河北省 正定)에 주둔한 뒤 해자를 깊이 파고 보루를 높이 세워 연나라 군사가 다가오기를 기다렸다. 극신이 말했다.

"우리 군사는 적의 경계 안으로 깊이 들어왔소. 만약 저들이 성벽을 굳게 지키며 전투에 나서지 않으면 빠른 시일 안에 승리할 수 없소."

그러고는 막하의 장수들에게 물었다.

"누가 싸움을 걸어보겠소?"

맹장 율원栗元은 율복의 아들로, 부친의 원수를 갚으려고 흔쾌히 자원했다. 극신이 말했다.

"자네를 도와줄 수 있는 사람 한 명을 더 선발했으면 좋겠네."

말단 장수 무양정武陽靖이 출전하기를 원했고, 극신은 두 사람에게 정예병 1만 명을 주고 조나라 군영으로 쳐들어가게 했다. 방난은 악승과 악한을 양 날개로 세워 잠시 대기하게 하고 직접 군사를 이끌고 연나라 군사를 맞아 싸우러 나갔다. 양측 군사 간에 교전이 벌어져 대략 20여 합을 겨뤘을 때, 갑자기 한 줄기 포성이 울리며 양 날개를 맡고 있던 악승과 악한이 함께 치달려왔다. 그들은 강궁과 쇠뇌를 이용하여 연나라 군사를 향해 마구 화살을 쐈다. 무양정이 화살을 맞고 목숨을 잃자 율원은 더 이상 군사를 지탱할 수 없어서 병거를 돌려 달아났다. 방난과 두 장수는 그 뒤를 추격하며 적병을 마구 벴다. 연나라 1만 정예군 중에서 3000여 명이 죽었다. 극신은 불같이 화를 내며 조급하게 대군을 재촉하여 직접 대응에 나섰지만 방난은 이미 자신의 군영으로 돌아간 뒤였다. 극신은 적의 보루를 공격했지만 그 안으로 들어갈 수 없었다. 이에 사자를 시켜 서찰을 방난에게 보냈다. 서찰의 내용은 내일 군영 앞에서 각각 단독으로 수레를 타고 만나자는 것이었다. 방난도 그러겠다고 허락하자 양측은 내일의 전투를 위해 만반의 준비를 갖췄다. 다음 날 서로 진영을 펼친 후 양측이 모두 군사들에게 분부했다.

"몰래 화살을 쏘지 말라."

방난이 먼저 혼자 수레를 타고 진영 앞으로 나서서 극 장군을 만나고 싶다고 했다. 극신도 혼자서 수레를 타고 나왔다. 방난은 수레 앞에서 몸을 굽히며 말했다.

"극 장군께서 아직도 치아와 두발이 여전하시니 소장도 기쁘오!"

극신이 말했다.

"방 장군이 조나라로 갈 때 작별 인사를 나누었으니 어느덧 40여 년이나 흘렀구려. 나도 늙었지만 장군의 얼굴도 늙은 티가 역력하구려. 인생이 쏜살같다더니 정말 그런 것 같소."

방난이 말했다.

"장군께서는 지난번에 연 소왕이 선비를 예우한다 하여 조나라를 버리고 연나라로 갔소. 그때는 호걸들이 마치 구름이 용을 따르듯, 바람이 범을 따르듯 몰려갔지만 지금은 황금대黃金臺도 잡초에 묻혀 있고 무종산無終山(天津 薊縣 경내 盤山)의 소왕 무덤도 벌써 굵어진 묘목墓木에 둘러싸여 있소. 소대와 추연은 연이어 세상을 떠났고, 창국군(악의)도 우리 조나라로 돌아왔소. 이 정도면 이제 연나라의 기운을 알 만하지 않소? 그런데 노장군께서는 연세가 예순을 넘으셨는데도 외롭게 쇠망해가는 조정에 홀로 서서 병권을 탐한단 말이오? 지금 흉기를 들고 위태로운 일을 행하면 어쩌시겠단 말이오?"

극신이 말했다.

"나는 연왕 삼세三世의 두터운 은혜를 입었으니 내 뼈를 다 부수어도 그 은혜에 보답하기 어렵소. 그래서 내 여생을 바쳐 국가를 위해 율복의 치욕을 갚으려는 것이오."

방난이 말했다.

"율복은 아무 까닭도 없이 우리의 호읍鄗邑을 공격하다가 스스로 패배를 자초한 것이오. 이것은 연나라가 우리 조나라를 침범한 것이지 조나라가 연나라를 침범한 것이 아니오."

두 사람은 진영 앞에서 반복해서 언쟁을 벌였다. 그러다가 방난이 갑자기 고함을 질렀다.

"극신의 목을 가져오는 자에게 300금의 상을 내리겠다."

극신이 말했다.

"장군께서는 소장을 너무 얕보시는구려. 소장이 어찌 장군의 목을 먼저 취하지 못하겠소?"

방난이 말했다.

"서로 어명을 받은 몸이니 각각 전심전력을 다할 뿐이다."

극신이 격노하여 깃발을 흔들자 율원이 군사를 이끌고 쇄도해 나왔다. 상대편에서는 악승과 악한이 병거를 몰고 전투에 나섰다. 연나라 군사가 점차 불리한 형세에 빠지자 극신은 대군을 휘몰아 공격에 나섰다. 조나라 방난도 대군을 이끌고 적을 맞아 싸웠다. 양측 사이에 일대 혼전이 벌어졌다. 연나라 군사의 사상자가 조나라 군사의 사상자보다 많았다. 날이 어두워지자 양측은 각각 징을 울려 군사를 거두었다. 극신은 군영으로 돌아와 답답하고 불쾌한 마음을 금치 못했다. 지금 회군하려니 연왕의 면전에서 큰소리를 친 일이 생각났고, 회군하지 않으려니 승리하기 어려울 것 같아서 계속 머뭇거리며 결정을 내리지 못했다. 그때 갑자기 군영을 지키는 병사가 보고를 올렸다.

"서찰을 휴대한 조나라 군사가 지금 군문軍門 밖에 와 있습니다. 아직 함부로 들이지는 않았습니다."

극신은 명령을 내려 서찰을 받아오게 했다. 그 서찰은 여러 겹으로 밀봉되어 있었다. 서찰을 열어 읽어보니 그 내용은 대략 이러했다.

대주代州 군수 이목이 군사를 이끌고 독항督亢(河北省 涿州 동남 일대)을 기습하여 장군의 배후를 끊었소. 장군께서는 조속히 귀국하셔야 하오. 그렇지 않으면 때가 늦을 것이오. 나 방난은 지난날의 우정을 생각하여 알려주는 바오.

극신이 말했다.

"방난이 우리 군사들의 마음을 흔들려는 수작을 부리는 것이다. 설령 이목의 군사가 쳐들어온다 해도 내 어찌 두려워하겠느냐?"

극신은 그 사자에게 답서를 써주고 내일 다시 결전을 벌이자고 했다. 조나라 사자가 돌아간 뒤 율원이 앞으로 나서며 말했다.

"방난의 말을 믿지 않을 수 없습니다. 만일 이목이 정말 우리 배후를 기습하면 우리는 앞뒤로 적을 맞게 됩니다. 그럼 어떻게 하시겠습니까?"

극신이 웃으면서 말했다.

"나도 그것을 염려하고 있네. 방금 내가 그렇게 말한 것은 우리 군사들의 마음을 안정시키기 위한 조치였네. 자네는 지금 비밀리에 나의 명령을 전하고 거짓으로 빈 군영을 세운 뒤 밤새도록 철군하도록 하게. 나는 뒤에서 직접 적을 차단하며 추격병을 막아내도록 하겠네."

율원은 명령을 받들고 밖으로 나갔다. 그러나 누가 알았겠는가? 방난이 연나라 빈 군영을 탐지하고 악승과 악한과 함께 길을 세 갈래로 나누어 추격해올 줄이야. 극신은 한편으로 싸우면서 한편으로 달아나다가 용천하龍泉河(河北省 望都 경내)에 이르렀다. 그때 세작이 보고했다.

"앞쪽에 수많은 깃발이 길을 막고 있습니다. 소문을 들으니 대군代軍에서 온 군마軍馬라 합니다."

극신은 대경실색하며 말했다.

"방난이 과연 나를 속인 것이 아니었구나!"

결국 북쪽으로는 가지 못하고, 군사를 이끌고 동쪽으로 가서 부성阜城(河北省 阜城)을 탈취하려 했다. 극신이 부성이 있는 요양遼陽²으로 달려가는데 방난이 추격해왔다. 호로하胡盧河(河北省 寧晉 동남 臨晉泊)에서 양측 사이에 큰 전투가 벌어졌다. 극신은 자신의 군사가 패배하자 탄식하며 말했다.

"내가 무슨 면목으로 조나라의 포로가 될 수 있겠느냐?"

그러고는 칼을 뽑아 자신의 목을 찌르고 죽었다. 이때가 연왕燕王 희喜 13년, 진왕秦王 정政 5년이었다. 염옹이 이 일을 시로 읊었다.

황금대 초빙에 응해 기세도 등등했고	金臺應騁氣昂昂
연 소왕을 함께 도와 옛 땅을 회복했네	共翼昭王復舊疆
창국군이 세운 공명 지금 어디 있는가?	昌國功名今在否
백발성성 흰머리를 전쟁터에서 마감했네	獨將白首送沙場

율원은 악한에게 사로잡혀 참수되었다. 조나라 군사는 연나라 군사 2만여 명의 목을 벴다. 나머지는 모두 궤멸되거나 항복했다. 조나라 군사는 대

2_ 요양遼陽: 요령성遼寧省 요양遼陽. 위 본문에 나오는 부성阜城과는 매우 멀리 떨어져 있으므로 이 소설의 원저자가 지명을 착각한 것으로 보인다.

胡靈河溪斬劇辛

방난이 호로하에서 극신을 참수하다.

승을 거뒀다. 방난은 이목과 함께 진격하여 무수武遂(河北省 徐水 서북 遂城)와 방성方城(河北省 固安 方城村) 땅을 빼앗았다. 연왕은 은퇴한 상국 장거의 집 대문 앞으로 직접 가서 그에게 사신을 맡아 조나라에 사죄하고 강화를 요청해달라고 간청했다. 방난은 사신으로 온 장거의 얼굴을 봐서 군사를 거두어 개선했다. 이목은 여전히 대군代郡을 지키러 갔다. 조나라 도양왕은 방난을 극진하게 환영하며 위로의 말을 건넸다.

"장군의 무용武勇이 이와 같으니 지난날 염파와 인상여藺相如가 다시 우리 조나라 조정에 강림한 듯하오."

방연이 말했다.

"연나라가 이미 굴복했으니 이 기회에 합종책으로 여러 나라를 규합하여 함께 진나라를 도모하면 후환이 없을 것입니다."

합종책이 과연 어떻게 될지는 다음 회를 보시라.

제103회

진秦과 초楚의 씨도둑질

이 국구는 권력을 다투며 황헐을 제거하고
번오기는 격문을 전하며 진왕을 성토하다
李國舅爭權除黃歇, 樊於期傳檄討秦王.

　방난龐煖은 연나라를 패배시킨 여세를 몰아 합종책으로 열국列國을 규합하여 함께 진秦나라를 공격하려 했다. 제나라가 진나라 편이 된 것을 제외하고는 한, 위, 초, 연 네 나라가 모두 정예병을 출정시켰다. 많게는 4~5만, 적게는 2~3만 명의 군사를 파견했다. 이들 나라는 모두 춘신군 황헐을 상장上將으로 추대했다. 황헐이 각국 장수를 불러 모아 대책을 의논하며 말했다.

　"진나라를 정벌하기 위한 군사가 여러 번 출동하여 함곡관을 돌파하려 했지만 진나라 사람들의 방비가 매우 튼튼하여 뜻을 이룰 수 없었소. 즉 우리 군사들도 평소에 높은 곳을 올려다보며 공격하는 방법의 어려움을 알고 있기 때문에 모두 위축된 마음으로 임할 수밖에 없었소. 그러나 이번에 만약 포판蒲坂(山西省 永濟)으로 길을 잡아 화주華州를 거쳐 서쪽을 향해 가서 바로 위남渭南(陝西省 渭南) 땅을 습격하고 동관潼關(陝西省 潼關)을 엿본다면 그야말로 『병법兵法』에서 말하는 '예상치 못한 계책을 쓴다出其不意'[1]는 것이 아니겠소?"

여러 장수가 모두 말했다.

"그렇소."

춘신군은 마침내 군사를 다섯 갈래로 나누어 포관蒲關[2]으로 나가 여산驪山(陝西省 西安 臨潼區 경내) 길로 진격하여 곧바로 위남을 공격했다. 그러나 쉽게 함락시키지 못하여 포위 공격을 계속했다. 진나라 승상 여불위는 장군 몽오, 왕전, 환의桓齮, 이신李信, 내사內史 등騰에게 군사 5만 명을 거느리게 하고, 군사를 다섯 부대로 나누어 다섯 나라 군사에 맞서 싸우게 했다. 여불위는 스스로 대장이 되어 전체 군사를 총괄했으며 동관에서 50리 떨어진 곳에 다섯 개의 군영을 별처럼 늘어세웠다. 왕전이 여불위에게 말했다.

"다섯 나라의 군사가 모두 정예병이라고는 하지만 성 하나를 공격하여 함락시키지 못하는 걸 보면 저들의 무능함을 알 수 있습니다. 삼진三晉(韓, 魏, 趙)은 우리 진나라에 가까워서 우리와의 싸움에 익숙합니다. 그러나 초나라는 남방에 있는 나라라 혼자 멀리서 왔습니다. 초나라는 장의가 죽은 이후 30여 년간 우리와 싸우지 않았습니다. 이제 우리 다섯 군영의 정예병을 뽑아 힘을 합쳐 초나라 군사를 공격하면 저들은 틀림없이 버텨내지 못할 것입니다. 초나라 군사가 패배하고 나면 나머지 네 나라 군사는 소문만 듣고도 무너질 것입니다."

1_ 출기불의出其不意. 적이 생각지도 않은 뜻밖의 계책을 씀. 『손자병법孫子兵法』 「계편計篇」에 나온다.

2_ 포관蒲關: 산서성山西省 영제永濟 서쪽과 섬서성陝西省 대려大荔 동쪽, 즉 황하 서안에 있는 관문. 일명 진관晉關 또는 하관河關이라고도 한다.

여불위도 그렇게 생각하고 다섯 군영과 깃발은 평소처럼 유지한 채 몰래 정예병 1만을 뽑아 사경四更(새벽 1~3시) 북소리를 신호로 초나라 군영을 기습하기로 약속했다. 이때 이신李信은 군량미와 마초馬草를 늦게 가져왔다는 이유로 군량미 운반을 감독한 아장牙將 감회甘回를 참수하려 했다. 그러나 다른 장수들이 살려주기를 간청하자, 이신은 감회의 등을 채찍으로 100여 대나 치고 나서 그의 목숨을 살려줬다. 감회는 원한을 품고 한밤중에 초나라 군영으로 달아나서 왕전의 계책을 모두 알려줬다. 춘신군은 깜짝 놀라 각 군영에 황급히 첩보를 알리려 하다가 진나라 군사가 쳐들어오기 전에 알리지 못할까 겁을 먹고 마음을 바꾸었다. 그리하여 마침내 자신의 군사들에게 군영을 거두라고 명령을 내리고 한밤중에 50여 리를 치달린 뒤 천천히 행군을 계속했다. 진나라 군사가 쳐들어왔을 때 초나라 군영은 이미 철수한 뒤였다. 왕전이 말했다.

"초나라 군사가 먼저 도망친 걸 보니 틀림없이 나의 계책을 누설한 자가 있는 것 같다. 내 계책은 성공하지 못했지만 군사를 이끌고 이곳으로 온 이상 빈손으로 돌아갈 수는 없다."

그리하여 왕전은 조나라 군영을 기습했다. 그러나 방어벽과 보루가 견고하여 아무리 공격해도 깨뜨릴 수가 없었다. 조나라 장수 방난은 군문軍門 옆에 칼을 짚고 서서 마음대로 공격에 나서는 군사들이 있으면 바로 목을 뻤다. 진나라 군사는 밤새도록 소란을 떨었다. 날이 밝아오자 연, 한, 위나라 군사들이 모두 병력을 합쳐서 조나라를 구원하러 왔다. 몽오 등은 그제서야 공격을 멈추고 군사를 거두었다. 방난은 초나라 군사가 오지 않은 것을 괴이하게 생각하고 사람을 보내 상황을 염탐했다. 그제야 방난은 초나라 군사가 먼저 철수했다는 사실을 알았다. 방난이 탄식하며 말했다.

"합종하자는 약속은 오늘로서 끝이로구나!"

다른 장수들도 모두 군사를 돌려 귀국하겠다고 요청했다. 이후 한나라와 위나라 군사가 가장 먼저 본국으로 돌아갔다. 방난은 제나라만 진나라에 붙은 것이 미워서 연나라 군사를 이끌고 제나라를 공격했다. 그는 제나라 요안饒安(河北省 鹽山 서남)성을 탈취한 뒤 귀국했다.

이때 춘신군이 초나라 영성郢城3으로 도망쳐버리자 네 나라에서는 각각 사신을 보내 문책했다.

"초나라는 합종책의 종약장縱約長인데, 어찌하여 다른 나라에 알리지도 않고 먼저 회군했는지 그 까닭을 듣고 싶습니다."

초나라 고열왕이 춘신군 황헐을 질책하자 황헐은 부끄러움과 두려움에 어쩔 줄 몰라 했다. 이 무렵 위나라 사람 주영朱英이 춘신군의 빈객으로 있었다. 그는 초나라가 진나라를 두려워하는 것을 알고 춘신군에게 말했다.

"사람들은 초나라가 강국이었는데 황 상국(황헐)에 와서 약해졌다고 하오. 그러나 나는 그렇게 생각하지 않소. 선군先君 때 우리 초나라는 진나라와 매우 멀리 떨어져 있었소. 서쪽으론 파촉巴蜀(重慶과 四川省)을 사이에 두고 있었고, 남쪽으론 동주東周, 서주西周를 사이에 두고 있었으며,4 한나라와 위나라가 호시탐탐 진나라의 배후를 노리고 있었소. 이러한 까닭에 30년 동안이나 진나라로 인한 근심이 없었던 것이오. 이것은 초나라가 강성했기 때문이 아니라 땅의 형세가 그러했기 때문이오. 그런데 지금 동주

3_ 영성郢城: 본래 초나라 도성이었으나 초 경양왕 때 진秦나라 장군 백기에게 빼앗겼다. 이후 초나라는 도성을 동쪽 진성陳城으로 옮겼다. 여기에서 춘신군 황헐이 영성으로 돌아갔다고 한 것은 이 소설 원저자의 착오로 보인다.

4_ 기실 양주兩周, 즉 동주東周와 서주西周는 초나라 북쪽에 있었다.

와 서주는 이미 진나라에 병합되었고, 위나라는 진나라에 원한을 사고 있소. 이제 조만간 위나라가 망하면 진나라는 진陳과 허許 땅을 통로로 삼아 남쪽으로 내려올 것이오. 그럼 아마도 진나라와 초나라의 전쟁이 이로부터 시작될 것이며, 대왕마마께서 승상을 질책하는 일도 그치지 않을 것이오. 이런 상황에서 승상께서는 어찌하여 대왕마마께 동쪽 수춘壽春(安徽省 六安 壽縣)으로 도읍을 옮기라고 권하지 않으시오? 그곳은 진나라와 상당히 멀리 떨어져 있으며, 장강長江과 회수淮水가 저절로 깊은 해자가 되어주고 있어, 조금이나마 안정을 누릴 수 있을 것이오.”

황헐은 그 계책을 옳게 여기고 초 고열왕에게 아뢰었고 고열왕은 또 길일을 받아 도읍을 수춘으로 옮겼다. 생각건대 초나라는 먼저 영郢(湖北省 荊州 서북) 땅에 도읍을 정했고 그 뒤 약郢(湖北省 宜城 동남) 땅으로 옮겼으며 다시 진성陳城(河南省 淮陽) 땅으로 옮겼고 지금 또 수춘壽春으로 옮겼으니 모두 도읍을 네 번이나 옮겼다. 사관이 이 일을 시로 읊었다.

주나라는 동천東遷하여 왕기가 사라졌고	周爲東遷王氣歇
초 도성도 자주 옮겨 패업을 잃었도다	楚因屢徙霸圖空
옛날부터 적을 피하다 적을 불러들였으니	從來避敵爲延敵
기岐 땅으로 도읍 옮긴 고공古公5을 본받지 말라	莫把遷岐托古公

한편 초 고열왕은 보위에 오른 지 오래되었지만 아들이 없었다. 춘신군 황헐이 아들을 낳을 만한 여인을 두루두루 찾아서 고열왕에게 바쳤지만

5_ 고공古公: 주周 문왕文王의 조부 고공단보古公亶父. 본래 빈豳 땅에 거주하다가 기산岐山 아래로 옮겨와 나라 이름을 주周라고 칭했다.

끝내 회임에는 실패했다. 이즈음 조나라 사람 이원李園이 춘신군의 문하에 사인舍人으로 있었다. 그에게는 용모가 아름다운 누이동생 이언李嫣이 있었다. 이원은 자신의 누이를 초왕에게 바치고 싶었지만 나중에 자식이 생기지 않으면 총애를 잃을까 두려워 몹시 주저하고 있었다. 그는 마음속으로 이렇게 생각했다.

'내 누이를 먼저 춘신군에게 바치고 나서 태기가 있으면 다시 초왕에게 바쳐야겠다. 다행히 아들을 낳으면 뒷날 초왕의 보위에 오를 것이고, 그럼 초왕이 나의 생질甥姪이 된다.'

그리고 또 이렇게 생각했다.

'나 스스로 누이동생을 바치면 귀한 대접을 받지 못할 것이다. 반드시 작은 계책을 마련하여 춘신군이 나를 직접 찾아오도록 해야겠다.'

그리하여 그는 닷새의 휴가를 얻어 집으로 돌아갔다가 고의로 기한을 넘기고 열흘 째 되는 날 춘신군의 문하로 다시 돌아왔다. 춘신군이 이상하게 생각하고 그가 늦게 온 까닭을 물었다. 이원이 대답했다.

"제게 언嫣이라는 누이동생이 있는데 자못 용모가 아름답습니다. 제왕齊王이 그 소문을 듣고 사자를 보내 후궁으로 달라고 했습니다. 저는 그 사자와 며칠간 함께 술을 마시느라 귀환 기한을 지키지 못했습니다."

황헐이 생각했다.

'그 여인이 제나라에까지 소문이 났다면 틀림없이 미색이 뛰어날 것이다.'

그러고는 마침내 이렇게 물었다.

"제나라의 제의를 받아들였소?"

이원이 대답했다.

"지금 의논 중이라 아직 혼약을 정하지는 않았습니다."

황헐이 말했다.

"내게 한번 보여줄 수는 없겠소?"

이원이 말했다.

"제가 상국의 문하에 있으니 제 누이동생은 상국의 비첩婢妾과 같은데 제가 어찌 명령을 따르지 않을 수 있겠습니까?"

이에 이원은 자신의 누이를 아름답게 단장하여 춘신군의 집으로 데려갔다. 춘신군 황헐은 이원의 누이를 보자마자 매우 기뻐했다. 이날 밤 춘신군은 이원에게 백벽白璧 두 쌍과 황금 300일을 주고 그의 누이와 잠자리를 함께했다. 석 달도 되지 않아 바로 태기가 있었다. 이원이 몰래 누이동생 이언에게 말했다.

"남의 첩이 되는 것과 정실부인이 되는 것 중에서 어느 것이 더 귀하냐?"

이언이 웃으면서 말했다.

"첩을 어찌 정실부인과 비교할 수 있겠어요?"

이원이 또 말했다.

"그럼 정실부인과 왕후 중에서는 어느 것이 더 귀하냐?"

이언이 또 웃으면서 말했다.

"왕후가 훨씬 귀하지요."

이원이 말했다.

"네가 춘신군의 집에 있으면 사랑받는 첩에 불과할 것이다. 지금 초왕에겐 아들이 없고 너는 다행히 태기가 있다. 만약 네가 초왕에게 가서 뒷날 아들을 낳으면 그 아이는 왕위에 오를 것이고 너는 태후가 될 수 있다. 어찌 첩살이를 하는 것보다 좋은 일이 아니겠느냐?"

그러고는 몇 가지 말을 일러주고 침실에서 춘신군에게 여차여차하게 얘기하라고 했다.

"춘신군이 틀림없이 네 말을 들을 것이다."

이언은 이원의 말을 하나하나 잘 기억해두었다. 그날 밤 잠자리에서 마침내 이언이 황헐에게 속삭였다.

"초왕께서 상국을 총애하시는 걸 보면 비록 친형제라도 그렇게 하지 못하실 것입니다. 지금 상국께서는 초왕의 바로 아랫자리에서 20여 년간 부귀를 누려왔습니다. 그런데 지금 초왕께서 아들이 없으시니 초왕께서 승하하신 후에는 왕의 형제분이 보위에 오를 것입니다. 그럼 그 형제분은 상국과 아무 은원 관계가 없으므로 틀림없이 자신이 총애하는 사람을 벼슬자리에 등용할 것입니다. 승상께서 어찌 길이길이 총애를 받을 수 있겠습니까?"

춘신군 황헐은 그 말을 듣고 깊은 생각에 잠겨 아무 대답도 하지 못했다. 이언이 또 말했다.

"첩의 걱정은 이것뿐이 아닙니다. 승상께서 부귀를 누리며 오랫동안 권력을 행사했기 때문에 지금 초왕의 형제들에게 많은 실례를 저질렀습니다. 그런데 그 형제 중의 한 사람이 보위에 오르면 예기치 못한 참화가 승상의 몸에 미칠 것입니다. 이 어찌 강동江東 땅 봉읍조차 보존하지 못할 일이 아니겠습니까?"

황헐은 경악을 금치 못하며 말했다.

"네 말이 옳다. 나는 그것까지는 생각하지 못했다. 그럼 지금 어찌하면 좋겠느냐?"

이언이 말했다.

"첩에게 한 가지 계책이 있습니다. 이 계책으로 참화를 면할 수 있을 뿐만 아니라 많은 복을 불러올 수 있을 것입니다. 다만 첩으로서는 매우 부끄러운 일이라 말씀드리기가 어렵습니다. 또 상국께서 첩의 말에 따르지 않을까봐 감히 말씀드릴 수가 없었습니다."

황헐이 말했다.

"네가 나를 위해 계책을 마련했다는데 내가 어찌 따르지 않겠느냐?"

이언이 말했다.

"첩에겐 지금 태기가 있는데 다른 사람은 아직 아무도 모릅니다. 다행히 첩은 상국을 모신 지 아직 얼마 되지 않았으니, 상국의 막중한 신분으로 첩을 초왕에게 바치면 초왕이 틀림없이 첩을 총애하게 될 것입니다. 그 후 첩이 천우신조로 아들을 낳으면 그 아이는 틀림없이 보위를 이을 수 있을 것입니다. 바로 상국의 아들이 초왕이 되는 것입니다. 초나라를 모두 얻는 일과 예기치 못한 참화에 얽혀드는 일 중에서 어느 것이 더 좋은 일이겠습니까?"

황헐은 마치 꿈에서 처음 깨어난 듯, 술에서 비로소 깨어난 듯 기뻐하며 말했다.

"천하에 남자보다 더 지혜로운 여자가 있다더니 바로 너를 가리키는 말이로구나!"

다음 날 춘신군은 바로 이원을 불러 자신의 뜻을 이야기하고 비밀리에 이언을 데리고 나가 다른 집에 거주하게 했다. 황헐이 궁궐로 들어가 초왕에게 말했다.

"신이 소문을 들으니 이원의 누이동생 이언이 미색이 뛰어나다 하고, 관상쟁이들도 모두 그 여인이 아들을 낳을 것이고 또 장차 귀하게 될 것이라 했다고 합니다. 지금 제나라 왕이 사람을 보내 맞아가려 한다고 하니 대왕마마께서 먼저 서두르셔야 합니다."

초왕은 바로 내시에게 명령을 내려 이언을 찾아 입궁시키라고 했다. 이언은 교태가 뛰어나서 초왕은 그녀에게 총애를 듬뿍 쏟아부었다. 해산날이 되어서 이언은 아들 쌍둥이를 낳았다. 맏이의 이름은 한捍이라 했고, 둘째의 이름은 유猶라 했다. 초왕은 말로 형언할 수 없을 정도로 기뻐하면서 이언을 왕후로 삼고 맏이 한을 태자로 삼았다. 이원은 국구國舅가 되어 초왕의 총애를 받으며 권력을 휘둘렀다. 그의 지위와 권력은 춘신군과 나란했다. 이원은 속임수에 능한 위인이어서 겉으로는 춘신군을 부지런히 떠받드는 듯했으나 마음속으로는 그를 시기했다. 고열왕은 즉위 25년에 이르자 오래도록 병상에 누워 일어나지 못했다. 이원은 자신의 누이가 임신한 일을 춘신군만 알고 있고, 이에 뒷날 태자가 왕이 되면 서로 얼굴을 마주 대하기가 불편할 것으로 생각이 되었다. 그래서 이원은 춘신군을 죽여 그의 입을 막는 것이 좋겠다고 생각하고 자기 휘하의 사람을 시켜 각지에서 용력이 뛰어난 무사를 구해오게 했다. 그는 그들을 자신의 문하에 받아들여 의식을 후하게 제공하고 그들과 장래를 함께하기로 맹세했다. 주영은 그 소문을 듣고 이원을 의심하며 말했다.

"이원이 용사를 많이 기르는 것은 틀림없이 춘신군 때문일 것이다."

이에 주영은 춘신군을 만나 말했다.

"천하에 뜬금없는 참화無妄之禍와 뜬금없는 복락無妄之福과 뜬금없는 사람無妄之人이 있다 합니다. 상국께서는 그것을 아십니까?"

황헐이 말했다.

"'뜬금없는 복락'이란 무엇이오?"

주영이 말했다.

"상국께서는 초나라 관직의 제일 윗자리에 군림하신 지 20여 년이나 되었습니다. 이름은 상국이지만 기실 초왕과 다름이 없습니다. 지금 초왕께서는 병으로 오래 누워계십니다. 그러다 어느 날 갑자기 승하하시면 어린 임금이 보위를 이을 것이고 결국 상국께서는 그 곁에서 이윤伊尹이나 주공周公처럼 임금을 보필해야 하지만, 임금이 성장하고 나면 정권을 돌려줘야 할 것입니다. 그러나 만약 천명과 민심이 상국께 귀의하면 마침내 남면南面을 하고 진짜 임금이 될 수도 있을 것입니다. 이것이 이른바 뜬금없는 복락입니다."

"그럼 '뜬금없는 참화'란 무엇이오?"

"이원은 초왕의 처남입니다. 지금 상국의 지위가 이원보다 높아서 그가 겉으로는 부드럽게 순종하는 듯하지만 속으로는 기실 달가워하지 않고 있습니다. 함께 도적질을 하다가 이익을 놓고 서로 시기하는 사태가 틀림없이 닥칠 것입니다. 소문을 들으니 이언이 몰래 용사를 길러온 지가 오래되었다 합니다. 그들을 어디에 쓰겠습니까? 초왕이 세상을 떠나고 나면 이원은 필시 먼저 궁궐로 들어가 권력을 잡고 상국을 죽여 입을 막으려 할 것입니다. 이것이 이른바 뜬금없는 참화입니다."

"그럼 '뜬금없는 사람'이란 무엇이오?"

"이원은 누이동생이 왕후로 있기 때문에 궁중의 소식을 아침저녁으로 전해 받고 있습니다. 그러나 상국께서는 저택이 성 밖에 있기 때문에 위급할 때의 대응이 이원보다 늦을 수 있습니다. 제가 만약 낭중령郎中令[6] 벼슬에 임명되어 궁궐 안에 거처하며 여러 호위병을 거느릴 수 있으면, 위급한 상황이 발생하여 이원이 먼저 궁궐에 들어올 때 제가 상국을 위해 그자를

6_ 낭중령郎中令: 궁궐의 출입문을 지키는 호위병의 총책임자.

죽일 수 있을 것입니다. 이것이 이른바 뜬금없는 사람입니다."

그러자 춘신군 황헐은 수염을 위로 꼬아 올리며 큰 소리로 웃었다.

"이원은 나약한 사람이오. 또 평소에 부지런히 나를 섬겨온 사람인데 어찌 그런 일이 있을 수 있겠소? 족하께서는 지나치게 걱정하지 마시오."

주영이 말했다.

"상국께서 오늘 제 말을 따르지 않으시면 후회해도 소용없을 것입니다."

황헐이 말했다.

"족하께서는 그만 물러가시오. 내가 자세히 살펴보겠소. 만약 족하의 힘을 써야 할 때가 오면 다시 부르도록 하겠소."

주영은 사흘이 지나도록 춘신군에게서 아무 소식도 없자 그가 자신의 말을 따를 생각이 없다는 것을 알고 탄식하며 말했다.

"내가 지금 이곳을 떠나지 않으면 장차 참화에 얽혀들게 된다. 나는 이제 월나라 범여의 행적을 뒤따를 것이다."

그러고는 작별 인사도 하지 않고 그곳을 떠나 동쪽 오나라 땅으로 도피하여 오호五湖(太湖) 사이에 숨어 살았다. 염옹이 이 일을 시로 읊었다.

고운 미녀가 임신하여 왕궁으로 들어갔으나	紅顔帶子入王宮
나라 훔칠 그 간계가 용납될 수 없었다네	盜國奸謀理不容
하늘이 춘신군에게 뜬금없는 화를 내릴 것이니	天啓春申無妄禍
주영이 어떻게 낭중령이 될 수 있으리?	朱英焉得令郞中

주영이 떠난 지 17일 만에 고열왕이 세상을 떠났다. 이원은 미리 궁궐의 호위병과 약속했다.

"궁궐 안에서 변고 소식이 들리면 내게 가장 먼저 보고하라."

이원은 고열왕이 세상을 떠났다는 소식을 듣고 먼저 궁궐로 들어가 국상 소식을 발표하지 못하도록 비밀리에 분부했다. 또 자신이 길러온 용사들에게 궁궐 문밖에 매복하도록 밀명을 내렸다. 이원은 해가 질 무렵이 돼서야 춘신군 황헐에게 천천히 국상 소식을 전했다. 황헐은 대경실색하여 빈객들과 의논하지도 않고 곧바로 수레를 몰고 궁궐로 향했다. 황헐이 궁궐 문안으로 진입하려 하자 양쪽에 매복해 있던 이원의 용사들이 갑자기 쏟아져 나오며 고함을 질렀다.

"왕후마마의 밀지다. 춘신군을 반역죄로 주살하라!"

황헐은 사태를 깨닫고 황급히 수레를 돌리려 했다. 그러나 그의 부하들은 벌써 피살되거나 흩어진 뒤였다. 그들은 황헐의 목을 베어 궁성 밖으로 던졌다. 그리고 궁궐 문을 단단히 걸어 잠근 후 국상을 선포했다. 이원은 태자 한을 옹립하여 보위를 잇게 했다. 이 사람이 초 유왕幽王이다. 이때 그의 나이가 겨우 여섯 살이었다. 이원은 스스로 상국이 되어 초나라 정사를 오로지했고 누이동생 이언을 받들어 왕태후로 삼았다. 아울러 명령을 내려 춘신군의 일족을 모두 죽이고 그의 식읍까지도 회수하게 했다. 슬프다! 이원이 정권을 잡은 후 춘신군의 빈객은 모두 흩어졌고, 여러 공자公子도 모두 소원하게 지내며 나랏일에 관여하지 않으려 했다. 이원은 어린 임금과 과부 태후를 끼고 날마다 국정을 어지럽게 했다. 초나라는 이때부터 나라 꼴이 말이 아니게 되었다.

이야기가 두 갈래로 나뉜다. 한편 진秦나라 여불위는 다섯 나라가 합종책으로 진나라를 공격한 일에 분노하여 복수를 하려고 했다. 여불위가 말

李舅爭除黃
國權　　歇

이원이 춘신군 황헐을 제거하다.

했다.

"본래 그 모의를 주도한 자는 바로 조나라 장수 방난이다."

그리하여 몽오와 장당에게 군사 5만을 주어 조나라를 정벌하게 했다. 사흘 뒤에는 다시 장안군 성교와 번오기에게 군사 5만을 주어 앞의 군사를 뒤따르게 했다. 빈객들이 여불위에게 물었다.

"장안군이 나이가 어려 대장 직을 수행하지 못할까 두렵습니다."

여불위가 미소를 지으며 말했다.

"그대들은 몰라도 되는 일이오."

진나라 몽오가 거느린 전군前軍은 함곡관을 나서서 상당上黨으로 길을 잡아 곧바로 경도慶都를 공격하면서 도산都山(河北省 唐縣 慶都山) 아래에 군영을 세웠다. 장안군이 거느린 대군은 둔류屯留(山西省 屯留)에 군영을 세우고 몽오를 지원했다. 조나라에서는 상국 방난을 대장으로 삼고 호첩扈輒을 부장으로 삼아 군사 10만을 거느리고 적을 막아내게 했다. 또 방난에게 상황에 따라 마음대로 대처할 수 있는 재량권을 주었다. 방난이 말했다.

"경도의 북쪽에서는 요산堯山(河北省 順平 伊祁山)이 가장 높다. 요산에 올라가면 도산 전체를 바라볼 수 있으니 그곳을 점령해야 한다."

방난은 호첩을 시켜 군사 2만을 이끌고 먼저 요산으로 가게 했다. 그들이 요산에 이르렀을 때 그곳에는 진나라 군사 1만 명이 먼저 진을 치고 있었다. 호첩은 그들을 공격하여 죽이거나 쫓아버리고 요산 꼭대기에 진채를 세웠다. 진나라 장수 몽오는 다시 장당에게 군사 2만을 이끌고 가서 요산을 빼앗게 했다. 그러나 조나라 방난의 대군이 당도하여 양쪽 군사는 요산 아래에서 진영을 펼치고 한바탕 큰 싸움을 벌였다. 호첩은 산 위에서 붉은 깃발을 사용하여 진나라 장당이 동쪽으로 가면 동쪽을 가리켰고, 서쪽으로 가면 바로 서쪽을 가리켰다. 조나라 군사는 붉은 깃발이 가리키는 곳을 보고 그들의 앞길을 가로막고 포위했다. 방난이 명령을 내렸다.

"장당을 사로잡아오는 사람에겐 100리의 땅을 봉토로 주겠다."

이에 조나라 군사들은 모두 목숨을 걸고 싸움에 나섰다. 장당은 평생의 용력을 다 발휘했으나 겹겹의 포위망을 뚫을 수 없었다. 그러다가 몽오의 군사가 달려와 구원에 나선 이후에야 그곳을 탈출하여 도산의 본영으로 되돌아왔다. 경도 성안의 군사들은 조나라 구원병이 도착했다는 사실을 알고 더욱 힘을 내어 성을 방어했다. 몽오 등은 성을 함락시키지 못하자 장당을 둔류로 보내 후군後軍의 지원을 재촉했다.

둔류에 진을 치고 있던 장안군 성교는 당시 나이가 겨우 17세였다. 그는 군사 일을 잘 알지 못하여 번오기를 불러 대책을 상의했다. 번오기는 여불위가 자신의 첩을 왕후로 들여 나라를 도둑질한 일 때문에 평소 여불위를 증오하고 있었다. 그는 좌우 장수들을 모두 물리친 후 장안군 성교에게 그 내막을 자세히 이야기했다. 번오기가 말했다.

"진왕은 선왕의 혈육이 아니고 오직 대군만이 적자입니다. 문신후 여불위가 지금 병권을 대군께 맡긴 것은 호의가 아닙니다. 여불위는 자신이 한 짓이 탄로 나면 대군과 지금의 진왕이 적이 될 것이 두려워 겉으로는 은총을 베푸는 것처럼 과시하면서 기실 대군을 도성 밖으로 내친 것입니다. 그 뒤 여불위는 궁궐을 마음대로 출입하면서 왕태후와 공공연히 음란한 짓을 즐기고 있습니다. 한통속이 된 여불위 부부와 부자가 미워하는 사람은 오직 대군일 뿐입니다. 만약 몽오가 아무 공로도 세우지 못하고 패배하게 되면 여불위는 그것을 빌미로 대군께 죄를 물을 것입니다. 그럼 가벼운 죄라 해도 왕실 족보에서 이름이 지워질 것이며 무거운 죄라면 바로 목이 잘리게 될 것이니 영씨嬴氏의 나라는 여씨呂氏의 나라가 되고 말 것입니다. 지금 온 나라 사람이 모두 이 사실을 알고 있으므로, 대군께서도 대책을 세우지 않을 수 없습니다."

장안군 성교가 말했다.

"장군께서 말씀해주시지 않았다면 나는 아무것도 모를 뻔했소. 그럼 지금 어떤 대책을 세워야 하오?"

번오기가 말했다.

"지금 몽오의 군대가 조나라에게 어려움을 당하고 있어서 급히 귀국할 수 없을 것입니다. 그런데 대군께서는 지금 막중한 병력을 거느리고 있으므로, 만약 격문을 띄워 저 음란한 역적의 죄를 성토하고 궁궐에서 벌어지고 있는 속임수를 밝히면, 우리 백성 중 어느 누가 적자를 받들어 사직의 주인으로 모시기를 원치 않겠습니까?"

성교는 분연히 칼을 잡고 노기를 띠며 말했다.

"대장부가 죽으면 죽었지 어찌 장사꾼의 발아래 무릎을 굽힐 수 있겠소? 장군께서 모든 일을 잘 도모해주시오."

번오기는 거짓으로 사자使者에게 말했다.

"이곳 군사를 바로 옮겨 지원에 나설 것이니 몽 장군에게 장안군의 뜻을 잘 전해주고 주의해서 전투 준비를 하라고 일러라."

사자가 떠난 후 번오기는 격문을 썼다. 그 내용은 대략 이러했다.

장안군 성교는 나라 안팎의 신하와 백성에게 알린다. 나라를 이어가는 대의는 적통嫡統을 가장 존중한다. 그러므로 종통을 뒤엎는 악행을 음모 중에서도 가장 심한 음모로 간주한다. 문신후 여불위란 자는 본래 양적 땅의 장

樊於期
傳檄
討秦王

번오기가 장안군에게 진왕의 내막을 폭로하다.

사꾼에 불과한데, 지금 감히 함양의 종실을 엿보고 있다. 지금의 진왕秦王 정政은 기실 선왕의 혈육이 아니라 여불위의 자식이다. 애초에 회임한 첩을 이용해 교묘하게 선왕을 유혹하고 이어서 간악하게 자식을 낳아 마침내 진 나라 혈통을 더럽혔다. 또 황금으로 기책奇策을 삼아 선왕을 귀국시키고 자 신은 최고의 공신이 되었다. 이후 두 분의 선왕께서 천수를 누리지 못한 것 도 다 까닭이 있으니, 이 일을 어찌 참을 수 있겠느냐? 여불위는 삼대 동안 대권을 손에 쥐고 있으니 누가 능히 그자를 막아낼 수 있겠느냐? 지금 조정 에 있는 자가 어찌 진짜 진왕이겠는가? 저들은 벌써 영씨嬴氏의 핏줄을 여 씨呂氏의 핏줄로 바꾸어버렸다. 여불위는 숨어 있는 진왕의 아비로서 존귀 한 지위를 누리다가 종당에는 신하의 몸으로 임금의 보위까지 찬탈할 것이 다. 사직이 위태로워지려 하면 신인神人들께서 진노하는 법이다. 나는 외람되 게도 적자嫡子의 신분인지라 하늘의 토벌을 대신 행하고자 한다. 갑주를 입 고 창과 방패를 든 군사들은 대의의 함성을 지르며 떨쳐 일어서고, 왕실의 자손과 신하들은 선왕의 덕을 생각하여 함께 전투에 참여하기 바란다. 이 격문이 당도하면 모두 칼을 날카롭게 갈아 싸울 준비를 하고, 우리의 병거 와 군마가 지나갈 때는 저잣거리에서 경거망동하지 말기 바란다.

번오기가 이 격문을 사방으로 뿌리자, 여불위가 자신의 첩을 임금에게 바쳤다는 소문을 들어왔던 진나라 사람들은 여불위가 간악한 음모로 아 들을 낳았다고 한 말을 사실로 믿었다. 그러나 문신후 여불위의 위세가 두 려워 모두 관망하는 자세를 보였다. 이때 혜성이 먼저 동방에서 보였다가 다시 북방에서도 보였고 또다시 서방에서도 보였다. 점술가가 그것을 보고 나라 안에 병란이 있을 것이라고 풀이하자 민심이 요동쳤다. 번오기는 둔류에 속한 여러 현縣의 장정을 모두 자신의 군대에 편입시켰다. 그는 여세를 몰아 장자長子(山西省 長子 서쪽)와 호관壺關(山西省 壺關)을 함락시켰고 그들의 군세軍勢는 더욱더 강성해졌다. 장당은 장안군이 반역을 일으켰다는 사실을 알고, 사자를 밤새 함양으로 치달리게 하여 변란을 보고했다. 진왕정은 격문을 보고 몹시 화를 내며 상보 여불위를 불러 대책을 상의했다. 여불위가 말했다.

"장안군은 나이가 어려서 이 일을 잘 모릅니다. 이것은 틀림없이 번오기가 꾸민 짓입니다. 번오기는 용기만 있고 꾀는 없는 위인이니 우리가 군사를 출동시키면 바로 사로잡을 수 있을 것입니다. 너무 염려하지 마십시오."

그리하여 왕전을 대장으로 삼고 환의와 왕분을 좌우 선봉장으로 삼아 군사 10만을 이끌고 가서 장안군을 토벌하게 했다.

몽오는 방난과 대치한 채 장안군이 구원군을 이끌고 오기를 기다렸으나 그는 결국 오지 않았다. 이상하다고 의심을 하고 있는 사이에 앞의 내용과 같은 장안군의 격문이 도착했다. 몽오는 대경실색하며 말했다.

"나는 장안군과 함께 출정해서 지금 조나라를 공격하고 있지만 아무 전공戰功도 세우지 못했다. 그런데 장안군이 또 반역을 일으켰으니 나에게도 어찌 죄가 없겠는가? 창끝의 방향을 바꾸어 역적을 평정하지 않고서야 어떻게 스스로를 해명할 수 있겠는가?"

그리하여 몽오는 군사를 거두라고 명령을 내린 뒤 자신의 군사를 세 부대로 나누어 자신은 친히 맨 뒤에 남아 적의 공격을 차단하며 천천히 행진했다. 방난은 진나라 군사가 이동 중이라는 소식을 듣고 미리 정예병 3만 명을 뽑았고, 호첩에게 지름길로 태항산太行山 숲 속 깊은 곳에 군사를 매복시키라고 하면서 이렇게 당부했다.

"몽오는 노장이어서 틀림없이 친히 배후 공격을 차단할 것이다. 그러니 진나라 군사가 모두 지나간 후 그 뒤를 공격하면 온전한 승리를 거둘 수 있을 것이다."

몽오는 앞의 부대가 아무 방해도 받지 않고 지나가는 것을 보고 마음 놓고 앞으로 나아갔다. 그때 한 줄기 포성이 울리며 조나라 복병이 몰려나왔다. 몽오는 곧바로 호첩과 교전을 벌였다. 전투가 오래 지속되자 조나라 장수 방난이 군사를 몰고 뒤따라왔다. 진나라 군사들 중 앞서 지나간 장졸들은 이미 싸울 마음이 없어졌고, 진영이 크게 붕괴되었다. 몽오는 몸에 중상을 입고도 전력을 다해 전투에 나서 적병 수십 명을 죽였고 직접 화살을 쏴서 방난의 옆구리를 적중시켰다. 조나라 군사는 진나라 군사를 여러 겹 포위하고 어지럽게 화살을 퍼부었다. 몽오는 몸에 고슴도치처럼 화살을 맞았다. 애석하게도 진나라 명장 몽오는 오늘 태항산 아래에서 목숨을 잃었다. 방난은 전투에서 승리한 후 군사를 거두어 조나라로 돌아갔다. 그러나 화살에 맞은 상처가 낫지 않아서 그도 얼마 지나지 않아 숨을 거두었다. 이 일은 여기에서 잠시 접어두고자 한다.

이즈음 장당과 왕전은 장안군 성교를 치기 위해 둔류에 주둔했다. 성교는 두려움에 떨었다. 그러자 번오기가 말했다.

"대군께서는 지금 호랑이를 타셨으니 다시 내릴 수 없습니다. 게다가 우리가 점령하고 있는 세 성의 군사를 모두 합하면 15만이나 됩니다. 이들 군사를 이끌고 성을 나가 일전을 벌이면 승부를 알 수 없습니다. 두려워할 것이 무엇이겠습니까?"

이에 성 아래에 진영을 펼치고 적을 기다렸다. 왕전도 맞은편에서 진영을 펼치고 전투에 나섰다. 왕전이 번오기에게 소리쳤다.

"국가가 네놈에게 무슨 섭섭한 대접을 했다고 장안군을 유혹하여 반역을 일으켰느냐?"

번오기는 병거 위에서 몸을 굽히며 대답했다.

"지금 진나라 임금 정이 여불위의 자식이란 걸 어느 누가 모르고 있단 말이오? 우리는 대대로 나라의 은혜를 입은 몸인데 영씨의 혈통이 여씨에게 빼앗기는 걸 어찌 두고 볼 수 있겠소? 장안군께서는 선왕의 혈육이오. 그래서 그분을 받들고자 하는 것이오. 장군께서 만약 선왕의 후사를 생각하신다면 함께 의거義擧를 일으켜 함양으로 치달려가는 것이 어떻겠소? 그리하여 음란한 남녀를 주살하고 가짜 임금을 폐위한 후 장안군을 도와 보위를 잇게 하면 장군께서는 봉작을 잃지 않으실 것이오. 이 어찌 아름다운 일이 아니겠소?"

왕전이 말했다.

"태후께서는 회임한 지 열 달 만에 지금의 대왕마마를 낳으셨다. 그분이 선군의 소생이란 건 의심할 수 없다. 그런데 네놈은 함부로 비방을 늘어놓으며 대왕마마를 모욕하고 있으니 이는 멸문지화를 당할 일이다. 게다가 스스로 교묘한 거짓말로 군사들의 마음을 뒤흔들었다. 나는 네놈을 사로잡아 갈가리 찢어 죽일 것이다."

그 말을 듣고 번오기는 불같이 화를 내며 눈을 부릅뜨고 고함을 질렀다. 그는 큰 칼을 휘두르며 곧장 진나라 군영으로 돌진해갔다. 진나라 군사는 번오기의 용맹함에 추풍낙엽처럼 쓰러졌다. 번오기는 좌충우돌하며 마치 무인지경을 달리듯 진나라 군영을 휩쓸었다. 왕전은 군사를 지휘하여 몇 차례나 그를 포위했으나 그때마다 번오기는 가로막는 장수를 베고 포위를 뚫었다. 진나라 군사 중에 많은 사상자가 발생했다. 이날 밤 양측은 각각 군사를 거두었다.

왕전은 산개산傘蓋山(山西省 長子 서남)에 군사를 주둔시키고 혼자 생각에 잠겼다.

'번오기가 저렇게 용맹하니 조급하게 잡기는 어렵다. 반드시 좋은 계책을 이용해 그를 격파해야겠다.'

왕전은 부하들의 군막을 방문하여 물었다.

"장안군과 알고 지낸 사람이 있느냐?"

그러자 둔류 사람인 말단 장수 양단화楊端和가 말했다.

"소장이 일찍이 장안군 문하에서 빈객으로 지낸 적이 있습니다."

왕전이 말했다.

"내가 서찰 한 통을 써서 자네에게 줄 테니 자네는 그걸 장안군에게 전해주면서 제발 죽음을 자초하지 말고 일찌감치 귀순하라고 권해보게."

양단화가 말했다.

"소장이 어떻게 성안으로 들어갈 수 있겠습니까?"

왕전이 말했다.

"양 군사 간에 교전이 벌어지고 나서 저들이 군사를 거둘 때 저들의 군사로 위장하여 섞여 들어가도록 하게. 그리고 우리가 성을 급박하게 공격할 때 바로 장안군을 만나보도록 하게. 틀림없이 마음을 바꿀 걸세."

양단화는 왕전의 계책에 따랐다. 왕전은 즉석에서 서찰을 써서 봉함한 뒤 양단화에게 주어 앞으로의 일을 잘 처리하도록 일렀다. 또 장수 환의를 불러 군사 한 부대를 이끌고 장자성長子城을 공격하게 했고, 왕분에게는 군사 한 부대를 이끌고 가서 호관성壺關城을 공격하게 했다. 아울러 왕전 자신은 직접 둔류성을 공격했다. 세 성을 한꺼번에 공격하자 장안군의 군사들은 자신을 지키기에 급급할 뿐 다른 성을 구원할 엄두는 내지도 못했다. 번오기가 성교에게 말했다.

"지금 저들이 군사를 나누었을 때를 틈타 승부를 걸어야 합니다. 만약 장자성과 호관성을 잃게 되면 진나라 군사의 세력이 커져 대적하기 더욱 어렵게 됩니다."

장안군 성교는 나이도 어리고 겁도 많아서 눈물을 흘리며 말했다.

"이 일은 장군께서 모의한 일이니 장군의 결정에 따르겠소. 그러나 제발 나를 잘못되게 하지는 마시오."

번오기는 정예병 1만여 명을 뽑아 성문을 열고 싸움에 나섰다. 왕전은 거짓으로 한 번 패배한 척하고 10리를 후퇴하여 복룡산伏龍山(山西省 屯留 疑山)에 주둔했다. 번오기가 승리를 거두고 성으로 들어갈 때 양단화도 군사들 틈에 섞여 성안으로 몰래 들어갔다. 그는 본래 이곳 둔류 사람이었기 때문에 자신의 친척 집을 찾아가 편안하게 쉬었다. 장안군 성교가 번오기에게 물었다.

"왕전의 군마가 물러가지 않으면 어쩔 셈이오?"

번오기가 대답했다.

"오늘의 교전으로 저들의 기세는 꺾였습니다. 내일 모든 군사를 이끌고 출정하여 왕전을 사로잡도록 하겠습니다. 그런 뒤 곧바로 함양으로 들어가 대군을 보위에 모시고 제 임무를 끝내겠습니다."

장차 승부가 어떻게 될지는 다음 회를 보시라.

양물이 큰 자의 반란

감나는 어린 나이에 높은 벼슬자리에 오르고
노애는 가짜로 거세하고 진나라 궁궐을 혼란에 빠뜨리다
甘羅童年取高位, 嫪毒僞腐亂秦宮.

왕전은 군사를 10리 뒤로 후퇴시키고 나서 해자를 깊이 파고 보루를 높이 세우라고 분부했다. 그리고 험한 요충지를 나누어 지키되 절대로 군영 밖으로 나가서 싸우지 말라고 했다. 다른 한편으로는 군사 2만을 출동시켜 환의와 왕분을 도와주고 그들이 조속히 전공을 세우도록 재촉했다. 번오기는 연일 모든 정예군을 이끌고 출전했으나 진秦나라 군사는 전혀 호응하지 않았다. 번오기는 왕전을 겁쟁이로 생각하고 군사를 나누어 장자성과 호관성을 구원할 대책을 상의하려 했다. 그때 갑자기 초마哨馬가 달려와 보고했다.

"두 성이 이미 진나라 군사에게 함락되었습니다."

번오기는 깜짝 놀라 군사를 성 밖에 주둔시켜놓고 장안군의 마음을 안정시키기 위해 노력했다.

환의와 왕분은 왕전이 복룡산으로 군영을 옮겼다는 소식을 듣고 군사를 이끌고 와서 말했다.

"두 성을 모두 수복한 후 군사를 나누어 지키게 했고 다른 일도 잘 처리해두었소."

왕전이 매우 기뻐하며 말했다.

"둔류가 이제 고립되었으니 번오기를 사로잡기만 하면 이번 전투가 잘 마무리될 수 있을 것이오."

말을 다 마치지도 않았는데 군영의 보초병이 보고를 올렸다.

"지금 신승辛勝 장군이 대왕마마의 명령을 받들고 군영 밖에 와 있습니다."

왕전이 신승을 군막 안으로 맞아들이고 그가 온 뜻을 물었다. 신승이 대답했다.

"첫째, 군사들의 노고를 위로하기 위해 음식과 상을 나눠주라고 하셨소. 둘째, 대왕마마께서 번오기를 깊이 증오하시며 장군에게 이렇게 전하라고 하셨소. '반드시 생포해서 데리고 오시오. 내손으로 그놈의 목을 베어 울분을 풀겠소!'"

왕전이 말했다.

"장군께서 잘 오셨소. 마침 할 일이 있소."

그러고는 신승이 가져온 음식과 상을 삼군 장졸에게 하사한 뒤 명령을 내렸다. 즉 환의와 왕분에게는 각각 군사 한 부대씩을 주어 좌우에 매복하게 했고, 신승에게는 군사 5000명을 주어 전방에서 싸움을 걸게 했다. 그리고 자신은 대군을 이끌고 성을 공격할 준비를 했다.

한편 장안군 성교는 장자성과 호관성이 함락되었다는 소식을 듣고 급히 번오기에게 사람을 보내 어서 성안으로 들어와 대책을 상의하자고 했다. 번오기가 말했다.

"조만간에 결전을 벌여 만약 이기지 못하면 대군과 함께 북쪽 연나라나 조나라로 몸을 피할 것입니다. 그 후 제후들과 연합하여 가짜 임금을 주살하고 사직을 안정시키겠습니다."

성교가 말했다.

"장군께서는 늘 조심해서 일을 처리하시오."

번오기가 다시 본채로 돌아오자 초마가 보고를 올렸다.

"진왕秦王이 새로 장수 신승을 보내 싸움을 걸어오고 있습니다."

번오기가 말했다.

"이름 없는 졸개로구나! 내가 먼저 목을 베겠다."

번오기는 마침내 군영의 문을 열고 신승을 맞아 싸우러 나갔다. 대략 몇 합을 겨루자 신승은 말 머리를 돌려 달아났다. 번오기는 자신의 용력만 믿고 앞으로 전진했다. 약 5리를 나아가자 환의와 왕분의 복병이 양쪽에서 쏟아져 나왔다. 번오기는 대패하여 황급히 군사를 거두었다. 왕전의 군사는 성 아래까지 가득 몰려왔다. 번오기가 귀신 같은 위력을 발휘하며 한 줄기 혈로를 뚫자 성안 군사들이 얼른 성문을 열고 그를 구원해서 들어갔다. 왕전은 모든 군사를 모아 성을 포위하고 급박하게 공격을 퍼부었다. 번오기는 밤낮없이 성을 돌며 군사들을 독려했다. 양단화는 성안에서 사태가 심히 위급해지는 것을 보고 밤에 몰래 장안군 성교를 만나러 갔다. 양단화가 말했다.

"비밀리에 말씀드릴 것이 있습니다."

성교는 양단화가 자신의 옛날 빈객임을 알아보고 기뻐하며 그를 불러들였다. 양단화는 좌우를 물리쳐달라고 청하고는 은밀히 아뢰었다.

"진나라의 강성함은 대군께서도 잘 아실 것입니다. 여섯 나라가 힘을 합쳐도 진나라를 이길 수 없었습니다. 지금 대군께서는 외로운 성에 의지하여 계속 진나라에 항거하고 있으나 더 이상 행운을 바랄 수 없을 것입니다."

성교가 말했다.

"번오기가 지금 진나라 왕이 선왕의 자식이 아니라고 하며 나를 이 지경으로 끌고 왔소. 이번 사태는 본래 나의 뜻이 아니었소."

양단화가 말했다.

"번오기는 필부의 용력에 의지하여 일의 성패는 생각지도 않고 대군을 미끼로 요행수를 바라고 있습니다. 얼마 전 나라 안 모든 군현郡縣으로 격문을 발송했지만 호응하는 사람이 아무도 없습니다. 지금 왕전 장군의 포위 공격이 매우 급박한데 성이 함락되고 나면 대군께서는 어떻게 생명을 보전할 수 있겠습니까?"

"나는 연나라나 조나라로 도피하여 여러 제후국과 '합종'의 맹약을 맺고자 하는데, 족하께서는 가능하리라 보시오?"

"합종책은 조나라 숙후, 제나라 민왕, 위魏나라 신릉군, 초나라 춘신군이 모두 시도한 적 있지만 힘을 합치려는 찰나에 깨지고 말았습니다. 그러므로 합종책은 분명히 성사될 수 없습니다. 여섯 나라 중 어느 나라가 진나라를 겁내지 않겠습니까? 대군께서 머무시는 나라에서는 진나라가 사신을 파견해 꾸짖기만 해도 반드시 대군을 묶어 진나라에 바칠 것입니다. 사정이 이와 같은데 대군께서는 어찌 살아날 희망이 있겠습니까?"

"족하께서 나를 위해 어떤 계책을 세워줄 수 있소?"

"왕전 장군도 대군께서 번오기의 유혹에 넘어갔다는 사실을 알고 밀서

한 통을 써서 대군께 전하라 했습니다."

양단화가 그 편지를 바치자 성교는 서찰을 펼쳐 읽었다. 그 내용은 대략
이러했다.

대군께서는 친하기로 말하자면 대왕마마의 아우님이시고, 고귀하기로 말하
자면 제후에 버금가십니다. 그런데 어찌하여 황당무계한 말을 믿고 불측한
일을 저지르며 멸망을 자초하십니까? 이 어찌 안타까운 일이 아니겠습니
까? 이번 반란의 수괴는 번오기이니 대군께서 그놈의 머리를 베어 진나라
군영에 바치고, 스스로 투항하여 죄를 인정하면, 제가 대군의 목숨을 살려
달라고 대왕마마께 아뢰겠습니다. 그럼 대왕마마께서는 틀림없이 대군을 용
서하실 것입니다. 만약 주저하다가 결단을 내릴 기회를 놓치면 후회해도 소
용없을 것입니다.

성교는 밀서를 다 읽고 나서 눈물을 흘리며 말했다.

"번오기 장군은 충직한 사람인데 내가 어찌 그를 죽일 수 있겠소?"

양단화가 탄식하며 말했다.

"대군의 인정은 소위 아녀자의 인정입니다. 만약 저의 계책에 따르지 않
으신다면 저는 이곳을 떠나겠습니다."

"족하께서는 잠시라도 이곳에 머물며 나의 벗이 되어주오. 멀리 떠나지
마시오. 방금 하신 말씀은 조용하게 다시 생각해보도록 하겠소."

"바라옵건대 다른 사람에게 새어나가지 않게 해주십시오."

이튿날 번오기는 수레를 몰고 성교를 만나러 와서 말했다.

"진나라 군사들의 공세가 대단하여 성안 백성이 모두 두려움에 떨고 있

습니다. 조만간 성이 함락될 것 같으니, 원컨대 성을 나가 연나라나 조나라로 몸을 피한 뒤 후일을 도모하십시오."

성교가 말했다.

"나의 친족은 모두 함양에 있소. 지금 다른 나라로 도피하면 그 나라에서 나를 받아주기나 하겠소?"

번오기가 말했다.

"여러 제후국이 모두 진나라의 폭압에 괴로움을 당하고 있는데 어찌하여 그들이 대군을 받아들이지 않을까 걱정하십니까?"

대화를 나누고 있는 사이 밖에서 보고가 올라왔다.

"진나라 군사가 남문에서 싸움을 걸고 있습니다."

번오기가 다시 여러 번 재촉하며 말했다.

"대군께서 지금 나가지 않으시면 나중에는 나갈 수가 없게 됩니다."

그래도 성교는 주저하며 결정을 내리지 못했다. 번오기는 할 수 없이 칼을 빼들고 수레에 올라 남문 밖으로 치달려가서 다시 진나라 군사와 교전을 벌였다. 이때 양단화가 성교에게 성 위로 올라가 전투를 살펴보라고 권했다. 성 밖에서는 번오기가 오랫동안 격전을 벌이고 있었다. 그러나 진나라 대군이 점점 다가오자 번오기는 그들을 막아낼 수 없었고 성 아래까지 밀려왔다. 번오기가 고함을 질렀다.

"성문을 열어라!"

그러자 양단화가 성교 옆에 서 있다가 소리를 질렀다.

"장안군께서는 이미 온 성을 들어 항복하셨다. 번 장군은 편한 대로 행동하라. 감히 성문을 여는 자가 있으면 즉시 목을 벨 것이다."

그러고는 바로 소매 속에서 '항降' 자가 쓰여 있는 깃발 하나를 꺼냈다.

그 좌우에 있던 양단화의 친척들이 모두 항복 깃발을 높이 세웠다. 성교는 스스로 할 수 있는 일이 없어 눈물만 흘릴 뿐이었다.

번오기가 탄식하며 말했다.

"저 어린놈을 보좌할 필요가 없겠다."

진나라 군사는 번오기를 겹겹으로 포위했다. 그러나 진왕이 생포해오라 했기 때문에 몰래 화살을 쏠 수도 없었다. 그 틈에 번오기는 한 가닥 혈로를 뚫고 저 멀리 연나라로 달아났다. 왕전이 뒤를 쫓았으나 따라잡을 수 없었다. 양단화는 장안군 성교를 시켜 성문을 열고 진나라 군사를 받아들이게 했다. 왕전은 성교를 공관에 가두고 신승을 함양으로 보내 승리를 보고했다. 아울러 장안군을 어떻게 처리해야 할지도 물었다. 진나라 왕태후는 머리를 풀고 장안군을 대신해 죄를 청하며 장안군의 목숨만은 살려달라고 빌었다. 또 여불위를 통해 그 말을 전하도록 했다. 진왕 정이 화를 내며 말했다.

"역적을 죽이지 않으면 골육지친들이 모두 반란을 일으킬 것이오."

진왕은 마침내 사자를 보내 왕전에게 명령을 전하게 했다.

"둔류에서 성교의 목을 베어 효수하도록 하라. 성교를 따르던 장졸들도 모두 참수하고, 온 성의 백성도 모두 임조臨洮(甘肅省 臨洮) 땅으로 옮겨라."

다른 한편으로는 또 번오기에게 막대한 현상금을 걸었다.

"번오기를 생포하여 바치는 자에게는 상으로 다섯 개의 성城을 주겠다."

사자는 둔류로 가서 진왕의 명령을 선포했다. 성교는 자신이 용서받지 못한다는 소문을 듣고 관사에서 스스로 목을 맸다. 왕전은 그의 목을 베어 장대에 매달아 성문 위에 걸었다. 장안군을 따르던 장졸들도 수만 명이 죽었다. 백성을 임조로 옮기자 둔류성은 텅 빈 성이 되었다. 이것은 진왕

정 7년의 일이었다. 염옹이 이 일을 시로 읊었다.

영씨贏氏 씨가 아닌 것은 뽑아내야 마땅했지만　　　　　　非種侵苗理合鋤

만전을 기하려면 적의 세력도 봤어야 했네　　　　　　萬全須看勢何如

곤궁에 빠진 둔류를 끝내 구제 못 했으니　　　　　　屯留困守終無濟

죄상 적은 격문 한 통만 헛되이 전했네　　　　　　　罪狀空傳一紙書

이때 진왕 정은 이미 장성하여 키가 여덟 자 다섯 치나 되었다. 영용하고 훤칠한 모습이 보통 사람이 아니었고 본성도 총명한 데다 뜻과 기상도 호매했다. 매사에 자신의 주장이 있어서 태후나 여불위에게 국사를 전부 맡기지 않았다. 장안군의 반란을 평정한 후에는 다시 몽오의 복수를 도모하기 위해 신료들을 불러 조나라 정벌을 상의하게 했다. 강성군 채택이 앞으로 나서며 말했다.

"조나라는 연나라와 대대로 원수지간입니다. 연나라가 조나라에 붙은 것은 본심이 아닙니다. 신이 연나라로 가서 연왕이 우리 진나라에 인질을 보내고 신하 노릇을 하도록 하겠습니다. 그럼 조나라의 세력은 고립될 것입니다. 그런 뒤 연나라와 힘을 합쳐 조나라를 정벌하면 우리는 드넓은 하간河間(漳河와 黃河 사이) 땅을 얻을 수 있고, 이는 우리 진나라에게 막대한 이익이 될 것입니다."

진왕도 그렇게 생각하고 채택을 연나라에 사신으로 파견했다. 채택이 연왕에게 말했다.

"연나라와 조나라는 모두 만승지국입니다. 그런데 조나라와 한 번 싸워 율복을 잃었고, 두 번 싸워 극신을 잃었습니다. 대왕께서는 두 번 패배한 원한도 잊으시고 조나라와 함께 일을 도모하며 서쪽을 향해 강한 진나라와 맞서고 계십니다. 승리한다 해도 그 이익은 조나라가 차지할 것이고 이기지 못하면 그 참화가 모두 연나라로 귀착될 것입니다. 이것은 연나라를 위한 계책으로는 매우 잘못된 것입니다."

연왕이 말했다.

"과인도 조나라를 고깝게 생각하고 있지만 힘이 부족하니 어찌하겠소?"

채택이 말했다.

"지금 진왕은 다섯 나라의 합종책에 당한 원한을 갚으려 하고 있습니다. 신이 가만히 생각해보니 연나라와 조나라는 대대로 원수지간이었으므로 당시에 군대를 파견한 것은 부득이한 일이었던 것 같습니다. 그러니 대왕께서는 태자를 진나라에 인질로 보내 신의 말을 믿게 하시고, 다시 진나라의 대신 한 사람을 초빙하여 연나라의 상국으로 삼으신다면 연나라와 진나라의 교분은 아교풀보다 더 튼튼하게 유지될 것입니다. 그리고 나서 두 나라의 힘을 합치면 조나라에 복수를 하는 일도 어렵지 않을 것입니다."

연왕은 그의 말에 따라 마침내 태자 단을 진나라에 인질로 보내고 진나라 대신 한 사람을 초빙해 연나라 상국에 임명하려 했다. 여불위는 장당을 보내려고 태사를 시켜 점을 쳐보게 했다. 점괘가 대길大吉로 나왔다. 그러나 장당은 병을 핑계로 연나라에 가려 하지 않았다. 여불위가 수레를 타고 친히 그의 집으로 가서 부탁했으나 장당이 사양하며 말했다.

"신은 누차 조나라를 정벌했기 때문에 조나라는 신을 깊이 원망하고 있습니다. 진나라에서 연나라로 가려면 반드시 조나라를 통과해야 합니다. 그러니 신은 갈 수 없습니다."

여불위가 재삼 강요했지만 장당은 고집을 부리며 여불위의 말에 따르지 않았다. 여불위가 승상부로 돌아와 당상에 홀로 우울하게 앉아 있자, 그의 빈객 중 감무의 손자로 나이가 겨우 열두 살인 감나甘羅라는 아이가 여불위의 울적한 모습을 보고 앞으로 나아가 물었다.

"승상께서는 무슨 말 못할 고민이라도 있습니까?"

여불위가 말했다.

"어린 녀석이 뭘 안다고 내게 그런 걸 묻느냐?"

감나가 말했다.

"승상의 문하에 있는 빈객이라면 누구나 승상의 근심 걱정을 나눌 수 있어야 한다고 생각합니다. 그런데 승상께서는 말 못할 일을 감추고 계시면서도 제게는 그 일을 들려주고 싶어하지 않으십니다. 이런 상황에서는 제가 충성을 바치려고 해도 어떻게 할 수가 없습니다."

여불위가 말했다.

"내가 지난번에 강성군을 연나라에 사신으로 보내자 연나라에서는 태자 단을 인질로 보내왔다. 그래서 지금 장당을 연나라 상국으로 보내려고 점을 쳤더니 매우 길하다고 나왔다. 그런데도 그자는 고집을 부리며 가지 않겠다고 버티고 있다. 내가 불쾌한 까닭은 바로 이 때문이다."

감나가 말했다.

"그런 사소한 일을 어찌하여 일찍 말씀하시지 않았습니까? 신이 가서 설득해보겠습니다."

여불위가 화를 내며 연거푸 감나를 꾸짖었다.

"썩 물러가라! 썩 물러가! 내가 친히 가서 청해도 꿈쩍도 하지 않는데, 어린아이가 어찌 그런 자를 움직일 수 있겠느냐?"

감나가 말했다.

어린 감나가 여불위에게 유세하다.

"옛날에 항탁項橐[1]은 일곱 살에 공자의 스승이 되었는데 지금 저는 벌써 열두 살이므로 항탁보다 다섯 살이나 많습니다. 저를 써서 아무 성과도 얻지 못하시면 그때 저를 꾸짖어도 늦지 않으실 것입니다. 그런데 어찌하여 천하의 인재를 가볍게 여기시며 갑자기 안색부터 바꾸십니까?"

여불위는 그의 말이 기특하게 생각되어 얼굴을 펴고 사과하며 말했다.

"네가 장당을 연나라로 가게 하면 일이 성사된 후 경卿의 벼슬을 내릴 것이다."

감나는 기뻐하며 여불위의 저택에서 나와 장당의 집으로 갔다. 장당은 그가 문신후 여불위의 빈객임을 알았지만 나이가 어린 것을 알고 그를 얕보며 물었다.

"동자께서 무슨 일로 이렇게 왕림하셨는가?"

"특별히 대부를 조문하기 위해 왔습니다."

"무슨 일로 나를 조문한단 말인가?"

"대부의 공로는 무안군 백기 장군에 비해 어떠합니까?"

"무안군께서는 남쪽으로 막강한 초나라를 꺾었고, 북쪽으론 연나라와 조나라에 위력을 과시하며 전투에서 승리하여 이루 헤아릴 수 없이 많은 성과 고을을 빼앗았네. 나의 공로는 그분의 십분의 일에도 미치지 못하네."

"그럼 지난날 응후 범수가 승상에 임명되었을 때와 지금의 문신후 여불위를 비교하면 어느 쪽이 더 강한 권력을 갖고 있습니까?"

"응후의 권력이 문신후보다 못하네."

1_ 항탁項橐: 전설에 의하면 항탁은 노魯나라 신동인데, 공자孔子가 스승으로 모셔서 후세에 성공聖公으로 불렸다고 한다. 이와 관련하여 후세로 갈수록 견강부회한 전설이 많이 생겼으나, 최초의 기록은 『전국책戰國策』「진책秦策」 5권에 나오는 바로 이 대목이다. "대저 항탁은 태어난 지 일곱 살 만에 공자의 스승이 되었다夫項橐生七歲而爲孔子師."

"대부께서는 문신후의 권력이 응후보다 강하다는 사실을 분명하게 알고 계십니까?"

"그걸 어찌 모르겠는가?"

"지난날 응후가 무안군을 시켜 조나라를 정벌하려 했으나 무안군은 가지 않으려 했습니다. 응후는 분노하여 마침내 무안군을 함양에서 쫓아냈고, 무안군은 두우杜郵에서 죽었습니다. 지금 문신후는 대부께 연나라 상국으로 부임하라고 요청하고 있는데, 대부께서는 가지 않으려 하십니다. 저 무안군도 응후에게 용납되지 않았는데, 문신후가 대부를 용납하시겠습니까? 대부의 죽음이 멀지 않은 듯합니다."

장당은 두려움에 떨며 사과했다.

"동자께서 나를 가르치셨네."

장당은 감나의 말을 듣고 여불위에게 죄를 청한 후 그날로 바로 행장을 꾸려 연나라로 떠나려 했다. 감나가 여불위에게 말했다.

"장당이 제 말을 듣고 어쩔 수 없이 연나라로 가기는 하지만 마음속으로는 조나라를 두려워하지 않을 수 없을 것입니다. 바라옵건대 제게 수레 5승을 빌려주십시오. 제가 장당을 위해 먼저 조나라로 가서 상황을 보고하겠습니다."

여불위는 이미 그의 재능을 아는지라 조정으로 들어가 진왕에게 보고하며 말했다.

"감무의 손자 감나가 비록 나이는 어리지만 매우 지혜롭고 변론에 뛰어납니다. 지금 장당이 병을 핑계로 연나라 상국에 취임하지 않으려 했지만 감나의 말 한마디에 바로 가기로 했습니다. 다시 바라옵건대 이 사실을 먼저 조왕에게 보고해야 하니 대왕마마께서는 감나를 사신으로 파견하십시오."

진왕 정은 감나를 입조入朝하게 했다. 키는 겨우 5척에 불과했지만 미목이 그린 듯 수려했다. 진왕도 그가 마음에 들어 물었다.

"동자께서는 조왕을 만나 어떻게 말을 하려는가?"

감나가 대답했다.

"조왕이 좋아하고 싫어하는 것을 살펴 상황에 따라 대처할 것입니다. 말이란 마치 파도가 일어나는 것처럼 바람에 따라 변하는 것이기 때문에 미리 단정할 수 없습니다."

진왕은 그에게 좋은 수레 10승과 노복 100명을 주어 조나라로 가게 했다. 조나라 도양왕은 연나라와 진나라가 우호를 맺었다는 소식을 듣고 두 나라가 힘을 합쳐 조나라를 공격할까봐 걱정하던 참이었다. 그런데 갑자기 진나라 사신이 온다는 말을 듣고 말로 형언할 수 없을 정도로 기뻐했다. 그는 마침내 도성 교외 20리까지 나가서 감나를 영접했다. 도양왕은 감나의 나이가 어린 것을 보고 마음속으로 기이하게 생각하며 물었다.

"지난번에 진나라가 삼천으로 통하는 길을 열 때도 감씨甘氏가 앞장을 섰는데 그분은 선생과 어떻게 되시오?"

"신의 조부입니다."

"선생께서는 지금 연세가 얼마시오?"

"열둘입니다."

"진나라 조정의 연장자들은 사신으로 보내기에 부족하오? 어찌 선생께서 오신 것이오?"

"우리 진왕께서는 각각 능력에 따라 사람을 임용하십니다. 연장자에겐 큰일을 맡기시고, 연소자에겐 작은 일을 맡기십니다. 신은 나이가 가장 어린지라 조나라로 사신을 온 것입니다."

조왕은 감나의 언변이 막힘이 없는 것을 보고 기이하게 생각하며 물었다.

"선생께서 이 보잘것없는 나라에 왕림하시어 무슨 가르침을 주시려는 것이오?"

"대왕께서는 연나라 태자 단이 진나라에 인질로 간 사실을 들으셨습니까?"

"들었소."

"대왕께서는 진나라 장당이 연나라 상국으로 간다는 말도 들으셨습니까?"

"그 또한 들었소."

"대저 연나라가 태자 단을 진나라에 인질로 보낸 것을 보면 연나라가 진나라를 속이지 않는다는 사실을 알 수 있습니다. 또 장당이 연나라 상국으로 가는 것을 보면 진나라가 연나라를 속이지 않는다는 사실을 알 수 있습니다. 연나라와 진나라가 서로 속이지 않으면 조나라가 위태로워집니다."

"진나라가 연나라와 친교를 맺은 까닭이 무엇이오?"

"진나라가 연나라와 친교를 맺은 것은 연나라 상국에 진나라 사람을 임명하여 조나라를 공격하게 한 뒤 땅을 하간까지 넓히려는 의도입니다. 그러니 대왕께서 다섯 개의 성을 할양하여 진나라에 바치고 하간까지 땅을 넓혀주는 것이 더 좋으실 것입니다. 그럼 신은 우리 주상께 청하여 연나라로 가려는 장당의 행차를 막겠습니다. 그리고 연나라와 우호를 단절하고 조나라와 우호를 맺게 하겠습니다. 대저 강한 조나라가 약한 연나라를 공격할 때 진나라가 구원에 나서지 않으면 그곳에서 얻는 땅이 어찌 다섯 성에 그치겠습니까?"

조왕은 매우 기뻐하며 감나에게 황금 100일과 백벽 두 쌍, 그리고 다섯 성의 지도를 주고 다시 돌아가 진왕에게 보고하게 했다. 진왕이 흡족한 마음으로 말했다.

"하간의 넓은 땅을 동자의 힘으로 얻었다. 동자의 지혜가 동자의 키보다도 훨씬 크구나."

그리하여 진왕은 결국 장당을 연나라로 보내지 않았고 이에 장당도 깊이 감사하는 마음을 가지게 되었다. 조나라는 장당이 연나라로 가지 않았다는 소문을 듣고 진나라가 연나라를 돕지 않는다는 사실을 알았다. 조왕은 방난과 이목에게 군사를 합쳐 연나라를 정벌하게 하고 상곡上谷² 땅의 30개 성을 빼앗아 그중 조나라가 19개 성을 가지고 나머지 11개 성은 진나라에게 줬다. 진왕은 감나를 상경에 임명하고 지난날 감무에게 하사했던 봉토과 주택을 다시 감나에게 그대로 돌려줬다. 지금 세상에서는 감나가 열두 살에 승상이 되었다고 하는데, 이것은 바로 이 일을 가리켜 한 말이다. 이를 증명할 만한 시가 있다.

한마디 말로 땅을 얻어 하간까지 경계 넓혔고	片言納地廣河間
상곡의 영토도 연나라에서 빼앗았네	上谷封疆又割燕
이처럼 큰 공로가 동자에게서 나왔으니	許大功勞出童子
하늘로부터 받은 지혜가 어찌 나이에 달렸으랴?	天生智慧豈因年

이 일을 읊은 시가 또 있다.

| 감나는 이른 출세 강태공姜太公은 늦은 출세 | 甘羅早達子牙遲 |

2_ 상곡上谷: 중국 전국시대 연燕나라 땅으로 진개秦開가 동호東胡를 정벌하고 편입한 군현. 현재의 하북성河北省 적성赤城 일대와 장가구張家口 동쪽, 북경北京 연경延慶 서쪽과 창평구昌平區 등지를 말한다.

늦은 출세 빠른 출세 각각 때가 있는 법일세　　　　　遲早窮通各有時

봄꽃과 가을 국화를 비교하여 보시게나　　　　　　　請看春花與秋菊

때가 오면 피어날 뿐 시절 탓하지 않는다네　　　　　時來自發不愆期

진나라에 인질로 잡혀 있던 연나라 태자 단은 진나라가 연나라를 배신하고 조나라와 우호를 맺었다는 소식을 듣고 마치 바늘방석에 앉은 것처럼 두렵고 초조했다. 그는 진나라에서 도망쳐 귀국하고 싶었지만 국경 관문을 벗어나지 못할까 두려웠다. 연 태자 단은 감나와 친구가 되어 그의 꾀를 이용해 연나라로 돌아가려고 했다. 어느 날 저녁 감나는 자주색 옷을 입은 관리가 하늘의 부절符節을 가져오는 꿈을 꿨다. 감나가 말했다.

"상제上帝의 명을 받들고 하늘로 돌아가야 하오."

그러고는 마침내 병도 없이 세상을 떠났다. 천재는 요절한다는 말처럼 정말 애석한 일이었다. 태자 단은 결국 진나라에 계속 머물러 있을 수밖에 없었다.

이야기가 두 갈래로 나뉜다. 한편 여불위는 양기가 강하고 밤일을 잘해 장양후에게 총애를 받았다. 그는 궁궐을 마음대로 출입하며 전혀 거리낌이 없었다. 그러다가 진왕 정이 장성하여 아주 총명하게 사리를 판단하자 여불위는 비로소 두려운 마음을 지니게 되었다. 그러나 태후의 음란한 마음이 거세게 불타오를 때는 어쩔 수가 없었다. 태후는 시도 때도 없이 여불위를 감천궁甘泉宮으로 불러들였다. 여불위는 일이 발각되는 날 자신에게 화가 미칠까봐 전전긍긍했다. 여불위는 결국 자기 대신 다른 사람을 태후에게 들여보내 태후의 욕정을 만족시키려고 했다. 그러나 그런 사람을 찾기가 어려웠다. 이때 소문을 들으니 시장 사람 노대嫪大가 양물陽物이 크기로 유명하여 그 마을의 음란한 여인들이 다투어 그를 섬긴다고 했다. 진나라 말로 행실이 음란한 사람을 '애毐'라고 부르기 때문에 사람들은 노대를 노애嫪毐라고 불렀다. 노애가 음행을 일삼다가 우연히 죄를 범하자 여불위는 몰래 그를 사면해 승상부의 사인舍人으로 들어앉혔다. 진나라에는 농사일이 끝나면 나라 안에서 사흘 동안 마음대로 음주가무를 즐기며 1년간의 노고를 털어내는 풍습이 있었다. 온갖 연희를 마음대로 펼칠 수 있었고, 특히 다른 사람이 할 수 없는 장기가 한 가지라도 있으면 이날만은 사람들에게 자랑할 수 있었다. 여불위는 오동나무로 수레바퀴를 만들어 노애에게 양물을 그 가운데에 끼우라고 한 뒤 그 오동나무 바퀴를 빙빙 돌리게 했다. 그러나 노애의 양물은 전혀 상처를 입지 않았다. 시장 사람들은 그것을 보고 모두 입을 가리고 킥킥거렸다. 태후도 그 소문을 듣고 여불위에게 몰래 물으며 부러워하는 기색을 드러냈다. 여불위가 말했다.

"태후마마! 그 사람이 보고 싶습니까? 신이 틈을 보아 데리고 오겠습니다."

태후는 웃으며 아무 대답도 하지 않다가 한참 뒤에야 이렇게 입을 열었다.

"승상께서는 농담도 잘 하시는군요? 외부 사람을 어떻게 내궁으로 들일 수 있단 말이오?"

여불위가 말했다.

"신에게 한 가지 계책이 있습니다. 다른 사람을 시켜 노애의 옛날 죄를 고발하게 하고 궁형宮刑을 선고하면, 태후마마께서는 궁형을 집행하는 자에게 막대한 뇌물을 주고 거짓으로 양물을 거세하게 하십시오. 그런 뒤 그를 환관으로 위장시켜 궁중에 머물게 하면 오래도록 태후마마의 곁에 둘 수 있을 것입니다."

태후는 기쁨을 이기지 못하며 말했다.

"그 계책이 참으로 묘하오!"

태후는 여불위에게 100금을 줬다. 여불위는 비밀리에 노애를 불러 상황을 알렸다. 노애는 성격이 음란하여 흔쾌히 그 제의를 받아들이고 자신이 기이한 인연을 만났다고 생각했다. 여불위는 과연 사람을 시켜 노애의 음행을 고발하게 하고 바로 궁형에 처하라는 명령을 내렸다. 그러고는 궁형을 담당하는 관리들에게 100금의 뇌물을 나눠주어 당나귀의 양물과 피를 이용해 궁형에 처했다 속이고는 노애의 수염과 눈썹까지 모두 뽑아버렸다. 궁형 담당관은 당나귀 양물을 일부러 사람들에게 보여주며 그것이 모두 노애의 음경이라고 했다. 소문을 듣고 달려온 사람들 중 크기를 보고 놀라지 않는 이가 없었다. 노애는 거짓 궁형을 받은 뒤 환관으로 위장했고 마침내 내시들 사이에 끼어 내궁으로 들어갔다.

태후는 노애를 궁궐 안에 머물게 하고 한밤중에 몰래 불러 자신의 잠자리 시중을 들게 했다. 시험 삼아 했던 첫 번째 잠자리에서 노애는 태후의 음욕을 크게 만족시켰다. 태후는 노애가 여불위보다 열 배는 낫다고 생각했다. 다음 날 여불위에게 큰 상을 내리고 그의 공로에 보답했다. 여불위는 이제 자신이 태후의 굴레에서 벗어났음을 매우 다행스럽게 생각했다. 태후는 노애와 마치 부부처럼 지냈고 얼마 지나지 않아 임신을 하게 됐다. 태후는 아이를 낳을 때 일이 탄로 날까 두려워 거짓으로 몸이 아프다는 핑계를 대고 노애를 시켜 시종들에게 황금을 뇌물로 뿌리게 했다. 그리고 그들로 하여금 내궁 안에 삿된 기운이 있으므로 서쪽 200리 밖으로 몸을 피하여 병을 치료해야 한다고 소문을 내게 했다. 진왕 정은 여불위가 꾸민 일이라고 의심을 했지만 다행히 태후가 먼 곳으로 간다고 하니 앞으로 태후의 왕

가짜 환관 노애가 태후를 만나다.

래를 끊으려고 이렇게 말했다.

"옹주가 함양에서 200여 리 떨어져 있고 또 옹주에는 옛날 궁궐도 남아 있으므로 태후께서 그곳에 거주하도록 하라."

그리하여 태후는 옹주로 가게 되었고 노애가 태후를 위해 수레를 몰았다. 함양을 떠나 옹주의 옛 궁궐로 가서 그곳을 새로 대정궁大鄭宮이라 불렀다. 노애와 태후는 더욱더 거리낌 없이 지내며 2년 사이에 아들 둘을 연이어 낳아 밀실을 지어놓고 그곳에서 길렀다. 태후와 노애는 뒷날 진왕 정이 죽으면 그들 사이에서 태어난 아들을 왕위에 올리자고 몰래 약속했다. 외부인 중에서도 이 사실을 아는 사람이 꽤 있었으나 아무도 입 밖에 내지 못했다. 태후는 노애가 진왕 대신 자신을 모시는 데 큰 공을 세웠다고 칭찬하며 그에게 봉토를 내려달라고 청했다. 진왕은 태후의 명령을 받들어 노애를 장신후長信侯에 봉하고 산양山陽(陝西省 商洛 山陽) 땅을 하사했다. 노애는 갑자기 신분이 고귀하게 되자 매우 방자하게 행동했다. 태후는 매일 노애에게 이루 헤아릴 수도 없이 많은 상을 내렸다. 집과 수레와 준마를 하사했을 뿐만 아니라 사냥과 놀이도 노애 마음대로 하게 했다. 궁궐의 일도 크고 작고를 막론하고 모두 노애의 결정에 따르게 했다. 노애는 집안에 가동家僮 수천 명을 길렀다. 또 노애에게 벼슬을 구하며 그 사인舍人 노릇을 하려는 사람도 1000여 명이나 되었다. 노애는 또 조정의 권세가들에게 뇌물을 써서 자신의 파당을 만들었다. 이때 권력을 좇아 수많은 사람이 그에게 빌붙자 그의 명성과 세력은 문신후 여불위를 능가하게 되었다.

진왕 정 9년 봄, 혜성이 나타나 길게 하늘에 걸쳤다. 태사가 점을 쳐보고 이렇게 말했다.

"나라 안에 병란이 있을 것입니다."

진나라의 역대 제사를 살펴보면 진 양공襄公이 부치鄜畤에 사당을 세우고 백제白帝에게 제사를 올렸고, 그 후 덕공德公은 옹雍 땅으로 천도하여 그곳 교외에 천단天壇을 세우고 하늘에 제사를 올렸다. 또한 목공穆公도 보부인사寶夫人祠를 세우고 해마다 제사를 올렸고, 이 모든 것은 진나라의 상례常禮가 되었다. 나중에 함양으로 다시 천도한 뒤에도 이러한 법도는 폐지되지 않았다. 진왕 정은 매년 교사郊祀(하늘에 올리는 제사)를 지낼 때면 옹 땅으로 가서 태후를 알현했고, 또 제례를 거행하기 위해 직접 기년궁祈年宮으로 행차했다. 이해 봄 교사를 올릴 시기에 하늘에 혜성이 나타나는 변고가 발생했다. 진왕 정은 출발에 앞서 대장 왕전을 시켜 함양에서 사흘 동안 군사의 위력을 과시하게 하고 상보 여불위와 힘을 합쳐 도성을 지키게 했다. 또 환의에게는 군사 3만 명을 주어 기산岐山에 주둔하게 한 뒤 어가를 옹 땅으로 출발시켰다. 이때 진왕 정은 이미 나이가 스물여섯이었으나 아직 관례를 올리지 않고 있었다. 태후는 진왕 정에게 덕공의 사당에서 관례를 올리고 칼을 차게 했다. 아울러 백관들에게는 닷새 동안 마음껏 잔치를 즐기게 했고, 태후도 진왕과 대정궁에서 큰 연회를 열었다. 이때 노애는 지나치게 큰 복락을 누리다가 결국 사단을 만들고 말았다. 노애는 자신의 측근 고관들과 도박을 하며 술을 마시다가 넷째 날이 되었을 때 중대부中大夫 안설顔泄에게 연거푸 돈을 잃었다. 그는 만취한 상태에서 계속 도박을 하자고 졸랐지만 만취한 안설은 노애의 말을 듣지 않았다. 노애는 앞으로 달려들어 안설을 틀어잡고 그의 뺨을 때렸다. 안설도 양보하지 않고 노애가 쓰고 있던 관의 끈을 잡아 끊었다. 노애는 불같이 화를 내며 눈을 부릅뜨고 안설을 꾸짖었다.

"나는 지금 진왕의 양부養父나 진배없다. 너 같은 비천한 놈이 어찌 감히 나와 맞서려 하느냐?"

안설은 겁이 나서 밖으로 도망쳐 나왔다. 그때 마침 진왕 정이 태후가 있는 내궁에서 술을 마신 뒤 궁궐을 나서고 있었다. 안설은 땅에 엎드려 머리를 조아리며 자신을 죽여달라고 읍소했다. 진왕 정은 마음에 짚이는 바가 있어서 아무 말도 하지 않고 좌우 측근을 시켜 그를 기년궁으로 데려가게 한 다음 연유를 물었다. 안설은 노애가 자신의 뺨을 때린 일과 그가 진왕의 양부라고 한 말을 자세히 진술하고 또 이렇게 아뢰었다.

"노애는 기실 환관이 아닙니다. 거짓으로 거세하고 태후마마를 모시며 지금 아들 둘을 낳아 밀실에서 기르고 있습니다. 오래지 않아 진나라를 찬탈할 것입니다."

진왕 정은 그 말을 듣고 격노하여 사자를 비밀리에 환의에게 보내 병부를 주고 군사를 옹 땅으로 인솔해오게 했다.

내사內史3 사肆와 좌익佐弋4 갈竭 두 사람은 평소에 노애에게서 막대한 금전을 받아먹으며 목숨을 걸고 노애를 위해 일했다. 두 사람은 사태가 심각한 것을 알고 황급히 노애에게 달려가 상황을 알렸다. 노애는 술이 깬 뒤 대경실색하며 한밤중에 대정궁으로 달려가 태후를 뵙고 이와 같은 상황을 알리며 말했다.

"지금 가장 좋은 대책은 환의의 군사가 당도하기 전에 이곳 궁궐 기병과 호위병 및 빈객과 사인舍人을 모두 동원하여 기년궁을 공격하고 진왕을 죽

3_ 내사內史: 임금의 좌우에서 자문 역할을 하던 관직. 서주西周 때부터 설치되어 작록爵祿의 존폐나 전례前例, 법도 등에 관한 정보를 제공했다.

4_ 좌익佐弋: 왕실의 제사 음식, 화살 제조, 무기 공급 등을 담당하던 관리. 좌익左弋이라고도 쓴다.

이는 것입니다. 그래야 우리 부부가 목숨을 보전할 수 있을 것입니다."

태후가 말했다.

"궁궐 기병들이 어찌 내 명령에 따르려 하겠소?"

노애가 말했다.

"바라옵건대 태후마마의 인장을 빌려주시면 거짓으로 그것을 옥새처럼 사용하여, 기년궁에 도적이 들어 대왕마마께서 이곳 궁궐 기병을 불러 어가를 호위하라 하신다는 명령을 내리겠습니다. 그럼 모두 그 명령에 따를 것입니다."

태후는 이때 생각이 혼란스러워 이렇게 말했다.

"그대가 잘 알아서 처리하시오."

그리하여 마침내 태후는 자신의 인장을 노애에게 줬다. 노애는 가짜 진왕의 조서를 만들어 태후의 인장을 찍고 대정궁의 기병과 호위병 및 자신의 빈객과 사인을 모두 불러 모았다. 다음 날 오시午時가 되어서야 반란군이 다 모이자 노애는 내사 사, 좌익 갈과 함께 반란군을 거느리고 기년궁을 포위했다. 진왕 정은 누대 위로 올라가 군사들이 궁궐을 침범한 연유를 물었다. 그러자 군사들이 대답했다.

"장신후가 대왕마마의 행궁에 도적이 들었다고 하여 특별히 대왕마마를 호위하러 왔습니다."

진왕이 말했다.

"장신후가 바로 도적이다. 궁궐 안에 무슨 도적이 있겠느냐?"

대정궁의 기병과 호위병들은 그 말을 듣고 절반은 흩어져버렸고, 절반은 담대하게 창끝의 방향을 돌려 노애의 빈객 및 사인과 전투를 벌였다. 이때 진왕이 명령을 내렸다.

"노애를 생포해오는 자에게 100만 금의 상을 내리겠다. 또 그를 죽여 그 놈의 머리를 바치는 자에겐 50만 금의 상을 내리겠다. 그리고 역적들의 머리를 하나씩 베어 바치는 자에겐 벼슬을 한 등급씩 올려주겠다. 마부나 천민들에게도 모두 똑같이 상을 주겠다."

그러자 환관 및 마부들까지 모두 죽기를 각오하고 싸움에 나섰다. 백성도 노애가 반란을 일으켰다는 소식을 듣고 몽둥이를 들고 달려와 싸움을 도왔다. 이 싸움에서 노애의 빈객과 사인 수백 명이 참수되었다. 결국 노애는 패배하여 동문을 열고 달아났다. 그때 마침 대군을 이끌고 달려오는 환의의 군사를 만나 속수무책으로 생포되고 말았다. 내사 사와 좌익 갈 등도 모두 사로잡혔다. 진왕 정은 그들을 옥리獄吏에게 넘겨 사실관계를 심문하게 했고, 직접 대정궁으로 가 궁궐을 수색해 밀실에서 노애가 낳은 두 아들을 찾아냈다. 진왕은 좌우 측근에게 두 아이를 자루에 넣어 때려죽이게 했다. 태후는 마음이 찢어지는 듯했으나 감히 구출하러 나올 수 없어서 두문불출하고 눈물만 흘릴 뿐이었다. 진왕은 결국 모후母后를 뵙지도 않고 기년궁으로 돌아와 혜성을 보고 영험한 점을 친 태사에게 상금 10만 금을 내렸다. 그때 옥리가 노애를 심문한 결과를 보고했다.

"노애가 거짓으로 거세한 뒤 궁궐로 들어온 것은 모두 문신후 여불위의 계략입니다. 노애와 죽음을 함께하기로 한 파당은 내사 사와 좌익 갈 등 20여 명입니다."

진왕은 동문 밖에서 수레로 노애를 찢어 죽이고 그의 삼족을 멸했다. 내사 사와 좌익 갈 등도 모두 목을 베어 효수했다. 노애의 빈객과 사인으로 반역에 가담한 자는 남김없이 주살했고, 반역에 참여하지 않은 자들도 멀리 촉蜀(四川省)으로 귀양 보냈다. 이때 4000여 호戶가 촉 땅으로 옮겨갔다. 태후는 인장을 주어 역모를 도왔으므로 국모로 인정할 수 없다 하여 녹봉을 깎고 거처를 역양궁檢陽宮으로 옮기게 했다. 그곳은 진나라 이궁離宮 중에서도 가장 작은 곳인데도 군사 300명을 배치하여 지키게 하고 그곳을 출입하는 사람들을 반드시 심문하게 했다. 이때 태후는 완전히 죄수와 같은 신세가 되었으니 어찌 부끄러운 일이 아니겠는가?

진왕 정은 노애의 반란을 평정하고 함양으로 돌아왔다. 상보 여불위는 자신이 지은 죄가 두려워서 거짓으로 병이 났다 하고는 조정으로 나오지 않았다. 진왕은 여불위를 죽이고 싶어서 신료들에게 의견을 물었다. 대부분의 신료들은 여불위와 교분이 깊어서 이렇게 말했다.

"여불위는 선왕을 옹립하여 사직에 큰 공을 세웠습니다. 게다가 노애와 대질 심문을 하지 않아서 그자의 말이 사실인지 알 수 없으니 연좌시켜서는 안 됩니다."

진왕은 여불위를 죽이지 않고 사면했으나 승상 직에서 파면하고 인수를 거두었다. 환의는 역적을 사로잡는 데 공을 세워서 봉토가 더해지고 벼슬이 높아졌다. 이해 여름 4월에 큰 추위가 들이닥쳐 서리와 눈이 내렸고 많은 백성이 얼어 죽었다. 그러자 백성이 모두 이렇게 비난했다.

"임금이 태후를 유폐시킨 건 자식이 어미를 인정하지 않은 것이다. 이 때문에 천재지변이 일어났다."

이때 대부 진충陳忠이 간언을 올렸다.

"천하에 어미 없는 자식은 없으니, 태후를 함양으로 모셔와 효도를 다 하십시오. 그래야 천재지변을 진정시킬 수 있을 것입니다."

이 말을 듣고 진왕 정은 격노하여 그의 옷을 벗기고, 그를 가시덤불 위에 눕힌 뒤 곤장으로 때려죽였다. 그리고 그의 시체를 궁궐 밖에 전시하고 옆에다 방문을 붙였다.

태후의 일로 간언을 올리는 자는 이와 같이 될 것이다.

그러나 진나라 신하들은 이에 굴하지 않고 끊임없이 간언을 올렸다. 진 왕의 마음을 깨우칠 수 있는 사람이 있을지는 다음 회를 보시라.

여불위, 짐독을 마시다

모초는 옷을 벗은 채 진왕에게 간언을 올리고
이목은 방어벽을 굳게 지키며 환의를 물리치다
茅焦解衣諫秦王, 李牧堅壁卻桓齮.

진秦나라 대부 진충이 죽은 후에도 계속 간언을 올리는 자들이 있었는데 진왕秦王은 그들을 모두 죽여 궁궐 밖에다 그 시체를 전시하게 했다. 이때를 전후하여 주살된 사람 27명의 시체가 궁궐 밖에 무더기로 쌓았다. 이무렵 제왕齊王 건과 조나라 도양왕이 진나라에 입조하여 함양궁咸陽宮에서 주연을 함께하며 매우 즐겁게 놀았다. 두 왕은 잔치를 마치고 궁궐에서 나오다가 궐 밖에 전시된 시체를 보고 그 까닭을 물었다. 그들은 내막을 알고 나서 탄식을 내뱉으며 몰래 진왕의 불효를 비난했다. 이때 창주滄州(河北省 滄州) 사람 모초茅焦가 마침 함양으로 유람을 왔다가 한 여관에 투숙하고 있었다. 그는 같은 여관에 머무는 사람들과 이 일을 토론했다. 모초는 울분을 토하며 말했다.

"자식이 어미를 감금한 것은 천지가 뒤집힐 일이오."

모초는 여관 주인에게 뜨거운 물을 준비해달라고 하면서 말했다.

"내가 목욕을 하고 내일 아침 대궐로 들어가 진왕에게 간언을 올릴 것이오."

그 곁에 있던 손님들이 그를 비웃으며 말했다.

"시체가 된 저 스물일곱 명은 모두 평소 진왕이 신임하던 신하들이었소. 그런데도 진왕은 저들의 말을 듣지 않고 목을 베어 그 뒤를 따르는 사람이 없도록 한 것이오. 어찌 당신 같은 일개 포의布衣를 신경이나 쓰겠소?"

모초가 말했다.

"간언을 올리는 사람이 스물일곱 명에서 그친다면 진왕은 끝까지 간언을 듣지 않은 왕이 되겠지만, 만약 스물일곱 명에서 그치지 않고 누군가 계속 간언을 올린다면 진왕이 들을지 안 들을지는 알 수 없는 일이 아니겠소?"

그러자 같은 여관에 투숙한 사람들은 모두 그의 어리석음을 비웃었다. 이튿날 이른 아침 오경五更(새벽 3~5시)의 북소리가 울리자 모초는 주인에게 밥을 달라고 하여 배불리 먹었다. 주인은 그를 잡고 만류했으나 그는 옷깃을 뿌리치고 대궐로 갔다. 여관에 함께 묵던 사람들은 그가 틀림없이 죽을 것이라 생각하고 그의 옷과 봇짐을 나누어 가졌다. 모초는 궁궐 문밖으로 달려가 시체 위에 엎드려 고함을 질렀다.

"제나라에서 온 빈객 신 모초는 진왕께 간언을 올리고자 합니다."

진왕은 내시를 시켜 모초에게 물었다.

"빈객께서 간언을 올리고자 하는 일이 무엇이오? 왕태후와 관련된 일은 거론할 수 없소."

모초가 말했다.

"신은 바로 그 일 때문에 왔소."

내시가 돌아가 진왕에게 보고를 올렸다.

"어떤 빈객이 태후의 일 때문에 간언을 올리러 왔다고 합니다."

진왕이 말했다.

"궐 밖에 있는 시체를 가리키며 지금까지의 사정을 알려주어라!"

내시가 다시 나와 모초에게 말했다.

"빈객께서는 궐 밖에 겹겹이 쌓인 시체가 보이지 않으시오? 어찌하여 죽음을 두려워하지 않으시오?"

모초가 말했다.

"신이 듣건대 하늘에 있는 28수宿의 별이 땅으로 하강하면 올바른 사람이 된다고 합니다. 지금까지 죽은 사람이 스물일곱 명이니 한 사람이 모자랍니다. 신이 이곳으로 온 까닭은 그 숫자를 채우기 위함입니다. 옛날 성현들 중에도 죽지 않은 사람이 누가 있습니까? 그러니 신이 어찌 죽음을 두려워하겠습니까?"

내시는 다시 돌아가 보고를 올렸다. 진왕이 분노를 터뜨리며 말했다.

"미친놈이 고의로 내가 금지한 법을 범했구나!"

그러고는 바로 좌우 측근을 돌아보며 말했다.

"궁궐 뜰에다 솥을 걸고 물을 끓여라. 산 채로 삶아 죽이리라. 그놈이 어떻게 온전한 시체로 궐 밖의 스물일곱 놈을 위해 숫자를 채울 수 있을지 두고 보리라."

진왕은 칼을 잡고 보좌에 앉아서 굵은 눈썹을 꿈틀꿈틀 추켜올리고 침을 튀기며 분노를 억제하지 못했다. 진왕이 연이어 고함을 질렀다.

"미친놈을 불러와서 바로 솥에 집어넣어 삶아라!"

내시가 달려가 모초를 불러왔다. 모초는 일부러 느릿느릿 걸으며 조급해하지 않았다. 내시가 빨리 걸으라고 재촉했지만 모초가 말했다.

"임금께서 나를 바로 죽일 텐데, 내가 잠깐 발걸음을 늦추는 것이 뭐 그리 잘못된 일이오?"

내시는 그가 가여워서 옆에서 겨드랑이를 끼고 함께 걸었다. 모초는 계단 아래에 이르러 진왕에게 재배를 올리고 머리를 조아리며 말했다.

"신이 듣건대 '생명을 가진 자는 죽음을 피할 수 없고, 나라를 가진 자는 멸망을 피할 수 없으며, 멸망을 피하기만 하는 자는 나라를 보존할 수 없고, 죽음을 피하기만 하는 자는 생명을 지킬 수 없다'고 했습니다. 대저 현명한 군주는 생사와 존망의 계책을 마음속 깊이 꿰뚫고 있어야 한다고 하는데, 대왕께서는 그것에 대해 들어보셨는지 모르겠습니다."

진왕은 안색을 좀 누그러뜨리며 물었다.

"네게 무슨 계책이 있는지 한번 말해보거라."

모초가 대답했다.

"대저 충성스런 신하는 아부하는 말을 올리지 않으며, 현명한 군주는 광포狂暴한 행위를 하지 않는다고 합니다. 임금이 광포한 행위를 하는데도 신하가 충성스러운 간언을 올리지 않으면 이는 곧 신하가 임금을 저버리는 것입니다. 신하가 충성스러운 간언을 올리는데도 임금이 듣지 않으면 이는 임금이 신하를 저버리는 것입니다. 대왕께서는 하늘을 거스르는 패륜을 저지르고도 스스로 알지 못하고, 신하들이 귀에 거슬리는 충언을 올리는 데도 들으려 하지 않으십니다. 신은 이로부터 진나라가 위태롭게 될까 두렵습니다."

진왕은 두려운 마음이 들어 한참 동안 가만히 있다가 더욱 안색을 누그러뜨리며 말했다.

"선생께서 말씀하고자 하시는 것이 무엇이오? 과인이 들어보고 싶소."

"대왕께선 천하를 도모하고 싶지 않으십니까?"

"도모하고 싶소."

"지금 천하의 여러 나라가 진나라를 존중하는 것은 그 위력 때문만이 아니라 대왕마마를 천하의 영웅으로 여기고, 충신열사들이 모두 진나라 조정에 모여 있기 때문입니다. 그런데 근간에 대왕께서 양부養父를 거열형에 처한 것은 불인한 마음을 드러낸 행위였습니다. 또 두 아우를 자루에 넣어 때려죽인 것은 우애롭지 못하다는 오명을 남기는 일이었습니다. 게다가 모후를 역양궁에 유폐한 것은 불효한 행위였고, 간언을 올리는 선비를 주살하여 그 시체를 궁궐 밖에 전시한 것은 걸왕과 주왕紂王의 폭정을 다시 시작하는 일이었습니다. 대저 천하를 도모하려는 분이 이와 같이 행동하면서 어떻게 천하를 복종시킬 수 있겠습니까? 옛날 순舜 임금은 표독한 계모를 섬기면서도 효성을 다해 평범한 백성의 신분에서 천자가 되었습니다. 그러나 하나라 걸왕은 관용방關龍逢을 죽였고, 은나라 주왕은 비간을 죽였습니다. 그러자 천하가 모두 반역을 일으켰습니다. 신은 이제 반드시 죽게 된다는 사실을 알고 있습니다. 다만 신이 죽은 후에 스물여덟 사람의 뒤를 이어 다시 간언을 올릴 사람이 더 이상 없을까 두려울 뿐입니다. 그럼 백성의 원망과 비방이 나날이 들끓어오를 것이고, 충성스러운 모사는 입을 닫고 말 것입니다. 나라 안팎의 민심이 이반되고 제후들이 배반하면 애석하게도 진나라의 제업은 이제 바야흐로 완성되려는 순간에 대왕마마 때문에 실패하고 말 것입니다. 신의 말은 끝났습니다. 이제 저를 끓는 물에 삶으십시오!"

모초는 일어나서 옷을 벗고 물이 끓는 가마솥으로 걸어갔다. 진왕은 황

茅焦解衣諫王素

모초가 옷을 벗은 채 진왕에게 간언을 올리다.

급히 궁전 뜰로 내려와 왼손으론 모초를 붙잡고 오른손으론 좌우 측근을 지휘하며 말했다.

"어서 솥을 치워라!"

모초가 말했다.

"대왕마마께서 간언을 거절하는 방문을 내걸어놓고 신을 삶아 죽이지 않으시면 장차 신의를 세울 수 없습니다."

진왕은 다시 좌우 측근에게 명하여 방문을 떼어내게 했고, 내시를 시켜 모초에게 옷을 입힌 후 그를 당상의 상좌로 이끌었다. 진왕이 모초에게 감사 인사를 했다.

"이전에 간언을 올린 자들은 과인의 죄만 질책했지 국가 존망의 계책은 자세히 설명하지 않았소. 하늘이 선생을 과인에게 보내 꽉 막힌 생각을 열어주었소. 과인이 어찌 감히 선생의 말씀을 공경스럽게 따르지 않을 수 있겠소?"

모초가 다시 재배를 올리고 아뢰었다.

"대왕마마께서 신의 말을 들어주신다 하셨으니 조속히 수레를 준비하여 태후마마를 맞아오십시오. 또 궐 밖의 시체는 모두 충신들의 유골이니 바라옵건대 잘 거두어 장례를 치러주십시오."

진왕은 즉시 관리에게 스물일곱 사람의 시체를 잘 거두어 각각 좋은 관곽棺槨에 안치하고 용수산龍首山(陝西省 西安 남쪽 龍首原)에 함께 장사 지내게 했다. 아울러 그 무덤에 표석을 세워 '회충묘會忠墓'라는 글자를 새겼다. 그리고 진왕은 이날 바로 친히 어가를 타고 태후를 맞으러 갔다. 진왕은 모초에게 수레를 몰게 하고 옹주를 향해 출발했다. 남병南屏 선생이 이 일을 「독사시讀史詩」로 읊었다.

27명의 시체가 겹겹이 쌓였어도	二十七人屍纍纍
옷을 벗고 솥으로 가는 모초가 있었도다	解衣趨鑊有茅焦
그의 목숨 죽지 않고 끝끝내 살아남아	命中不死終須活
충신으로 이름 남겨 만고의 사표가 됐네	落得忠名萬古標

진왕은 어가가 역양궁에 도착하자 먼저 사자를 보내 태후에게 소식을 전하게 했다. 그러고는 진왕 자신은 무릎으로 기어가서 태후를 뵙고 머리를 조아리며 대성통곡했다. 태후도 끝없이 눈물을 흘렸다. 진왕은 모초를 불러들여 태후를 알현하게 하고 그를 가리키며 말했다.

"이 사람이 나의 영고숙潁考叔입니다."

이날 밤 진왕은 역양궁에서 묵었다. 이튿날 태후를 태운 수레를 앞서 가게 하고 진왕은 그 뒤를 따랐다. 1000승의 수레와 만 명의 기병이 구름처럼 호위했다. 길가로 구경나온 사람들 중 진왕의 효성을 칭송하지 않는 사람이 없었다. 함양으로 돌아와 감천궁에서 주연을 마련하고 모자가 즐겁게 술을 마셨다. 태후는 따로 술을 마련하여 모초에게 잔치를 베풀고 감사 인사를 했다.

"우리 모자를 다시 만나게 해준 것은 모두 모군茅君의 공로요."

이에 진왕은 모초를 태부에 임명하고 상경의 작위를 내렸다. 또 여불위가 다시 태후와 사통하는 것이 걱정되어 도성 밖으로 쫓아내고 하남河南 땅 봉토에 가서 살게 했다. 천하의 여러 나라에서는 문신후 여불위가 봉지封地로 갔다는 소문을 듣고 각각 사신을 보내 문안 인사를 하고 다투어 그를 상국으로 모셔가려 했다. 이 때문에 하남으로 통하는 길엔 각국 사신의 행렬이 끝없이 이어졌다. 진왕은 여불위가 다른 나라에 임용된 뒤 진나라에 해를 끼칠까 두려워서 여불위에게 서찰 한 통을 보냈다. 그 내용은 대략 이러했다.

그대는 우리 진나라에 무슨 공을 세웠다고 10만 호의 봉토를 받았소? 또 그대는 우리 진나라와 무슨 친척 관계가 있다고 상보로 불리고 있소? 진나라는 그대에게 아주 두터운 은혜를 베풀었소. 노애의 역모가 그대로부터 시작되었는데도 과인은 그대를 차마 죽이지 못하고 하남 땅으로 보냈소. 그런데도 그대는 스스로 뉘우치지도 않고 또다시 제후들의 사신과 내통하고 있소. 이는 과인이 그대에게 관용을 베푼 뜻을 왜곡하는 짓이오. 그런즉 이제 그대는 가족과 함께 촉군蜀郡(四川省)으로 옮겨가 비성郫城(四川省 郫縣)에서 노년을 마치기 바라오.

여불위는 서찰을 다 읽고 나서 화를 내며 말했다.

"나는 모든 재산을 털어 선왕先王을 왕위에 모셨다. 누가 나보다 더 큰 공을 세웠단 말이냐? 태후는 먼저 나를 섬기다가 임신을 했으니 지금의 진왕은 바로 나의 핏줄이다. 누가 나보다 진왕과 친하겠느냐? 그런데도 진왕이 어찌 나를 이렇게 심하게 배신한단 말이냐?"

잠시 후 다시 탄식하며 말했다.

"나는 장사꾼으로서 내 씨를 왕실에 집어넣어 몰래 남의 나라를 훔치려 했다. 또 이미 다른 사람의 아내가 된 여인과 간음했다. 그리고 다른 나라의 임금을 독살하고 다른 나라의 제사를 끊었다. 저 하늘이 어찌 나를 용서하겠는가? 나는 오늘 죽는다 해도 오히려 늦게 죽는 셈이다."

그리하여 여불위는 마침내 술에 짐독鴆毒을 타서 그것을 마시고 죽었다.

평소 여불위의 은혜를 많이 받았던 빈객들은 그의 시체를 몰래 수레에 싣고 북망산北邙山(河南省 洛陽 북쪽)으로 가서 그의 본처와 합장했다. 지금도 북망산으로 오르는 길 서편에 큰 무덤이 있고 민간에서는 그것을 여모총呂母塚이라고 부르는데 아마도 빈객들이 여불위의 무덤이라는 사실을 숨겼기 때문에 그렇게 부르는 듯하다.

진왕은 여불위가 죽었다는 소식을 듣고 그의 시체를 찾았으나 찾을 수 없었다. 이에 진나라에 있는 모든 빈객에게 추방령을 내렸다. 이어서 나라 안을 모두 수색하여 다른 지방에 있는 유세객들도 함양으로 들어오지 못하게 했다. 또 이미 벼슬을 하고 있는 빈객은 삭탈관직하고 사흘 내에 모두 진나라 경계 밖으로 나가라고 했고, 빈객을 머물게 하는 집까지도 함께 죄를 다스리겠다고 했다. 이때 진나라에 초나라 상채上蔡(河南省 上蔡) 출신인 이사李斯라는 사람이 머물고 있었다. 그는 유명한 현자賢者인 순경(순자)의 제자로 드넓은 학문의 소유자였다. 그는 진나라로 유세하러 와서 여불위를 섬기며 그의 사인舍人이 되었다. 여불위는 그의 재능을 진왕에게 추천하여 객경에 임명하도록 했다. 그러나 이제 축객령逐客令이 내려지자 이사도 축객 대상이 되어 관리들에 의해 함양성 밖으로 쫓겨났다. 이사는 쫓겨 가는 도중에 상소문 한 통을 써서 그 내용을 기밀로 하고는 역졸에게 부탁하여 진왕에게 전달해달라고 했다. 그 내용은 대략 이러했다.

신이 듣건대 태산은 작은 흙덩어리도 사양하지 않았기 때문에 그 높이를 이룰 수 있었습니다. 또 황하黃河와 바다는 가느다란 물줄기도 가리지 않았기 때문에 그 깊이를 이룰 수 있었습니다. 옛날 목공께서 패업霸業을 이루실 때는 서쪽으로 융戎 땅에서 유여由餘를 취했고, 동쪽으로 완宛 땅에서 백리해

百里奚를 얻었고, 송나라에서는 건숙蹇叔을 맞아왔고, 진晉나라에서는 비표
丕豹와 공손지公孫支를 데려왔습니다. 효공께서는 상앙을 등용하여 진秦나라
의 국법을 정했고, 혜왕께서는 장의를 등용하여 여섯 나라의 합종책을 무
산시켰고, 소왕昭王(소양왕)께서는 범수를 등용하여 다른 나라를 겸병할 계
책을 얻었습니다. 이 네 분의 임금은 모두 빈객에게 기대 그 공로를 이룰 수
있었습니다. 그러니 빈객이 어찌 진나라에 부담이 되겠습니까? 대왕께서 꼭
빈객을 쫓아내려 하신다면 빈객들은 장차 진나라를 떠나 적국으로 갈 것입
니다. 그러니 이후 진나라를 위해 충성을 바칠 사람을 구하고자 해도 찾을
수 없을 것입니다.[1]

진왕은 이사의 상소문을 읽고 나서 대오 각성하여 마침내 축객령을 취
소하고 사자에게 수레를 치달려 이사를 뒤쫓게 했다. 사자는 여산驪山 아래
에서 이사를 만나 다시 함양으로 데려왔다. 진왕은 그의 관직을 회복시키
고 처음과 똑같이 등용했다. 이사가 또 진왕에게 유세했다.

"옛날 진秦 목공께서 패업을 일으키실 때는 천하의 제후국이 아직 많았
고 주나라 왕실의 덕德도 아직 쇠미하지 않았기 때문에 다른 나라를 병합
하는 계책을 쓸 수 없었습니다. 그러나 효공 이래로는 주 왕실이 쇠미하여
제후들은 서로 다른 나라를 병탄하게 되었고, 이제 진나라 이외에는 겨우
여섯 나라만 남아 있습니다. 진나라가 제후들을 복속시키기 시작한 것은
한두 세대의 일이 아닙니다. 대저 진나라의 강성함과 대왕의 현명함에 기
대 여러 제후국을 소탕한다면 그것은 마치 빗자루로 먼지를 털어내는 것처

1_ 이 글은 이사李斯가 쓴 「간축객서諫逐客書」의 일부를 발췌하여 축약한 것이다.

럼 쉬운 일일 것입니다. 이러한 시기에 조속히 천하를 도모하지 않고 제후들이 다시 강해져 합종하기를 기다린다면 나중에 후회해도 아무 소용이 없을 것입니다."

"과인이 여섯 나라를 합병하려면 장차 어떤 계책을 써야 하오?"

"한나라가 진나라에 가깝고 국력도 약하니 먼저 한나라를 취해 다른 제후국들을 두렵게 하십시오."

진왕은 그 계책에 따라 내사內史 등騰을 대장으로 임명하여 군사 10만 명을 주고 한나라를 공격하게 했다.

한편 한나라에서는 환혜왕桓惠王이 세상을 떠나고 태자 안安이 보위를 계승했다. 이 무렵 한나라에는 공자 비非(한비자韓非子)라는 사람이 있었는데 형명刑名과 법률에 뛰어났다. 그는 한나라가 쇠약해져가는 것을 보고 한왕韓王 안에게 누차 상소문을 올렸으나 한왕은 그의 계책을 써주지 않았다. 이때 진秦나라 군사가 한나라를 공격하자 한왕은 두려움에 떨며 어쩔 줄 몰라 했다. 공자 비는 스스로 재능이 뛰어나다고 자부하고 있던 터라 진나라로 가서 벼슬을 하고 싶었다. 이에 공자 비는 진나라에 사신으로 가서 저들의 공격을 중지시키겠다고 말했다. 한왕은 그의 말에 따랐다. 공자 비는 서쪽으로 가서, 진왕을 만나 한왕이 땅을 바치고 진나라의 동쪽 번속국이 되려 한다고 하자 진왕은 매우 기뻐했다. 내친김에 공자 비는 진왕에게 이렇게 유세했다.

"신은 천하의 합종책을 깨뜨리고 진나라가 천하를 합병할 수 있는 계책을 가지고 있습니다. 대왕께서 신의 계책을 쓰셨는데도 조나라가 투항하지 않고, 한나라가 멸망하지 않고, 초와 위가 신하를 칭하지 않고, 제와 연이 귀의해오지 않으면 신의 목을 잘라 온 나라에 조리돌림을 하여 신이 저지른 불충죄를 널리 알리십시오."

그러고는 바로 자신이 지은 「세난說難」 「고분孤憤」 「오두五蠹」 「설림說林」 등의 글 50여만 자를 헌상했다.[2] 진왕은 이 글들을 읽어보고 아주 훌륭하다고 칭찬하며 그를 객경에 임명하여 국사를 함께 논의하고자 했다. 그러자 이사는 그의 재능을 시기하여 진왕에게 이렇게 참소했다.

"각국 제후의 공자는 각각 자신의 친척과 친합니다. 어찌 다른 사람을 위해 자신의 재능을 쓰겠습니까? 우리 진나라가 한나라를 공격하자 한왕은 황급히 공자 비를 진나라로 파견했습니다. 이 어찌 지난날 소진의 반간계와 다르겠습니까? 한비韓非를 객경에 임명해서는 안 됩니다."

진왕이 말했다.

"그럼 추방해야 하오?"

이사가 말했다.

"지난날 위나라 공자 무기(신릉군)와 조나라 공자 승(평원군)도 진나라에 머문 적이 있습니다. 당시 진나라는 그들을 벼슬에 등용하지 않고 그냥 돌려보냈고, 그들은 결국 진나라의 우환거리가 되고 말았습니다. 한비는 재능이 뛰어나니 차라리 그를 죽여 한나라의 날개를 꺾는 편이 더 좋을 것입니다."

이에 진왕은 한비를 운양雲陽(陝西省 淳化)에 감금하고 죽이려 했다. 한비가 말했다.

"내가 무슨 죄를 지었다는 것이오?"

옥리가 말했다.

2_ 이 글이 지금까지 전해지고 있는 『한비자韓非子』다.

"두 영웅은 한곳에서 살 수 없는 법이오. 지금 세상에서 재능이 뛰어난 사람은 임용되지 않으면 바로 주살당하기 마련이오. 죄를 따질 일이 뭐가 있겠소?"

이 말을 듣고 한비는 비분강개하며 시를 읊었다.

유세란 과연 어려운 일이니 「세난」   說果難

마음속 울분을 어찌 그치랴? 「고분」   憤何已

다섯 가지 도둑을 제거하지 못했으니 「오두」   五蠹未除

많은 이야깃거리에서 무엇을 취하랴? 「설림」   說林何取

촛불 기름은 그 향기 때문에 불태워지고   膏以香消

사향노루는 그 배꼽 때문에 죽임을 당하네   麝以臍死

이날 밤 한비는 관의 끈을 잘라 스스로 목을 매고 죽었다. 한왕은 한비가 죽었다는 소식을 듣고 더욱 두려움에 떨었다. 한왕은 자신의 나라를 들어 진나라에 귀의하고 신하가 되겠다고 청했다. 이에 진왕은 내사 등에게 공격을 중지하고 군사를 거두라고 명령을 내렸다.

어느 날 진왕은 이사와 국사를 논의하다가 한비의 재능을 칭찬하며 그의 죽음을 애석해했다. 그 말을 듣고 이사가 아뢰었다.

"신이 인재 한 명을 추천해드리겠습니다. 그 사람은 성이 울尉3이고, 이름은 요繚로 대량 사람입니다. 병법에 정통한 점에서 한비보다 열 배는 뛰

3_ 울尉: 성으로 읽을 때는 '위'가 아니라 '紆物切'(울)로 읽는다.(『광운廣韻』 『한어대사전漢語大詞典』 『한한대자전漢韓大字典: 民衆書林』) 그러나 기실 '尉繚'는 진왕 정에 의해 태위太尉 벼슬에 임명되었으므로 '태위太尉 요繚'란 뜻이다. 따라서 의미로 볼 때는 '위요' 또는 '위료'로 읽는 것이 더 정확하다. 다만 이 번역본에서는 기존 관례에 따라 '울요'로 읽었다.

어납니다."

진왕이 말했다.

"그 사람이 지금 어디에 있소?"

이사가 말했다.

"지금 함양에 있습니다. 그러나 자부심이 대단하여 신하의 예禮로는 굴복시킬 수 없습니다."

그리하여 진왕은 빈객을 대하는 예로 그를 불렀다. 울요는 진왕을 알현하고 길게 읍만 할 뿐 절은 하지 않았다. 진왕도 답례하고 상좌에 모신 뒤 선생이라고 칭했다. 울요가 앞으로 나서며 말했다.

"대저 지금 열국은 강한 진나라의 군현과 같습니다. 분산시켜놓으면 쉽게 멸망시킬 수 있지만 힘을 합치면 공격하기가 어렵습니다. 대저 삼진三晉이 힘을 합치자 지백이 망했고, 다섯 나라가 힘을 합치자 제 민왕이 도주했습니다. 대왕께서도 깊이 생각하지 않을 수 없습니다."

진왕이 말했다.

"저들을 분산시킨 뒤 다시 합치지 못하게 하려면 어떤 계책을 써야 하오?"

울요가 대답했다.

"지금 여러 제후국의 계책은 모두 힘있는 신하에 의해 결정되지만 그 힘있는 신하들이 어찌 자신의 충성과 지혜를 다 발휘하겠습니까? 대부분 재물만 많이 얻으면 기뻐할 뿐입니다. 대왕께서는 왕실 창고의 보물을 아끼지 마시고 각국의 힘있는 신하들에게 후한 뇌물을 뿌려 저들의 계책을 혼란스럽게 만드십시오. 30만 금만 소비하면 제후들을 모두 멸망시킬 수 있을 것입니다."

진왕은 크게 기뻐하며 울요를 상객으로 높이고 그와 대등한 예를 나누었다. 울요의 의복과 음식을 모두 진왕과 똑같이 할 수 있도록 했고, 수시로 울요의 객관으로 찾아가 무릎을 꿇고 가르침을 청했다. 진왕이 떠난 후 울요가 혼자 중얼거렸다.

"내가 진왕의 사람됨을 자세히 관찰해보니 콧마루가 높고 눈매가 길쭉하다. 또 가슴은 송골매 같고 목소리는 승냥이 같다. 가슴에는 범이나 이리 같은 표독한 마음을 품고 있어서 성격이 잔인하고 인정이 각박하다. 사람이 필요할 때는 쉽게 자신을 굽히지만 필요 없을 때는 쉽게 사람을 버린다. 지금은 천하가 아직 통일되지 않아서 나 같은 포의布衣에게도 몸을 굽히길 서슴지 않지만 만약 뜻을 얻고 나면 온 천하가 피바람에 휩싸일 것이다."

그래서 어느 날 밤 울요는 진왕에게 하직 인사도 하지 않고 객관을 떠났다. 객관 관리는 황급히 그 사실을 진왕에게 보고했다. 진왕은 마치 수족을 잃은 사람처럼 가벼운 수레를 사방으로 보내 울요를 찾아왔다. 진왕은 울요와 모든 걸 함께하기로 맹세한 뒤 그를 태위太尉에 임명하고 병무兵務를 주관하게 했으며 그의 제자들에게 모두 대부 작위를 내렸다. 이어서 궁궐의 내탕금內帑金을 모두 꺼내 빈객과 사자들에게 나눠주고 열국을 돌아다니며 국정을 맡고 있는 총신들에게 후한 뇌물을 뿌려 그 나라 국내 상황을 탐지하게 했다.

진왕은 다시 울요에게 열국을 병합하는 순서를 물었다. 울요가 말했다.

"한나라는 국력이 약하므로 공격하기가 쉬우니 가장 먼저 병합해야 합니다. 그다음으로는 조나라와 위나라를 병합해야 합니다. 이렇게 삼진을 멸망시킨 뒤 바로 군사를 일으켜 초나라를 정벌해야 합니다. 초나라까지 멸망시키고 나면 연나라와 제나라가 어디로 갈 수 있겠습니까?"

진왕이 말했다.

"한나라는 이미 우리 속국을 칭하고 있고, 조왕은 일찍이 이곳 함양궁까지 와서 과인에게 술잔을 올린 적이 있소. 그러므로 저들 나라를 정벌할 명분이 아직 없소. 어찌하면 좋소?"

울요가 말했다.

"조나라는 땅이 넓고 군사도 강할 뿐만 아니라 한나라와 위나라의 도움까지 받고 있으므로 일거에 멸망시킬 수 없습니다. 또 한나라는 이미 진나라로 투항하여 속국을 칭하고 있으므로 조나라는 지금까지 받던 도움의 절반을 잃은 셈입니다. 대왕께서 만약 조나라를 정벌하는 일에 명분이 없음을 걱정하신다면 먼저 위나라를 공격하십시오. 조왕의 총신 중에 곽개郭開라는 자가 있는데 탐욕이 끝도 없습니다. 신이 제자 왕오王敖를 위왕魏王에게 보내 위왕을 설득하여 곽개에게 뇌물을 주고 조왕에게 구원을 요청하게 하겠습니다. 그럼 조나라는 틀림없이 군사를 보내 위나라를 도울 것입니다. 이를 빌미로 우리 진나라는 조나라의 죄를 묻는다고 하면서 군사를 이동시켜 바로 조나라를 공격하면 됩니다."

진왕이 말했다.

"좋은 계책이오."

진왕은 대장 환의에게 군사 10만 명을 이끌고 함곡관으로 나가 위나라를 정벌한다는 소문을 내게 했다. 또 울요의 제자 왕오를 위나라로 보냈다. 진왕은 왕오에게 황금 5만 근을 주고 필요에 따라 마음대로 사용하게 했다. 왕오는 위나라로 가서 위왕에게 유세했다.

"삼진이 강한 진나라에 맞서 싸울 수 있었던 까닭은 이빨과 입술처럼 서로가 서로를 보호해줬기 때문입니다. 그런데 지금 한나라는 자신의 땅을 진나라에 바치고 속국을 칭하고 있습니다. 또 조왕은 직접 진나라 함양까지 가서 진왕에게 술을 바치고 함께 즐겼습니다. 한나라와 조나라가 손을 잡고 진나라를 섬기니, 진나라는 군사를 일으켜 위나라를 정벌하게 되었고, 이에 위나라는 위기에 빠졌습니다. 이처럼 위급한 때에 대왕께서는 어찌하여 업성鄴城(河北省 臨漳)을 조나라에 뇌물로 주고 구원병을 요청하지 않으십니까? 조나라가 만약 군사를 일으켜 업성을 지킨다면 이것은 위나라를 대신해 진나라와 맞서는 일입니다."

위왕이 말했다.

"선생께서는 반드시 조왕의 마음을 얻을 수 있다고 생각하시오?"

왕오가 거짓말로 둘러댔다.

"조나라의 권력을 장악하고 있는 곽개가 평소에 신과 친분이 두텁습니다. 그를 통하면 조왕의 마음을 얻을 수 있을 것입니다."

위왕이 그의 말에 따라 업군鄴郡에 속한 세 성의 지도와 국서를 왕오에게 주고 조나라로 가서 구원을 요청하게 했다. 왕오는 먼저 곽개에게 황금 3000근을 주고 교분을 튼 다음 위나라가 세 개의 성을 바치겠다고 한 말을 전했다. 곽개는 황금을 받고 조나라 도양왕에게 말했다.

"진나라가 위나라를 공격하는 것은 저들을 합병하기 위한 것입니다. 위나라가 망하면 위기가 바로 우리 조나라로 닥쳐올 것입니다. 지금 위나라는 업군의 세 성을 우리에게 할양하고 구원을 요청하고 있습니다. 대왕마마께서는 저들의 요청을 들어주십시오."

도양왕은 호첩에게 군사 5만 명을 주고 위나라로 가서 업군의 세 성을 인수하게 했다. 진왕은 마침내 환의에게 명령을 내려 업성을 공격하게 했고, 호첩도 군사를 이끌고 성을 나와 진군秦軍을 막았다. 양측이 동고산東崓山(河北省 臨漳 서남)에서 큰 전투를 벌인 결과 호첩의 군사가 대패하고 말았다. 환의는 승세를 타고 호첩을 추격하여 마침내 업성을 함락시키고 연이어 조나라 아홉 성을 탈취했다. 호첩은 군사를 의안宜安(河北省 藁城 서남) 땅에 안전하게 주둔시킨 뒤 사람을 보내 조왕에게 위급함을 알렸다. 조왕은 신료들을 불러 모아 대책을 상의했다. 신료들이 모두 말했다.

"지난날 오직 염파만이 진나라 군사를 막아낼 수 있었습니다. 또 방씨龐氏와 악씨樂氏 가문에도 훌륭한 장수가 있었습니다. 그러나 지금 방난은 벌써 죽었고 악씨 가문에도 사람이 없습니다. 오직 염파만 아직 생존해 있는데 어찌 그를 부르지 않으십니까?"

곽개는 염파와 원수지간이라 그가 다시 등용될까 두려워 몰래 조왕에게 말했다.

"염 장군은 연세가 칠순에 가까워오므로 근력이 쇠약해졌을 것입니다. 게다가 이전에 악승과 사이가 좋지 않아 위나라로 갔습니다. 만약 지금 염 장군을 불러놓고 대장에 임용하지 않으면 더욱더 깊은 원한을 품을 것입니다. 그러니 사람을 시켜 염 장군의 기력을 염탐해보신 뒤에 그가 아직 쇠약하지 않다면, 그때 불러도 늦지 않을 것입니다."

조왕은 곽개의 말에 미혹되어 내시 당구唐玖를 시켜 좋은 갑옷 한 벌과 준마 네 필을 가지고 가서 염파에게 안부를 묻고 그의 기력을 관찰하게 했다. 곽개는 비밀리에 당구를 자신의 집으로 불러 술자리를 마련하고 전별 인사를 하면서 황금 20일鎰을 주고 만수무강을 빌었다. 당구는 막대한 재물을 주는 것에 의심을 품고, 자신은 아무 공을 세운 것이 없다고 겸손해하며 황금을 받지 않았다. 곽개가 말했다.

"내가 번거로운 일 한 가지를 부탁하려고 하는데 이 황금을 받아주시면 말씀드리겠소."

당구가 황금을 받아 넣고 물었다.

"곽 대부께서 제게 무슨 부탁이 있소?"

곽개가 말했다.

"염 장군과 나는 평소에 앙숙이었소. 족하께서 염 장군의 근력이 쇠약해져 있는 것을 보신다면 더 이상 말할 필요도 없지만, 만일 아직도 건장하다면 족하께서 돌아와 염 장군이 연로하여 전투를 감당하지 못할 것이라고 몇 마디만 해주시오. 그럼 조왕께서 틀림없이 그를 다시 부르지 않을 것이오. 이렇게만 해주시면 족하께서 내게 두터운 은혜를 베푸시는 것이 되오."

당구는 곽개의 명령을 받고 마침내 위나라로 가서 염파를 만나 조왕의 안부를 전했다. 염파가 물었다.

"진나라 군사가 지금 조나라를 침범했소?"

당구가 말했다.

"장군께서 그걸 어떻게 아시오?"

"내가 위나라에 거주한 지 여러 해가 되었지만 조왕은 작은 서찰도 보낸 적이 없소. 그런데 지금 갑자기 좋은 갑옷과 준마를 하사하는 걸 보니 틀림없이 내가 필요한 일이 생긴 모양이오. 그래서 알게 되었소."

"장군께서는 조왕을 원망하지 않으시오?"

"나는 밤낮으로 조나라 백성을 위해 일하고 싶은 생각뿐이었소. 그런데 어찌 감히 조왕을 원망할 수 있겠소?"

염파는 당구를 붙잡아두고 함께 식사를 하면서 일부러 그의 면전에서 왕성한 기력을 과시했다. 염파는 한 끼 식사를 하면서 쌀 한 말로 지은 밥과 고기 10여 근을 모두 먹어치웠다. 그는 이리와 호랑이가 짐승을 잡아먹듯 배부르게 식사를 하고 나서 조왕이 하사한 갑옷을 입고 한걸음에 훌쩍

말 잔등에 올라 나는 듯이 치달렸다. 또 말 위에서 긴 창을 여러 번 춤추듯 휘두르고는 말에서 뛰어내려 당구에게 말했다.

"내 지금 모습을 젊은 시절과 비교해보면 어떠하오? 수고스럽더라도 조왕에게 잘 말씀 올려주시오. 나는 조나라를 위해 여생을 다 바치고 싶소."

당구는 염파의 정신과 근력이 건장하다는 것을 분명하게 봤지만 몰래 곽개의 뇌물을 받아먹었기 때문에 어쩔 수가 없었다. 그는 한단邯鄲으로 돌아와 조왕에게 말했다.

"염 장군은 비록 연로하시지만 아직도 식사를 건강하게 하셨습니다. 그러나 속병이 있으신지 신과 함께 앉아 있는 사이에도 잠깐 동안에 세 번이나 측간을 드나드셨습니다."

조왕이 탄식하며 말했다.

"전투 시에 어찌 측간을 드나들 수 있단 말인가? 염 장군은 과연 늙었구나."

그리하여 마침내 그를 다시 부르지 않았다. 조왕은 호첩이 있는 곳으로 더 많은 군사를 보내 그를 도와주게 했다. 이때가 조 도양왕 9년, 진왕 정 11년이었다. 그 후 초나라 왕이 염파가 위나라에 있다는 소문을 듣고 그를 불렀다. 염파는 다시 초나라로 망명하여 장수가 되었다. 그러나 초나라 군사가 조나라 군사보다 못하자 염파는 우울하게 세월을 보내다가 결국 뜻을 얻지 못하고 죽었다. 슬프다! 뒷날 사관이 이 일을 시로 읊었다.

노련한 명장이라면 염파를 언급하는데　　　　老成名將說廉頗

측간 자주 간다는 참언에 어찌할 수 없었네　　遺矢讒言奈若何

오나라가 망한 후 죽은 백비를 보시라　　　　請看吳亡宰嚭死

이때 왕오는 아직 조나라에 있다가 곽개에게 말했다.

"대부께서는 조나라가 망하는 걸 걱정하지도 않으시오? 어찌하여 조왕에게 염파를 불러오도록 간언을 올리지 않으시오?"

곽개가 말했다.

"조나라의 존망은 나라의 일이지만 염파는 나 한 사람의 원수요. 그러니 어찌 다시 조나라로 불러올 수 있겠소?"

왕오는 곽개에게 나라를 위하는 마음이 없다는 것을 알고 다시 슬쩍 마음을 떠보았다.

"만일 조나라가 망하면 대부께서는 어디로 가실 작정이오?"

"나는 제나라와 초나라 사이로 가서 그중 한 나라를 선택해 몸을 맡길 작정이오."

"진나라는 지금 천하를 병탄할 만한 기세를 지니고 있으므로, 제나라와 초나라도 조나라와 위나라의 신세와 같을 것이오. 대부를 위해 계책을 말씀드리자면 차라리 진나라에 몸을 맡기는 것이 더 좋을 듯하오. 진왕은 도량이 매우 넓어서 자신의 몸을 굽혀 현인을 받드는 분이오. 그래서 포용하지 않는 사람이 없소."

"그대는 위나라 사람인데 어떻게 진왕을 그렇게 깊이 아시오?"

"나의 스승님이신 울요 선생께서는 지금 진나라의 태위 직에 계시고, 나도 진나라에서 대부 벼슬을 하고 있소. 진왕께서는 곽 대부가 조나라 권력을 잡고 있다는 걸 아시고 내게 곽 대부와 친교를 맺으라고 하셨소. 내가 드린 황금도 사실은 진왕이 주신 것이오. 만약 조나라가 망하면 반드시 진

나라로 오시오. 진나라에서는 곽 대부를 상경 벼슬에 임명할 것이오. 그럼
곽 대부는 이미 망해버린 조나라의 비옥한 땅과 아름다운 저택을 마음대
로 차지할 수 있을 것이오."

"족하께서 추천해주시고 진왕께서 명령만 내려주시면 어찌 감히 그 명령
을 받들지 않을 수 있겠소?"

왕오는 다시 황금 7000근을 곽개에게 주며 말했다.

"진왕께서 황금 1만 근을 주시며 조나라 장상將相과 교분을 맺으라고 부
탁하셨소. 지금 황금을 모두 곽 대부께 드리겠소. 나중에 무슨 일이 생겼
을 때 서로 도움을 주고받았으면 좋겠소."

곽개는 매우 기뻐하며 말했다.

"내가 진왕의 두터운 선물을 받았으니 만약 마음으로 보답하지 않는다
면 사람이 아닐 것이오."

진왕은 조나라에서 염파를 기용하지 않는다는 사실을 알고 나서 다시
환의를 재촉하여 조나라를 공격하게 했다. 조나라 도양왕은 두려움에 떨다
가 결국 병이 들어 그길로 세상을 떠났다.

조 도양왕에게는 적자인 가嘉가 있었다. 당시 조나라에는 가무에 뛰어난
여자 악공이 있었다. 도양왕은 그녀를 좋아하여 궁중에 머물게 하고 그녀
와 관계하여 아들 천遷을 낳았다. 도양왕은 그 여악女樂을 사랑한 나머지
그녀의 아들까지 사랑하여 결국 적자인 태자 가를 폐위하고 서자 천遷을
태자로 세운 뒤 곽개를 태부로 삼았다. 태자가 된 천은 평소에 학문을 좋
아하지 않았다. 그러자 곽개는 태자를 음악과 여색이나 탐하고 명견이나
명마를 기르는 길로 이끌었다. 두 사람은 서로 마음이 맞아 즐겁게 세월을

보냈다. 도양왕이 세상을 떠나자 곽개는 태자 천을 받들어 보위에 올렸다. 그리고 300호의 봉토를 공자 가에게 주고 나라 안에 머물게 했다. 또 곽개는 스스로 상국이 되어 국사를 마음대로 처리했다. 이때 진나라 장수 환의는 조나라의 국상을 틈타 의안에서 조나라 군사를 습격하여 장수 호첩을 참수하고 군사 10만여 명을 죽인 뒤 한단까지 핍박했다. 조왕 천은 태자 때부터 대 땅의 태수 이목의 능력이 뛰어나다는 소문을 듣고 있었기 때문에 사람을 보내 급보를 전하고 대장 인수를 주어 이목을 불러오게 했다. 이목은 대 땅에서 병거 1500승과 기병 1만3000명, 그리고 정예병 5만여 명을 선발했다. 그중에서 병거 300승, 기병 3000명, 정예병 1만 명을 남겨 대 땅을 지키게 했다. 그리고 나머지 군사를 모두 이끌고 와서 한단성 밖에 주둔한 뒤 자신은 단신으로 입성하여 조왕을 알현했다. 조왕이 진나라를 물리칠 계책을 물었다. 이목이 아뢰었다.

"지금 진나라는 연승의 기세를 타고 있으므로 그 예봉이 매우 날카로워 저들을 물리치기가 쉽지 않습니다. 바라옵건대 신으로 하여금 법률에 구애되지 않고 편의에 따라 작전을 펼칠 수 있게 해주시면 대왕마마의 명령을 제대로 수행할 수 있을 듯합니다."

조왕이 그의 요청을 허락하며 또 물었다.

"대 땅의 군사들로 전투를 감당할 수 있겠소?"

이목이 말했다.

"전투를 하기에는 부족하고, 지키기에는 넉넉합니다."

조왕이 말했다.

"지금 나라 안에는 강한 병졸이 아직도 10만이나 남아 있소. 조총趙蔥과 안취顔聚에게 각각 5만 명씩 거느리게 하여 이 태수의 통솔을 받게 하겠소."

이목은 명령을 받들고 성 밖으로 나가서 비루肥累(河北省 藳城 서남)에 군영을 늘어세우고 방벽과 보루를 설치한 후 견고하게 지키며 전투는 하지 않았다. 대신 날마다 소를 잡아 군사들을 배불리 먹이고, 또 부대를 나누어 활쏘기를 겨루게 했다. 군사들은 날마다 배불리 먹으며 상을 받자 군영 밖으로 나가서 싸우겠다고 자원하는 자가 많았다. 그러나 이목은 끝내 허락하지 않았다. 진나라 장수 환의가 말했다.

"지난날 염파가 방벽을 튼튼하게 쌓고 왕흘에게 대항하더니 지금 이목도 그 방법을 쓰는구나."

이에 군사 절반을 나누어 감천甘泉(河北省 淸河)을 습격했다. 조총이 구원을 요청하자 이목이 말했다.

"저들이 다른 곳을 공격할 때 우리가 구원에 나서면, 저들의 유인에 걸려들게 된다. 이것은 병가兵家에서 기피하는 전법이다. 차라리 저들의 본영을 공격하는 편이 더 낫다. 저들은 지금 감천을 공격하고 있으므로 틀림없이 본영이 허술할 것이다. 또 저들은 우리가 오랫동안 튼튼하게 지키기만 하는 것을 보고 싸울 준비를 하고 있지 않을 것이다. 만약 저들의 본영을 격파하면 환의의 기세도 꺾일 것이다."

그리하여 마침내 군사를 세 갈래로 나누어 진나라 본영을 급습했다. 예기치 않게 조나라 군사의 습격을 받은 진나라 본영은 크게 붕괴되었다. 진나라의 유명한 아장牙將 10여 명이 피살되었고 병졸도 이루 헤아릴 수 없을 정도로 많이 죽었다. 패잔병들은 감천으로 달아나서 환의에게 상황을 보고했다. 환의는 격노하여 모든 군사를 이끌고 달려왔다. 이목은 자신의 군사를 양쪽에 날개처럼 펼치고 진나라 군사를 기다렸다. 대 땅의 군사들이 용감하게 선봉에 서서 싸우며 전투가 무르익을 무렵, 왼쪽과 오른쪽 날개

이목이 굳게 방어하며 환의를 물리치다.

의 군사들이 한꺼번에 달려와 공격을 퍼부었다. 환의는 조나라 군사를 막아낼 수 없었고 결국 크게 패배한 뒤 함양으로 달아났다. 조왕은 진나라 군사를 물리친 이목의 공로를 칭송하며 말했다.

"이목은 우리 조나라의 백기라고 할 만하오!"

그래서 이목에게도 백기와 같이 무안군武安君이란 봉호를 주고 식읍 1만 호를 하사했다. 진왕은 환의가 조나라에 패배한 것에 분노하여 그를 서민으로 강등시켰다. 그리고 다시 대장 왕전과 양단화에게 각각 군사를 주고 길을 나누어 조나라를 공격하게 했다. 이들의 승부가 어떻게 될지는 다음 회를 보시라.

제106회

황금에 눈먼 간신

왕오는 반간계로 이목을 죽이고
전광은 자신의 목을 찌르고 형가를 추천하다
王敖反間殺李牧, 田光刎頸薦荊軻.

조왕趙王 천遷 5년에 대 땅에서 지진이 발생하여 담장과 가옥이 태반 무너지고 평지가 130보나 갈라졌다. 또 한단 땅에 큰 가뭄이 들었다. 이때 민간에서 다음과 같은 동요가 유행했다.

진나라 사람들은 웃고	秦人笑
조나라 사람들은 울부짖네	趙人號
이걸 믿지 못하면	以爲不信
땅에서 털이 생기리	視地生毛

이듬해 과연 땅에서 흰 털이 생겨 한 자 이상 자랐다. 곽개는 그것을 감추고 조왕에게 알리지 않았다. 이때 진왕秦王은 다시 대장 왕전과 양단화에

게 길을 나누어 조나라를 정벌하게 했다. 왕전은 태원太原 길로 진군했고, 양단화는 상산 길로 진군했다. 또 내사 등에게도 군사 10만을 주고 상당에 주둔하게 하여 왕전과 양단화를 지원하게 했다.

당시 연나라 태자 단은 진나라에서 인질 생활을 하다가 진나라 대군이 조나라 정벌에 나서는 것을 보고 그 병화가 연나라에까지 미칠 것으로 짐작했다. 그는 몰래 연왕燕王에게 사람을 보내 서찰을 전하고 공수攻守의 준비를 단단히 하게 했다. 또 연왕에게 몰래 부탁해 연왕 자신이 병이 들었다는 핑계를 대고 진왕에게 태자의 귀국을 요청해보라고 했다. 연왕이 그 계책에 따라 진나라로 사신을 보냈지만 진왕 정이 말했다.

"연왕이 죽지 않았으니 태자를 귀국시킬 수 없다. 태자를 귀국시키려면 까마귀 머리가 희게 되고, 말 머리에 뿔이 돋아야 할 것이다."1

그 말을 듣고 태자 단이 하늘을 우러러 크게 울부짖자 원망의 기운이 곧바로 하늘까지 솟구쳐 까마귀의 머리가 모두 흰색으로 변했다. 그럼에도 불구하고 진왕은 태자 단을 보내려 하지 않았다. 태자 단은 결국 옷을 바꿔 입고 얼굴을 변장한 뒤 다른 사람의 노복奴僕으로 가장하여 함곡관을 탈출했다. 그는 밤새도록 길을 재촉하여 연나라로 돌아갔다. 지금도 진정부眞定府(河北省 正定) 정주定州(河北省 定州) 남쪽에 계대鷄臺(河北省 定州 鷄臺村)라는 누대가 있다. 그곳이 바로 태자 단이 진나라를 탈출할 때 새벽 닭 울음소리를 듣고 일찍 출발한 곳이다. 진왕은 바야흐로 한나라와 조나라를 치는 데 전념하고 있었기 때문에 태자 단이 도망친 죄를 연나라에 물을 겨를이

1_ '오두백, 마생각烏頭白, 馬生角'은 까마귀 머리가 희어지고, 말 머리에 뿔이 돋는다는 뜻. 절대 일어날 수 없는 일을 비유한다. 오백마각烏白馬角 또는 오두마각烏頭馬角이라고도 한다.(『사기史記』 「자객열전刺客列傳」)

없었다.

한편 조나라 무안군 이목은 대군을 이끌고 회천산灰泉山(山西省 太谷 경내)
에 주둔하여 수 리에 걸쳐 군영을 늘어세웠다. 두 갈래로 나뉜 진나라의
병거와 군마도 감히 이목의 군영을 공격하지 못했다. 진왕은 이 소식을 듣
고 다시 왕오를 왕전의 군영으로 보냈다. 왕오가 왕전에게 말했다.

"이목은 북방의 명장이라 쉽게 이길 수 없소. 장군께서는 잠시 이목에게
강화를 요청하면서 어떤 확정된 약속은 하지 마시오. 사신이 오가는 사이
에 내가 적당한 계책을 써보겠소."

왕전이 조나라 군영으로 사신을 보내 강화를 요청하자 이목도 그 답례
로 사신을 보내왔다. 왕오는 조나라로 가서 다시 곽개와 내통하며 말했다.

"이목이 사사롭게 진나라와 강화를 하려고 하오. 소문에는 조나라가 멸
망하는 날 이목을 대부代郡의 왕으로 봉한다 하오. 만약 대부께서 이 말을
조왕에게 아뢰고 이목의 대장 직을 박탈하면, 나는 이 일을 진왕에게 아뢰
겠소. 그럼 진왕은 대부의 공로를 아주 크게 생각할 것이오."

곽개는 벌써부터 다른 마음을 품고 있었으므로 조왕에게 왕오의 말을
비밀리에 아뢰었다. 조왕은 몰래 좌우 측근을 보내 이목의 언행을 살펴보
게 했다. 과연 이목은 왕전과 사신을 주고받고 있었다. 조왕은 마침내 그것
이 진실임을 믿고 곽개와 대책을 의논했다. 곽개가 아뢰었다.

"조총과 안취가 군영에 있으니 대왕마마께서 사자에게 병부를 들려 보
내 군영에서 바로 조총을 대장으로 임명하고 이목은 소환하십시오. 이목
을 상국으로 임명한다고 하면 틀림없이 의심하지 않을 것입니다."

조왕이 그 말에 따라 사마상司馬尙에게 병부를 가지고 회천산으로 가서
조왕의 명령을 전하게 했다. 이목이 말했다.

"양군이 대치하고 있는 가운데 국가의 안위가 장수 한 사람에 달려 있소. 지금 비록 어명이 내려졌지만 나는 감히 따를 수 없소."

그러자 사마상이 몰래 이목에게 알렸다.

"장군이 반역을 하려 한다고 곽개가 참소를 하자 조왕이 그의 말을 듣고 장군을 소환하려는 것이오. 상국에 임명하겠다는 건 장군을 속이기 위한 거짓말이오."

이목이 분노를 터뜨리며 말했다.

"곽개가 애초에는 염파를 참소하더니 지금은 또 나를 참소하는구려. 내 지금 군사를 거느리고 조정으로 들어가 먼저 주상의 곁에 있는 악인을 제거한 뒤에 진나라와 맞서 싸울 것이오!"

사마상이 말했다.

"장군께서 군사를 일으켜 궁궐을 침범하면 아는 사람은 충신이라 하겠지만, 모르는 사람은 역적이라 할 것이오. 이것은 참소하는 자에게 좋은 구실을 제공해줄 뿐이오. 장군의 재능이라면 어느 곳에 가더라도 공명을 세울 수 있을 것인데 어찌 반드시 조나라만 고집할 필요가 있겠소?"

이목이 탄식하며 말했다.

"나는 일찍부터 악의와 염파가 조나라 장수로 일생을 마치지 못한 것을 늘 한스럽게 생각했소. 그런데 뜻밖에도 그 일이 오늘 나에게 닥쳐왔구려."

또 이목이 이렇게 말했다.

"조총은 대장 직을 감당할 수 없는 위인이라 나는 대장 인수를 그자에게 물려줄 수 없소."

그러고는 대장 인수를 군막 안에 걸어놓고 한밤중에 변복을 한 채 위나라로 가려 했다. 조총은 자신을 추천해준 곽개의 은혜에 감사의 마음을 갖

고 있었다. 그러나 이목이 자신에게 인수를 주려 하지 않는 것에 화가 나서
역사力士를 보내 긴급히 이목을 체포하라고 했다. 역사는 한 여관에서 이
목을 발견하고, 이목이 술에 취한 틈을 타 포승줄로 포박하고 목을 벤 뒤
그의 수급을 가지고 와서 조총에게 바쳤다. 가련하게도 이목은 일시의 명
장이었지만 곽개에게 화를 당했으니 어찌 원통한 일이 아니겠는가? 사관
이 이 일을 시로 읊었다.

진을 꺾고 대代를 지켜 위명을 드러내자	卻秦守代著威名
큰 집이 오로지 기둥 하나에 의지했네	大廈全憑一木撐
어찌하여 곽개는 외국 이익까지 탐하다가	何事郭開貪外市
하루아침에 장성長城 같은 명장을 죽였던가?	致令一旦壞長城

사마상도 조왕에게 돌아가 감히 보고할 면목이 없어서 몰래 처자식을
데리고 바닷가로 도피했다. 조총은 마침내 이목 대신 인수를 차고 대장이
되었고, 안취는 부장이 되었다. 대 땅의 군사들은 평소에 이목의 명령에
복종하고 있었기 때문에 이목이 무고하게 희생되었다는 것을 알고 모두 분
노를 참지 못하며 하룻밤 사이에 산과 계곡을 넘어 흩어져버렸다. 조총도
그들을 막을 수 없었다.

한편 진나라 군사들은 이목이 죽었다는 소식을 듣고 군영에서 모두 술
을 마시며 축하 인사를 나누었다. 왕전과 양단화는 각각 두 갈래 군마를
이끌고 약속한 기한 내에 함께 진격하기로 했다. 조총은 안취와 대책을 의
논하며 각각 군사를 나누어 태원과 상산 두 곳을 모두 구원하려고 했다.
안취가 말했다.

왕오가 반간계로 이목을 죽이다.

"지금 새로 대장이 바뀌어서 군사들이 불안해하고 있소. 우리가 군사를 합치면 넉넉히 지킬 수 있지만 일단 군사를 나누게 되면 우리 병력이 약화될 것이오."

말을 아직 다 마치지도 않았는데 초마가 달려와 보고했다.

"왕전이 낭맹狼孟(山西省 陽曲) 땅을 매우 급박하게 공격하고 있어서 조만간에 성이 함락될 것 같습니다."

조총이 말했다.

"낭맹이 함락되고 나면 저들은 승승장구 정형井陘(河北省 井陘)으로 치달려가 병력을 합친 뒤 상산을 공격할 것이고 그럼 한단까지 위험해질 것이니, 구원하러 가지 않을 수 없소."

그리하여 조총은 마침내 안취의 간언을 듣지 않고 진채를 모두 뽑으라는 명령을 내렸다. 왕전은 조나라 군사의 상황을 명확하게 염탐한 후 미리 큰 골짜기에 군사를 매복시키고 높은 언덕에 보초를 세워 사방을 감시하게 했다. 그들은 조총의 군사가 반쯤 지나가기를 기다렸다가 포성을 신호로 일제히 복병을 지휘하며 쏟아져 나왔다. 조총의 군사는 두 동강이 나서 앞뒤를 서로 돌아볼 겨를이 없었다. 왕전은 군사를 이끌고 강물이 쏟아지듯, 협곡이 무너지듯 마구 공격해왔다. 조총은 적을 맞아 싸우다가 대패하여 왕전에게 피살되었다. 안취는 패잔병을 수습하여 한단으로 달아났다. 진나라 군사는 마침내 낭맹을 함락시키고 정형 땅으로 행군하여 하읍下邑(河南省 夏邑)까지 탈취했다. 양단화도 상산의 남은 땅을 빼앗은 후 계속 전진하여 한단 땅을 포위했다. 진왕은 두 갈래 군사들이 모두 승리했다는 소식을 듣고 바로 내사 등에게 군사를 한나라로 이동시켜 그곳 땅을 거두어들이게 했다. 한왕韓王 안은 공포에 질려 한나라 땅을 모두 바치고 진나라 신하로 입조하겠다고 했다. 진왕은 마침내 한나라 땅을 영천군潁川郡으로 명명했다. 이것은 한왕 안 9년, 진왕 정 17년의 일이었다. 한나라는 무자武子가 진晉나라에서 봉읍을 받은 이래 삼세三世 뒤 헌자獻子 궐厥에 이르러 비로소 진나라 정권을 잡았다. 그리고 궐厥에서 다시 삼세 뒤 강자康子 호虎에 이르러 지씨智氏를 멸망시켰고, 호에서 또 이세二世를 내려가 경후景侯 건虔에 이르러 처음으로 제후가 되었다. 건에서 다시 육세六世 뒤 선혜왕宣惠王에 이르러 처음으로 왕을 칭했고 또 사세四世 이후 한왕 안에 이르러 진秦나라에 편입됐다. 한 강자康子 호 6년에서 선혜왕 9년까지 제후로 80년을 통치했고, 선혜왕 10년에서 한왕 안 9년에 멸망하기까지 모두 94년 동안 왕 노릇을 했다. 이로부터 육국은 다섯 나라만 남게 되었다. 사관이 이에 대한 사찬을 지었다.

한만韓萬이 한원韓原에 봉해진 뒤에	萬封韓原
어진 후예 한궐韓厥이 태어났다네	賢裔惟厥
조씨 고아 온전하게 지켜주어서	計全趙孤
그 음덕과 공로가 헛되지 않았네	陰功不泄
비로소 육경六卿의 반열에 들어	始偶六卿
마침내 삼진을 나누었도다	終分三穴
육국과의 합종책을 지키지 않고	從約不守
진나라 궁궐에 머리 숙였네	稽首秦闕
한비가 진나라로 사신 갔지만	韓非雖使
한나라 멸망을 구원 못 했네	無救亡滅

이 무렵 진秦나라 군사가 조나라 도성 한단을 포위하자 안취는 모든 군사를 불러일으켜 도성 사수에 나섰다. 조왕 천은 공포에 질려 이웃 나라에 사신을 파견해 구원을 요청했다. 곽개가 앞으로 나서며 말했다.

"한왕은 이미 진나라 조정의 신하가 되었고, 연나라와 위나라는 자국을 지킬 겨를도 없는데 어찌 우리 나라를 구원해줄 수 있겠습니까? 신의 어리석은 생각으로는, 진나라의 병력이 막강하니 차라리 진나라에 우리 조나라를 바치고 귀의하여 제후의 작위를 잃지 않는 편이 좋을 듯합니다."

조왕이 그 말에 따르려 하자 공자 가가 땅에 엎드려 통곡하며 말했다.

"열성조께서 대왕마마께 전해주신 종묘사직을 어찌 버릴 수 있겠습니까? 바라옵건대 신이 안취와 함께 목숨을 걸고 전심전력을 다하겠습니다. 만에 하나 도성이 함락된다 해도 대군 땅 수백 리가 남아 있으니 나라를 유지할 수 있을 것입니다. 어찌 속수무책으로 다른 나라의 포로가 되려 하십니까?"

곽개가 말했다.

"도성이 함락되면 대왕마마께서는 바로 포로가 되실 것인데 어떻게 대군까지 갈 겨를이 있겠소?"

이 말을 듣고 공자 가가 칼을 뽑아 들고 곽개를 겨누며 말했다.

"나라를 망친 간신배가 아직도 주둥이를 놀리고 있느냐? 내가 네놈을 참수하겠다."

조왕이 나서서 이들을 뜯어말린 후에야 두 사람은 다툼을 끝내고 흩어졌다. 조왕 천은 내궁으로 돌아왔지만 시행할 만한 계책이 아무것도 없어서 오직 술로 시름을 달랠 수밖에 없었다. 곽개는 진나라 군사에게 성을 바치고 싶었지만, 공자 가가 왕족과 빈객을 이끌고 안취를 도와 물샐틈없이 방어를 하고 있어서 바깥과 소식을 주고받을 수 없었다. 당시엔 해마다 흉년이 들어서 성 밖의 조나라 백성은 모두 뿔뿔이 흩어져 하나도 남아 있지 않았다. 진나라 군사들은 휑한 들판에서 아무것도 약탈할 것이 없었다. 오직 성안에만 곡식이 가득 쌓여 있어서 군사와 백성이 부족하지 않게 배를 채울 수 있었다. 이런 상황에서는 진나라 군사가 아무리 급박하게 성을 공격한다 해도 쉽게 함락시킬 수 없는 노릇이었다. 이에 왕전은 양단화와 상의한 끝에 잠시 군사를 50리 밖으로 후퇴시킨 후 군량미를 운반해오기로 했다. 한단성 사람들은 진나라 군사가 잠시 물러가자 방어를 조금 늦추고 하루에 한 번씩 성문을 열어 사람들을 출입시켰다. 곽개는 이 틈에 밀서를 휴대한 심복을 성 밖으로 내보내 진나라 군영으로 들어가게 했다. 그 서찰의 대의는 대략 이러했다.

저 곽개는 오랫동안 한단성을 바칠 궁리를 했으나 일이 쉽게 풀리지 않아 어찌할 수가 없었소. 그러나 조왕은 이미 두려움에 떨고 있으므로, 만약 진왕께서 친히 이곳으로 왕림하시면, 제가 전심전력으로 조왕을 설득하여 항복의 의례를 행하도록 하겠소.

왕전은 서찰을 다 읽고 나서 사자를 진왕에게 보내 보고했다. 진왕은 친히 정예병 3만을 거느리고 대장 이신에게 어가를 호위하고는 태원으로 길을 잡아 한단으로 왔다. 진왕은 다시 성을 포위하고 밤낮으로 공격을 퍼부었다. 조나라 사람들이 성 위에서 바라보니 멀리 하늘로 치솟은 대패大旆 깃발에 '진왕秦王'이란 두 글자가 선명하게 쓰여 있었다. 그들은 나는 듯이 달려가 조왕에게 보고했다. 조왕은 더욱 공포에 질렸다. 그러자 곽개가 말했다.

"진왕이 친히 군사를 이끌고 이곳에 온 것은 한단을 함락시키지 않고는 돌아가지 않겠다는 뜻입니다. 공자 가와 안취의 무리는 믿을 수 없습니다. 바라옵건대 대왕마마께서 친히 결단을 내리십시오."

조왕이 말했다.

"과인은 진나라에 항복하고 싶지만 저들이 나를 죽이면 어떻게 하오?"

"진나라는 한왕도 해치지 않는데 어찌 대왕마마를 해치겠습니까? 만약 화씨벽과 한단 지도를 진나라에 바치면 진왕이 틀림없이 기뻐할 것입니다."

"경의 방도를 시행할 것이니 바로 항복 문서를 쓰도록 하시오."

곽개는 항복 문서를 쓴 뒤 또 아뢰었다.

"항복 문서는 썼지만 공자 가가 틀림없이 대왕마마를 막아설 것입니다. 소문을 들으니 진왕의 군영은 서문 밖에 있다 합니다. 대왕마마께서는 성을 순시한다는 명목으로 수레를 타고 그곳으로 가서 성문을 열고 항복 예물을 바치십시오. 근심할 게 무엇이겠습니까?"

조왕은 정신이 혼미해진 나머지 오직 곽개의 말만 들었다. 이처럼 위급한 상황에 닥쳐서도 자신은 아무것도 주재하지 못하고 끝끝내 곽개의 말에만 의지했다. 안취는 북문에서 군사를 점검하다가 조왕이 벌써 서문을 열고 진나라에 항복 예물을 바쳤다는 소식을 듣고 대경실색했다. 공자 가도 나는 듯이 달려와 안취에게 말했다.

"성 위에는 조왕의 명령으로 항복 깃발이 세워졌소. 진나라 군사가 곧바로 들이닥칠 것이오."

안취가 말했다.

"제가 목숨을 걸고 북문을 지킬 테니 공자께서는 왕족을 모아 서둘러 그곳으로 오시오. 함께 대 땅으로 몸을 피한 다음 다시 나라를 수복하기 위해 힘써야겠소."

공자 가는 그의 계책에 따라 즉시 왕족 수백 명을 이끌고 안취와 함께 북문을 탈출하여 밤새도록 대 땅으로 달려갔다. 안취는 공자 가를 대왕代王에 추대하고 모든 군사와 백성을 지휘하게 했다. 대왕 가는 이전 태수 이목의 공로를 표창하고 그의 관작을 회복시켰다. 또한 친히 이목에게 제사를 올리며 대 땅 사람들의 민심을 수습했다. 또 동쪽 연나라에 사신을 파견해서 군사를 합쳐 상곡上谷에 주둔시킨 뒤 진나라의 침략에 대비했다. 이에 힘입어 대나라는 대략 안정을 되찾았다.

진왕 정은 조왕 천의 항복을 허락하고 직접 군사를 휘몰아 한단성으로 들어가 조왕의 궁전에 거처했다. 조왕은 신하의 예로 진왕을 알현했다. 진왕은 조왕의 보좌에 앉아 항복 의례를 받았다. 조왕의 신하들은 대부분 슬프게 눈물을 흘렸다. 다음 날 진왕은 화씨벽을 어루만지며 웃으면서 신료들에게 말했다.

"이것이 선왕께서 열다섯 개 성을 주고 바꾸려다가 끝내 얻지 못했던 보옥이오."

그리고는 조나라 땅에 거록군鉅鹿郡을 설치하고 태수를 파견하라고 명령을 내렸다. 또 진왕은 조왕을 방릉房陵(湖北省 房縣 근처)에 안치하라 하고 곽개를 상경에 임명했다. 조왕은 그제야 나라를 팔아먹은 곽개의 죄를 알아채고 탄식하며 말했다.

"만약 이목이 살아 있었다면 진나라 놈들이 어찌 우리 한단의 곡식을 먹을 수 있겠는가?"

방릉이란 곳은 사방을 돌로 막아 방처럼 꾸민 곳이었다. 조왕은 석실 가운데 앉아 있다가 졸졸 물이 흐르는 소리를 듣고 좌우 측근에게 물었다. 측근이 대답했다.

"초나라에는 강수江水(長江), 한수漢水(漢江), 저수沮水(湖北省 沮水), 장수漳水(湖北省 漳水)라는 네 줄기 큰 강이 있습니다. 지금 물소리가 들리는 것은 저수입니다. 이곳 방산房山에서 발원하여 한수까지 가는 물입니다."[2]

조왕은 처연하게 탄식하며 말했다.

"물은 무심한 것이나 스스로 한수까지 흘러갈 수 있구나. 그러나 과인은 이곳에 감금되어 천 리 밖 고향을 생각하지만 도저히 갈 수가 없구나."

그리고는 산수에 관한 노래를 지었다.

방산을 궁궐로 삼고	房山爲宮兮
저수를 식수로 삼았네	沮水爲漿
금과 슬을 타는 소리 들리지 않고	不聞調琴奏瑟兮
콸콸콸 물소리만 들리는구나	惟聞流水之湯湯
무심한 저 물도	水之無情兮
스스로 한수까지 흘러가도다	猶能自致於漢江
아아, 나는 만승지국의 군주이지만	嗟余萬乘之主兮
꿈속에서만 고향을 그리워하네	徒夢懷乎故鄕

---

2 저수沮水는 지금의 중국 호북성湖北省 취룡산聚龍山에서 발원하여 동남쪽으로 흘러 원안遠安과 당양當陽을 거쳐 장강長江에 유입되었다. 장수漳水는 호북성 형산荊山에서 발원하여 저수의 동북쪽에서 거의 저수와 나란하게 흐르다가 당양當陽 양하진梁河鎭에서 저수로 유입되었다. 이후 합류된 두 강을 저장하沮漳河라고 불렸다. 저장하는 한수漢水가 아니라 장강長江으로 바로 합류했다. 실제로 조왕 천이 유폐된 방릉房陵에서 동북쪽으로 흘러 한수에 합류하는 강은 남하南河다. 남하 북쪽에 방산房山이 있고 그 남쪽에 형산과 취룡산이 있다. 그러므로 방산에서 바로 저수가 발원한다는 것은 이 소설 원저자의 착각으로 보인다.

누가 나를 이곳으로 데리고 왔나?	夫誰使余及此兮
크게 횡행한 참언이었네	乃讒言之孔張
훌륭한 신하는 세상 떠났고	良臣淹沒兮
종묘사직 이제는 멸망했다네	社稷淪亡
나 자신의 귀가 총명하지 못했으니	余聽不聰兮
어찌 감히 진왕을 원망하겠나?	良臣淹沒兮

조왕 천遷은 온밤 내내 무료하면 항상 이 노래를 불러서 좌우 측근들을 슬프게 했다. 조왕 천은 결국 병이 들어 일어나지 못했다. 대왕 가는 조왕 천이 죽었다는 소식을 듣고 유류왕幽謬王이란 시호를 내렸다. 이 일을 증명할 만한 시가 있다.

오 부차가 나라 잃은 건 간신 백비 때문이었고	吳主喪邦緣佞嚭
조왕 천이 죽은 건 탐신 곽개 때문이었네	趙王遷死爲貪開
간신과 탐신을 멀리할 수 있었다면	若教貪佞能疏遠
만세토록 금성탕지가 무너지지 않았으리	萬歲金湯永不隤

진왕秦王은 군사를 거두어 함양咸陽으로 돌아와 잠시 군사들에게 휴식 시간을 주고 요양하게 했다. 곽개는 모아둔 황금이 너무 많아 그것을 진秦 나라로 모두 가져갈 수 없었다. 곽개는 한단에 있는 자신의 저택에 굴을 파고 황금을 숨겼다. 진秦나라에 어느 정도 정착하게 되자 곽개는 진왕에 게 휴가를 요청하여 조나라에 숨겨둔 재산을 옮겨 오려고 했다. 진왕은 웃 으면서 곽개의 요청을 허락했다. 곽개는 한단으로 가서 땅을 파고 황금을

꺼내 수레 여러 대에 나누어 실었다. 그러나 진秦나라로 옮기는 도중에 곽개는 도적의 칼을 맞고 죽었다. 도적들은 곽개의 황금을 모두 빼앗아 달아났다. 혹자는 "이목의 빈객이 저지른 일이다"라고 말하기도 한다. 아! 황금을 받고 나라를 팔아먹었다가 자신의 목숨까지 빼앗기고 말았다. 어리석도다!

한편 연나라 태자 단은 연나라로 도망가서 진왕秦王을 몹시 미워했다. 그는 재산을 털어 수많은 빈객을 모집하여 진나라에 복수를 하려고 했다. 태자 단은 용사 하부夏扶와 송의宋意를 직접 찾아갔고, 이후 그들을 함께 데리고 와서 후하게 대접했다. 또 진무양秦舞陽은 나이 열세 살에 백주대낮 시장통에서 자신의 원수를 죽였는데, 시장 사람들은 그가 무서워서 감히 접근하지 못했다. 그러나 태자 단은 그의 죄를 사면하고 자신의 문하에 거두어들여 부양했다. 이때 진나라 장수 번오기도 죄를 짓고 연나라로 도피하여 깊은 산속에 숨어 살고 있다가, 태자 단이 빈객을 좋아한단 소문을 듣고 산에서 나와 스스로 태자 단에게 귀의했다. 태자 단은 번오기를 상객으로 대우했다. 태자 단은 특별히 역수易水 동쪽에 성 하나를 새로 쌓고 번오기를 거주하게 하면서 그가 거주하는 집을 번관樊館이라 불렀다. 태자 단의 태부 국무鞠武가 간언을 올렸다.

"진나라는 범이나 승냥이 같은 나라로 바야흐로 제후국을 잠식하고 있습니다. 아무 혐의가 없는 사람이라도 트집을 잡을 판인데, 진나라의 원수를 받아들였으니 결국 저들의 표적이 될 것입니다. 이것은 마치 용의 역린逆鱗을 건드린 것과 같아서 반드시 화를 당하게 됩니다. 바라옵건대 조속히 번 장군을 흉노匈奴로 보내 앞으로의 빌미를 끊으십시오. 그리고 서쪽으로 삼진三晉과 맹약을 맺고 남쪽으로 제, 초와 연합하고, 북쪽으로 흉노와 우호를 맺은 뒤 서서히 진나라를 도모하십시오."

태자 단이 말했다.

"태부의 계책은 너무 많은 세월이 소요되오. 지금 나의 마음은 불이 붙은 듯 조급하기 때문에 잠시도 편안히 쉴 수 없소. 게다가 번 장군은 형편이 곤궁하여 내게 귀의해온 사람이라 내가 가련하게 생각하고 친교를 맺었소. 그러므로 진나라가 아무리 강하더라도 내가 어찌 번 장군을 먼 황야로 내칠 수 있겠소? 나는 죽어도 그렇게 할 수 없소. 바라옵건대 태부께서는 나를 위해 다른 계책을 세워주시오."

국무가 대답했다.

"대저 약한 연나라가 강한 진나라에 맞서 싸우려는 것은 마치 깃털을 화로에 던져 넣는 것과 같아서 타지 않는 경우가 없고, 계란을 바위에 던지는 것 같아서 깨지지 않는 경우가 없습니다. 신은 지혜도 천박하고 식견도 얕아서 태자마마를 위해 계책을 마련할 수 없습니다. 다만 신이 알고 있는 전광田光 선생이란 분은 지혜도 깊고 용력도 뛰어날 뿐만 아니라 이인異人을 많이 알고 있습니다. 태자마마께서 장차 진나라에 복수를 하시려면 전광 선생이 아니고는 일을 이룰 수 없을 것입니다."

태자 단이 말했다.

"나는 아직 전 선생과 교분이 없으니 태부께서 잘 인도해주시기 바라오."

국무가 말했다.

"삼가 명령을 받들겠습니다."

국무는 바로 수레를 타고 전광의 집으로 가서 태자의 의중을 알렸다.

"태자께서 선생을 존경하고 흠모하시어 어려운 일을 함께하고자 하오.

선생은 물리치지 마시오."

전광이 말했다.

"태자께서는 귀인이신데 어찌 감히 수레를 낮추어 이곳으로 왕림하실 수 있겠소? 태자께서 나를 비루하게 여기지 않으시고 함께 일을 도모하려고 하시니 내가 직접 가서 뵙도록 하겠소. 나는 감히 오만을 부리지 않겠소."

국무가 말했다.

"전 선생께서 몸을 굽혀 직접 가시겠다고 하시니 이는 태자마마에겐 참으로 행운이오."

국무는 마침내 전광과 함께 수레를 타고 태자가 거처하는 동궁으로 갔다. 태자 단은 전광이 온다는 소식을 듣고 친히 궁궐 밖까지 나가 맞이하며 말고삐를 잡고 전광을 수레에서 내리게 한 뒤 앞에서 길을 인도했다. 동궁 대청에 도착하자 태자 단은 전광에게 재배를 올리며 경의를 표하고 자리에 꿇어앉아 전광이 앉을 방석의 먼지를 털었다. 전광은 당시에 매우 연로하여 꼽추처럼 허리를 굽히고 걸어와서 상좌에 앉았다. 곁에서 보고 섰던 사람들은 몰래 그를 비웃었다. 그러나 태자 단은 좌우를 물리치고 자리를 조용하게 한 다음 가르침을 청했다.

"오늘의 형세를 보면 연과 진은 양립할 수 없소. 나는 선생께서 지혜와 용기를 모두 갖추고 있다는 소문을 들었소. 그러니 기이한 계책을 마련하시어 금방 멸망할 우리 연나라를 구원해주시오."

전광이 대답했다.

"신이 듣건대 '천리마가 한창 때는 하루에도 천 리를 가지만, 노쇠하게 되면 둔한 말이 오히려 천리마를 앞선다騏驥盛壯之時, 一日而馳千里, 及其衰老, 駑馬先之'고 합니다. 지금 국 태부는 신의 한창 때 모습만 알고 신이 이미 노쇠

한 늙은이라는 건 모르고 있습니다."

태자 단이 말했다.

"선생께서 교유하는 분들 중에서도 그 지혜와 용기가 선생의 젊은 시절과 같아서 선생을 대신할 만한 사람이 있겠지요?"

전광이 고개를 가로저으며 말했다.

"그런 사람을 찾기는 참으로 어렵고도 어려운 일입니다. 그렇지만 지금 태자마마의 문객 중에도 쓸 만한 사람이 몇 명이라도 있을 것이니, 지금 신이 관상을 봐드리겠습니다."

태자 단은 하부, 송의, 진무양을 모두 불러들여 전광과 인사를 나누게 했다. 전광은 일일이 직접 얼굴을 보면서 그들의 성명을 물었다. 그리고 그들을 내보낸 다음 태자에게 말했다.

"신이 방금 태자마마의 빈객들을 몰래 살펴봤는데, 쓸 만한 사람은 없었습니다. 하부는 혈용血勇에 해당되는 사람이라 분노하면 얼굴이 붉어집니다. 송의는 맥용脈勇에 해당하는 사람이라 분노하면 얼굴이 파래집니다. 진무양은 골용骨勇에 해당하는 사람이라 분노하면 얼굴이 희어집니다. 대저 분노가 얼굴에 나타나면 다른 사람들이 금방 알아채게 되니 어찌 대사를 이룰 수 있겠습니까? 신이 알고 있는 사람 중에 형경荊卿이란 사람이 있는데 그는 신용神勇에 해당하는 사람입니다. 기쁨과 분노가 얼굴에 나타나지 않으니 이 사람이 좀 더 나을 듯합니다."

"형경은 이름이 어떻게 되고, 어디 사람이오?"

"형경이란 사람은 이름이 가軻이고 본래 경씨慶氏로 제나라 대부 경봉慶封의 후예입니다. 경봉이 오나라로 도망가서 주방朱方(江蘇省 鎭江 丹徒區 동남) 땅에 살았습니다. 이때 초나라가 경봉을 토벌하여 죽이자 그 일족은 위衛

나라로 달아나 위나라 사람이 되었습니다. 경가慶軻는 검술로 위원군에게 유세했지만 원군이 그를 등용하지 않았습니다. 그 뒤 진나라가 위나라 동쪽 땅을 빼앗아 복양과 합병하고 동군東郡을 설치하자 경가는 다시 우리 연나라로 몸을 피한 뒤 성씨를 경慶에서 형荊으로 고쳤습니다. 이로부터 사람들이 그를 형경荊卿이라고 부르게 된 것입니다. 형가는 평소에 술을 좋아하고, 연나라 사람 고점리高漸離는 축筑이란 악기를 잘 탑니다. 형가는 고점리를 좋아하여 날마다 연나라 저자에서 함께 술을 마시는데, 술이 거나해지면 고점리는 축을 타고 형가는 그 소리에 맞춰 노래를 부릅니다. 노래가 끝나면 갑자기 눈물을 흘리며 천하에 자신을 알아주는 사람이 없다고 탄식하곤 합니다. 이 사람은 가슴 깊은 곳에 계책과 담략을 품고 있어서 신과 같은 자가 절대 따를 수 없습니다."

"저는 아직 형경과 교분이 없소. 부디 선생께서 잘 인도해주시기 바라오."

"형경은 가난하여 신이 매번 술값을 보태주었으니 신의 말을 들을 것입니다."

태자 단은 전광을 문밖까지 전송하고 자신이 타는 수레에 전광을 모신 뒤 내시에게 수레를 몰게 했다. 전광이 수레에 오르자 태자가 당부하며 말했다.

"내가 한 말은 국가 대사이니 다른 사람에게 발설하지 말기 바라오."

전광이 웃으면서 말했다.

"노신은 감히 그런 짓을 하지 않습니다."

전광은 수레를 타고 형가가 술을 마시는 주막으로 갔다. 형가는 고점리와 함께 술을 마시며 반쯤 취해 있었다. 고점리는 바야흐로 축의 줄을 고르고 있는 중이었다. 전광은 축을 타는 소리를 듣고 수레에서 내려 곧바로 주막으로 들어가며 형경을 불렀다. 그러자 고점리는 축을 들고 자리를 피했다. 형가와 전광은 서로 인사를 나누었다. 전광은 형가를 자신의 집으로 데려가서 이렇게 말했다.

"형경은 천하에 자신을 알아주는 사람이 없다고 탄식하는데 그건 나도 마찬가지네. 그러나 나는 늙어서 정신과 힘이 모두 쇠약해졌네. 그래서 나를 알아주는 사람이 있어도 그를 위해 전력을 다할 수가 없네. 그러나 형경은 지금 혈기 방장한 나이니 마음에 품은 기책奇策을 한 번쯤 시험해봄 직하지 않은가?"

형가가 말했다.

"어찌 그런 소원이 없겠습니까? 그러나 그런 사람을 만나지 못했을 뿐입니다."

"단 태자께서 몸을 굽혀 빈객을 귀하게 모신다는 사실은 연나라에 사는 사람이라면 모르는 사람이 없네. 지금 그분은 내가 늙었다는 사실을 모른 채 연나라와 진나라 사이의 국가 대사를 물으셨네. 나는 형경과 친교가 두텁고 형경의 재능도 잘 알고 있어서 나 대신 형경을 추천했네. 지금 태자궁으로 가보시게."

"선생의 명령에 제가 어찌 감히 따르지 않을 수 있겠습니까?"

전광은 형가가 품은 뜻을 더욱 북돋우려고 칼을 어루만지며 탄식했다.

"내가 듣건대 '장자長者(도덕과 인품이 뛰어난 사람)는 행동을 함에 다른 사람의 의심을 사지 않는다長者爲行, 不使人疑'고 했네. 지금 태자는 국가 대사를 나에게 알려주고 절대로 발설하지 말라고 했네. 이것은 나를 의심하는 말이네. 내가 국가 대사를 이뤄주려 하면서 어찌 다른 사람의 의심을 살 수 있겠나? 나는 죽음으로 내 마음의 깨끗함을 밝힐 것이네. 족하께서는

전광이 자신의 목을 찌르고 형가를 추천하다.

급히 태자에게 보고해주시게."

전광은 마침내 칼로 자신의 목을 찌르고 죽었다. 형가가 슬피 울고 있는데 태자 단이 보낸 사자가 달려와 주위를 살피며 물었다.

"형 선생께서 오셨습니까?"

형가는 태자 단의 정성을 알고 바로 전광이 타고 온 수레에 올라 태자궁으로 향했다.

태자가 형가를 접대하는 예절은 전광을 대함과 똑같았다. 태자 단은 형가와 인사를 나눈 뒤 그에게 물었다.

"전 선생께서는 어찌 함께 오지 않으셨소?"

형가가 말했다.

"전 선생은 태자마마께서 몰래 부탁하신 말을 듣고 죽음으로 자신의 마음을 밝히려 했습니다. 그래서 칼로 목을 찌르고 자결하셨습니다."

태자 단은 자신의 가슴을 치며 통곡했다.

"전 선생은 나 때문에 돌아가셨소. 이 어찌 원통한 일이 아니오?"

태자 단은 오래오래 슬피 울다가 겨우 눈물을 거두었다. 태자 단은 형가를 상좌에 모시고 몸을 공손하게 옆으로 피한 채 머리를 조아렸다. 형가도 황망히 답례를 했다. 태자 단이 말했다.

"전 선생께서 나를 불초하다 여기지 않으시고 형경을 만나게 해주셨소. 이것은 하늘이 내린 행운이오. 부디 형경께서는 이 사람을 버리지 마시오."

"태자마마께서 진나라를 우려하는 까닭이 무엇입니까?"

"비유하자면 진나라는 범이나 승냥이 같아서 탐욕이 끝이 없소. 아마도 천하의 모든 땅을 차지한 뒤 해내의 모든 왕을 신하로 삼지 않고는 탐욕을 그치지 않을 듯하오. 지금 한왕은 이미 자기 나라의 모든 땅을 바치고 진나라의 군현이 되게 했소. 또 진나라 대장 왕전은 대군을 이끌고 가서 조나라를 격파하고 조왕을 포로로 잡았소. 조나라는 망했으니 그다음은 틀림없이 우리 연나라 차례가 될 것이오. 이것이 바로 내가 누워서도 편안히 잠을 자지 못하고 음식을 앞에 두고도 수저를 대지 못하는 까닭이오."

"태자마마께서는 군사를 일으켜 승부를 보려 하십니까? 아니면 다른 계책이 있습니까?"

"우리 연나라는 약소국이어서 여러 번 전투에 패배하고 곤경에 빠졌소. 지금 조나라 공자 가가 대왕代王을 칭하며 우리 연나라 군사와 연합하여 진나라에 대항하려 하고 있소. 나는 온 나라의 군사를 다 동원해도 진나라 장수 하나를 당해내지 못할까 두렵소. 비록 대왕이 귀의해오기는 했지만 대나라는 아직 강한 힘을 갖고 있지 못하오. 위와 제는 평소에 진나라에 붙어살고, 초나라는 거리가 멀어서 도움을 받을 수 없소. 이에 제후들은 진나라의 강한 군사를 두려워하며 합종에 참여하지 않으려 하고 있소. 그러나 내게 어리석은 계책 한 가지가 있소. 즉 천하의 용사를 얻어 거짓으로 진나라에 사신을 보내 막대한 이익으로 유혹하면 진왕이 욕심이 나서 사신을 가까이할 것이오. 그 틈을 노려 진왕을 위협한 뒤 저들이 침탈한 각국의 땅을 모두 돌려주게 하는 것이오. 이것은 조말曹沫이 제 환공을 위협한 방법인데 아주 좋은 방책으로 생각되오. 만약 진왕이 말을 듣지 않을 땐 바로 칼로 찔러 죽이면 그만이오. 진나라는 장수들이 막중한 병력을 거느리고 있어서 서로가 서로의 아랫자리에 들어가지 않으려 하오. 임금이 죽고 나라가 혼란에 빠지면 진나라의 상하 신료들은 서로 의심하기 바쁠 것이오. 이 틈에 초, 위와 연합하여 멸망한 한, 조의 후예를 함께 옹립하고 힘을 합쳐 진나라를 격파하면 될 것이오. 이것은 천지를 다시 일으켜 세우는 일이니 형경께서 유의해주시면 고맙겠소."

형가는 오랫동안 깊은 생각에 잠겨 있다가 이렇게 대답했다.

"이것은 국가 대사입니다. 그러나 신은 우둔하여 사신의 임무를 감당하지 못할까 두렵습니다."

태자 단은 앞으로 나아가 머리를 조아리며 간청했다.

"형경께서는 높은 뜻을 지니고 계시므로 나는 형경께 내 운명을 맡기겠소. 부디 사양하지 마시오."

형가는 그 뒤에도 여러 번 겸양하다가 결국 태자 단의 제의를 허락했다.

그리하여 태자 단은 형가를 상경으로 임명하고 번오기가 묵는 번관의 오른쪽에 다시 성 하나를 쌓고 그곳을 형관荊館이라 부르며 형가를 묵게 했다. 태자 단은 날마다 형관의 문 앞에 가서 문안 인사를 여쭙고 맛있는 고기 음식을 바쳤다. 또 사이사이에 좋은 수레와 말과 미녀를 바치고 마음대로 즐기게 했다. 태자 단은 오직 형가의 마음이 불쾌할까봐 근심했다. 어느 날 형가는 태자와 동궁에서 놀다가 문득 연못으로 눈길을 돌렸다. 큰 거북 한 마리가 그곳 연못가에 나와 있었다. 형가는 우연히 기와 조각을 들고 거북에게 던졌다. 그러자 태자 단은 황금 구슬을 받들고 와서 기와 대신 던지게 했다. 또 하루는 태자 단과 형가가 함께 말을 타며 놀았는데, 태자에게는 하루에 천 리를 달리는 준마가 있었다. 그때 형가가 또 우연히 말의 간이 맛있다고 하자 잠깐 사이에 주방장이 말의 간을 바쳤다. 그것은 바로 태자의 천리마를 잡아서 꺼낸 간이었다. 태자 단은 또 진나라 장수 번오기가 진왕에게 죄를 짓고 연나라에 와 있다는 이야기를 했다. 형가가 번오기를 만나보고 싶어하자 태자 단은 화양대華陽臺에 주연을 마련하고 형가와 번오기를 초청하여 서로 만나게 했다. 태자는 자신이 총애하는 미인

을 데리고 와서 술잔을 올리게 하고 아울러 미인들에게 금(琴)을 연주하게
하여 두 빈객의 마음을 기쁘게 하려 했다. 형가는 금을 타는 미인의 두 손
이 옥과 같이 예쁜 것을 보고 찬사를 보냈다.

"아름다운 손이로다!"

연회가 파하자 태자 단은 내시를 시켜 옥쟁반에 무슨 물건을 담아 형가
에게 보냈다. 형가가 덮개를 들춰보니 바로 절단한 미인의 손이었다. 태자
단은 형가의 마음을 기쁘게 하기 위해 아끼는 것이 아무것도 없었다. 형가
가 감탄하며 말했다.

"태자께서 나를 대우해주심이 이처럼 지극하도다! 내 마땅히 죽음으로
보답하리라!"

형가가 어떻게 은혜를 갚는지는 다음 회를 보시라.

제107회

흰 무지개가 태양을 꿰뚫었으나

형가는 지도를 바치며 진나라 조정을 발칵 뒤집고,
왕전은 병법을 논하며 이신을 대신하다
獻地圖荊軻鬧秦庭, 論兵法王翦代李信.

형가는 평소에 다른 사람과 검술을 논할 때 다른 사람의 검술이 뛰어나다고 인정하는 경우가 매우 드물었다. 다만 유차榆次(山西省 晉中 榆次區) 사람 개섭蓋聶의 검술만은 인정하며 형가 자신도 그에게 미치지 못한다고 생각했다. 형가는 개섭과 깊은 우정을 나누었다. 이때 형가는 연나라 태자 단의 두터운 대접을 받고 서쪽 진나라로 가서 진왕을 위협할 생각이었다. 이에 형가는 사람을 개섭에게 보내 연나라로 와달라고 청하고 그와 대책을 상의하려 했다. 그러나 개섭의 종적이 일정치 않아서 단번에 연나라로 거처를 옮길 수가 없었다. 태자 단은 형가가 호걸임을 알고 아침저녁으로 문안 인사만 여쭐 뿐 앞일을 전혀 재촉하지 않았다. 그때 변방에서 보고가 올라왔다.

"진왕이 대장 왕전을 보내 북쪽 땅을 공략하면서 우리 연나라 남쪽 경계에까지 이르렀습니다. 대왕代王 가는 사신을 보내 서로 약속을 정하고 함께 군사를 출동시켜 상곡을 지키며 진나라에 맞서 싸우자고 합니다."

태자 단은 몹시 두려운 마음으로 형가에게 말했다.

"진나라 군사가 조만간에 역수易水를 건너올 것 같소. 족하께서 우리 연나라를 위해 대책을 준비하시겠지만 혹시 시기를 놓치지나 않겠소?"

형가가 말했다.

"신이 깊이 생각해보았습니다. 신이 이번에 진나라로 가더라도 진왕에게 믿음을 주지 못하면 가까이 다가갈 수 없을 것입니다. 대저 번오기 장군은 진나라에 죄를 지어 진왕이 그의 머리에 황금 1000근과 봉토 1만 호를 상금으로 걸었다 합니다. 그리고 독항督亢의 기름진 땅은 진나라 사람들이 탐내던 곳입니다. 만약 번오기 장군의 머리와 독항의 지도를 진왕에게 바치면 진왕은 틀림없이 기뻐하며 신을 만나줄 것입니다. 신이 이 두 가지를 얻을 수 있으면 태자마마의 은혜에 보답할 수 있을 듯합니다."

태자 단이 말했다.

"번 장군은 곤궁한 지경에 빠져 내게 귀의해왔는데 내 어찌 차마 그를 죽일 수 있겠소. 독항의 지도는 아까울 게 없소!"

형가는 태자 단이 차마 번오기를 죽이지 못한다는 사실을 알고 몰래 번오기를 찾아가서 말했다.

"장군께서 진나라에서 당한 참화는 극심하다고 할 수 있소. 부모와 종친들이 모두 살육을 당했고, 지금 소문을 들으니 진나라에서 장군의 목에 황금 1000근과 봉읍 1만 호를 걸었다 하오. 장군은 장차 어떻게 그 원한을 갚을 생각이오?"

번오기는 하늘을 우러러 탄식하고 눈물을 흘리며 말했다.

"나는 진왕 정을 생각할 때마다 그 원통함이 골수에까지 사무치오. 내 소원은 그놈과 함께 죽고 싶지만 아직 기회를 잡지 못해 한스러울 뿐이오."

형가가 말했다.

"지금 연나라의 우환을 풀고 아울러 장군의 복수도 할 수 있는 한 가지 방책을 말씀드리고자 하는데 들어보시겠소?"

형가가 잠시 주저하며 말을 하지 않자 번오기가 말했다.

"형경께서는 어찌하여 말씀을 하지 않으시오?"

"내게 계책은 있지만 말씀드리기 어려운 일이오."

"진나라에 당한 원수를 갚을 수 있다면 뼈가 부서지고 몸이 가루가 되더라도 아까워하지 않을 것이오. 그런데 뭐가 그렇게 말하기 어렵다는 것이오?"

"나의 어리석은 계책은 진왕의 앞으로 다가가 그를 칼로 찌르는 것인데 가까이 다가가지 못할까 걱정이오. 진실로 장군의 머리를 진왕에게 바치면 진왕은 틀림없이 기뻐하며 나를 부를 것이오. 그때 왼손으로 진왕의 소매를 잡고 오른손으로 그의 가슴을 찌르면 장군의 원한도 갚을 수 있고 연나라가 멸망할 위기에서도 벗어날 수 있을 것 같소. 장군께서는 어떻게 생각하시오?"

번오기는 웃옷을 반쯤 벗고 맨어깨를 드러낸 채 팔뚝을 휘두르고 발을 구르며 큰 소리로 말했다.

"나는 밤낮으로 절치부심하면서도 아무런 대책이 없음을 한탄하고 있었는데 오늘에야 분명한 가르침을 얻었소."

그러고는 바로 패검佩劍을 뽑아 자신의 목을 찔렀다. 목이 다 잘리지 않자 형가가 다시 칼을 뽑아 그의 목을 마저 잘랐다. 이 일을 증명할 만한 시가 있다.

묘책 듣고 번오기는 미친 듯 기뻐하며   聞說奇謀喜欲狂

스스로 혼백 되어 함양 땅에 먼저 갔네   幽魂先已赴咸陽

형가가 만약에 진왕을 죽였다면   荊卿若遂屠龍計

번 장군의 죽음이 헛되지 않았으리   不枉將軍劍下亡

형가는 사람을 보내 태자에게 보고했다.

"이미 번오기 장군의 목을 얻었습니다."

태자 단은 보고를 받고 수레를 치달려가서 번오기의 시체에 엎어져 애절하게 통곡했다. 태자는 번오기의 시체를 후하게 장사 지내라고 한 뒤 그의 머리를 나무 상자에 잘 안치했다. 형가가 말했다.

"태자마마! 날카로운 비수는 구해두셨습니까?"

태자 단이 말했다.

"내가 조나라 사람 서徐 부인夫人의 비수를 갖고 있소. 길이는 한 자 여덟 치고 매우 날카롭소. 내가 전에 100금을 주고 사서 대장장이를 시켜 그 칼에 독약까지 발라뒀소. 일찍이 사람에게 한번 시험해봤더니 실낱 같은 상처가 생겼는데도 그 자리에서 즉사했소. 그 칼을 간직하고 형경을 기다린 지 오래요. 형경께서는 언제 출발하시는지 모르겠소?"

"나와 친한 개섭이 아직 오지 않았습니다. 조금 더 기다렸다가 그를 부사副使로 삼을 생각입니다."

"족하의 친구 분은 물 위를 떠도는 부평초 같은 사람이라 약속을 정할 수 없소. 나의 빈객 중에도 용사가 몇 사람 있는데, 진무양이 가장 뛰어나오. 혹시 그 사람을 부사로 데려갈 순 없겠소?"

형가는 태자가 매우 조급해하는 것을 보고 탄식하며 말했다.

"지금 비수를 들고 앞날을 예측할 수 없는 진나라로 들어가면 다시 돌아올 수 없습니다. 신이 시간을 늦추고 있는 까닭은 친구를 기다려 이 일에 만전을 기하기 위해서입니다. 그런데 태자마마께서 더 이상 기다릴 수 없다면 바로 떠나도록 하겠습니다."

이에 태자 단은 바로 국서를 썼다. 국서에는 간단하게 독항 지도와 번오기 장군의 목을 바친다는 사실만 언급했다. 태자 단은 국서, 독항 지도, 번오기의 목과 1000금의 여비를 형가에게 주고 진무양을 부사로 임명하여 동행하게 했다. 출발 날이 되자 태자 단과 그 일을 아는 친한 빈객들은 모두 흰 옷을 입고 흰 관을 쓴 채 역수 가까지 나와 송별연을 마련했다. 고점리도 형가가 진나라로 들어간다는 소식을 듣고 돼지 다리 하나와 술 한 말을 가지고 왔다. 형가는 고점리를 태자 단에게 소개했다. 태자 단은 함께 자리에 앉아 형가를 송별하게 했다. 술이 몇 순배 돌자 고점리가 축을 타고 형가가 노래를 불렀다. 변치조變徵調[1]의 아주 애절한 노래였다.

바람은 소슬한데 역수는 차고   風蕭蕭兮易水寒

장사는 한 번 가서 돌아오지 않겠네   壯士一去兮不復還

노랫소리가 매우 애통하여 빈객 빛 수행원들이 마치 장례에 온 것처럼 눈물을 흘리지 않는 사람이 없었다. 형가가 얼굴을 들고 하늘을 바라보며

---

1 변치조變徵調: 궁宮, 상商, 각角, 변치變徵, 치徵, 우羽, 변궁變宮이 칠성七聲이며, '변치'는 바로 그 칠성의 하나로, 애절하고 비장한 곡조다.

분노를 표출하자 그 기운이 곧추 하늘에까지 뻗쳐올랐다. 그 기운은 바로 한 줄기 흰 무지개가 되어 태양을 꿰뚫었다. 그것을 본 사람들은 모두 깜짝 놀라며 기이하게 생각했다. 형가는 다시 비분강개한 우조羽調[2]로 노래를 불렀다.

호랑이 굴을 찾다가 교룡의 궁궐로 들어가네　　　　探虎穴兮入蛟宮

하늘 우러러 분노하니 흰 무지개가 뻗치도다　　　　仰天噓氣兮成白虹

노랫소리가 격렬하고 웅장해서 사람들은 마치 적을 마주 대하고 있는 것처럼 눈을 부릅떴고, 울분을 터뜨리지 않는 사람이 없었다. 태자 단은 다시 형가에게 무릎을 꿇고 술잔을 바쳤다. 형가는 술잔을 받아 단숨에 들이켰다. 그리고 진무양의 팔을 끌어당겨 수레 위로 뛰어오른 뒤 말에 채찍을 갈겨 나는 듯이 앞으로 치달려갔다. 형가는 끝내 한 번도 돌아보지 않았다. 태자 단은 높은 언덕에 올라 멀리까지 바라보며 형가의 수레가 까마득히 사라질 때까지 그곳에 머물러 있었다. 형가의 수레가 사라지자 태자 단은 마치 모든 것을 상실한 듯 처연하게 눈물을 흘리며 돌아왔다. 뒷날 진晉나라 처사 도정절陶靖節[3] 선생이 이 일을 시로 읊었다.

연 태자는 선비를 잘 길렀으니　　　　燕丹善養士

진나라에 복수하기 위함이었네　　　　志在報強嬴

2_ 우조羽調: 역시 앞의 칠성 중 우성羽聲. 높은 소리로 비분강개한 음색이 특징이다.

3_ 도정절陶靖節: 중국 진晉나라 시인 도연명陶淵明. 정절靖節은 도연명이 죽은 후 벗들이 붙여준 시호다.

수많은 인재를 불러 모으다	招集百夫良
세모엔 형경을 얻게 되었네	歲暮得荊卿
군자는 지기 위해 목숨 바치니	君子死知己
칼을 들고 연경을 훌쩍 나섰네	提劍出燕京
큰길에서 흰 천리마 울부짖는데	素驥鳴廣陌
비분강개 벗들이 날 전송하네	慷慨送我行
사나운 머리카락 관을 찌르고	雄髮指危冠
맹렬한 기상은 관 끈 튕기네	猛氣衝長纓
역수 가에서 송별주를 마시는 자리	飮餞易水上
사방에 영웅들이 늘어앉았네	四座列群英
왼쪽에선 비장하게 축을 타는데	左席擊悲筑
오른쪽에선 높은 소리로 노래 부르네	右席唱高聲
쓸쓸하게 슬픈 바람 불어가더니	蕭蕭哀風逝
담담하게 추운 파도 일어나누나	淡淡寒波生
상조商調에 다시 한번 눈물 흘리고	商音更流涕
우조羽調에 장사도 격동하도다	羽奏壯士驚
이제 가면 돌아올 수 없을 것이나	心知去不歸
후세에 명성은 길이 남으리	且有後世名[4]

형가는 함양에 도착하여 중서자中庶子 몽가蒙嘉가 진왕에게 총애를 받고 있다는 사실을 알고 먼저 1000금의 뇌물을 써서 진왕을 만나게 해달라고

4_ 이 시는 진晉나라 도연명의 「영형가詠荊軻」다.

청했다. 몽가는 궁궐로 들어가 진왕에게 아뢰었다.

"연왕燕王이 대왕마마의 위엄에 두려움을 느낀 나머지 감히 군사를 일으키지 못하고 군리軍吏들의 의견에 역행하면서까지 온 나라를 들어 바친 뒤 우리 진나라의 신하가 되겠다고 합니다. 연왕은 다른 제후들의 대열에 나란히 서서 우리 진나라의 군현처럼 조공을 바치며 종묘의 제사나 받들겠다고 합니다. 연왕은 공포에 젖어 자신이 직접 오지 못하고 사신을 시켜 참수한 번오기의 목과 연나라 독항 땅 지도를 친히 상자에 넣어 우리 조정으로 보내왔습니다. 지금 연나라 상경 형가가 역관에서 대왕마마의 성지聖旨를 기다리고 있습니다. 이제 대왕마마께서 명령을 내려주십시오."

진왕은 번오기가 주살되었다는 소식을 듣고 크게 기뻐하며 조복朝服을 입고 구빈지례九賓之禮5를 베풀기 위해 사신을 함양궁으로 불렀다. 형가는 비수를 소매 안에 감추고 번오기의 머리가 든 상자를 받든 채 궁궐로 향했다. 진무양은 독항 땅 지도가 든 상자를 받들고 형가의 뒤를 따랐다. 조정 계단 아래로 다가가자 진무양은 얼굴이 새하얗게 질려 사색이 되었다. 공포에 질린 모습이 역력하게 드러나자 그것을 보고 진왕을 모시는 신하가 말했다.

"사신은 어찌하여 안색이 변하셨소?"

형가가 얼른 진무양을 돌아보며 웃음을 터뜨렸다. 그러고는 다시 앞을 바라보고 머리를 조아리며 사과했다.

"진무양은 북쪽 나라 오랑캐 촌놈이어서 평생토록 천자를 알현한 적이

5_ 구빈지례九賓之禮: 중국 고대 외교 의례의 최고 등급. 공공公, 후후侯, 백백伯, 자자子, 남남男, 고고孤, 경卿, 대부大夫, 사士에 속하는 모든 관리가 조정에 도열하여 사신을 영접하고 인도하며 극진한 예禮를 베푸는 것을 말한다.

없습니다. 이 때문에 두려운 마음을 이길 수 없어서 평소의 모습이 바뀐 것입니다. 바라옵건대 대왕마마께서는 진무양의 죄를 용서하시고 사신의 임무를 마칠 수 있도록 배려해주십시오."

진왕은 정사正使 한 사람만 대전으로 오르라고 했다. 진왕의 좌우 측근들은 진무양을 꾸짖어 계단 아래로 내려가게 했다. 진왕은 먼저 번오기의 머리가 든 상자를 보자고 했다. 상자를 열어보니 과연 번오기의 머리였다. 진왕이 형가에게 물었다.

"어찌하여 이 역적을 일찍 주살하여 그 수급을 바치지 않았소?"

형가가 아뢰었다.

"번오기는 천자께 죄를 지어 북쪽 사막에 숨어 있었습니다. 이에 우리 주상께서 천금의 현상금을 걸고 그자를 잡게 된 것입니다. 본래 산채로 대왕마마께 바치려 했사오나 중도에 변고가 생길까 염려되어 목만 베어 왔으니 부디 대왕마마께서는 노여움을 푸십시오."

이렇게 말하는 형가의 어조는 조용했으며 안색도 부드러워서 진왕은 형가를 전혀 의심하지 않았다. 이때 진무양은 지도가 든 상자를 받들고 계단 아래에 꿇어앉아 머리를 조아리고 있었다. 진왕이 형가에게 말했다.

"진무양이 들고 있는 지도를 가져와 과인에게 보여주시오."

형가는 진무양의 수중에서 상자를 받아 친히 진왕에게 바쳤다. 진왕이 지도를 펼쳐놓고 보려는 순간 형가의 비수가 드러나 감출 수 없었다. 형가는 조급한 나머지 그 순간 왼손으로 진왕의 소매를 움켜잡고 오른손으로 비수를 들고 진왕의 가슴을 찔렀다. 칼끝이 아직 진왕의 몸에 닿지도 않았는데 진왕은 대경실색하며 몸을 뿌리치고 일어섰다. 그 순간 소매가 찢어졌다. 당시는 한여름인 5월 초순(음력)이라 진왕은 얇은 비단 홑옷만 입고 있어서 용포의 소매가 쉽게 찢어지고 말았다. 왕의 보좌 곁에는 길이가 여덟 자 되는 병풍이 쳐져 있었다. 진왕이 병풍을 뛰어넘자 병풍이 땅바닥에 쓰러졌다. 형가는 비수를 잡고 진왕의 뒤를 바짝 뒤쫓았다. 진왕은 형가의 추격을 벗어날 수 없자 기둥을 빙빙 돌며 몸을 피했다. 원래 진나라 법률에 의하면 대전에서 임금을 모시는 신료들은 조그만 쇠붙이조차 지니지 못하게 되어 있었다. 따라서 무기를 잡고 임금을 지키는 호위병들은 모두 대전 아래에 도열해 있었다. 이들은 진왕의 명령이 없는 상태라 감히 마음 대로 대전 위로 뛰어올라올 수 없었다. 그런 상황에서 창졸지간에 변고가 발생하자 신료들은 호위병을 부를 겨를도 없이 모두 맨손으로 형가와 박투를 벌였다. 형가는 용력이 대단하여 가까이 다가오는 신료들을 모두 쓰러 뜨렸다. 이때 진왕의 어의御醫인 하무저夏無且[6]가 약을 담은 자루로 형가를 내리쳤다. 형가가 팔을 휘두르자 약 자루가 찢어지며 산산조각이 났다. 형 가가 대단한 용력을 발휘하자 진나라 신료들은 어쩔 줄 몰라 하고 있었다. 그러나 진왕은 형가를 막아서는 신료들이 많은 틈에 동분서주하며 형가의 추격을 벗어났다. 진왕이 차고 있는 칼은 '녹로鹿盧'라는 보검으로 길이가 여덟 자나 되었다. 진왕은 칼을 뽑아 형가를 공격하려 했으나 칼이 길어서 칼집에서 뽑아낼 수 없었다. 그때 젊은 내시 조고趙高가 황급히 고함을 질 렀다.

"대왕마마! 칼집을 등 뒤에다 지고 칼을 뽑으십시오!"

그제야 진왕은 그의 말에 따라 칼집을 등 뒤로 돌리고 앞으로 뽑아내자 칼이 쉽게 뽑혀 나왔다. 진왕은 형가보다 용력도 약하지 않은 데다 길이가

6_ 하무저夏無且: '且'는 중국어 발음이 'qiě'가 아니라 'jū'이므로 '차'가 아니라 '저'로 읽어야 한다.

獻地圖荊卿

開秦庭

형가가 진왕을 죽이려 하다.

여덟 자나 되는 긴 칼을 잡고 있어서 멀리서도 형가를 공격할 수 있었다. 그러나 형가의 비수는 겨우 한 자 조금 넘는 칼이어서 진왕 가까이 다가가야 공격이 가능했다. 진왕은 긴 칼을 손에 잡자 간담이 커져서 마침내 앞으로 달려와 형가를 내리쳐 그의 왼쪽 다리를 잘랐다. 형가는 왼쪽 구리 기둥 옆에 엎어져 일어날 수 없었다. 형가는 결국 비수를 진왕에게 던졌다. 진왕이 재빠르게 몸을 피하자 비수는 진왕의 귓전을 스쳐 오른쪽 구리 기둥에 박혔다. 그 순간 찬란한 불꽃이 튀었다. 진왕이 다시 칼로 형가를 공격하자 형가는 맨손으로 칼을 잡았다. 형가의 세 손가락이 모두 절단되어 땅에 떨어졌다. 연이어 형가는 여덟 번이나 난도질을 당하면서도 기둥에 의지해 거만한 자세로 웃음을 터뜨리며 진왕을 꾸짖었다.

"네놈은 재수도 좋은 놈이로구나! 나는 옛날 조말이 한 것처럼 산채로 네놈을 협박하여 네놈이 침탈한 제후들의 땅을 돌려주게 하려 했으나, 뜻밖에도 나는 일을 이루지 못했고 네놈은 재수 좋게 죽음에서 벗어났으니 이 어찌 천명이 아니겠느냐? 그러나 네놈이 강한 힘만 믿고 제후들을 병탄하면 어찌 네놈의 나라가 오래 유지될 수 있겠느냐?"

그제야 좌우 호위병들이 몰려 올라와서 형가를 둘러싸고 마구 칼질을 했다. 진무양은 대전 아래에 엎드려 있다가 형가가 공격에 나섰다는 사실을 알고 앞으로 달려가려 했으나 바로 호위병들에게 격살되었다. 이것은 진왕 정 20년의 일이었다. 애석하게도 형가는 연나라 태자 단에게 오랫동안 극진한 대접을 받고 특별히 진나라로 들어갔으나 끝내 일을 성공시키지 못했다. 그는 자신의 몸을 해쳤을 뿐만 아니라 억울하게도 전광, 번오기, 진무양의 목숨까지 해쳤고, 연왕과 태자 단의 앞길까지도 끊고 말았으니 이 어찌 그의 검술이 정밀하지 못했기 때문이 아니겠는가? 염옹이 이 일을 시로 읊었다.

혼자서 비수 들고 진 도성에 들어가서	獨提匕首入秦都
용력을 떨쳤으나 어찌 검술은 서툴렀나?	神勇其如劍術疏
장사는 귀환 못 하고 계책도 실패했으니	壯士不還謀不就
내 머리 돌려달라고 번오기가 채근하겠네	樊君應與覓頭顱

진왕은 가슴이 떨리고 눈앞이 어지러워 한참 동안이나 멍청하게 앉아 있다가 겨우 정신을 차렸다. 주변을 둘러보니 형가는 아직도 완연히 산 사람처럼 두 눈을 부릅뜨고 노기등등하게 노려보고 있었다. 진왕은 공포에 질려 형가와 진무양의 시체, 번오기의 머리를 저잣거리로 가지고 가서 함께 불태우게 했다. 연나라에서 온 시종들은 모두 목을 베어 도성 문 위에 나누어 효수했다. 그러고는 마침내 어가를 타고 내궁으로 들어갔다. 내궁에 있던 왕후와 비빈妃嬪들은 변란 소식을 듣고 모두 진왕에게 문안 인사를 하러 달려왔다. 이들은 술을 마련하여 진왕의 마음을 진정시키며 하례를 드렸다. 그 가운데 호희胡姬라는 궁녀가 있었다. 호희는 본래 조왕趙王의 궁녀였으나 진왕이 조나라를 멸망시킨 후 진나라 궁궐로 데려왔다. 호희는 금을 잘 타 진왕의 총애를 얻었고 이후 비빈의 지위를 얻었다. 진왕은 호희에게 금을 연주하여 자신의 우울한 마음을 위로해달라고 했다. 그러자 호희는 금을 당겨 연주하며 다음과 같은 노래를 불렀다.

얇은 비단 홑옷이 쉽게 찢어지자	羅縠單衣兮可裂而絕
여덟 자 병풍을 훌쩍 뛰어넘으셨네	八尺屏風兮可超而越

녹로 보검을 등에 지고 뽑으시니   鹿盧之劍兮可負而拔

가소롭다 간흉이여 목숨 잃고 나라도 망하겠네   嗤彼凶狡兮身亡國滅

진왕은 호희의 재빠른 응대가 사랑스러워 채색 비단 한 상자를 하사하고 밤새도록 즐기다가 호희의 방에서 잤다. 이 일을 인연으로 뒷날 호희가 아들을 낳으니 그가 바로 호해胡亥로 진나라 이세二世 황제가 된 사람이다. 이것은 물론 뒷날의 이야기다.

이튿날 아침 진왕은 조회를 열고 논공행상을 했다. 하무저의 공을 으뜸으로 쳐서 그에게 황금 200일을 하사하며 말했다.

"무저가 나를 사랑하여 약 자루로 형가를 내리쳤다."

그다음으로 젊은 내시 조고를 불러 말했다.

"너는 내게 칼집을 등에 지고 칼을 뽑으라고 가르쳐줬다."

조고에게는 황금 100일을 하사했다. 신료들 중에서 형가와 맨손으로 박투를 벌인 사람들에게도 공로의 경중에 따라 모두 상을 내렸고, 대전 아래에서 진무양을 격살한 호위병들에게도 상을 내렸다. 몽가는 형가를 잘못 데려온 죄로 능지처참의 형벌을 받고 멸문지화를 당했다. 몽오는 벌써 병으로 죽었고 그의 아들 몽무蒙武는 비장神將으로 임명되어 있어서 당시 상황을 몰랐기 때문에 특별히 사면을 받았다. 진왕은 분노를 삭이지 못하고 군사를 더욱 늘린 다음 왕분을 장수로 삼아 그의 부친 왕전을 도와 연나라를 공격하게 했다.

연나라 태자 단도 분노를 이기지 못하고 모든 군사를 거느리고 역수 서쪽에서 진나라 군사를 맞아 싸웠다. 그러나 연나라 군사는 대패했고 하부와 송의도 전사하고 말았다. 태자 단은 계성薊城으로 몸을 피했고 그의 태부 국무까지 피살되었다. 왕전은 모든 군사를 모아 계성을 포위하여 10월에 성을 함락시켰다. 연왕 희가 태자 단에게 말했다.

"오늘 국가가 망하게 된 것은 모두 네놈 때문이다!"

그러자 태자 단이 대답했다.

"한과 조가 멸망한 것도 제 탓입니까? 지금 성안에는 아직도 정예병 2만 명이 있습니다. 이들을 이끌고 요동遼東(遼寧省 遼東半島 지역)으로 가서 험준한 산하에 의지하면 나라를 지킬 수 있을 것입니다. 아바마마! 조속히 출발하십시오!"

연왕 희는 어찌할 수가 없어서 수레에 올라 동문을 나섰다. 태자 단은 정예병을 모두 휘몰아 친히 후방의 적을 막으며 연왕을 호송했다. 이들은 요동으로 퇴각하여 평양平壤7에 도읍을 정했다. 왕전은 계성을 함락시킨 후 함양에 승리를 알렸다. 왕전은 피로 누적으로 병이 나서 사직 상소를 올리고 자신이 늙었음을 고했다. 진왕이 말했다.

"태자 단에 대한 원한을 과인은 결코 잊을 수 없다. 그런데 왕전이 벌써 늙었단 말인가!"

진왕은 장군 이신李信을 보내 왕전 대신 군사를 거느리게 하고, 연왕 부자를 추격하게 했다. 그리고 왕전은 소환하여 후한 상을 내렸다. 왕전은 병이 들어 빈양頻陽(陝西省 富平 美原鎭 古城村)으로 물러가 노년을 보냈다. 연왕은 이신의 군사가 추격해온다는 소식을 듣고 대왕代王 가에게 사신을 보내 구원을 요청했다. 그러자 대왕 가가 연왕에게 답서를 보냈다. 그 내용은 대략 이러했다.

7_『사기史記』「연소왕세가燕召王世家」 29년~33년 기록을 보면 연왕 희가 단지 요동遼東으로 도망 쳤다가 포로가 된 것으로 기록되어 있고, 평양平壤이란 지명은 없다.

진나라가 급박하게 연나라를 공격하는 까닭은 태자 단에 대한 원한 때문입니다. 대왕大王께서 태자 단을 죽여 진나라에 사죄하면 틀림없이 진나라의 분노가 풀릴 것이고 연나라의 사직에서도 제사를 이어갈 수 있을 것입니다.

연왕 희는 차마 아들을 죽일 수 없어 주저했다. 태자 단은 자신이 주살될까 겁이 나서 자신의 빈객들과 도화도桃花島(遼寧省 興城 桃花島)로 몸을 피했다. 이신은 수산首山(遼寧省 興城 경내)에 군사를 주둔시키고 서찰을 휴대한 사신을 연왕에게 보내 태자 단의 죄를 추궁했다. 연왕은 겁에 질려 거짓으로 상의할 일이 있다고 태자 단을 불러와 술을 먹였다. 연왕은 태자가 만취할 때까지 술을 먹인 다음 목을 졸라 죽이고 머리를 벴다. 연왕 희는 애절하게 통곡했다. 당시는 여름(음력 5월)이었는데 갑자기 하늘에서 큰 눈이 내려 평지에 두 자 다섯 치 깊이로 쌓였다. 살을 에는 추위까지 한겨울과 똑같았다. 사람들은 태자 단의 원한이 사무친 결과라고 말했다. 연왕은 태자 단의 머리를 상자에 넣어 이신의 군영으로 보내고 서찰을 써서 사죄했다. 이신은 파발마를 보내 이 사실을 진왕에게 보고하며 말했다.

"5월에 큰 눈이 내려 군사들이 추위에 고통을 받으며 병들어 있으니 잠시 군사를 거두게 해주십시오."

진왕이 울요에게 대책을 묻자 울요가 아뢰었다.

"지금 연나라가 요동에 깃들어 살고 있고, 조나라는 대代 땅에 깃들어 살고 있지만 저들은 떠도는 유령과 같아서 오래지 않아 저절로 흩어질 것입니다. 지금 우리가 시행해야 할 계책은 먼저 위나라를 멸망시키고 다음으로 형초荊楚를 공격하는 것입니다. 두 나라를 평정하고 나면 연과 대는 힘들이지 않고도 멸망시킬 수 있을 것입니다."

진왕이 말했다.

"좋소."

이에 이신에게 군사를 거두어 귀국하라고 명령을 내렸다. 그리고 다시 왕분을 대장으로 삼아 군사 10만을 주고 함곡관으로 가 위나라를 공격하게 했다.

이 무렵 위魏나라에서는 경민왕이 세상을 떠났고 뒤를 이어 태자 가假가 즉위한 지 3년이 되어가고 있었다. 진나라가 연나라에 대한 공격을 시작한 때부터 위왕 가는 대량大梁성을 증축하고 성 안팎에 해자를 깊이 파 미리 진나라 공격을 막아낼 준비를 했다. 그러고는 제왕齊王에게 사신을 보내 우호를 맺고 이해관계로 제왕을 설득했다.

"위나라와 제나라는 입술과 이빨의 관계와 같아서 입술이 없어지면 이빨이 시리게 되는 것처럼, 우리 위나라가 망하면 그 참화가 틀림없이 제나라에 미칠 것이오. 바라옵건대 한마음으로 협력하여 서로가 서로를 구원해줬으면 좋겠소."

이때 제나라는 군왕후君王后가 세상을 떠난 뒤 그 동생 후승后勝이 상국이 되어 국정을 맡아보고 있었다. 그는 진나라에서 황금을 많이 받아먹은 터라 이렇게 역설했다.

"진나라는 틀림없이 제나라를 배반하지 않을 것이오. 그러므로 지금 만약 위나라와 힘을 합치면 진나라의 분노를 촉발시키게 되오."

제왕 건은 후승의 말에 미혹되어 마침내 위나라 사신의 요청을 거절했다. 진나라 대장 왕분은 연전연승을 거두며 위나라 도성 대량을 포위했다. 마침 하늘에서 큰 비가 쏟아져서 왕분은 유막거油幕車[8]를 타고 나가 강물의 흐름을 관찰했다. 왕분은 황하가 대량성 서북쪽을 흐르고 변하汴河(河南省 汴河)도 형양滎陽(河南省 滎陽)에서 발원하여 대량성 서쪽을 통과하여 흐른다는 사실을 발견했다. 왕분은 군사들에게 명령을 내려 대량 서북쪽에 큰 저수지를 파고 두 강의 강물을 끌어들인 다음, 저수지에 제방을 높이 쌓아 강물이 다른 곳으로 흘러가지 못하게 했다. 군사들은 장맛비를 무릅쓰고 계속 공사를 진행했고 왕분은 친히 삿갓을 쓰고 공사를 재촉했다. 저수지가 완성되자 비가 열흘이나 계속 그치지 않았다. 저수지에 가득 찬 물은 끝도 없이 넘실거렸다. 왕분이 군사들에게 명령을 내려 제방을 터뜨리자 대량 성 안팎에 거센 물살이 들이닥쳐 사흘 동안이나 성이 물에 잠겼다. 성곽 여러 곳이 침수로 무너지자 진나라 군사가 마침내 그곳으로 쏟아져 들어갔다. 위왕 가는 신료들과 항복 문서를 어떻게 쓸 것인지 상의하다가 왕분의 포로가 되고 말았다. 왕분은 위왕을 함거에 싣고 궁궐 소속 사람들과 함께 함양으로 호송하게 했다. 위왕은 가는 도중에 병으로 죽었다. 왕분은 위나라 땅을 모두 빼앗아 삼천군三川郡을 설치했다. 아울러 야왕野王(河南省 沁陽) 땅까지 빼앗고 그곳에 거주하던 위군衛君 각角을 서인庶人으로 강등시켰다. 고찰해보면 위魏나라는 진晉 헌공 때 필만畢萬이 위 땅에 봉토를 받았다. 필만은 망계芒季를 낳았고 망계는 위 무자武子 주犨를 낳았다. 위주魏犨는 진 문공을 보좌하여 패자가 되게 했다. 위주에서 사세四世를 내려와 위 환자桓子 치侈에 이르러 범씨范氏, 중항씨中行氏, 지씨智氏를 멸했다. 위 환자 치는 위 문후文侯 사斯를 낳았고, 문후는 한, 조와 더불어 진晉나라를 셋으로 나눴다. 후에 다시 칠세七世를 전하여 위왕 가에 이르러 나라가

8_ 유막거油幕車: 방수를 위해 기름 먹인 장막을 둘러친 수레.

멸망했으니 모두 200년의 역사를 이은 셈이다. 사관이 이 일에 대한 사찬을 지었다.

필공의 후손이 위나라 세워	畢公之苗
국명을 성씨로 불러왔다네	因國爲姓
후손들이 끊임없이 번창해서	胤裔繁昌
대대로 충성스럽고 정의로웠네	世戴忠正
문후 때에 비로소 제후가 되고	文始建侯
무후 때에 더욱더 강성해졌네	武益强盛
위 혜왕은 전쟁을 좋아하여	惠王好戰
아무도 대량을 침범 못 했네	大梁不競
신릉군은 선비를 부양하면서	信陵養士
정신과 기상을 자못 떨쳤네	神氣稍振
경민왕에 이르러 쇠미한 뒤에	景湣式微
이세二世를 전하여 멸망했네	再傳而隕

이때가 진왕 정 22년이었다. 이해에 진왕은 울요의 계책에 따라 다시 초나라 정벌에 나서면서 이신에게 물었다.

"장군의 생각으로는 초나라 정벌에 군사를 어느 정도 동원하면 충분할 것 같소?"

이신이 대답했다.

"25만이면 충분합니다."

진왕은 다시 노 장군 왕전을 불러 물었다. 왕전이 대답했다.

"이신이 25만으로 초나라를 공격할 수 있다고 했지만 그 병력만으로는 반드시 패배할 것입니다. 신의 어리석은 의견으로는 60만 대군이 아니면 불가합니다."

진왕은 마음속으로 이렇게 생각했다.

'노인은 본래 겁이 많으므로 용감한 이 장군보다 못하다.'

진왕은 마침내 왕전의 계책을 쓰지 않고 이신을 대장에 임명하고 몽무를 부장으로 삼아 20만 명의 군사를 주어 초나라를 공격하게 했다. 이신은 군사를 둘로 나누었다. 이신 자신은 직접 평여平興(河南省 平興)를 공격했고, 부장 몽무에게는 침구寢邱(安徽省 臨泉)를 공격하게 했다. 이신은 나이가 젊은 용장이어서 북소리 한 번으로 평여성을 함락시킨 뒤 다시 군사를 거느리고 서쪽으로 진격하여 신성申城(河南省 南陽 북쪽)을 격파했다. 이신은 사자를 시켜 몽무에게 서찰을 보내 성보城父(河南省 平頂山)에 모여 군사를 합친 뒤 주성邾城(湖北省 黃岡 黃州區)을 공략하기로 약속했다.

이야기가 두 갈래로 나뉜다. 한편 초나라에서는 이원이 춘신군 황헐을 죽이고 유왕幽王 한捍[9]을 세웠다. 유왕 한은 바로 황헐과 이원의 여동생이 관계하여 낳은 아들이었다. 유왕은 즉위한 지 10년 만에 죽었고 아들이 없었다. 이미 이원도 죽은 뒤였기 때문에 신료들은 초나라 종친 공자인 유猶를 보위에 올렸다. 이 사람이 초 애왕哀王이다. 애왕은 즉위 두 달 만에 그 서형庶兄인 부추負芻의 습격을 받고 피살되었다. 이후 마침내 부추가 자립하여 왕이 되었다. 초왕 부추는 즉위한 지 3년 만에 진나라 군사가 초나

9_『사기』에는 한捍으로 되어 있다.

라 땅으로 깊이 쳐들어왔다는 보고를 받고 항연項燕을 대장에 임명하여 군사 20여만 명을 주고 수륙 양면으로 동시에 진격하게 했다. 항연은 이신이 신성에서 군사를 출발시킨다는 사실을 알고, 자신은 군사를 이끌고 나가 서릉西陵(湖北省 宜昌 西陵區)에서 적을 맞아 싸우고 부장 굴정屈定에게는 노대산魯臺山(湖北省 武漢 黃陂區 경내) 일곱 곳에 군사를 매복하게 했다. 이신은 용기만 믿고 전진하다 항연을 만나 교전을 벌였다. 싸움이 무르익을 즈음, 일곱 곳에 매복해 있던 초나라 군사가 모두 떨쳐 일어나 공격에 나섰다. 이신은 맞서 싸울 수가 없어서 대패하여 달아났다. 항연은 사흘 밤낮을 쉬지 않고 이신의 군사를 추격했다. 진나라 도위都尉 일곱 명이 죽었고 또 이루 헤아릴 수 없을 정도로 많은 군사도 죽었다. 이신은 패잔병을 이끌고 명액冥阨(河南省 信陽 平靖關)으로 후퇴하여 숨을 돌렸다. 그러나 항연은 계속 명액성을 공격했고 이신은 또다시 성을 버리고 달아났다. 항연은 평여까지 추격하여 빼앗긴 땅을 모두 수복했다. 몽무는 성보에 도착하기도 전에 이신의 군대가 패배했다는 소식을 듣고 역시 옛 조나라 경계로 후퇴한 뒤 진왕에게 사자를 보내 위급함을 보고했다.

진왕은 격노하여 이신의 관직과 봉읍을 삭탈하고 친히 어가에 올라 빈양으로 왕전을 만나러 갔다. 진왕이 물었다.

"장군께서는 이신이 20만 군사를 거느리고 가면 틀림없이 패배할 것이라고 했는데, 지금 과연 우리 군사를 욕되게 했소. 장군께서는 지금 병환 중이지만 과인을 위해 억지로라도 몸을 일으켜 군사를 한 번만 이끌어주시오."

왕전은 재배를 올리며 사양했다.

"노신은 병이 들어 정신이 혼란하고 심신이 모두 노쇠했습니다. 대왕마마께서는 다른 현명한 장수를 선택하여 임무를 맡기십시오."

왕전이 병법을 논하여 이신을 대신하다.

"이번 싸움은 장군이 아니면 이길 수 없소. 장군께서는 부디 거절하지 마시오."

"대왕마마께서 부득이하게 신을 등용하고자 하시면 60만 대군을 주시지 않으면 안 됩니다."

"과인이 듣건대 '옛날 큰 나라엔 삼군三軍이 있었고 그다음 나라엔 이군二軍이 있었으며 작은 나라엔 일군一軍만 있었으나 늘 군사를 모두 출동시키지 않았기 때문에 일찍이 군사가 모자란 적은 없었다'고 하오. 오패五覇가 제후들을 군사로 압박할 때도 1000승에 불과했소. 1승을 75명으로 계산한다 해도 10만 명에 못 미치는 숫자요. 그런데 지금 장군께서는 반드시 60만 명이 필요하다고 하시니 이것은 고금을 막론하고 일찍이 없었던 일이오."

"옛날에는 날짜를 정하고 진영을 펼쳤으며 모두 진영을 펼친 다음 전투를 벌였습니다. 정벌을 할 때도 일정한 법도가 있었고, 무기를 쓸 때도 중상을 입히려 하지 않았으며 죄를 성토한 후에 땅을 병합하지도 않았습니다. 비록 무기를 들고 싸울 때라도 예법에 맞게 양보하는 마음을 보였습니다. 이 때문에 제왕이 군사를 쓸 때는 절대로 많은 군사를 동원하지 않았습니다. 제 환공이 국내에서 정치를 행할 때는 군사가 불과 3만에 불과했고, 그것도 번갈아가면서 군사를 동원했습니다. 그러나 지금은 열국 모두 군사를 동원해 전쟁을 하고 있는 상황입니다. 강한 나라가 약한 나라를 능멸하고, 많은 군사로 적은 군사를 짓밟고 있습니다. 적을 만나면 바로 죽이고, 땅을 만나면 바로 공격에 나서는 형편입니다. 적의 수급首級을 보고할 때면 한 번에 수만 명을 헤아리는 것이 예사이고, 적의 성을 포위할 때도 몇 년씩 지속하는 것이 흔한 일이 되었습니다. 이러한 까닭에 농부도 모두 창칼을 들고 싸움터에 나서게 되었고, 어린아이들까지 모두 병적兵籍에 올라 있는 형편입니다. 지금 천하의 대세가 이렇게 되었으니 비록 군사를 적게 동원하려고 해도 그렇게 할 수 없는 시대가 되었습니다. 게다가 초나라는 동남쪽 모든 땅을 차지하고 있어서 단 한 번 호령하기만 해도 100만 군사를 동원할 수 있습니다. 신이 60만이라고 했지만 이 숫자로도 초나라를 당해내지 못할까 두렵습니다. 그러니 어찌 이보다 숫자를 더 깎을 수 있겠습니까?"

진왕이 탄식하며 말했다.

"장군께서 전쟁터에서 늙지 않았다면 이처럼 투철하게 상황을 파악할 수 없었을 것이오. 과인은 장군의 요구에 따르겠소!"

진왕은 마침내 어가 뒤의 수레에 왕전을 태우고 조정으로 돌아와 그날 바로 대장에 임명하고 60만 대군을 주었다. 아울러 몽무를 부장으로 임명했다.

출정에 앞서 진왕은 친히 패상壩上(灞上의 오류, 陝西省 西安 동쪽)까지 나가 송별연을 베풀었다. 왕전은 술잔을 잡고 진왕의 만수무강을 빌며 이렇게 말했다.

"대왕마마! 이 잔을 다 비우십시오. 신이 한 가지 요청드릴 것이 있습니다."

진왕은 단숨에 잔을 비우고 물었다.

"무슨 말씀이시오?"

왕전은 소매 속에서 죽간 하나를 꺼냈다. 거기에는 함양 땅의 비옥한 전답과 좋은 주택이 여러 곳 표시되어 있었다. 왕전이 진왕에게 요청했다.

"이 몇 곳을 신의 집에 내려주십시오."

진왕이 말했다.

"장군께서 성공하고 돌아오시면 과인은 장군과 부귀를 함께할 것이오. 어찌 가난해질까 걱정하시오?"

왕전이 말했다.

"신은 늙었습니다. 대왕마마께서 신을 제후로 봉해 위로해주신다 해도 그것은 마치 바람 앞의 촛불과 같을 것이니 그 빛이 얼마나 가겠습니까? 신이 살아서 눈으로 볼 수 있을 때 비옥한 전답과 좋은 주택을 많이 받아 자손에게 물려주고 싶습니다. 그럼 우리 자손들은 대대로 대왕마마의 은혜를 받고 살아갈 수 있을 것입니다."

진왕은 크게 웃으며 왕전의 요청을 허락했다. 왕전은 함곡관에 이르러 진왕에게 사자를 보내 아름다운 동산과 연못 몇 군데를 더 달라고 했다. 몽무가 말했다.

"노장군께서 요청하시는 것이 지나치게 많은 것 아닙니까?"

왕전이 비밀리에 몽무에게 말했다.

"진왕은 성격이 사납고 의심이 많네. 지금 정예병 60만을 내게 줬으니 이건 온 나라의 군사를 준 셈이네. 내가 자손을 위해 좋은 땅과 집을 달라고 한 것은 바로 진왕의 마음을 안심시키기 위한 방책일세."

몽무가 말했다.

"노장군의 고견에는 제가 도저히 미칠 수 없습니다."

왕전의 초나라 정벌이 어떻게 될지는 다음 회를 보시라.

하나가 된 천하

육국을 병합하여 천하를 하나로 통일하고
시황을 일컬으며 모든 땅에 군현을 설치하다
兼六國混一興圖, 號始皇建立郡縣.

　진나라 장수 왕전은 이신 대신 대장이 되어 군사 60만을 거느리고 초나라 정벌에 나섰다. 초나라 대장 항연은 동강東岡을 지키며 왕전을 막았다. 항연은 진나라 군사가 엄청난 대군임을 보고 초왕에게 파발마를 띄워 군사와 장수를 더 보태달라고 요청했다. 초왕은 다시 20만 군사를 일으켜 경기景騏를 대장으로 삼아 항연을 돕게 했다. 한편 왕전은 천중산天中山(河南省 汝南 城北 天台山)에 군사를 주둔시키고 10여 리에 걸쳐 군영을 늘어세운 뒤 방어벽을 견고하게 쌓고 굳게 지킬 뿐이었다. 항연은 날마다 군사를 보내 싸움을 걸었지만 진나라 군사는 끝내 나오지 않았다. 항연이 말했다.

　"왕전은 늙은 장수라 전투를 겁내고 있는 것이 분명하다!"

　이때 왕전은 군사들을 목욕시키고 날마다 소를 잡아 배불리 먹였다. 장수와 군리軍吏들은 왕전이 베푸는 은혜에 감동하여 전심전력을 다해 나가 싸우겠다고 누누이 청했지만 그때마다 왕전은 맛있는 술만 보내줄 뿐 전투를 허락하지 않았다. 이와 같이 세월을 보내자 병졸들은 할 일이 없어서 날마다 투석投石과 초거超距 놀이에만 열중했다. 범여가 쓴 『병법』에 보면 '투석'이란 무게가 열두 근 나가는 돌멩이를 나무로 만든 발사 틀에 얹어 멀리 쏘는 놀이다. 발사된 돌멩이가 300보 이상 나가면 승자가 되고, 거기에 미치지 못하면 패자가 된다. 그중에서도 힘이 센 사람은 맨손으로도 돌멩이를 날렸는데, 그런 사람은 더 많은 승리를 얻은 것으로 간주되었다. 또 '초거'란 7~8자 되는 높이에 나무를 가로로 걸쳐놓고 그것을 뛰어넘으며 내기를 하는 놀이다. 왕전은 매일 각 군영의 군리를 시켜 그 승부의 결과를 몰래 기록하게 하여 군사들 중 강한 자와 약한 자를 파악했다. 그런 가운데 밖으로는 더욱 조심하며 방어에만 집착하는 모습을 보였다. 군사들에게도 초나라 경계로 가서 땔감을 채취하는 것을 금지했고, 혹시 초나라 사람을 사로잡더라도 술과 음식을 넉넉하게 대접하고 그대로 돌려보냈다. 이렇게 대치한 지 1년이 넘도록 항연은 끝내 한 번도 전투를 할 수 없었다. 항연은 왕전이 겉으로는 초나라를 정벌한다고 해놓고 기실 스스로를 지키는 데 급급하다고 생각했다. 항연은 마침내 전투 준비를 소홀히 하게 되었다.

그러던 어느 날 왕전은 갑자기 장졸들에게 음식을 넉넉하게 먹이면서 말했다.

"오늘 제군들과 초나라를 격파할 것이다!"

그러자 장졸들은 모두 손바닥에 침을 뱉고 주먹을 움켜쥐며 앞다투어 선봉에 서려 했다. 왕전은 날쌔고 힘센 군사 약 2만 명을 선발하여 '장사壯士'란 이름을 붙여준 뒤 별도로 한 부대를 편성하여 돌격대로 삼았다. 그리고 군사를 여러 갈래로 나누어 공격하다가 초나라 군사가 패배하는 것을 보면 각각 자신의 부대별로 진격하여 땅을 공략하라고 분부를 내렸다. 항연은 생각지도 못한 상황에서 창졸지간에 진나라의 공격을 받고 서둘러 성을 나와 싸움에 임했다. 그러나 진나라의 장사들로 이루어진 돌격대는 오랫동안 힘을 축적해온 터라 온몸이 근질거리는 것을 이기지 못하고 초나라 군사를 일당백의 기세로 공격했다. 결국 초나라 군사는 대패했고 굴정도 전사하고 말했다. 항연과 경기는 패잔병을 이끌고 동쪽으로 달아났다. 왕전은 승세를 타고 그들을 추격하여 다시 영안성永安城(湖北省 黃岡 黃州區)에서 싸움을 벌였다. 진나라 군사가 다시 초나라 군사를 크게 격파하고 마침내 서릉西陵까지 함락시키자 형양荊襄(湖北省 荊州, 荊門, 襄陽 일대) 땅이 큰 혼란에 휩싸였다. 왕전은 몽무에게 군사 절반을 나누어서 악저鄂渚(湖北省 鄂州)에 주둔하게 하고, 호남湖南 각 군郡으로 격문을 보내 진왕의 위엄과 덕망을 널리 알리게 했다. 왕전 자신은 대군을 이끌고 회남淮南(회하淮河 남쪽 일대)으로 직진하여 초나라 도성인 수춘壽春(安徽省 壽縣)을 들이쳤다. 또 한편으로 함양으로 사자를 보내 진왕에게 승리를 보고했다. 항연이 회수 위쪽으로 군사를 모집하러 갔다가 아직 돌아오지 않은 틈에 왕전은 급하게 공격을 퍼부어 수춘성을 마침내 함락시켰다. 경기는 수춘성 성루에서 칼로 목을 찔러 자결했고, 초왕 부추는 포로가 되었다. 진왕 정은 어가를 타고 친히 번구樊口(湖北省 鄂州 鄂城區 樊口)로 나아가서 초나라 포로를 받았다. 진왕은 자신의 임금을 시해한 초왕 부추의 죄를 물어 그를 서인으로 강등시켰다. 또 왕전에게 악저에서 군사를 모두 합쳐 형양 땅을 수습하게 했다. 그리하여 동정호洞庭湖와 상강湘江(湖南省 湘江) 일대의 군현들은 바람에 풀잎이 휩쓸리듯 모두 무너졌다.

한편 항연은 다시 군사 2만5000명을 모집하여 서성徐城(江蘇省 徐州)에 이르렀다가 마침 그곳으로 피란해온 초왕의 친동생 창평군昌平君을 만났다. 창평군이 말했다.

"수춘성은 함락되었고 대왕마마께서는 포로로 잡혀가신지라 그 생사조차 알지 못하오."

항연이 말했다.

"장강을 경계로 오나라와 월나라 땅 1000여 리가 아직 남아 있으니 그곳에서 다시 나라를 세울 수 있습니다."

그들은 무리를 이끌고 장강을 건너가 창평군을 초왕으로 삼고 난릉蘭陵(江蘇省 常州)에 거점을 마련한 뒤 군사를 잘 수습하여 성을 굳게 지켰다.

이 무렵 왕전은 벌써 회북淮北과 회남淮南 땅을 모두 평정하고 악저에서 진왕을 알현했다. 진왕은 그의 공로를 크게 칭찬한 뒤 이렇게 말했다.

"항연이 다시 강남에서 초왕을 옹립했다 하오. 어찌하면 좋소?"

왕전이 말했다.

"초나라는 장강과 회수에 의지하고 있었으나 지금은 회수 전역을 우리가 점령했습니다. 저들이 강남에서 남은 숨을 겨우 몰아쉬고 있지만 우리가 대군을 몰아가면 바로 사로잡을 수 있을 것입니다. 무슨 걱정이 있겠습니까?"

진왕이 말했다.

"왕 장군께서는 춘추 연로하심에도 불구하고 그 뜻이 참으로 씩씩하구려."

이튿날 진왕은 어가에 올라 함양으로 돌아갔다. 그러나 왕전을 계속 그곳에 머물게 하여 강남을 평정하게 했다. 왕전은 몽무에게 앵무주鸚鵡洲(湖北省 武漢 漢陽區 바깥 강 속)에서 배를 만들게 했다. 해를 넘겨 배가 완성되자 장강의 흐름을 타고 하류로 내려갔다. 강을 지키던 초나라 군사들도 진나라 군사의 기세를 막을 수 없었다. 진나라 군사는 마침내 육지로 올라가 10만 장졸을 황산黃山(安徽省 黃山)에 주둔시키고 장강 어귀의 출입을 끊었다. 진나라 대군은 주방朱方(江蘇省 鎭江 丹徒區 동남)으로부터 진격해 들어가 난릉을 포위하고 사방에 군영을 늘어세웠다. 진나라 군사의 기세는 하늘에까지 진동했다. 무릇 부초산夫椒山(江蘇省 無錫 馬迹山), 군산君山(江蘇省 江陰 君山), 형남산荊南山(江蘇省 宜興 荊南山) 일대에 끝도 없이 많은 진나라 군사가 주둔하여 월越 땅에서 오는 구원병을 막았다. 초나라 장수 항연은 성안의 군사를 모두 이끌고 성 밖으로 나와 전투에 임했다. 처음 맞붙었을 때 진나라 군사가 조금 밀리자, 왕전은 장사로 편성된 군대를 좌우 두 부대로 나눈 뒤 각각 단도短刀를 들고 고함을 지르며 초나라 진영으로 돌진하게 했다. 그 와중에 몽무가 직접 초나라 비장 한 명의 목을 베고 또 한 명을 생포하자 진나라 군사는 용기백배하여 공격에 나섰다. 항연은 다시 대패하여 성안으로 도망쳐 성문을 굳게 닫고 방어에만 전념했다. 왕전은 높은 사다리를 이용해 성을 공격했다. 이에 맞서 항연은 불화살을 퍼부어 사다리를 불태웠다. 몽무가 말했다.

"항연은 이제 가마솥에 든 물고기입니다. 만약 우리가 성과 같은 높이로 보루를 높이 쌓고 사방에서 급하게 공격을 퍼부으면, 저들의 군사는 적고 우리 군사는 많기 때문에 세세하게 방어하지 못할 것입니다. 이렇게 하면 한 달도 못 돼 성을 함락시킬 수 있습니다."

왕전은 몽무의 계책에 따라 더욱 급박하게 성을 공격했다. 창평군은 친히 성을 돌며 군사를 독려하다 날아온 화살에 맞고 말았다. 군사들이 부축해 행궁으로 옮겼지만 한밤중에 결국 숨을 거두고 말았다. 항연이 울면서 말했다.

"내가 이 세상에서 목숨을 연명하고 있는 까닭은 미씨芈氏[1]의 핏줄이 아직 끊어지지 않았기 때문이었다. 그러나 오늘 창평군마저 세상을 떠났으니 무슨 희망이 있겠는가?"

그러고는 하늘을 우러러 길게 세 번 울부짖고 스스로 칼을 뽑아 목을 찌르고 죽었다. 난릉 성안이 발칵 뒤집혔다. 진나라 군사는 마침내 성벽을 넘어가 성문을 열었다. 왕전은 군사를 잘 정돈하고 성안으로 들어가 백성을 위로하고 안정시켰다.

이후 마침내 대군을 이끌고 남쪽으로 내려가 석산錫山(江蘇省 無錫)에 이르렀다. 군사들이 밥을 하기 위해 솥을 걸려고 땅을 파다가 옛날 비석을 발굴했다. 비석 위에는 열두 자의 글씨가 새겨져 있었다.

주석이 나면 무기를 만들게 되니 천하가 다툴 것이요, 주석이 나지 않으면 모두가 편안해질 것이니 천하가 맑게 된다有錫兵, 天下爭, 無錫寧, 天下淸.

왕전이 그곳 토박이를 불러서 묻자 그들이 대답했다.

"이 산은 혜산惠山(江蘇省 無錫 惠山區)의 동봉東峯인데 주周 평왕平王이 낙양으로 동천東遷한 뒤부터 아연과 주석이 나기 시작해서 석산錫山이라고 불렀습니다. 40년 동안 계속 파내도 고갈되지 않았는데 근래에 주석 생산이 점점 줄어들고 있습니다. 이 비석은 누가 만든 것인지 모르겠습니다."

왕전이 감탄하며 말했다.

"이 비석이 출토된 걸 보니 천하가 이제 점차 평화를 찾아갈 것 같소. 이

1_ 초나라 왕실은 웅성熊姓 미씨芈氏다.

어찌 옛날 분들이 미리 천하의 운수를 알고 비석을 묻어놓은 것이 아니겠소? 지금부터는 이곳을 무석無錫이라 부르겠소."

오늘날 무석이란 지명은 실로 이때부터 비롯된 것이다. 왕전이 군사를 이끌고 고소성姑蘇城(江蘇省 蘇州)으로 들어가자 그곳을 지키던 관리가 성을 들어 항복했다. 왕전은 마침내 절강浙江(浙江省 錢塘江)을 건너가 옛 월나라 땅을 평정했다. 월왕의 자손들은 월나라가 멸망한 후 용강甬江(浙江省 甬江)과 천태天台(浙江省 天台) 사이의 땅으로 흩어져 바다에 의지해 살아갔다. 그들은 스스로 군장君長이라 일컬었지만 서로가 서로를 통솔하거나 구속하지는 않았다. 이때에 이르러 진왕의 위엄과 덕망을 전해 듣고는 모두 땅을 바치고 항복했다. 왕전은 그곳 땅과 호구를 수습하여 빠른 파발마를 띄워 진왕에게 보고했다. 아울러 예장豫章(江西省 南昌 일대) 땅을 평정한 후 그곳에 구강九江(江西省 九江 일대)과 회계會稽(浙江省 紹興 일대) 두 군郡을 설치했다. 이로써 축융祝融을 모시던 초나라의 제사가 영원히 끊겼다. 이것은 진왕 정 24년의 일이었다. 고찰해보면 초나라는 주 환왕 16년에 무왕 웅통熊通이 강대한 국력을 바탕으로 처음 왕을 칭했다. 이때부터 해마다 주위의 작은 나라를 병탄했고 다시 오세五世를 내려가 소왕 때에 이르러 오나라에 의해 거의 멸망당할 뻔했다. 그러고는 다시 육세六世를 내려가 위왕 상商 때에 이르러서는 오나라와 월나라 땅을 모두 차지했다. 이에 장강과 회수 유역이 모두 초나라에 소속되어 초나라는 천하의 반을 점유하게 되었다. 이후 회왕懷王 괴槐는 간신 근상을 등용했다가 진나라에 기만을 당했다. 이때부터 점차 쇠약해지기 시작하여 오세五世 뒤 초왕 부추에 이르러 결국 진나라에 병합되고 말았다. 사관이 이에 대한 사찬을 지었다.

육웅의 후손인 웅역에 와서	鬻熊之嗣
처음으로 초 땅에 봉토받았네	肇封於楚
무왕은 칭왕稱王하고 장왕은 패자霸者	通王旅霸
남쪽 땅 큰 영토를 개척했도다	大開南土
공자 위는 적통 조카 왕위 빼앗고	子圍簒嫡
상신은 부왕을 시해했도다	商臣弑父
천벌을 받고도 뉘우침 없이	天禍未悔
간신에 의지해 자만했도다	憑奸自怗
소왕은 곤경에 빠져 도주했고	昭困奔亡
회왕은 핍박당해 진에 갇혔네	懷迫囚苦
경양왕과 고열왕 때 쇠미해져서	襄烈逐衰
부추는 진나라의 포로 되었네	負芻爲虜

왕전은 초나라를 멸망시키고 군사를 거두어 함양으로 돌아갔다. 진왕은 그에게 황금 1000일을 하사했다. 왕전은 늙음을 고하고 빈양으로 돌아갔다. 진왕은 왕전의 아들 왕분을 대장으로 삼고 요동에 있는 연왕燕王을 공격하게 했다. 진왕이 왕분에게 명령을 내렸다.

"장군께서 만약 요동을 평정한 뒤 파죽지세로 진군하면 바로 대 땅을 취할 수 있을 것이오. 그럼 다시 번거롭게 군사를 일으킬 필요가 없소."

왕분은 군사를 이끌고 압록강을 건너 평양성을 포위하여 함락시킨 뒤 연왕 희를 포로로 잡아 함양으로 압송했다.[2] 진왕은 연왕을 서인으로 강등시켰다. 고찰해보면 연나라는 소공召公 석奭이 처음으로 봉토를 받았고, 구세九世 혜후惠侯에 이르러 주周 여왕厲王이 연나라 근처 오랑캐 땅인 체罷

(山西省 霍州 동북)로 도망갔다. 다시 팔세八世를 전하여 장공莊公에 이르러 제환공이 500리의 땅을 개척하여 연나라에 줬다. 이때부터 연나라는 강해지기 시작했다. 다시 19세世를 전하여 문공에 이르러 소진의 '합종책'을 써서 열국과 연합했다. 문공의 아들 역왕은 처음으로 왕이라 칭하고 칠웅七雄에 들었다. 역왕은 아들 쾌에게 왕위를 전했으나 제나라에게 멸망당했다. 쾌의 아들 소왕이 다시 나라를 회복한 뒤 사세四世를 전하여 연왕 희에 이르러 결국 나라가 멸망했다. 사관이 이에 대한 사찬을 지었다.

소공이 섬陝 땅을 다스린 후에	召伯治陝
「감당」 시로 그 덕을 그리워했네	甘棠懷德
역왕은 왕호를 참칭하면서	易王僭號
육국 대열에 나란히 늘어섰다네	齒於六國
연왕 쾌는 나약하여 멸망했지만	噲以懦亡
소왕이 힘을 길러 다시 세웠네	平以強獲
태자 단의 계획이 실패하여	一謀不就
요동 땅까지도 잃고 말았네	遼東并失

2_ 연왕 희가 진나라의 공격을 받고 도주하여 우리나라 평양에 도읍을 정했다는 학설과 진秦나라 장수 왕전이 압록강을 건너 평양을 함락시키고 연왕 희를 잡아갔다는 학설은 중국 측의 잘못된 인식에 불과하다. 사마천의 『사기史記』 「연소공세가燕召公世家」에는 당시 상황을 다음과 같이 기록하고 있다. "연왕 희 29년 진秦나라가 연나라 계성을 함락시키자 연왕은 도망쳐서 요동으로 옮겨 거주했고, 태자 단을 죽여서 진나라에 바쳤다. 30년에 진나라가 위나라를 멸망시켰다. 33년 진나라가 요동을 함락시키고 연왕 희를 포로로 잡으면서 마침내 연나라를 멸망시켰다二十九年, 秦攻拔我薊, 燕王亡, 徙居遼東, 斬丹以獻秦. 三十年, 秦滅魏. 三十三年, 秦拔遼東, 虜燕王喜, 卒滅燕." 여기에서도 알 수 있듯 연왕 희는 요동으로 도망쳤다가 그곳에서 진나라 군사에게 잡혀간 것이 확실하다.

보위를 전한 지 43대代에 　　　　　　　　　傳四十三

역사는 800~900년을 이어나갔네 　　　　　年八九伯

연나라 희성姬姓이 뒤에 망한 건 　　　　　姬姓後亡

소공 은택 이어진 덕분이라네 　　　　　　召公之澤

　　왕분은 연나라를 멸망시킨 뒤 마침내 군사를 옮겨 대 땅을 공격했다. 대
왕代王 가는 패배하여 흉노로 달아나려 하다가 묘아장猫兒莊(内蒙古自治區 涼城
동북)에서 왕분의 추격군에 붙잡혔다. 그는 진나라 군사에게 사로잡혀 옥
에 갇히자 결국 자결로 생을 마감했다. 왕분은 운중雲中(内蒙古 呼和浩特 托克
托 일대)과 안문雁門(山西省 代縣 북방 일대) 땅까지 모두 평정했다. 이것은 진왕
정 25년의 일이었다. 고찰해보면 조나라는 조보造父가 주周나라를 섬긴 후
대대로 주나라 대부를 역임했다. 그 뒤 주 유왕이 무도한 정치를 하자 숙
대叔帶는 진晉나라로 도망쳐 진 문후文侯를 섬기고, 처음으로 조 땅에 봉토
를 받아 조씨趙氏를 칭했다. 다시 오세五世 뒤 조숙趙夙에 이르러 진 헌공을
섬겼고, 또 이세二世를 지나 조최趙衰에 이르러 진 문공을 섬겼다. 조최의
아들 조돈趙盾은 양공襄公, 성공成公, 경공景公 세 군주를 섬겼다. 이 기간 동
안 진나라가 천하의 패자로 군림하자 조씨는 대대로 패자를 보좌하는 중
신重臣의 대열에 들었다. 조돈의 아들 조삭趙朔 때 모함을 받아 멸문지화를
당했지만 조삭의 아들 조무趙武가 다시 가문을 일으켜 세웠다. 다시 이세二
世를 지나 조 간자簡子 앙鞅이 가문을 중흥시켰고, 조 간자는 가문의 종통
을 조趙 양자襄子 무휼毋卹에게 전했다. 무휼은 한나라, 위나라와 함께 진晉
나라를 셋으로 나눈 뒤, 보위를 자신의 조카 환자桓子 완浣에게 전했다. 환
자의 아들 적籍은 처음으로 제후를 칭했고 사후 열烈이란 시호를 받았다.

이후 육세六世 뒤 무령왕은 전국에 북방 오랑캐 옷을 입으라고 명령을 내리고 군사력을 키웠다. 다시 사세四世를 지나 조왕趙王 천에 이르러 진秦나라의 포로가 되었고, 공자 가는 대 땅으로 도망가 스스로 대왕代王에 즉위한 다음 조나라의 제사를 이었다. 대왕 가는 재위 6년 만에 진나라에 의해 멸망당했다. 이로부터 여섯 나라 중 마침내 다섯 나라가 망하여 제나라만 남게 되었다. 사관이 이에 대한 사찬을 지었다.

조씨의 연원이 된 선대先代 조상은	趙氏之世
진나라 선조와 뿌리가 같네	與秦同祖
주 목왕이 서나라를 평정한 후에	周穆平徐
조보에게 조 땅을 봉토로 줬네	乃封造父
숙대는 비로소 진晉을 섬겼고	帶始事晉
조숙은 처음으로 진 땅 받았네	夙初有土
조무 이후 진경을 세습하다가	武世晉卿
조적이 조나라 군주가 됐네	籍爲趙主
호복 입고 강한 군사 양성했으나	胡服雖强
내우외환 국란이 그치지 않았네	內亂外侮
염파와 이목도 등용 못 하여	頗牧不用
조왕 천은 진나라의 포로가 됐네	王遷囚虜
운중(대代)에서 6년을 버텨낸 것은	雲中六載
한 가닥 남은 불길 사른 것이네	餘焰一吐

왕분이 함양에 승첩을 알리자 진왕은 뛸 듯이 기뻐하며 왕분에게 친필

서찰을 내렸다. 그 내용은 대략 이러했다.

장군께서는 한 번 출정으로 연과 대를 평정하기 위해 2000여 리를 치달렸으니 장군의 부친과 비교해보더라도 그 고생과 공로가 막상막하라 할 만하오. 비록 그렇지만 연나라에서 제나라로 가는 길은 장군께서 진秦나라로 돌아오는 남북 통로의 중간에 걸쳐 있소. 제나라가 아직 남아 있음은, 사람의 몸에 비유하면 아직 팔뚝 하나를 붙이지 못한 것과 같소. 부디 장군의 넉넉한 위력으로 우레와 번개가 치듯 제나라를 격파해주기 바라오. 그럼 우리 진나라에서 장군 부자의 공로에 짝할 사람은 아무도 없을 것이오.

왕분은 진왕의 서찰을 받고 나서 마침내 군사를 이끌고 연산燕山(河北省 北京 북쪽) 산맥을 탈취한 뒤 하간河間 땅을 바라보며 남쪽으로 행군을 시작했다.

한편 제왕 건은 상국 후승의 말을 듣고 한과 위를 구원하지 않았다. 오히려 진秦나라가 다른 나라를 멸망시킬 때마다 사신을 진나라로 보내 하례를 올렸다. 진나라는 매번 제나라 사신에게 막대한 황금을 선물로 줬다. 사신은 귀국하여 진왕의 극진한 대접을 자세히 진술했고, 제왕齊王은 진나라와의 우호관계가 믿을 만하다고 생각하고 아무런 전쟁 준비도 하지 않았다. 이윽고 다섯 나라가 모두 멸망했다는 소식을 듣고 제왕 건은 내심 불안을 금치 못하며 후승과 대책을 상의하고, 처음으로 군사를 출동시켜 서쪽 경계를 지키며 진나라 군사의 습격을 방비하게 했다. 그러나 왕분의 군사가 오교吳橋(河北省 吳橋)를 거쳐 곧추 제남濟南(山東省 濟南 일대) 땅으로 쳐들어올 줄은 전혀 짐작도 못하고 있었다. 이때 제나라는 제왕 건이 즉위한 뒤 44년 동안 전쟁을 겪지 않아 상하 모두 무사안일에 젖어 있어서 여태껏 한 번도 군사 훈련을 한 적이 없었다. 게다가 진나라 군사가 강하고 사납다는 말을 평소 전설로만 들었을 뿐이었다. 그런데 오늘 수십만에 달하는 진나라 군사가 마치 태산이 무너지듯 쏟아져 들어오니 어찌 두려워 떨지 않을 수 있겠는가? 또 이러한 상황에서 어느 누가 감히 진나라 군사에 대적할 수 있겠는가? 진나라 대장 왕분은 역하歷下(山東省 濟南 歷下區)와 치천淄川(山東省 淄博 淄川區)으로부터 곧바로 제나라 도성 임치로 나아갔다. 진나라 군사는 승승장구하며 마치 무인지경을 가듯 제나라 땅을 휩쓸었다. 임치성 백성은 대혼란에 빠져 어지럽게 도망가기에 바빠서 성문조차 지키지 않았다. 후승은 속수무책이 되어 결국 제왕 건에게 항복을 권할 수밖에 없었다. 왕분은 칼날에 피 한 방울 묻히지 않고 두 달 사이에 산동 땅 전역을 차지했다. 진왕은 승전 소식을 듣고 전령을 보내 알렸다.

"제왕 건은 후승의 계책만 믿고, 앞서 우리 진나라 사신을 사절하고 반역을 하려 했다. 지금 우리 진나라 장졸들이 내 명령에 따라 제나라를 멸망시켰으니 참으로 다행한 일이다. 본래 제나라 군신을 모두 도륙해야 마땅하지만, 제왕 건이 40여 년 동안 공손하게 우리 진나라를 섬긴 정을 생각하여 목숨만은 살려주고자 한다. 지금 제왕 건과 그 처자식을 모두 공성共城(河南省 輝縣)으로 옮기고 하루에 곡식 한 말만 지급하여 여생을 마치게 하라. 후승은 그곳에서 참수하라."

왕분은 진왕의 명령을 받들어 후승을 참수하고 관리와 병졸을 시켜 제왕 건을 공성으로 압송했다. 그곳은 초가집 몇 칸만 남아 있는 태항산 기슭이었다. 사방에는 소나무와 잣나무만 무성했고 사람 자취라곤 없었다.

내시와 궁녀들은 대부분 뿔뿔이 흩어졌지만 그래도 수십 명이 남아 있었다. 수십 명이 곡식 한 말에 의지해 살려니 입에 풀칠을 할 수도 없었다. 때로는 담당 관리가 곡식을 주지 않을 때도 있었다. 제왕 건의 혈육은 아들 하나뿐이었다. 나이가 어린 그 아들은 밤마다 배고픔에 지쳐 슬피 울었다. 제왕 건은 처연하게 일어나 앉아 바람이 송백에 스치는 소리를 들으며 생각에 잠겼다.

"임치에 있을 때는 얼마나 부귀했던가? 내가 간신 후승의 말만 듣고 결국 망국의 나락에 빠져들고 말았다. 내 이제 깊은 산속에서 굶어 죽는 신세가 되었으니 후회한들 무슨 소용이 있으랴?"

그는 끊임없이 눈물을 흘리다가 결국 며칠 지나지 않아 세상을 떠났다. 내시와 궁녀들도 모두 도망쳤고 제왕 건의 아들도 간 곳을 알지 못하게 되었다. 전해오는 소문에 의하면 제왕 건은 굶어 죽었고, 제나라 사람들이 소문을 듣고 슬퍼하며 노래를 지었다고 한다.

소나무여! 잣나무여!	松耶柏耶
배가 고파도 끼니가 되지 않네	饑不可爲餐
누가 제왕 건을 끝 간 데까지 내몰았나?	誰使建極耶
슬프다! 간신에게 국정을 맡긴 잘못 때문이었네	嗟任人之匪端

후세 사람들은 이 노래를 전하며 「송백지가松柏之歌」라고 불렀다. 대체로 후승이 나라를 망친 일을 비난하는 노래다. 고찰해보면 전씨田氏 제나라의 시조 진정陳定은 진나라 여공厲公 타佗의 아들이었다. 그는 주 장왕 15년에 난리를 피해 제나라로 도망쳤고 마침내 그곳에서 벼슬을 했다. 그 후로 몇

대를 지나 전환자田桓子 무우無宇가 세력을 떨쳤고, 다시 이세二世를 지나 전희자田僖子 걸乞에 이르러 백성에게 재물을 많이 베풀어 민심을 얻었다. 이후 전씨는 나날이 강성해져서 전희자의 아들 전항田恒은 제나라 임금을 시해했다. 또 삼세三世를 지나 전태공田太公 화和에 이르러서는 마침내 제나라 보위를 찬탈하여 제후를 칭했다. 다시 삼세三世 이후 위왕 때는 국력이 더욱 강성해져서 왕호王號를 칭하기에 이르렀다. 그 이후 다시 사세四世를 전해 제왕 건에 이르러 결국 나라가 망하고 말았다. 사관이 이에 대한 사찬을 지었다.

진陳나라 공자 완은 난리를 피해	陳完避難
강태공의 땅으로 도망쳤다네	奔於太姜
두 곳에서 동시에 번성 못 하니	物莫兩盛
규씨嬀氏3를 전씨田氏로 바꿔 창성했도다	嬀替田昌
전화가 처음으로 천명을 받고	和始擅命
위왕은 마침내 왕을 칭했네	威遂稱王
맹상군은 수많은 빈객 길렀고	孟嘗延客
전단은 망국을 구해냈도다	田單救亡
상국 후승은 뇌물만 좋아하면서	相勝利賄
도적을 보고 상서롭다 떠벌렸다네	認賊爲祥
슬프고 슬프도다 제왕 건이여	哀哉王建
송백만 푸른 곳에서 죽어갔도다	松柏蒼蒼

3_ 규씨嬀氏: 춘추시대 진陳나라 종성宗姓. 강씨姜氏의 제나라를 찬탈한 전씨田氏는 진陳나라의 후예다.

兼六國混一輿圖

육국을 병합하고 천하를 하나로 통일하다.

이때가 진왕 정 26년이었다. 마침내 여섯 나라가 모두 진秦나라에 병합되어 천하가 통일되었다. 진왕은 이전 여섯 나라가 모두 왕호를 칭한 것을 보고 그 명칭이 존경스럽지 못하다고 생각하고 제帝라는 칭호를 쓰려고 했다. 그러나 이 역시 옛날에 이미 동서 이제二帝의 칭호를 쓰자고 논의한 적이 있기 때문에, 계속 후세에 전하여 사방에 위엄을 떨칠 만한 칭호가 못 된다고 여겨졌다. 이에 상고 시대에 임금을 부르는 명칭 중에서 오직 삼황오제三皇五帝[4]라는 칭호만이 삼왕三王[5]의 공덕을 능가하는 이름으로 생각되었다. 또 지금 진나라만이 삼황의 덕을 겸비했고, 오제의 공을 뛰어넘은 것으로 인정하여 마침내 삼황과 오제에서 한 글자씩 따서 '황제皇帝'라는 칭호를 사용하기로 했다. 그리고 진왕은 자신의 부친 장양왕을 태상황太上皇으로 높였다. 또 주공周公이 시행한 시법諡法[6]은 아들이 아버지를 논하고, 신하가 임금을 논하는 것이기 때문에 무례한 일로 생각되어 이제부터는 시법을 사용하지 않기로 하고 다음과 같이 명령을 내렸다.

"짐이 시황제始皇帝가 되고 후세 임금들은 숫자를 붙여 이세二世, 삼세三世로 칭하라. 이렇게 천만 세까지 전하여 이 나라가 무궁하게 이어지도록 하라."

또 천자는 스스로 '짐朕'이라고 칭하고, 신하는 천자에게 아뢸 때 '폐하'라고 부르도록 했다. 이어서 시황제는 훌륭한 옥공을 불러 화씨벽을 쪼아 나라의 옥새玉璽를 만들게 하고 거기에 '受命於天, 旣壽永昌'(하늘에서 천명을 받았으니, 영원히 창성하리라)이라는 글자를 새겨 넣었다. 오행五行이 운행하

4_ 삼황오제三皇五帝: 일반적으로 삼황은 복희씨伏羲氏, 신농씨神農氏, 여와씨女媧氏를, 오제는 황제黃帝, 전욱顓頊, 제곡帝嚳, 요堯, 순舜을 가리킨다.

5_ 삼왕三王: 하夏나라 우왕禹王, 상商나라 탕왕湯王, 주周나라 문왕文王을 말한다.

6_ 시법諡法: 죽은 임금이나 공신의 공덕을 후세에 드러내기 위해 시호를 추증하는 법도.

는 순서를 추정해본 결과, 주周나라는 화덕火德으로 세워진 나라이고 오직 수덕水德으로만 화덕을 진압할 수 있기 때문에 진秦나라는 수덕의 운행에 부합하는 나라로 밝혀졌다. 이에 시황제는 의복과 깃발에 모두 흑색을 숭상하라고 했다.7 또 수水는 숫자 육六에 해당되므로 모든 기물의 도량형에 육六을 사용하고 10월을 정월正月로 삼아 신년 하례를 모두 이달에 행하라고 했다. 아울러 '정正'이란 글자는 '정政'과 발음이 같아 시황제의 이름을 범하는 것이 되기 때문에 이를 피하여 '정正' 자는 모두 '정征' 자로 고쳐 쓰게 했다. '정征'이란 글자는 '정벌한다'는 뜻을 갖고 있어서 상서롭지 못한 글자로 인식되었으나 시황제의 뜻으로 결정된 일이었기 때문에 감히 아무도 불만을 표출할 수 없었다. 울요는 시황제가 기고만장하게 마음대로 일을 처리하자 앞으로 분쟁이 더욱 만연할 것으로 짐작하고 몰래 탄식했다.

"진나라가 비록 천하를 얻었지만, 그 원기가 쇠약해졌으니 어찌 오래갈 수 있겠는가?"

어느 날 저녁 울요는 제자 왕오와 함께 진나라를 떠나 어디론가 종적을 감췄다. 시황제가 신료들에게 물었다.

"울요가 짐을 버리고 떠났다는데 이게 대체 어찌된 일이오?"

신료들이 모두 이렇게 대답했다.

"울요는 폐하를 보좌하여 사해를 평정했습니다. 그는 가장 큰 공로를 세웠으므로 주나라의 강태공이나 주공처럼 봉토를 받기를 바라고 있었을 것입니다. 그런데 지금 폐하께서는 황제라는 존호는 정했으면서도 논공행상의 은전은 시행하지 않으시니 울요가 실망을 하고 떠난 듯합니다."

7_ 음양오행설에서는 물의 색깔을 흑색으로 본다.

시황제가 말했다.

"주나라의 분봉 제도를 지금도 시행해야 한단 말이오?"

신료들이 모두 말했다.

"연, 제, 초, 대는 땅이 멀어 두루두루 다스리기 어렵습니다. 따라서 제후를 봉하지 않고는 진압할 수 없습니다."

그러나 이사는 그 의견을 비판하며 이렇게 말했다.

"주나라는 국토를 분봉하여 수백으로 나눴고, 왕실과 동성同姓인 제후를 많이 봉했습니다. 그런데도 이후 자손들은 서로 동족상잔을 그치지 않았습니다. 그러므로 지금 폐하께서 해내海內를 통일하신 김에 전국에 모두 군현을 설치하십시오. 비록 공신이라 해도 후한 녹봉만 지급하고 땅 한 뼘, 백성 한 명도 마음대로 소유하지 못하게 하여 병란의 근원을 끊으십시오. 이것이 어찌 오래오래 안정을 누릴 수 있는 대책이 아니겠습니까?"

시황제는 그의 의견에 따라 천하를 36군郡으로 나눴다. 그 36군은 다음과 같다.

내사군內史郡	한중군漢中郡	북지군北地郡	농서군隴西郡
상군上郡	태원군太原郡	하동군河東郡	상당군上黨郡
운중군雲中郡	안문군雁門郡	대군代郡	삼천군三川郡
한단군邯鄲郡	남양군南陽郡	영천군潁川郡	제군齊郡:瑯琊郡
설군薛郡:泗水郡	동군東郡	요서군遼西郡	요동군遼東郡
상곡군上谷郡	어양군漁陽郡	거록군鉅鹿郡	우북평군右北平郡
구강군九江郡	회계군會稽郡	장군鄣郡	민중군閩中郡
남해군南海郡	상군象郡	계림군桂林郡	파군巴郡
촉군蜀郡	검중군黔中郡	남군南郡	장사군長沙郡

號始皇建立郡縣

시황을 일컬으며 모든 땅에 군현을 설치하다.

이때 북쪽 변경은 오랑캐의 변란이 자주 발생하는 곳이었기 때문에 어양과 상곡 등의 군郡은 땅을 가장 작게 나누어 각각 방어 시설을 갖추게 했다. 남방은 강물이 넓게 흐르고 민심도 안정된 곳이라 구강과 회계 등의 군은 땅을 가장 크게 나누었다. 이 모든 시책은 이사의 조절을 거쳐 시행했다. 각 군郡에는 수위守尉 한 사람과 감어사監御史 한 사람을 파견하여 다스리게 했다. 또한 천하의 무기를 함양으로 거두어들이고 그것을 녹여 금인金人(쇠로 만든 사람) 열둘을 만들었다. 그 무게는 각각 1000석이나 되었는데, 그것을 모두 진나라 궁궐 뜰에 세워두게 했다. 이것은 시황제가 임조臨洮(甘肅省 臨洮) 땅에서 키가 엄청나게 큰 오랑캐 열두 명臨洮長人을 본 것을 상서롭게 여겨 그렇게 만든 것이다.[8] 또 천하의 부호들을 함양으로 옮겨 살게 하니 함양의 가구가 모두 20만 호나 되었다. 아울러 함양 북쪽 언덕에 여섯 나라의 궁궐을 모방하여 별궁 여섯 곳을 지었고 아방궁阿房宮도 건축했다. 이사는 승상으로 승진시켰고 조고는 낭중령에 임명했다. 여러 장수 중에서 공로가 큰 왕분과 몽무와 같은 사람에게는 각각 1만 호의 가구를 분봉해주고 기타 장수들에게는 각각 수천 호의 가구를 분봉해줬다. 이들에게는 모두 자신이 분봉을 받은 가구에서 세금을 거두어 쓸 수 있도록 관리들이 세금을 거두게 했다. 그리고 분서갱유焚書坑儒의 폭정을 단행하고 무절제한 순행巡幸을 즐겼다. 이어서 만리장성萬里長城을 축조하여 오랑캐에 대항하자 백성은 "아이고, 아이고! 못살겠다!"라고 불만을 토로했다. 이세

8_ 임조장인臨洮長人. 『사기史記』 「진시황본기秦始皇本紀」 秦始皇二十六年: "收天下兵, 聚之咸陽, 銷以爲鍾鐻金人十二, 重各千石, 置廷宮中." 이 대목에 대해 당唐나라 사마정司馬貞은 『사기색은史記索隱』에서 이렇게 각주를 달았다. "26년에 임조 땅에서 키 큰 사람들을 보았기 때문에 무기를 녹여 그들을 본떠 금인金人을 만든 것이다二十六年有長人見於臨洮, 故銷兵器, 鑄而象之."

二世 황제에 이르자 폭정은 더욱 심해졌고 마침내 진승陳勝과 오광吳廣의 무리가 대규모 봉기를 일으켜 진나라를 멸망시켰다. 사관이 「열국가列國歌」를 지어 이렇게 노래했다.

주나라 동천東遷할 땐 제와 정이 최강이었고	東遷強國齊鄭最
남쪽 초가 전횡하자 환공 문공 등장했네	荊楚漸橫開桓文
초 장왕과 송 양공과 그리고 진 목공은	楚莊宋襄和秦穆
번갈아 패자되어 마음대로 정벌했네	迭爲王霸得專征
진 양공과 경공 도공도 패자로 칭해졌고	晉襄景悼稱世霸
평공 애공과 제 경공도 부흥을 꿈꿨도다	平哀齊景思代興
진晉과 초가 쇠미하자 오와 월이 진출하여	晉楚兩衰吳越進
오 합려와 월 구천이 얼마나 횡행했나?	闔閭勾踐何縱橫
춘추시대 여러 나라를 다 헤아리기 어렵지만	春秋諸國難盡數
몇 개의 연원 유파를 찾아볼 수는 있다네	幾派源流略可尋
노와 위衛, 진晉과 연, 조와 정과 채나라는	魯衛晉燕曹鄭蔡
오나라와 마찬가지로 주 왕실의 희성姬姓이네	與吳姬姓同宗盟
제나라는 여상의 후예 송나라는 상나라 후예	齊由呂尚宋商裔
우왕 후예 기와 월에 전욱 후예 초도 있네	禹後杞越顓頊荊
진秦나라도 전욱 후예 진陳나라는 순의 후예	秦亦項裔陳祖舜
허나라는 태악에서 각각 연원이 시작됐네	許始太岳各有生
이어서 전국시대 칠웅이 일어나니	及交戰國七雄起
한, 조, 위魏 세 나라는 진晉에서 분리됐네	韓趙魏氏晉三分
위와 한은 모두 주 왕실과 동성이고	魏與韓皆周同姓

조나라 선조 조보는 진秦의 영성과 성이 같네 　趙先造父同嬴秦

제의 여씨는 진陳의 후예 전씨로 바뀌었고 　齊呂改田即陳後

황헐은 자신의 씨로 초의 웅씨를 바꾸려 했네 　黃歇代楚熊暗傾

송나라는 제에 망했고 노는 초에 편입됐으며 　宋亡於齊魯入楚

오와 월도 다투다가 초나라로 귀의했네 　吳越交勝總歸荊

주의 구정이 옮겨지자 합종책도 무산됐고 　周鼎既遷合縱散

여섯 나라가 서로 이어 진秦나라에 복속됐네 　六國相隨漸屬秦

염선은 『열국지列國志』를 읽고 다음과 같은 시를 읊었다.

주나라 왕조 점을 쳐서 800년을 얻었으나 　卜世雖然八百年

절반은 사람의 힘 절반은 천명이었네 　半由人事半由天

오래오래 대를 이은 건 충후한 신하 덕이었지만 　綿延過曆緣忠厚

세파 따라 흥망성쇠 끊임없이 뒤집혔네 　陵替隨波爲倒顚

육국은 진秦에 잘 보이려 북면北面도 감수했고 　六國媚秦甘北面

동주 서주 제사 끊길 땐 동천東遷을 원망했네 　二周失祀恨東遷

천고의 흥망성쇠 한데 묶어 살펴보니 　總觀千古興亡局

조정에서 간신 현신을 등용하기에 달렸도다 　盡在朝中用佞賢

주요 왕실 계보도

◉ 일러두기 ◉

1. 이 계보도는 『동주열국지』의 내용을 중심으로 그린 것이다.

2. 한 사람이 여러 이름으로 불린 경우 『동주열국지』에 기재된 것을 우선시했다.

3. 처음 즉위한 후 쫓겨났다가 다시 복위한 제후는 처음 즉위한 순서대로 계보도의 차례를 정했다.

4. 계보도를 한 장에 모두 그릴 수 없는 경우, 두 장 이상으로 나누어 그렸다. 한 나라의 계보도가 두 장 이상인 경우, 각권 등장인물이 포함된 계보도만 실었다.

동주東周 계보도(2)

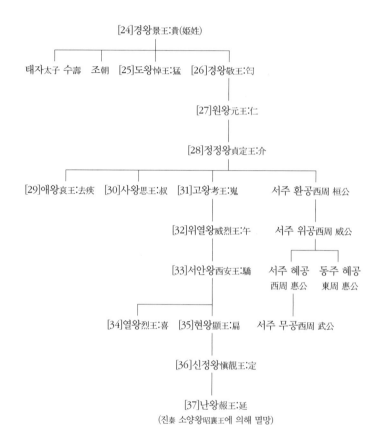

[24]경왕景王:貴(姬姓)

태자太子 수壽   조朝   [25]도왕悼王:猛   [26]경왕敬王:匄

[27]원왕元王:仁

[28]정정왕貞定王:介

[29]애왕哀王:去疾   [30]사왕思王:叔   [31]고왕考王:嵬   서주 환공西周 桓公

[32]위열왕威烈王:午   서주 위공西周 威公

[33]서안왕西安王:驕   서주 혜공   동주 혜공
西周 惠公   東周 惠公

[34]열왕烈王:喜   [35]현왕顯王:扁   서주 무공西周 武公

[36]신정왕愼靚王:定

[37]난왕赧王:延
(진秦 소양왕昭襄王에 의해 멸망)

진秦 계보도(2)

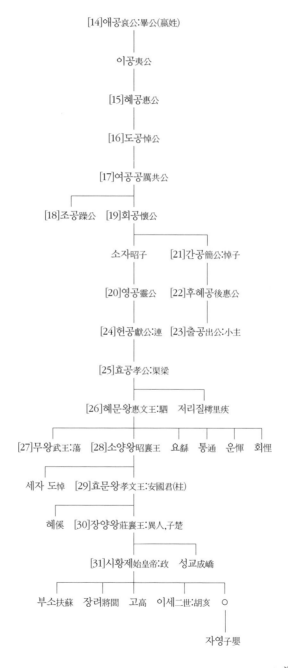

[14]애공哀公:畢公(嬴姓)

이공夷公

[15]혜공惠公

[16]도공悼公

[17]여공공厲共公

[18]조공躁公   [19]회공懷公

소자昭子   [21]간공簡公:悼子

[20]영공靈公   [22]후혜공後惠公

[24]헌공獻公:連   [23]출공出公:小主

[25]효공孝公:渠梁

[26]혜문왕惠文王:駟   저리질樗里疾

[27]무왕武王:蕩   [28]소양왕昭襄王   요繇   통通   운惲   회悝

세자 도悼   [29]효문왕孝文王:安國君(柱)

혜傒   [30]장양왕莊襄王:異人,子楚

[31]시황제始皇帝:政   성교成蟜

부소扶蘇   장려將閭   고高   이세二世:胡亥   ○

자영子嬰

초楚 계보도(2)

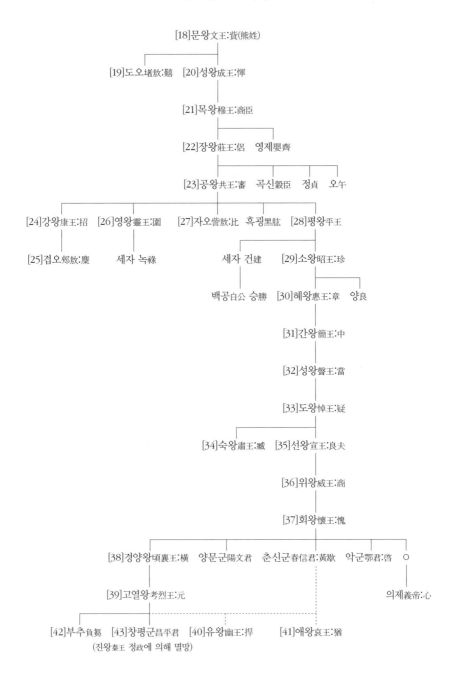

[18]문왕文王:眥(熊姓)

[19]도오堵放:囏　[20]성왕成王:惲

[21]목왕穆王:商臣

[22]장왕莊王:侶　영제嬰齊

[23]공왕共王:審　곡신穀臣　정貞　오午

[24]강왕康王:招　[26]영왕靈王:圍　[27]자오訾放:比　흑굉黑肱　[28]평왕平王

[25]겹오郟放:麇　세자 녹祿　세자 건建　[29]소왕昭王:珍

백공白公 승勝　[30]혜왕惠王:章　양良

[31]간왕簡王:中

[32]성왕聲王:當

[33]도왕悼王:疑

[34]숙왕肅王:臧　[35]선왕宣王:良夫

[36]위왕威王:商

[37]회왕懷王:槐

[38]경양왕頃襄王:橫　양문군陽文君　춘신군春信君:黃歇　악군鄂君:啓　○

[39]고열왕考烈王:元　의제義帝:心

[42]부추負芻　[43]창평군昌平君　[40]유왕幽王:捍　[41]애왕哀王:猶
(진왕秦王 정政에 의해 멸망)

송宋 계보도(2)

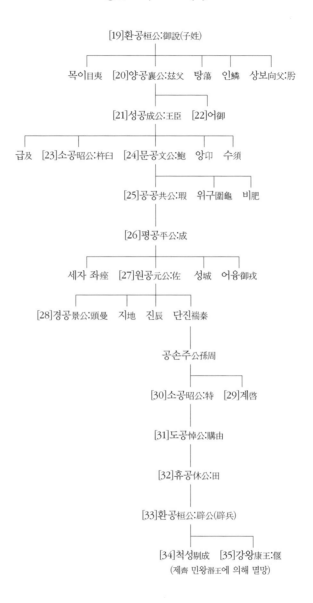

[19]환공桓公:御說(子姓)

목이目夷 [20]양공襄公:玆父 탕蕩 인린鱗 상보向父:肹

[21]성공成公:王臣 [22]어御

급及 [23]소공昭公:杵臼 [24]문공文公:鮑 앙卬 수수須

[25]공공共公:瑕 위구園龜 비肥

[26]평공平公:成

세자 좌痤 [27]원공元公:佐 성城 어융御戎

[28]경공景公:頭曼 지地 진辰 단진襢秦

공손주公孫周

[30]소공昭公:特 [29]계啓

[31]도공悼公:購由

[32]휴공休公:田

[33]환공桓公:辟公(辟兵)

[34]척성剔成 [35]강왕康王:偃
(제齊 민왕湣王에 의해 멸망)

제齊 계보도(3) 田氏

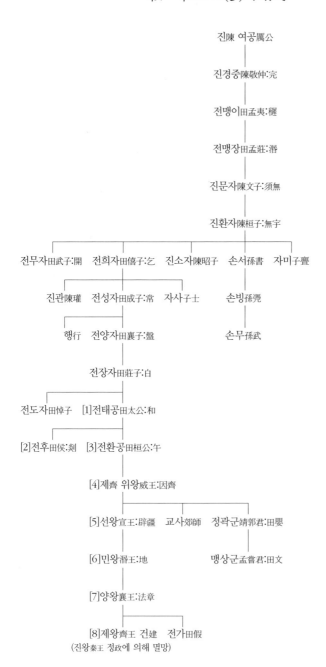

진陳 여공厲公

진경중陳敬仲:完

전맹이田孟夷:穉

전맹장田孟莊:湣

진문자陳文子:須無

진환자陳桓子:無宇

전무자田武子:開　전희자田僖子:乞　진소자陳昭子　손서孫書　자미子亹

진관陳瓘　전성자田成子:常　자사子士　　손빙孫馮

행行　전양자田襄子:盤　　　　　　손무孫武

전장자田莊子:白

전도자田悼子　[1]전태공田太公:和

[2]전후田侯:剡　[3]전환공田桓公:午

[4]제齊 위왕威王:因齊

[5]선왕宣王:辟疆　교사郊師　정곽군靖郭君:田嬰

[6]민왕湣王:地　　　　　　맹상군孟嘗君:田文

[7]양왕襄王:法章

[8]제왕齊王 건建　전가田假
(진왕秦王 정政에 의해 멸망)

위魏 계보도

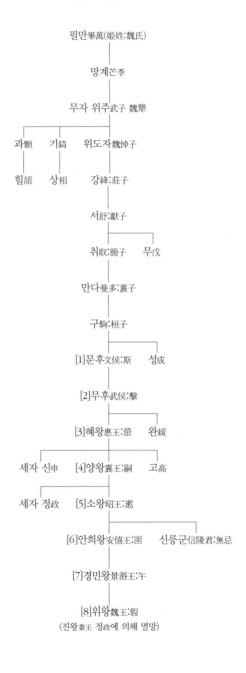

필만畢萬(姬姓:魏氏)

망계芒季

무자 위주武子 魏犨

과顆　기錡　위도자魏悼子

힐頡　상相　강絳:莊子

서舒:獻子

취取:簡子　무戊

만다曼多:襄子

구구駒:桓子

[1]문후文侯:斯　성成

[2]무후武侯:擊

[3]혜왕惠王:罃　완緩

세자 신申　[4]양왕襄王:嗣　고高

세자 정政　[5]소왕昭王:遫

[6]안희왕安僖王:圉　신릉군信陵君:無忌

[7]경민왕景湣王:午

|8]위왕魏王:假
(진왕秦王 정政에 의해 멸망)

조趙 계보도(1)

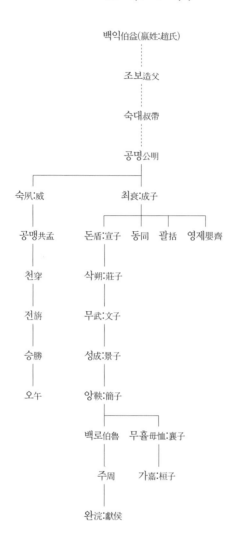

백익伯益(嬴姓:趙氏)

조보造父

숙대叔帶

공명公明

숙우:威   최쇠:成子

공맹共孟   돈순:宣子   동同   괄括   영제嬰齊

천천穿   삭朔:莊子

전패:旆   무武:文子

승勝   성成:景子

오오午   앙鞅:簡子

백로伯魯   무휼毋恤:襄子

주周   가嘉:桓子

완浣:獻侯

조趙 계보도(2)

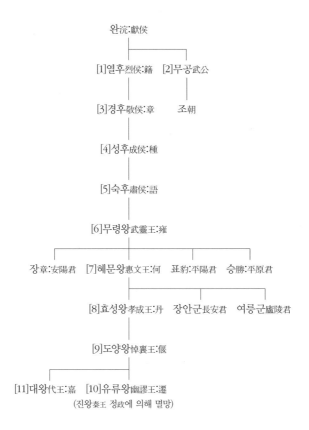

완浣:獻侯

[1]열후烈侯:籍   [2]무공武公

[3]경후敬侯:章   조朝

[4]성후成侯:種

[5]숙후肅侯:語

[6]무령왕武靈王:雍

장章:安陽君   [7]혜문왕惠文王:何   표표豹:平陽君   승勝:平原君

[8]효성왕孝成王:丹   장안군長安君   여릉군廬陵君

[9]도양왕悼襄王:偃

[11]대왕代王:嘉   [10]유류왕幽謬王:遷
(진왕秦王 정政에 의해 멸망)

한韓 계보도(1)

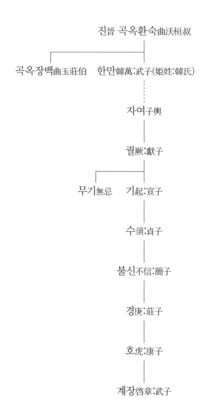

진晉 곡옥환숙曲沃桓叔

곡옥장백曲玉莊伯　한만韓萬:武子(姬姓:韓氏)

자여子輿

궐厥:獻子

무기無忌　기起:宣子

수須:貞子

불신不信:簡子

경庚:莊子

호虎:康子

계장啓章:武子

한韓 계보도(2)

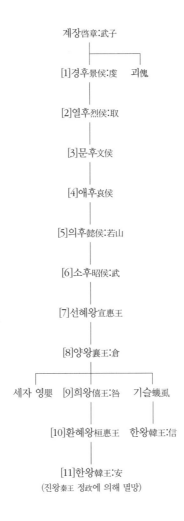

계장啓章:武子

[1]경후景侯:虔   괴傀

[2]열후烈侯:取

[3]문후文侯

[4]애후哀侯

[5]의후懿侯:若山

[6]소후昭侯:武

[7]선혜왕宣惠王

[8]양왕襄王:倉

세자 영嬰   [9]희왕僖王:咎   기슬蟣虱

[10]환혜왕桓惠王   한왕韓王:信

[11]한왕韓王:安
(진왕秦王 정政에 의해 멸망)

연燕 계보도(1)

주周 문왕文王

주周 무왕武王　　소공召公:奭(姬姓)

[1]연후燕侯:克

세자 규癸　　[2]연후燕侯:旨

[3]연후燕侯:舞

혜후惠侯

이후釐侯:莊

경후頃侯

애후哀侯

정후鄭侯

목후穆侯

선후宣侯

환후桓侯

장공莊公

양공襄公

연燕 계보도(2)

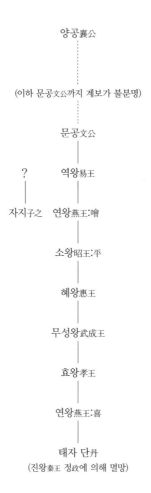

양공襄公

(이하 문공文公까지 계보가 불분명)

문공文公

?   역왕易王

자지子之   연왕燕王:噲

소왕昭王:平

혜왕惠王

무성왕武成王

효왕孝王

연왕燕王:喜

태자 단丹
(진왕秦王 정政에 의해 멸망)

동주열국지 5

1판 1쇄	2015년 6월 22일
1판 2쇄	2015년 7월 10일

지은이	풍몽룡
정리자	채원방
옮긴이	김영문
펴낸이	강성민
편집	이은혜 박민수 이두루 곽우정
편집보조	이정미 차소영 백설희
마케팅	정민호 이연실 정현민 지문희
홍보	김희숙 김상만 한수진 이천희
독자 모니터링	황치영

펴낸곳 (주)글항아리 | 출판등록 2009년 1월 19일 제406-2009-000002호

주소	413-120 경기도 파주시 회동길 210
전자우편	bookpot@hanmail.net
전화번호	031-955-1936(편집부) 031-955-8891(마케팅)
팩스	031-955-2557

ISBN	978-89-6735-221-9 04900
	978-89-6735-208-0 (세트)

글항아리는 (주)문학동네의 계열사입니다.

이 도서의 국립중앙도서관 출판예정도서목록(CIP)은 서지정보유통지원시스템 홈페이지
(http://seoji.nl.go.kr)와 국가자료공동목록시스템(http://www.nl.go.kr/kolisnet)에서 이용
하실 수 있습니다. (CIP제어번호 : CIP2015015165)